U0149211

錢塘　蟾心　吳　亮編撰
閩裔　臺民　吳椿榮校注

忍經

文史哲出版社印行

國家圖書館出版品預行編目資料

忍 經 / 吳亮編撰；吳椿榮校注. -- 初版. --
臺北市：文史哲, 民 98.06
頁： 公分. --（古籍校注叢刊；1）
ISBN 978-957-549-847-4(平裝)

1. 忍經 2. 注釋 3. 倫理學

192.91 98010131

古籍校注叢刊 ①

忍 經

編 撰 者：吳 亮
校 注 者：吳 椿 榮
http://www.lapen.com.tw
e-mail：lapen@ms74.hinet.net
記證字號：行政院新聞局版臺業字五三三七號
發 行 人：彭 正 雄
發 行 所：文 史 哲 出 版 社
印 刷 者：文 史 哲 出 版 社
臺北市羅斯福路一段七十二巷四號
郵政劃撥帳號：一六一八〇一七五
電話886-2-23511028 · 傳真886-2-23965656

實價新臺幣七六〇元

中華民國九十八年（2009）六月初版

ISBN 978-957-549-847-4 19201

直爲受之

呂正獻公著平生未嘗較曲直聞謗未嘗辨也少時書于座右曰不善加已直爲受之蓋其初自懲艾也如此

服公有量

王武恭公德用善撫士狀貌雄偉動人雖里兒巷婦外至夷狄皆知其名氏御史中丞孔道輔等因事以爲言乃罷樞密出鎮又貶官知隨州士皆爲之懼公舉止言色如平時惟不接賓客而已久之道輔卒客有謂公曰此害公者也公愀然曰孔公以職言事豈害我者可惜朝廷亡一直臣於是言者終身以爲媿而士大夫服公爲有量

寬大有量

程氏遺書子言范公堯夫之寬大也昔余過成都公時攝帥

忍經明正統乙丑刻本書影

人多怨韓魏公則不然從容諭之以不可之理而已
未嘗峻折之也

非毀反己

韓魏公謂小人不可求遠三家村中亦有一家當求
處之之理知其爲小人以小人處之更不可校如校
之則自小矣人有非毀但當反己是不是己是則是
在我而罪在彼烏用計其如何

辭和氣平

凡人語及其所不平則氣必動色必變辭必厲唯韓
魏公不然更說到小人忘恩背義欲傾己處辭和氣
平如道尋常事

忍經清光緒丁酉刻本書影

凡例

一、本書採明正統乙丑、清光緒丁酉等二刻本為依據校注之。旨在保存文獻並增進其可讀性；部分內容與當今社會固未必相符甚或有違民主社會之理念與實際，惟仍未予以刪除。

一、本書按原編序重加歸集為一六八章，各章均有章名。原章名文字冗長且不貼切者，悉進行必要之改訂，原未訂有章名者，一一針對內容予以增補。

一、各章章次以一、二、三、……標示之，期便於檢索。

一、本書各章皆依經文、語譯、注釋、析源等項次編輯——

(一)**經文** 文字悉作校訂，校改處以【】注明之；全文並加新式標點符號。

(二)**語譯** 本信達雅之原則迻譯；原文已近今世白話，確無再譯之必要者，則省略之。

(三)**注釋** 力求詳盡周延且避免重複。凡所徵引，必注明出處，如：東漢班固（三二—九二）白虎通號：「或稱……。」又如：詩小雅蓼莪：「顧我復我，出入復我。」其徵引自諸經、二十六史、章回小說等，依例不標示撰（作）者。

(四)**析源** 根據廿六史、相關古籍及古今小說、筆記等尋源編撰之；極少數原經文已明示其源者，從略之。部分文獻不足者，均敘明代考。

一、校者才疏學淺，疏漏訛誤必在所難免，尚祈　大雅方家不吝指正。

撰者原序

忍乃胸中博閎之器局，為仁者事也；惟寬恕二字能行之。顏子云：「犯而不校。」書云：「有容德乃大。」皆忍之謂也。韓信忍於跨下，卒受登壇之拜。張良忍於取履，終有封侯之榮。忍之為義大矣！惟其能忍，則有涵養定力，觸來無競、事過而化、一以寬恕行之。當官以暴怒為戒，居家以謙和自持，暴慢不萌其心，是非不形於人，好善忘勢、方便存心、行之純熟，可日踐於無過之地，去聖賢又何遠哉？

苟或不然，任喜怒、分愛憎、捃拾人非、動峻辭色、干以非意者，未必能以理遣；遇於倉卒者，未必不入氣。勝不失之褊，淺則失之躁急，自處不暇，何暇治事，將恐眾怨叢身，咎莫大焉。其視呂蒙正之不問姓名，張公藝九世同居，寧不愧耶？愚因暇類集經史語句，名曰忍經。凡我同志一寓目，間有能由寬恕而充此忍，由忍而至於仁，豈小補哉？

大德十年丙午閏月朔古杭蟾心吳亮序

忍經 目次

忍經

錢塘蟾心　吳　亮　編撰
閩裔臺民　吳椿榮　校注

一、損

易損卦云：「君子以懲忿窒慾。」

【語譯】

易經損卦說：「才德出眾的人因此克制憤怒、抑止情欲。」

【注釋】

①損　卦名。☶☱、艮上兌下。

②君子　在此泛指才德出眾者言。易乾：「九三，君子終日乾乾。」東漢班固（三二—九二）白虎通號：「或稱君子何？道德之稱也。君子之為言群也；子者，丈夫之通稱也。」北宋王安石（一○二一—一○八六）君子齋記：「故天下之有德，通謂之君子。」

③以　因此。禮記緇衣：「昔吾有先正，其言明且清，國家以寧，都邑以成，庶民以生。」唐韓愈（七六八—八二五）唐故秘書少監獨孤府君墓志銘：「君與起居舍人李約交章指摘，事以不行。」

④懲忿窒慾　本作「懲忿窒欲」。「慾」，本字作「欲」，二者同字異體。懲，止、戒止。怒曰忿。窒，抑止。心所貪愛者曰欲。東漢荀悅（一四八—二〇九）後漢紀順帝紀二：「願陛下思惟所見，稽古率舊，勿令刑德大柄不由天斷，懲忿窒欲，事依禮制。」

【析源】

易損：「……象曰：『山下有澤，損。君子以懲忿窒欲。』」

二、戒成王

書周公戒成王曰：「小人怨汝、詈汝，則皇自敬德。」又曰：「不啻不敢含怒。」又曰：「寬綽厥心。」

【語譯】

書經上記載著周公告知成王的話。他說：「人民責怪您，甚至惡言相向；（您）本身就應更加徹底地推崇道德。」又說：「不但不敢心懷怒氣。」又說：「您的胸襟要開闊。」

【注釋】

①周公　姬旦（？—約前一〇五三）文王姬昌之子、武王姬發之弟。與呂尚同為西周開國元勳。武王崩（公元前一〇六四）、成王年幼，攝政。長子伯禽以魯公就封于曲阜；餘詳史記魯周公世家。

②戒　告。儀禮聘禮：「戒上介亦如之。」又，士冠禮：「主人戒賓。」

③成王　姬誦（？—前一〇二七），武王之長子。武王克殷後二年，天下未寧而崩，太子誦立，年少，周公恐諸侯不服，乃攝行政事。成王十一年（約公元前一〇五三），周公卒於豐（今陝西長安灃河西岸）。成王在位卅七年。

④小人　古泛稱平民百姓，猶今語人民。漢書董仲舒傳：「易曰：『負且乘，致寇至。』乘車者，君子之位也；負擔者，小人之事也。此言居君子之位而為庶人之行者，其禍患必至也。」南朝梁沈約（四四一—五一三）齊故安陸昭王碑：「弘義讓以勗君子，振平惠以字小人。」

⑤怨　責怪。禮記中庸：「上不怨天，下不尤人。」

⑥汝　代第二人稱。在此，猶言您。書盤庚：「汝無侮老成人。」

⑦詈　ㄌㄧˋ。罵。惡言加之。戰國策秦策一：「楚人有兩妻者，誂其長者，長者詈之；誂其少者，少者許之。」

⑧則　那就。孟子梁惠王上：「王知如此，則無望民之多於鄰國也。」

⑨皇自　本身更應……。皇，大，引申作更（應）。自，指本身，即自己。

⑩敬德　推崇道德。

⑪不啻　不但；不僅；何止。書多士：「爾不克敬，爾不啻不有爾土，予亦致天之罰于爾躬。」孔傳：「不但不得還本土而已，我亦致天罰于汝身。」後漢書馮衍傳上：「四垂之

人，肝腦塗地，死亡之數，不啻太半。」啻，ㄔˋ。

⑫不敢　沒有昧著良知、道德從事或沒有勇氣（膽量）做某事。孟子公孫丑下：「我非堯舜之道，不敢以陳於王前。」唐韓愈此日足可惜贈張籍詩：「主人願少留，延入陳壺觴。卑賤不敢辭，忽忽心如狂。」

⑬含怒　心懷怒氣。漢書朱建傳：「今天辟陽侯誅，旦日太后含怒，亦誅君。」

⑭寬綽　氣量寬宏。東晉干寶（？—三三六）晉紀總論：「性深阻有如城府，而能寬綽以容納。」晉書宣帝紀：「用人如在己，求賢若不及；情深阻而莫測，性寬綽而能容。」寬大容物曰綽，ㄔㄨㄛˋ。

⑮厥心　猶云您的胸襟。厥，其，那個；不定代稱用之。在此，猶言您的。心，謂胸襟。

【析源】

書無逸：「（周公）厥或告之曰：『小人怨汝、詈汝，則皇自敬德。』厥愆，曰：『朕之愆。』允若時，不啻不敢含怒。……不永念厥辟，不寬綽厥心，……。』」

三、有容乃大

成王告君陳曰：「必有忍，其乃有濟；有容，德乃大。」

【語譯】

成王口諭君陳。他說：「一定要克制情緒，那纔會有成就；只有寬宏大量，吾人念茲在茲的理法，才能成其大。」

【注釋】

①告 ㄍㄠˋ。示。上諭下。管子水地：「聖人之治於世也，不人告也，不戶說也。」

②君陳 西周初年臣名。周公遷殷頑民於下都，並親自監之。周公既歿，成王命君陳代之。

③必 表性態。猶一定。論語憲問：「仁者必有勇，勇者不必有仁。」孟子公孫丑下：「故君子有不戰，戰必勝矣。」

④忍 指克制（抑制）情緒。論語八佾：「是可忍也，孰不可忍也。」

⑤有「濟」 成就；成功。東晉葛洪（二八三—三六三）抱朴子博喻：「身與名難兩濟，功與神尠並全。」清惲敬（一七五七—一八一七）春秋說上：「賄事未必濟，賄左右則事必濟。」

⑥有容 寬宏大量。明劉基（一三一一—一三七五）送熊文彥歸江西序：「觀其人理而溫，又亮以莊，恢乎其有容。」清王士禎（一六三四—一七一一）池水偶談談獻五在疚記：「待小人尤宜寬，乃君子之有容。不然，反欲小人容我哉！」

⑦德乃大 吾人所共同遵循的理法，始克成其大。大，猶深且厚也。

【析源】

書君陳：「王曰：『君陳，爾惟弘周公丕訓，無依勢作威，無倚法以削。……必有忍，其乃有濟；有容，德乃大。……』」

四、含垢

左傳宣公十五年：「諺曰：『高下在心。川澤納汙，山藪藏疾，瑾瑜匿瑕，國君含垢，天之道也。』」

【語譯】

左傳宣公十五年：「俗話說：『根據情況，作出決定。河流、湖泊存在著穢物，山深林密的地方隱匿著毒害，瑾、瑜等美玉尚且還有赤色小斑點，國君忍受屈辱，這一切都是自然律則啊！』」

【注釋】

①含垢　容忍恥辱、屈辱。唐元稹（七七九—八三一）為嚴司空謝招討使表：「陛下尚先含垢，未忍加誅，曲示綏懷，俾臣招撫。」續資治通鑑宋高宗建炎元年：「念臣世受國恩，異於眾人，故忍恥含垢，逭死朝夕。」

②宣公　魯君姬俀，在位十七年（前六〇八—前五九二）。周定王十二年（魯宣公十四年，前五九五）九月，楚莊王使申舟聘齊，過宋而不假道。宋卿華元曰：「過我而不假道，鄙我也。」遂殺之。莊王聞之大怒，投袂而起，興師伐宋。楚軍圍宋九月（自宣公十四年九

月至十五年五月），楚糧盡、宋城尤為困乏，易子而食，析骸以爨。

③諺　口耳相傳的俗話。禮記大學：「故諺有之曰：『人莫知其子之惡，莫知其苗之碩。』」史記秦始皇本紀：「野諺曰：『前事不忘，後事之師也。』」

④高下在心　謂根據情況，作出決定。後漢書何進傳：「今將軍總皇威，握兵要，龍驤虎步，高下在心，此猶鼓洪爐燎毛髮耳。」

⑤川澤　泛指河流湖泊。詩大雅韓奕：「孔樂韓土，川澤訏訏，魴鱮甫甫，麀鹿噳噳。」周書大聚：「夏三月，川澤不入網罟，以成魚鼈之長。」

⑥納汙　納，藏也。西晉嵇康（二二四—二六三）琴賦：「夕納景於虞淵。」注：「納，藏也。」「汙」、「污」，同字異體。穢物之稱。

⑦山藪　山森林密的地方。東漢馬融（七九—一六六）廣成頌：「乃儲精山藪，歷思河澤。」明劉基郁離子枸櫞：「鳥獸以山藪為家。而豢養於樊籠之中，非其情也。」

⑧藏疾　存曰藏。易繫辭下：「君子藏器于身，待時而動，何不利之有？」疾，毒害。

⑨瑾瑜　二者皆美玉之稱。戰國屈原（前三三九—？）九章：「懷瑾握瑜兮，窮不得所施。」

⑩匿瑕　匿，ㄋㄧˋ。隱藏。史記留侯世家：「良更名姓，亡匿下邳。」瑕，ㄒㄧㄚˊ。玉病；即白玉中之赤色小斑點。禮記聘義：「瑕不揜瑜。」

⑪天之道也　猶天道，即自然律則。荀子天論：「天有常道矣，地有常數矣。」東漢王充（二七—？）論衡亂龍：「鯨魚死，彗星出，天道自然，非人事也。」

【析源】

左傳宣公十五年：「宋人告急於晉，晉侯欲救之。伯宗曰：『古人有言曰：雖鞭之長，不及馬腹。天方授楚，未可與爭。雖晉之強，能違天乎？諺曰：高下在心，川澤納汙，山藪藏疾，瑾瑜匿瑕，國君含垢，天之道也。君其待之。』乃止。……」

五、相忍為國

左傳昭公元年：「魯以相忍為國也。」

【語譯】

左傳昭公元年：「魯為了封國本身的利益而有所克制。」

【注釋】

①相忍為國　詞義詳語譯，茲從略。有關史事背景略以：周景王四年（魯昭公元年、前五四一）春，晉趙武、楚公子圍與齊、宋、衛、陳、蔡、鄭等六國大夫並許、曹二國國君盟於虢（鄭地，今河南鄭州北），以重溫周靈王廿六年（前五四六）秋，於宋都弭兵之盟。時各國確認「晉楚之從（榮按：指與國）交相朝」，並誓言「勿用兵、勿殘民、利小國」。之前，魯季武子伐莒，取鄆（今山東沂水縣東北），於是莒人至盟會控訴，楚以魯攻莒，褻瀆盟約，應誅其使者以警眾。趙武為魯說情，楚人始同意赦免魯使。

②昭公　魯襄公（姬午）之孫。父乃公子子野。周景王三年（前五四二年）六月，襄公卒，子子野立。九月，子野病卒，公子裯（一作稠）立，是為昭公，在位卅二年（前五四一——前五一〇）。

③魯　周公（姬旦）之後。成王三年（約前一〇六一），旦長子伯禽就封于魯，領昔奄國與殷民六族（徐氏、條氏、蕭氏、索氏、長勺氏、尾勺氏），都曲阜，傳三十四世。秦莊襄王子楚元年（前二四九）秦滅東周，同年，魯為楚所滅，時魯頃公二十四年。

【析源】

左傳昭公元年：「叔孫歸，曾夭御季孫以勞之。旦及日中，不出。曾夭謂曾阜曰：『旦及日中，吾知罪矣，魯以相忍為國也。忍其外，不忍其內，焉用之？』……」

六、忍恥

左傳哀公二十七年：「知伯入南里，門，謂趙孟：『入之！』對曰：『主在此。』知伯曰：『惡而無勇，何以為子？』對曰：『以能忍恥，庶無害趙宗乎！』」

【語譯】

左傳哀公二十七年：「知伯兵臨南里，即將攻掠，對趙孟說：『進攻吧！』趙孟回稟道：

『老師！您在這裡啊！』知伯說：『面貌既醜陋且沒有膽量，那像是趙鞅的嗣子？』回道：『因為可勉強承受屈辱，或許趙氏得以避過一場災厄！』」

【注釋】

①忍恥　勉強承受屈辱。唐杜牧（八〇三—八五三）題烏江亭詩：「勝敗兵家事不期，包羞忍恥是男兒。」

②哀公　魯君，姓姬名蔣，在位二十八年（前四九四—前四六七）。

③知伯　知，一作智，稱知襄子（？—前四五三），春秋戰國間人，名瑤。晉六卿。晉出公十七年（前四五八）與韓、趙、魏三卿合滅范氏、中行氏，其勢最強。二十年（前四五五），使人向韓、趙、魏索地，獨趙不與，遂與韓魏攻趙，圍晉陽（今山西太原西南），三年不下。後趙襄子使張孟談出城說韓、魏與趙合作，知氏終為三家所滅。

④南里　地名，屬鄭領。

⑤門　攻（門）。左傳僖公卅三年：「遂伐鄭，將納公子瑕，門於桔柣之門。」又，襄公十年：「圍宋，門桐門。」

⑥趙孟　（？—前四二五）名无恤，一作毋恤。世稱趙襄子，又稱趙孟。戰國初人，趙鞅庶子，翟婢所出，鞅以其賢，遂廢世子伯魯而立之，為晉卿。渠計殺代王，滅代（今河北蔚縣東北），封伯魯之子周為代成君。晉出公二十年（前四五五），知伯對韓、趙、魏索地，獨趙不與。知伯怒，與韓、魏攻趙，圍晉陽，渠固守晉陽三年，知伯以水灌之，「城不浸

者三版」。後，張孟談銜其命乘夜出城，說韓、魏與趙合，遂攻滅知伯，三家分其地。

⑦「惡」而無勇ㄜˋ。醜陋。荀子非相：「……則形相雖惡而心術善，無害為君子也。」西漢鄒陽（？—？，景帝間人）獄中上梁王書：「故女無美惡，入宮見妒。」

⑧何以為「子」ㄗˇ。指嗣子言，餘詳⑥。

⑨庶　或許。左傳桓公六年：「君姑修政而親兄弟之國，庶免于難。」

⑩無害　沒有禍患。詩大雅生民：「不坼不副，無菑無害。」西漢董仲舒（前一七九？—前一〇五？）春秋繁露順命：「其祭社稷、宗廟、山川、鬼神，不以其道，無災無害。」

⑪趙宗　猶云趙氏家族。同一祖先之氏族、家族曰宗。左傳昭公元年：「吉不能亢身，焉能亢宗。」

【析源】

左傳哀公二十七年：「知伯入南里，門於桔柣之門，……將門，知伯謂趙孟：『入之！』對曰：『主在此。』知伯曰：『惡而無勇，何以為子？』對曰：『以能忍恥，庶無害趙宗乎！』知伯不悛，趙襄子由是甚知伯，遂喪之。……」

七、肉袒牽羊

楚莊王伐鄭，鄭伯肉袒牽羊以迎。莊王曰：「其君能下人，必能信用其民矣。」

【語譯】

楚莊王對鄭國興師問罪，襄公光著上身，手牽羔羊出城接駕，表示臣服、求和。莊王說：「鄭君能夠對人執禮謙讓，一定也能夠對他的子民誠信任使啊！」

【注釋】

①肉袒牽羊　光著上身，手牽羔羊；餘參⑥。
②楚莊王　芈旅。在位二十三年（前六一三—前五九一）。
③伐　征討。猶云興師問罪。詩商頌殷武：「撻彼殷武，奮伐荊楚。」
④鄭　周姬姓諸侯。宣王庶弟桓公友始封，初都鄭（今陝西華縣北）。後隨周室東遷新鄭（今河南新鄭北）。
⑤鄭伯　指襄公姬堅。在位十八年（前六〇四—前五八七）。
⑥肉袒　去衣露體。古，祭祀或謝罪時　表示恭敬與惶懼。禮記郊特牲：「君再拜稽首，肉袒親割，敬之至也。」史記廉頗藺相如列傳：「廉頗聞之，肉袒負荊，因賓客至藺相如門謝罪。」
⑦以「迎」　接。已來而接。孟子梁惠王下：「簞食壺漿，以迎王師，豈有他哉？」漢書于定國傳：「迎師學春秋，身執經北面備弟子禮。」

⑧下人　居於人後，喻對人謙讓。易繫辭上：「勞而不伐，有功而不德，厚之至也，語以其功下人者也。」孔疏：「能以有功卑下於人者也。」

⑨信用　謂以誠信使用人。信，篤守承諾。用，任使也。

【析源】

左傳宣公十二年：「楚子圍鄭，克之。鄭伯肉袒牽羊以迎，曰：『孤不天，不能事君，使君懷怒以及敝邑，孤之罪也。敢不唯命是聽。其俘諸江南，以實海濱，亦唯命。其剪以賜諸侯，使臣妾之，亦唯命。君惠顧前好……君實圖之。』左右曰：『不可許也。』王曰：『其君能下人，必能信用其民矣。庸可幾乎？』退三十里而許之平。」

八、一慙

左傳：「一慙不忍而終身慙乎？」

【語譯】

左傳：「不勉強按捺住一時的羞愧；卻要承受一輩子的羞愧嗎？」

【注釋】

①一慙不忍　羞愧曰慙。「慚」、「慙」，同字異體。易繫辭下：「將叛者其辭慙。」北魏酈道元（四六九？—五二七）水經注渭水三：「今名孝里亭，中有白起祠。嗟呼，有制勝

之功，慚尹商之仁，是地即其伏劍處也。」一慙，一時的羞愧。忍，勉強承受或勉強按捺。意謂抑制、克制。榮按：魯公喪政四世—宣、成、襄、昭，政在季氏三世（文子、武子、平子）。郈、臧諸族皆怨季氏。昭公（姬裯）遂依郈、臧之眾伐季氏，季氏垂危。叔孫氏之眾曰：「無季氏是無叔孫氏也。」救之。孟氏亦以眾來會。三家共敗昭公、郈氏、臧氏，昭公奔齊，時昭公二十五年（前五一七年九月），史稱三桓逐昭公。翌春，齊師取鄆（魯邑，今山東鄆城東），使昭公居之。同年秋，齊景公會魯、莒、杞、邾之君於鄟陵（今山東郯城東北）謀納魯昭公。二十八年（前五一四）春，昭公自鄆徙居乾侯（今河北成安東南）。卅一年（前五一一）四月，晉欲納魯昭公，召季平子赴晉。平子從荀躒至乾侯從昭公，昭公不歸。卅二年冬，昭公卒，弟宋立，是為魯定公。晉趙簡子問於史墨（即蔡史墨）曰：「季氏出其君，而民服焉，諸侯與之；君死于外而莫之或罪，何也？」對曰：「魯君世從（縱）其失（佚）；季氏世修其勤，民忘魯君矣，雖死于外，其誰矜之？社稷無常奉，君臣無常位，自古以（已）然……三后（指虞、夏、商）之姓，於今為庶，主（謂趙簡子）所知也。」（史記魯世家）

②而　作轉折之用，猶今語「卻」。

③終身　一生。謂終竟此身。禮記王制：「大夫廢其事，終身不仕，死以士禮葬之。」漢書司馬遷傳：「蓋鍾子期死，伯牙終身不復鼓琴。」

【析源】

左傳昭公三十一年：「晉侯將以師納公。……荀躒曰：『寡君使躒謂吾子：何故出君？有君不事，周有常刑，子其圖之。』季孫練冠麻衣跣行，伏而對曰：『……若得從君而歸，則固臣之願也，敢有異心。』季孫從知伯如乾侯。子家子曰：『君與之歸，一慙之不忍，而終身慙乎？』……」

九、不忍亂謀

論語孔子曰：「小不忍則亂大謀。」

【語譯】

論語孔子說：「小事情不能勉強承受，便會壞了大計畫。」

【注釋】

①小不忍　小事不能忍受。朱熹集注：「小不忍，如婦人之仁、匹夫之勇皆是。」

②則　今語猶「便」。論語泰伯：「恭而無禮則勞，慎而無禮則葸。」北宋范仲淹（九八九—一〇五二）岳陽樓記：「登斯樓也，則有去國懷鄉，憂讒畏譏，滿目蕭然，感極而悲者矣。」

③亂大謀　（敗）壞了大計畫。亂，敗壞。漢書高帝紀下：「帝，人主，奈何以我亂天下法。」大謀，大計；大計畫。後漢書袁安傳：「況屯首倡大謀，空盡北虜。」

【析源】
論語衛靈公：「子曰：『巧言亂德，小不忍則亂大謀。』」

一〇、一朝之忿

子曰：「一朝之忿，忘其身以及其親，非惑歟？」

【語譯】
孔子說：「由於偶而的生氣，竟忘了自己，也忘了父母，這不正是一種迷亂嗎？」

【注釋】
①一朝　一時；一旦。淮南子道應訓：「使者謁之，襄子方將食而有憂色，左右曰：『一朝而兩城下，此人之所喜也；今君有憂色，何也？』」魏書藝術傳劉靈助：「靈助本寒微，一朝至此，自謂方術堪能動眾。」在此，作「偶而」解。
②忿　怨恨；生氣。論語陽貨：「古之矜也廉，今之矜也忿戾。」世說新語忿狷：「桓南郡小兒時與諸從兄弟各養鵝共鬥，南郡鵝每不如，甚以為忿，迺夜往鵝欄間取諸兄弟鵝，悉殺之。」
③其身　指稱自己。
④其親　指己父、己母言。

⑤惑　迷亂。論語顏淵：「子張問崇德辨惑。子曰：『……愛之欲其生，惡之欲其死，是惑也。』」

⑥歟　ㄩˊ。表疑問。或作「與」，餘詳本章析源。

【析源】

論語顏淵：「樊遲從遊於舞雩之下，曰：『敢問崇德、修慝、辨惑。』子曰：『善哉問！先事後得，非崇德與？攻其惡，無攻人之惡，非修慝與？一朝之忿，忘其身以及其親，非惑與？』」

二、無所爭

子曰：「君子無所爭。」

【語譯】

孔子說：「才德出眾的人沒有什麼好競取的。」

【注釋】

①無所爭　詳語譯，茲略。

②君子　詳損②。

③爭　ㄓㄥ。彼此手曳物引之歸己為爭，其本義作「引」解；故競取之事曰爭。

【析源】
論語八佾：「子曰：『君子無所爭，必也射乎！揖讓而升，下而飲，其爭也君子。』」

一二、不爭

子曰：「君子矜而不爭。」

【語譯】
孔子說：「才德出眾的人莊敬自持且不任意辯論。」

【注釋】
①不爭　不任意辯論。餘參③。
②矜　莊敬自持。論語陽貨：「古之矜也廉，今之矜也忿戾。」
③爭　辯；對辯。史記留侯世家：「留侯曰：『以難以口舌爭也！』」莊子齊物論：「夫道……有競有爭。」注：「對辯曰爭。」

【析源】
論語衛靈公：「子曰：『君子矜而不爭，羣不不黨。』」

一三、不校

顏子犯而不校。

【語譯】

顏淵是一位別人無理擾害他都不作計較的謙謙君子。

【注釋】

①不校　不作計較。餘參③。

②犯　本義作「侵」解（說文），乃擾害之意。

③校　ㄐㄧㄠˋ。計較。唐韓愈和侯協律詠笋：「短長終不校，先後竟誰論。」

【析源】

論語泰伯：「曾子曰：『以能問於不能，以多問於寡，有若無，實若虛，犯而不校。昔者吾友，嘗從事於斯矣。』」榮按：吾友指顏淵也。

一四、齒剛折舌

戒子路曰：「齒剛則折，舌柔則存；柔必勝剛；弱必勝強；好鬬必傷；好勇必亡；百行之本忍之為上。」

【語譯】

（孔子）提醒子路：「牙齒堅銳便容易斷損，舌頭質軟方有助於完好；軟弱定贏過堅強；質柔定贏過雄壯；喜愛爭勝定會受到戕害；經常逞現果敢往往難逃滅絕；『忍』是我們各種行為最好的根基。」

【注釋】

①戒　告戒，一作告誡。警告勸誡；在此，猶言提醒。論語堯曰：「不教而殺謂之虐，不戒視成謂之暴。」史記刺客列傳：「（燕）太子送至門，戒曰：『丹所報，先生所言者，國之大事也，願先生勿泄也。』」唐韓愈董府君墓志銘：「聞某所為，每稱舉以戒其子。」

②子路　姓仲名由，字子路、一字季路。（前五四二—前四八〇）春秋魯卞人。師事孔子，為七十二賢之一。渠好勇力，志伉直。衛出公（姬輒）十二年（前四八一）為大夫孔悝之邑宰，蕢聵、孔悝之亂，結纓而卒。（史記仲尼弟子列傳）

③齒「剛」則「折」　剛，堅硬、強勁。易雜卦：「乾剛坤柔。」在此，引申作質硬且銳也。折，ㄓㄜˊ。斷。詩鄭風將仲子：「無折我樹杞。」荀子勸學：「鍥而舍之，朽木不折；鍥而不舍，金石可鏤。」

④舌柔則存　舌，指舌頭。柔，ㄖㄡˊ。軟弱。易坤：「坤至柔，而動也剛。」孔疏：「柔，

弱。」則，虛字。連接原因與結果。存，在；留。猶云完好無傷。孟子告子上：「……孔子曰：『操則存，舍則亡；出入無時，莫知其鄉。』……。」

⑤柔必勝剛　擊敗對方曰勝。引申作「贏」，「超過」等解。書五子之歌：「予視天下愚夫愚婦，一能勝予。」北宋梅堯臣（一〇〇二—一〇六〇）欲雪復晴詩：「誰意斗晴後，若寒勝北方。」後漢書臧宮傳：「柔能制剛，弱能制彊。柔者，德也。剛者，賊也。」

⑥強　ㄑㄧㄤˊ。本作「彊」，俗字作「強」，「強」、「彊」、「强」屬同字異體。力量堅實雄厚之謂。孫子勢：「亂生於治，怯生於勇，弱生於彊。」

⑦好鬬必傷　喜愛；喜歡曰好，ㄏㄠˋ。禮記大學：「如好好色，如惡惡臭，……。」論語里仁：「惟仁者能好人能惡人。」爭；對爭曰鬬，ㄉㄡˋ。左傳宣公十二年：「困獸猶鬬，況國相乎？」鬬，本字作「鬥」。「鬪」、「鬦」、「鬧」、「鬭」、「閗」、「鬪」，均為「鬬」之俗字。傷，ㄕㄤ。戕害。左傳僖公二十二年：「君子不重傷，不禽二毛。」

⑧好「勇」必「亡」　逞現果敢曰勇。論語為政：「見義不為，無勇也。」亡，滅絕。孟子離婁上：「暴其民甚，則身弒國亡。」唐韓愈送孟東野序：「楚，大國也，其亡也，以屈原鳴。」

⑨「百行」之「本」，忍之為「上」　百行，指各種行為言。舊唐書孝友傳劉君良：「士有百行，孝敬為先。」本，猶根基。禮記大學：「物有本末，事有終始。」論語、八佾：「林放問禮之本。」上，猶今語最好的。

【析源】

孔子家語七十二弟子解：「仲由，卞人，字子路、一字季路。少孔子九歲。有勇力才藝以政事著名，為人果烈而剛直，性鄙而不達於變通。」孔叢子抗志：「老萊子曰：『子不見夫齒雖堅剛卒盡相磨，舌柔順終以不弊。』」說苑敬慎：「老子曰：『夫舌之存也，豈非以其柔耶？齒之亡也，豈非以其剛耶？』」論語陽貨：「子曰：『由也，女聞六言六蔽矣乎？』對曰：『未也。』『居，吾語女。好仁不好學，其蔽也愚；……好勇不好學，其蔽也亂；好剛不好學，其蔽也狂。』」「子路曰：『君子尚勇乎？』子曰：『君子義以為上。君子有勇而無義則亂，小人有勇而無義為盜。』」按：原撰者吳亮所云戒子路諸語，於論語等均未記載，究係出自何處，附誌之以待詳考。

一五、老氏㈠

老子曰：「知其雄，守其雌；知其白，守其黑。」

【語譯】

老子說：「了解其勇武有力，卻保持柔弱安於退藏；曉得其光明所在，卻甘守暗昧。」

【注釋】

①「知」其「雄」 知，ㄓ。曉得；了解。易乾：「知進退存亡而不失其正者，其唯聖人

乎！」孟子梁惠王上：「王知如此，則無望民之多於鄰國也。」勇武有力曰雄。左傳襄公二十一年：「齊莊公朝，指殖綽、郭最曰：『是寡人之雄也。』州綽曰：『君以為雄，誰敢不雄？然臣不敏，平陰之役，先二子鳴。』……」

②「守」其「雌」　保持曰守。易繫辭下：「聖人之大寶曰位，何以守位曰仁。」雌，柔弱、退藏之謂也。老子：「天門開闔，能無雌乎？」淮南子原道訓：「是故聖人守清道而抱雌節。」知雄守雌乃道家韜晦自處之處世思想。西漢河上公（？—？，文帝間人）云：「去雄之強梁，就雌之柔和，如是，則天下歸之如水流入深谿也。」

③知其「白」　光明；明亮。禮記曾子問：「凡殤與無後者，祭於宗子之家，當室之白，尊于東房，是謂陽厭。」莊子人間世：「瞻彼闋者，虛室生白，吉祥止止。」

④守其「黑」　昏暗無光也。漢書五行志下京房易傳：「厥異日黑，大風起，天無雲，日光晻。」西漢河上公云：「白，以喻昭昭；黑，以喻默默。人雖自知昭昭明白，當復守之以默默，如闇昧無所見，如是則可為天下法式。」榮按：道家主無為，言處世對是非黑白，雖白，當如闇昧無所見，如是可以全生、可以免禍，為天下法式。

【析源】

老子二十八章：「知其雄，守其白，為天下谿。……知其白，守其黑，為天下式。……故大智不割。」

一六、老氏(二)

又曰：「大直若屈，大巧若拙，大辯若訥。」

【語譯】

又說：「最正直的人外表好像委屈隨和。真正聰明的人既不自驕也不自誇，看似愚笨不巧。乍聽非常善辯的人講話，或許他的言語也未必便給。」

【注釋】

①大直若屈　正人曰直。左傳昭公十四年：「仲尼曰：『叔向，古之遺直也。』」大直，猶今語最正派的人。彎曰屈。南朝宋鮑照（？—四六六）春羈詩：「岫遠雲煙綿，谷屈泉靡迤。」南宋楊萬里（一一二七—一二〇六）初夏詩之三：「只道一溪無十里，為誰百屈又千盤。」大直若屈，一作「大直若詘」。韓詩外傳卷九：「大直若詘，大辯若訥。」史記劉敬叔孫通列傳論：「叔孫通希世度務制禮，進退與時變化，卒為漢家儒宗。『大直若詘，道固委蛇』，蓋謂是乎！」後漢書荀淑傳論：「……及後潛圖董氏，幾振國命，所謂『大直若屈，道固逶迤』也。」

②大巧若拙　聰慧靈俐曰巧。淮南子主術訓：「是故有大略者，不可責以捷巧。」拙，ㄓㄨㄛˊ。愚笨不靈巧。史記范雎列傳：「夫劍利則士勇，倡優拙則思慮遠。」北宋陳師道（一〇五

三—一一〇一）登鳳凰山懷子瞻詩：「逢人自笑謀身拙，坐使紅塵生白髮。」河上公云：「大巧因自然以成器，不造為異端，故若拙也。」莊子胠篋：「毀絕鉤繩，而棄規矩，攦工倕之指而天下始人有其巧矣，故曰大巧若拙。」

③「大辯」若「訥」 「大辯」亦作「大辨」。能言善道（辯）。淮南子詮言訓：「大道無形，大仁無親，大辯無聲，大廉不嗛，大勇不矜。」唐楊炯（六五〇—六九三？）唐同州長史宇文公神道碑：「公之廣學，其積如山，公之大辯，其流如川。」言語遲鈍曰訥，ㄋㄚˋ。論語子路：「子曰：『剛、毅、木、訥，近仁。』」關尹子九藥：「窮天下之辯者，不在辯而在訥。」三國魏王弼（二二六—二四九）云：「大辯因物而言，己無所造，故若訥也。」

【析源】

老子四十五章：「大成若缺，……其用不窮。大直若屈，大巧若拙，大辯若訥。……清靜，為天下正。」

一七、老氏㈢

又曰：「上善若水，水善利萬物而不爭。」

【語譯】

又說：「最高的善就像水一般，水專精於滋養萬物且不與萬物互相較量。」

【注釋】

①上善　猶至善。南朝齊謝朓（四六四—四九九）奉和隨王殿下之十一：「上善叶淵心，止川測動性。」北宋范仲淹淡交若水賦：「見賢必親，法上善於禮文。」

②善利　專精於滋養。善，專精。後漢書崔實傳：「實之善績，毋有其助焉。」利萬物，即利於萬物；在此，「利」引申作培養、滋養解。

【析源】

老子八章：「上善若水，水善利萬物而不爭。……夫唯不爭，故無尤。」

一八、老氏㈣

又曰：「天道不爭而善勝，不言而善應。」

【語譯】

又說：「自然律則在不彼此競取當中得勝裕如，在緘默無言裡應答自如。」

【注釋】

①天道　詳四、含垢⑪，茲從略。

②善勝　得勝裕如。

③善應　應對（或應答）自如

【析源】

老子七十三章：「勇於敢則殺，勇於不敢則活，……天之道不爭而善勝，不言而善應，不召而自來，繟然而善謀。天網恢恢，疏而不失。」

一九、傷人之言

荀子曰：「傷人之言，深於矛戟。」

【語譯】

荀子說：「戕害別人的話，比手持矛戟攻擊對方還來得嚴重。」

【注釋】

①荀子（約前三一三—前二三八）戰國末趙人。名況，字卿，著有荀子三十二篇。

②傷人之言　傷，戕害。傷人之言，猶惡言也。禮記祭義：「是故惡言不出於口，忿言不反（返）於身。」左傳哀公二十五年：「惡言多矣，君請盡之。」

③深於　比……還嚴重。深，表程度。猶甚；超過。史記商君列傳：「教之化民也深於命，民之效上也捷於令。」索隱引劉氏曰：「言人畏鞅甚於秦君。」

④矛戟　矛與戟。多用以泛指兵器。詩秦風無衣：「王于興師，修我矛戟，與子偕作。」唐

元稹酬樂天東南行詩：「判身入矛戟，輕敵比錙銖。」

【析源】

荀子榮辱：「……故與人善言，煖於布帛；傷人之言，深於矛戟。」榮按：「傷人之言」一作「傷人以言」，附誌之。

二〇、虎鬭

藺相如曰：「兩虎共鬭，勢不俱生。」

【語譯】

藺相如說：「兩頭老虎彼此纏搏廝殺，必定不能全部安然存活。」

【注釋】

①藺相如　戰國趙人。初為趙宦者令繆賢舍人。趙惠文王（前二九八—前二六六在位）時，得楚和氏璧，秦昭王慌稱願以十五城易之。以繆賢薦，奉璧入秦，在秦堅請先割城而後方交璧，得完璧歸國。趙王以為賢，拜上上大夫。惠文王十二年（前二七九），隨趙王與秦王相會於澠池（今河南澠城西），秦王欲辱趙王，使趙王鼓瑟；渠亦請秦王擊缶；秦群臣請以趙十五城為秦王壽，渠則請以秦咸陽為趙王壽，卒未使趙王受辱。歸國，趙王以其功大，拜為上卿，位居廉頗右。頗不服，思辱之。渠一再退讓，認為「應先國家之急」。頗

悔悟，肉袒負荊請罪，二人遂為刎頸之交。史記卷八一與廉頗合傳。

②共鬬　共，同；皆；一起。史記灌嬰列傳：「與絳侯陳平共立代王為孝文皇帝。」在此，共鬬，猶云彼此纏搏廝殺。鬬，詳齒剛折舌⑦。

③勢不俱生　雙方對立，其結果不可能都存活下去，亦即必然無法雙存。俱，皆；都。孟子盡心上：「父母俱存。」古籍頗多作「具」。生，活。與「死」相對。詩邶風擊鼓：「死生契闊，與子成說。」論語先進：「未知生，焉知死？」

【析源】

史記廉頗藺相如列傳：「（藺）相如曰：『夫以秦王之威，而相如廷叱之，辱其群臣。相如雖駑，獨畏廉將軍哉？顧吾念之，彊秦之所以不敢加兵於趙者，徒以吾兩人在也。今兩虎共鬬，其勢不俱生，吾所以為此者，以先國家之急而後私讎也。』……」

二一、情恕理遣

晉衛玠嘗云：「人有不及，可以情恕。」又曰：「非意相干，可以理遣，終身無喜慍之色。」

【語譯】

西晉衛玠曾道：「人總會有一時想不到或做不到的事，應能諒解。」又說：「無故尋釁，可以從事理上求得寬解，一輩子自不會有高興或不愉快的表情。」

【注釋】

①衛玠　（二八六—三一二）西晉河東安邑（今山西夏縣西北）人。字叔寶。好言玄理，反對強詞奪理，故每出一言，無不入微，聞者為之絕倒。時大將軍王澄歎曰：「昔王輔嗣（弼）吐金聲于中朝。此子復玉振于江表，微言之緒，絕而復續。不意永嘉之末，復聞正始之音。」官至太子洗馬。因避亂輾轉至建鄴。京都人士聞其姿容，觀者如潮。旋勞疾卒，時人謂「玠被看殺。」晉書卷卅六有傳。

②不及　不到。左傳隱公元年：「遂寘姜氏于城潁，而誓之曰：『不及黃泉，無相見也！』既而悔之。」後漢書周景傳：「先是司徒韓演在河內，志在無私，舉吏當行，一辭而已，恩亦不及其家。」

③情恕　原諒。水滸傳第五〇回：「久聞大官人好處，因此行出這條計來，萬望大官人情恕。」

④非意相干　無故尋釁。南朝梁任昉（四〇六—五〇八）齊竟陵文宣王行狀：「人有不及，內恕諸己；非意相干，每為理屈。」唐段成式（？—八六三）酉陽雜俎卷二壺史：「將午，當有匠餅者負囊而至，囊中有錢二千餘，而必非意相干也。」

⑤理遣　自事理上得到寬解。南朝梁蕭綱（簡文帝，五〇三—五五一）昭明太子文集序：「玉科歸理遣之恩，金條垂好生之德。」南宋李公彥（一〇七九—一一三一）東谷所見寒暑：「矧得喪利害不能理遣，而心火熾盛；妻孥累重支吾不暇，而家火逼迫。」情恕理遣，謂

以情相恕、以理排遣。乃待人接物寬厚和平也。清孫枝蔚（一六二〇——一六八七）次韻答莫大岸見嘲：「情恕理遣古所難，何以報之用惡客。」

⑥終身 參一懟③。

⑦「喜慍」之「色」 喜慍，猶云喜怒。顏氣曰色。即心理感應，發現於眉宇間之神情。詩魯頌泮水：「載色載笑，匪怒伊教。」

【析源】

晉書衛玠傳：「玠嘗以人有不及，可以情恕，非意相干，可以理遣，故終身不見喜慍之容。」

二二、細過掩匿

曹參為國相，舍後園近吏舍，日夜飲呼，吏患之。引參遊園，幸國相旬按之，乃反獨帳坐飲，亦歌呼相應。見人細過則掩匿蓋覆。

【語譯】

曹參擔任宰輔的時候，相邸的後園緊臨僚屬的住處。不分晝夜，竟日有人飲酒吶喊。因此，他的隨身屬員相當苦惱、非常厭惡。於是，安排曹參到後園蹓躂，期望他召集飲酒吶喊的人來盤問一番。萬萬沒想到曹參卻孑然悶坐獨酌，也高吟吶喊，彼此應和。對別人微不足道的過失，他總是隱藏、遮瞞，不作計較。

【注釋】

①曹參（前？—前一九〇）。西漢初沛縣人。秦末曾為沛縣獄吏。佐劉邦滅項羽，封平陽侯。惠帝時，繼蕭何為相，以無為為治，一遵何之所規。（史記卷五四、漢書卷卅九）。

②國相　應訂正為相國。史記曹相國世家：「至何且死，所推賢唯參，參代何為漢相國。」相國，朝廷宰輔大臣也。

③「舍」後園　指相邸言。

④飲呼　飲酒吶喊。

⑤吏「患」之　厭惡曰患。左傳襄公二十二年：「楚觀起有寵於令尹子南，未益祿而有馬數十乘。楚人患之，王將討焉。」

⑥「引」參「遊」園　引，導引。在此猶云安排並陪同。遊，邀遊，引申作蹓躂解。

⑦「幸」國相「召按」　幸，期盼；期待；期望。漢書息夫傳：「嬰乃使昆弟子上書言之，幸得召見。」召按，召來按問。

⑧乃反　竟然不是這樣，即萬萬沒想到……。

⑨相應　彼此應和。應，ㄧㄥ。國語齊語：「設象以為民紀，式權以相應。」

⑩細過　輕微的過失，猶小過。韓非子用人：「不察私門之內，輕慮重事，厚誅薄罪，久怨細過，長侮愉快，數以德追禍，是斷手而續以玉也。」

⑪掩匿　隱藏。後漢書李固傳：「固對曰：『帝雖幼少，猶天下之父。今日崩亡，人神感動，豈有臣子反共掩匿乎？』」

⑫蓋覆　遮瞞。唐元稹酬鄭從事四年九月宴望海亭詩：「憶年十五學構廈，有意蓋覆天下窮。」

【析源】

史記曹相國世家：「相舍後園近吏舍，吏舍日飲歌呼，從吏惡之，無如之何。乃請參游園中，聞吏醉歌呼，從吏幸相國召按之。乃反取酒張坐飲，亦歌呼與相應和。參見人之有細過，專掩匿覆蓋之，府中無事。」又，漢書蕭何曹參傳：「相舍後園近吏舍，吏舍日飲歌呼，從吏患之，無如何。乃請參遊後園，聞吏醉歌呼，從吏幸相國召按之。乃反取酒張坐飲，大歌呼與相和。參見人之有細過，掩匿覆蓋之，府中無事。」

二三、醉飽之過

丙吉為相，馭吏頻醉，西曹詰罪之。吉曰：「以醉飽之過斥人，欲令安歸乎？不過吐嘔丞相車茵。」西曹第忍之。

【語譯】

丙吉擔任宰相的那一段時間，（他的）車夫經常酒醉，西曹遂加以質問、斥責。丙吉說：

「因為酒食過度的錯誤而指責人，難道要他辭職回家自謀生活嗎？也只是嘔吐在我的座墊上罷了。」西曹只好按捺住自己憤怒的情緒了。

【注釋】

①「醉飽」之「過」　醉飽，謂酒食過度。左傳昭公十二年：「形民之力，而無醉飽之心。」孔疏：「食充其腹謂之飽，酒卒其量謂之醉。醉飽者，是酒食饜足過度之名也。」史記魏其武安侯列傳：「具言灌夫醉飽事，不足誅。」過，過失；錯誤。即因疏忽而犯之錯誤。書大禹謨：「宥過無大，刑故無小。」北齊顏之推（五二〇？—五九〇？）顏氏家訓治家：「笞怒廢於家，則豎子之過立見。」

②不過　只；僅僅。老子：「大國不過欲兼畜人，小國不過欲入事人。」

③吐嘔　屬同義複詞；今語多作「嘔吐」，因噁心而吐出胃內食物。

④丙吉　（？—前五五）。西漢魯人，字少卿。諳律令，初為獄史，遷廷尉右監。武帝季年治巫蠱獄，皇曾孫因衛太子事繫于獄，乃數護衛之。後為車騎將軍軍市令，遷大將軍長史。及皇曾孫立為帝（宣帝），賜爵關內侯。地節三年（前六七）為太子太傅，旋遷御史大夫，進封博陽侯。神爵三年（前五九）為丞相。政尚寬大，不問小事。椽史有罪贓，不稱職，輒長給休假以去職，無所案驗。公府不案吏，後遂以為故事。渠以知大體見稱，與魏相併有時名，稱「丙魏」。卒於任。史記作「邴吉」；漢書與魏相合傳。（史記卷九六、漢書卷七四）

⑤馭吏　駕馭車馬之役吏。今語謂車夫。宋無名氏異聞總錄卷二：「馭吏追及之，則面目俱敗，血肉模糊，不可辨識。」

⑥頻醉　頻，屢。後漢書陳忠傳：「自帝即位之後，頻遭元二之戹，百姓流亡，盜賊竝起。」又，李雲傳：「是時，地數震裂，眾災頻降。」唐杜甫（七一二—七七〇）蜀相詩：「三顧頻煩天下計，兩朝開濟老臣心。」醉，飲酒過量，伐德喪儀。孟子離婁上：「今惡死亡而樂不仁，是猶惡醉而強酒。」五代後蜀韋莊（八三六？—九一〇）離筵訴酒詩：「不是不能判酩酊，卻憂前路醉醒時。」

⑦西曹　職官名。掌公署吏屬之事，為太尉之屬官。又，亦作官署之別稱，如兵部、如刑部均曾稱西曹。在此，依前解。

⑧詰罪　猶問罪。在此，作質問斥責解。

⑨「斥」人　ㄔˋ。責備。後漢書李固傳：「黃門宦官，一皆斥譴。」

⑩車茵　亦作「車裀」。車座墊。

⑪「第」忍之　本作「弟」。但；且。史記陳丞相世家：「陛下弟出偽遊雲夢，會諸侯於陳。」又，淮陰侯列傳：「陰使人至（陳）豨所，曰：『第舉兵，吾從此助公。』」

【析源】

史記未載此故實；漢書丙吉傳：「（丙吉）於官屬椽史，務掩過揚善。吉馭吏耆酒，數逋蕩，嘗從吉出，醉歐丞相車上。西曹主吏白欲斥之。吉曰：『以醉飽之失去士，使此人將復何所容？西曹地忍之，此不過汙丞相車茵耳。』遂不去也。」榮按：歐，吐也。地，猶第也。

二四、圯上取履

張良亡匿，嘗從容遊下邳。圯上有一老父衣褐，至良所，直墮其履圯下。顧謂良曰：「孺子！下取履。」良愕然，強忍下取履，因跪進，父以足受之，曰：「孺子可教矣。」

【語譯】

張良在逃亡、隱藏的那段日子裡，曾經不慌不忙地到下邳去玩。（下邳）橋上有一位老人家，身穿粗布衣，走到他的跟前，故意把鞋脫下並且掉落橋下。回視張良道：「小子！下去撿鞋子。」張良不禁一愣，勉勉強強地到橋下拾鞋，就跪著送還，老人家抬起腳來，讓他代勞穿上，說：「年輕小伙子有出息，值得栽成造就。」

【注釋】

①圯上取履　應訂正為圯「下」取履。圯，ㄧˊ。東楚謂橋為圯。（說文）。取履，拾鞋。

②張良　（前？—前一八九）。其先韓人，字子房。父祖五世相韓，秦滅韓，良結納刺客，椎擊秦始皇於博浪沙，未遂，逃匿下邳。陳勝、吳廣揭竿起義，劉邦乘機起兵，良為謀士，佐漢滅秦楚，因功封留侯。（史記卷五五、漢書卷四〇）

③亡匿　逃亡；逃跑曰亡。左傳僖公二十四年：「晉侯賞從亡者。」匿，ㄋㄧˋ。隱藏。

④從容　ㄘㄨㄥ ㄖㄨㄥˊ。安逸舒緩，不慌不忙。書君陳：「寬而有制，從容以和。」莊子秋水：「鯈魚出遊從容，是魚之樂也。」

⑤下邳　秦縣名，故地在今江蘇宿遷縣境。漢屬東海郡，南朝宋改設下邳郡，至隋廢。（讀史方輿紀要卷二二）。

⑥老父　對年長者之尊稱。史記高祖本紀：「呂后與兩子居田中耨，有一老父請飲，呂后因餔之。」

⑦衣褐　ㄧˋ ㄏㄜˊ。穿粗布衣。

⑧直墮其履圯下　直墮其履（於）圯下。直，故意。表性態，墮，脫落。圯下，橋下。

⑨顧　回視。詩小雅蓼莪：「顧我復我，出入復我。」論語鄉黨：「車中，不內顧。」

⑩孺子　猶小子、豎子。史記范雎蔡澤列傳：「吾事之去留在張君，孺子豈有客習於相君者哉？」司馬貞索隱引劉氏曰：「蓋謂雎為小子也。」

⑪愕然　ㄜˋ ㄖㄢˊ。驚訝貌。史記黥布列傳：「楚使者在，方急責英布發兵，舍傳舍。隨何直入，坐楚使者上坐，曰：『九江王已歸漢，楚何以得發兵？』布愕然。」在此，猶云不禁一愕。

⑫「因」跪「進」　因，就；表性態。史記張儀列傳：「坐之堂下，賜僕妾之食，因數讓之。」又，穰侯列傳：「穰侯卒於陶，而因葬焉。」進，呈獻。史記平原君列傳：「奉銅

盤而進之楚王。」

⑬孺子可教　謂年輕人有出息，可以造就。唐劉禹錫（七七二—八四二）澈上人文集紀：「初，上人在吳興居何山，與晝公為侶，時予方以兩髦執筆硯，陪其吟詠，皆曰：『孺子可教。』」

【析源】

史記留侯世家：「張良乃更名姓，亡匿下邳。良嘗閒從容步下邳圯上，有一老父衣褐，至良所，直墮其履圯下，顧謂良曰：『孺子！下取履。』良愕然，欲毆之；為其老，彊忍，下取履。父曰：『履我。』良業為取履，因長跪履之，父以足受，笑而去。良殊大驚，隨目之。父去里所，復還，曰：『孺子可教矣。後五日平明，與我會此。』良因怪之，跪曰：『諾！』」又，漢書張良傳：「（張）良嘗閒從容步游下邳圯上。有一老父衣褐，至良所，直墮其履圯下，顧謂良曰：『孺子！下取履。』良愕然，欲毆之。為其老，乃彊忍，下取履，因跪進。父以足受之，笑去，良殊大驚。父去里所，復還，曰：『孺子可教矣。後五日平明，與我期此。』良因怪之，跪曰：『諾！』」

二五、出跨下

韓信好帶長劍，市中有一少年辱之曰：「君帶長劍能殺人乎？若能殺人，可殺我也！若不能殺我，從我跨下過！」韓信遂屈身從跨下過。漢高祖任為將軍，信召市中少年語之曰：「汝昔年欺我，今日可欺我乎？」少年乞命，信免其罪，為之一劾官也。

【語譯】

韓信喜歡身佩長劍，街坊上有一位年輕人使他難堪，說：「你所佩的長劍能用來殺人嗎？如果真正能夠殺人，就殺我吧！假使不能殺我，就從我的胯穿下出去！」於是，韓信彎下身子從他的兩股間匍匐而出。後來，漢高祖拜他為大將軍，他傳喚那位年輕人來，道：「當年，你心存惡意地對待我。今天，是不是仍然可以用那個方式待我？」那年輕人懇求饒他一命，韓信非但沒有追究那小伙子過去的惡形惡狀，還賞給他一個芝蔴綠豆大的官職呢！

【注釋】

①出跨下　出，脫離。晉書佛圖澄傳：「百姓因澄故多奉佛，相競出家。」跨，通「胯」，ㄎㄨㄚˋ。指兩股之間，古漢語又稱胯穿。跨下，一作「袴下」。後人將「跨下辱」，作為「忍辱負重」之典。

②韓信　（前？—前一九六）。秦末淮陰人。初從項羽，後歸劉邦，拜為大將軍。伐魏、舉趙、降燕，破楚將龍且於濰水，遂定齊地。漢五年與漢師會圍項羽於垓下，羽走、自刎，信封楚王。與蕭何、張良稱漢興三傑。六年，人告信謀反，高祖偽遊雲夢，執之，降為淮

陰侯，十一年為呂后所殺。（史記卷九二、漢書卷三四）

③好帶　ㄏㄠˋ ㄉㄞˋ。喜歡佩掛。

④市中　猶云街坊。昔城鎮店家密集之區曰市。

⑤辱　以令人難堪之語言、行為待人。現代漢語作「侮辱」。禮記儒行：「儒有可親而不可劫也，可近而不可迫也，可殺而不可辱也。」北宋司馬光（一〇一九—一〇八六）與王介甫書：「或詬罵以辱之，或言於上而逐之。」

⑥屈身　彎著軀體。彎曲、不直曰屈。古作「詘」、「曲」。易繫辭下：「尺蠖之屈，以求信也。」

⑦漢高祖　劉邦（前二五六—前一九五），秦末沛縣豐邑人。字季。初為泗上亭長。秦二世元年，陳涉吳廣起事於陳蘄，邦亦舉兵於沛，號沛公。受楚義帝（熊心）命，與項羽分兵入關破秦。邦先入咸陽與父老約法三章，盡除秦苛法。項羽入關，自據關中，封邦為漢王。邦乃先定三秦，然後與羽爭戰，相持於滎陽、成皋間五年，卒敗項羽，即帝位於氾水之陽，國號漢，在位十二年。史記、漢書有紀。

⑧「任」為「大將軍」　任，委用。書大禹謨：「任賢勿貳，去邪勿疑。」後漢書侯霸傳：「成帝時，任霸為太子舍人。」大將軍，古職官，屬武職大員。

⑨「欺」我　心存惡意待人。現代漢語作「欺侮」、「欺負」。警世通言第二十五回：「公子倚勢欺人，無所不至。」

⑩乞命　請求寬宥生命。魏書高允傳：「今已分死，不敢虛妄。殿下以臣侍講日久，哀臣乞命耳。」

⑪「免」其「罪」　蠲除曰免。猶云不追究。北齊書文宣帝紀：「遭蝗之處，免租。」罪，咎；過失。史記項羽本紀：「此天之亡我，非戰之罪也！」

⑫効官　古，未入流低階職官。効，同「效」。

【析源】

史記淮陰侯列傳：「淮陰侯韓信者，淮陰人也。……淮陰屠中少年有侮信者，曰：『若雖長大，好帶刀劍，中情怯耳。』眾辱之曰：『信！能死，刺我！不能死，出我袴下！』於是，信孰視之，俛出袴下，蒲伏。一市人皆笑信以為怯。……漢五年正月，徙齊王信為楚王，都下邳。信至國，……召辱己之少年令出袴下者，以為楚中尉，告諸將相曰：『此壯士也！方辱我時，我寧不能殺之邪？殺之無名，故忍而就於此。』」又，漢書韓信傳：「韓信，淮陰人也。……淮陰少年又侮信曰：『雖長大，好帶刀劍，怯耳。』眾辱信曰：『能死，刺我！不能，出跨下！』於是，信孰視，俛出跨下。一市皆笑信以為怯。……項羽死，高祖襲奪信軍，徙信為楚王，都下邳。信至國，……召辱己少年令出跨下者，以為中尉，告諸將相曰：『此壯士也。方辱我時，寧不能死？死之無名，故忍而就此。』」

二六、尿寒灰

韓安國為梁內史，坐法在獄中，被獄吏田甲辱之。安國曰：「寒灰亦有燃否？」田甲曰：「寒灰儻燃，我即尿其上。」於後，安國得釋，放任梁州刺史。獄吏田甲驚走。安國曰：「若走，九族誅之。若不走，赦其罪。」田甲遂見安國。安國曰：「寒灰今日燃，汝何不尿其上？」田甲惶懼，安國赦其罪，又與田甲亭尉之官。

【語譯】

韓安國任梁內史的時候，因案經判刑服監。不時遭蒙縣獄吏田甲所難堪。安國道：「冷卻了的灰燼也有燃燒的嗎？」田甲應道：「死灰如果燒起來，我就在上面灑泡尿。」之後，安國獲釋，並受委派為梁州刺史。獄吏田甲害怕，準備逃遁。安國說：「如果逃遁，將誅九族；倘若留下，將蠲免你的過失。」於是，田甲來面謁安國。安國說：「現在死灰燒起來了。你為甚麼不在上面灑泡尿？」田甲恐慌、害怕，安國也不再追究他的不是，還委他擔任亭尉。

【注釋】

①尿寒灰　排出小便曰尿，ㄋㄧㄠˋ；此處做為動詞使用。寒灰，猶言死灰。謂已冷卻之灰燼也。三國志魏志劉廙傳上疏：「起煙於寒灰之上，生華於已枯之木。」唐韋應物（七三七？

—？）秋夜詩之二：「歲宴仰空宇，心事若寒灰。」

②韓安國　（前？—前一二七）。西漢梁睢陽（今河南商丘南）人，字長孺。初事梁孝王，為中大夫。吳楚七國反，阻擊吳兵有功，以此顯名，為梁內史。孝王與公孫詭、羊勝使人刺殺袁盎事發，渠力勸孝王勿庇護詭、勝諸人，使王得以自全。武帝初，歷任北地都尉、大司農。建元六年（前一三五），任御史大夫。時雁門馬邑豪聶壹因大行王恢奏請誘擊匈奴，渠以匈奴難制，力主和親。旋奉命為護軍將軍，率諸將伏兵馬邑。匈奴單于覺察歸去，漢兵乃罷。安國雖貪財嗜利，然能薦舉賢於己者，以此為士人所稱。丞相田蚡卒，以御史大夫行丞相事。不久病免。後歷任衛尉、材官將，以將屯失亡眾，為武帝所責，憂鬱病卒。（史記卷一〇八、漢書卷五二）。

③梁　西漢封國之一。文帝二年（前一七八）封劉武為代王，四年徙淮陽王，十二年徙梁。武，與景帝（啟）同為文帝之子，皆竇后所出，啟居長。

④內史　官名，始置於西周，襄佐天子管理爵、祿、廢、置諸政務。春秋沿置之。（詳周禮春官）。秦，掌治京師；西漢景帝分置左右內史。武帝太初元年改右內史為京兆尹，左內史為左馮翊；另諸王國皆置內史，掌政務。

⑤坐法　犯法遭判刑。史記范睢傳：「王稽為河東守，與諸侯通，坐法誅。」漢書灌夫傳：「數歲，坐法免，家居長安。」

⑥在獄中　猶言服監。獄，指監獄言。

⑦獄吏　古管理監獄的官員。史記絳侯周勃世家：「（文帝）於是使使持節赦絳侯，復爵邑。絳侯既出，曰：『吾嘗將百萬軍，然安知獄吏之貴乎！』」

⑧燃　本作「然」。燔燒。孟子公孫丑上：「若火之始然，泉之始達。」北宋蘇軾（一〇三六—一一〇一）次韻穎叔觀燈詩：「安西老守是禪僧，到處應然無盡燈。」

⑨儻（ㄊㄤˇ）。通作「倘」。或者；倘若。史記伯夷叔齊列傳：「儻所謂天道，是邪？非邪？」

⑩刺史　官名。秦始設，監督各郡。刺，舉不法；史，皇帝所使。西漢武帝元封五年（前一〇五）設部（州）刺史，督察郡國，官階低於郡守。成帝綏和元年（前八）改稱州牧。榮按：韓安國卒於元朔二年（前一二七），距西漢初置刺史早二十餘年，渠生前實無斯職可任，亦並未任斯職，至明。附誌之，並請參析源。

⑪驚走　心生恐懼而逃。詩大雅緜：「混夷駾矣。」鄭箋：「混夷，夷狄國也。見文王之使者將士眾過己國，則惶怖驚走，奔突入此柞棫中而逃。」北宋蘇轍（一〇三九—一一一二）湖陰曲：「荒城至今人不住，狐兔驚走風蕭蕭。」清李調元（一七三四—一八〇二）十八日聞賊渡潼東潘李二君詩：「高談天下事，滿坐皆驚走。」

⑫若「走」　逃跑。孟子梁惠王上：「兵刃既接，棄甲曳兵而走。」

⑬九族　有多說。一說同姓親族，自本身算起，上至高祖，下至玄孫為九族。（古文尚書家主之）。一說以己為本位：直系親上推至四世高祖，下推至四世玄孫；旁系親，則橫推至三從兄弟，即以族兄弟、再從兄弟、堂兄弟、兄弟，同為高祖四世之孫。（明清刑律、服

制圖）

⑭誅 ㄓㄨ。殺戮。書胤征：「昏迷于天象，以干先生之誅。」漢書田儋傳：「（田）橫來，大者王，小者乃侯耳。不來，且發兵加誅。」

⑮「赦」其罪 ㄕㄜˋ。有罪而放免。易解：「君子以赦過宥罪。」周禮秋官司刺：「三赦之法，……壹赦曰幼弱，再赦曰老旄，三赦曰蠢愚。」罪，參出跨下⑪。

⑯亭尉 官名，唐未入流低層胥吏。榮按：西漢時，並無此職官。

【析源】

史記韓長孺列傳：「……其後安國坐法抵罪，蒙獄吏田甲辱安國。安國曰：『死灰獨不復然乎？』田甲曰：『然即溺之。』居無何，梁內史缺，漢使使者拜安國為梁內史，起徒為二千石。田甲亡走，安國曰：『甲不就官，我滅而宗。』甲因肉袒謝。安國笑曰：『可溺矣。公等足與治乎？』卒善遇之。」又，漢書韓安國傳：「其後安國坐法抵罪，蒙獄吏田甲辱安國。安國曰：『死灰獨不復然乎？』甲曰：『然即溺之。』居無幾，梁內史缺，漢使使者拜安國為梁內史，起中為二千石。田甲亡，安國曰：『甲不就官，我滅而宗。』甲肉袒謝，安國笑曰：『公等足與治乎？』」

二七、誣金

直不疑為郎，同舍有告歸，誤持同舍郎金去。金主意不疑，不疑謝有之，買金償之。後告歸者至而歸亡金，郎大慙，以此稱為長者。

【語譯】

直不疑當部官的時候，有室友請假返鄉，錯把別人的飾金腰帶拿走。失主懷疑係不疑所為；不疑竟表示確有其事，隨即外出價購一條嶄新的飾金腰帶還他。不久，告假返鄉的人回來，並且奉還腰帶，失主感到非常羞愧。因此，讚美不疑真是一位德高望重的人。

【注釋】

①誣金　未深入查證、瞭解，逕入人以取走飾金腰帶之罪。誣，妄言。謂加以不實之辭。書仲虺之誥：「夏王有罪，矯誣上天，以布命于下。」孔傳：「言託天以行虐於民。」金，鑲嵌黃金的腰帶。舊唐書輿服志：「文武三品以上金玉帶，四品五品並金帶。」唐韓愈憶昨行：「腰金首翠光照壁，絲竹迴發清以哀。」南宋張孝祥（一一三二—一一七〇）踏莎行壽黃堅叟詞：「天教慈母壽無窮，看君黃髮腰金貴。」

②直不疑　（？—？）。西漢南陽（今屬河南）人。文帝時為郎。景帝前元三年（前一五四），以二千石將擊吳楚之亂。後元年（前一四三），任御史大夫，封塞侯。武帝建元中，

以過免。（史記卷一〇三，漢書卷四六）。

③郎　泛稱郎官。約始於戰國。西漢依職掌之別有郎中、中郎、外郎、侍郎、議郎等諸職稱，無空額，皆隸郎中令，太初元年（前一〇四）改隸光祿勛。諸侯王國亦置之。武帝之後，察舉盛行，經舉為孝廉、明經者多通過對策為郎，任職滿一定期限，即可遷補內外官職，為主要擇吏途徑。

④同「舍」　宅曰舍，即居室。宋史輿服志：「庶人舍屋、許五架門，一間兩廈而已。」在此，同舍，猶言室友。

⑤告歸　昔官員請假返故里。史記高祖本紀：「高祖為亭長時，常告歸之田。」索隱引韋昭：「告請歸，乞假也。」

⑥「誤持」……「去」　錯拿……離開。

⑦金主　猶云失主。

⑧「意」不疑　疑。懷疑。漢書梁孝王武傳：「於是，天子意梁……。」

⑨謝有之　自承其過，並表示確有其事。謝，自承其過。晏子春秋內篇問上：「輕罪省功，以謝于百姓。」

⑩「買」金「償」之　價購曰買。世說新語排調：「支道林就深公買印山，深公答曰：『未聞巢由買山而隱。』」償，ㄔㄤˊ。還。

⑪亡金　失去的飾金腰帶。

⑫長者　德高望重的人。韓非子詭使：「重厚自尊謂之長者。」史記項羽本紀：「陳嬰者，故東陽令史，居縣中，素信謹，稱為長者。」

【析源】

史記直不疑列傳：「（直不疑）為郎，事文帝。其同舍有告歸，誤持同舍郎金去。已而金主覺，妄意不疑，不疑謝有之，買金償。而告歸者來而歸金；而前郎亡金者大慙，以此稱為長者。」又，漢書直不疑傳：「直不疑，南陽人也。為郎，事文帝。其同舍有告歸，誤持其同舍郎金去。已而同舍郎覺，亡意不疑，不疑謝有之，買金償。後告歸者至而歸金，亡金郎大慙，以此稱為長者。」

二八、誣袴

陳重同舍郎有告歸寧者誤持鄰舍郎袴去。主疑重所取，重不自申說，市袴以償。

【語譯】

陳重的室友請假返鄉治喪，錯把鄰室同仁的袴子穿走。失主懷疑陳重拿走他的袴子。陳重並沒有申辯說明，乾乾脆脆買了一條袴子還他了事。

【注釋】

①誣「袴」ㄎㄨˋ。脛衣。禮記內則：「十年，出就外傳，……衣不襦袴。」鄭注：「不用帛為襦袴。」北宋蘇軾五禽詩：「溪邊布穀兒，勸我脫布袴。」餘參前則①

②陳重（？—？）。東漢豫章宜春（今屬江西）人。字景公。少學魯詩、顏氏春秋，與雷義友善。舉孝廉，與義俱在郎署。後舉茂才，除細陽令。以政績著，遷會稽太守。旋為司徒所辟，拜侍御史，卒於官。（後漢書卷八一）。

③告歸寧　昔官員請假返鄉治喪。

④不自申說　本身不予申辯說明，謂以緘默處之也。申，辯解。說，解釋。

⑤「市」袴以償　買。國語齊語：「以其所有，易其所無，市賤鬻貴。」償，詳前則⑩。

【析源】

後漢書獨行列傳陳重：「……又同舍郎有告歸寧者，誤持鄰舍郎絝以去。主疑重所取，重不自申說，而市絝以償之。後寧喪者歸，以絝還主，其事乃顯。」榮按：「絝」、「袴」，同字異體；「褲」為「絝」俗字。寧，謂守父母之喪。漢書哀帝紀：「博士弟子父母死，予寧三年。」南史文學傳丘巨源：「（丘巨源）寧喪還家。」

二九、羹污朝衣

劉寬仁恕，雖倉卒未嘗疾言遽色。夫人欲試之，趁朝裝畢，使婢捧肉羹翻污朝衣，寬神色不變，徐謂婢曰：「羹爛汝手耶？」

【語譯】

劉寬度量大、厚道容人，即使匆促當頭，也不曾言語粗暴神色急躁。（他的）夫人想考驗他，上朝的裝扮完成後，要侍女雙手端著肉羹故意振盪，湯汁濺淋主人翁的公服。劉寬神情、顏色竟沒有改變，還慢條斯理地對侍女說：「湯汁燙傷你的手了吧？」

【注釋】

①羹污朝衣　湯汁弄髒了公服。羹，ㄍㄥ。五味調和的湯菜。說文通訓定聲：「羹有菜者，有無菜者，有肉調者。詩閟宮：『毛炰胾羹。』傳：『大羹、鉶羹也。』鉶羹有菜，大羹無菜。禮記曲禮：『犬曰羹獻，』按犬宜羹。」近世，勾芡汁濃稠之湯菜曰羹。污，弄髒。史記滑稽列傳：「懷餘肉持去，衣盡污。」污、汙，同字異體。朝衣，即朝服。昔君臣朝會時所著之禮服。猶今語公服。

②劉寬（？—一八五）。東漢弘農華陰（今屬陝西）人。字文饒。桓帝時，任司徒長史，出為東海相。延熹八年（一六五），徵拜尚書令，遷南陽太守。輕刑薄賦，重教化。屬吏有過，但用薄鞭罰之，示辱而已。靈帝初，徵拜太中大夫，侍講華光殿，擢侍中。後歷任屯騎校尉、宗正、光祿勛、太尉、永樂少府。渠預知黃巾起事；封逯鄉侯，卒謚昭烈侯。（後漢書卷二五）。

③仁恕　仁愛寬容。漢書敘傳上：「寬明而仁恕。」世說新語政事：「山遐去東陽」劉孝標注引江惇傳：「惇隱東陽，以仁恕懷物，遐感其德。」

④倉卒　匆促。漢書王嘉傳：「今諸大夫有材能者甚少，宜豫畜養可成就者，……臨事倉卒迺求，非所以明朝廷也。」亦作「倉猝」。

⑤未嘗　不曾。論語雍也：「非公事，未嘗至於偃之室也。」左傳襄公二十八年：「昔先大夫相先君適四國，未嘗不為壇。」

⑥疾言遽色　言語神色粗暴急躁。宋史呂公著傳：「公著自少講學，即以治心養性為本，平居無疾言遽色，於聲利紛華，泊然無所好。」清方苞（一六六八—一七四九）先母行略：「吾母生而靜正，誠意盎然，終身無疾言遽色。」

⑦欲「試」之　考驗。書舜典：「敷奏以言，明試以功。」傳：「言之善者，則從而明考其功。」

⑧趁朝裝畢　上朝的打扮完成了。趁，ㄑㄩ。同「趨」。

⑨使婢　使，令。論語子罕：「子路使門人為臣。」婢，ㄅㄧˋ、ㄅㄟˋ。昔女子之給事者，俗稱ㄚ頭。

⑩翻污　容器受振盪，所盛流體外溢，濺淋身體或衣物。振、振盪曰翻。唐杜甫柳邊詩：「紫燕時翻翼，黃鸝不露身。」許彬（？—？，晚唐人約與鄭谷同時）歸山夜發湖中詩：「響獄猿相次，翻空雁連接。」

⑪神色　神情容色。世說新語雅量：「夏侯太初嘗倚柱作書，時大雨，霹靂破所倚柱，衣服焦然，神色無變，書亦如故。」

⑫羹「爛」汝手　為火燒傷。左傳定公三年：「（邾子）滋怒，自投于牀，廢于鑪炭，爛，遂卒。」在此，作「燙傷」解。

【析源】

後漢書劉寬傳：「（寬）典歷三郡，溫仁多恕，雖在倉卒，未嘗疾言遽色。……夫人欲試寬令恚，伺當朝會，裝嚴已訖，使侍婢奉肉羹，翻汙朝衣。婢遽收之，寬神色不異，乃徐言曰：『羹爛汝手？』其性度如此。」

三〇、認牛

劉寬為司徒，人有走牛，就寬車中認之，寬不爭辯，默解與之，步行而歸。後數日，主得牛，乃慙送謝，寬曰：「物有相類，事容錯誤，幸勞見歸，何謝之有？」

【語譯】

劉寬官拜司徒的時候，某人的牛隻走失了，卻從司徒的坐車辨識出自家的牛，劉寬不和他競相辯白，一語未發地脫去韁繩，把牛給了他，自個兒走著回家。過了幾天，失主重獲牛隻，這纔心生羞愧，把誤認的牛隻送回並表示歉意。劉寬道：「世上有很多東西彼此近似，有些事難免誤判而出差錯；還好，麻煩你把牛隻給帶回來了，有甚麼好說道歉的呢？」

【注釋】

①「認」牛　ㄖㄣˋ。辨別。（辨）識。唐杜牧赤壁詩：「折戟沈沙鐵未銷，自將磨洗認前朝。」後漢書卓茂傳：「時嘗出行，有人認其馬。」

②司徒　上古六卿之一，主管教化，稱大司徒（周禮地官）。西漢哀帝元壽二年（公元前一年）改丞相為大司徒。東漢時改稱司徒，主管教化，為三公之一。曹魏沿用，惟已成虛銜，不與朝政。隋唐三公參議國事，歷代沿用，至明廢。前清俗稱禮部尚書曰大司徒。

③「走」牛　喪失。失去。新編五代史平話梁史上：「諕得尚讓頂門上喪了三魂，腳板下走了七魄。」

④就　猶「從」。禮記檀弓上：「先王之制禮也，過者使俯而就之。」

⑤爭辯　爭論辯駁。一作「争辯」。三國魏阮籍（二一〇—二六三）達莊論：「豈將以希咸陽之門，而與稷下爭辯也哉？」南宋葉適（一一五〇—一二二三）徐德操墓志銘：「在邵武，危與守爭辯，數軋其不義，幾得罪。」

⑥默解與之　一言不發地脫去牛繮，把牛隻給了他。沈靜不語曰默。易繫辭上：「君子之道，或出或處，或默或語。二人同心，其利斷金，同心之言，其臭如蘭。」脫曰解。史記淮陰侯列傳：「漢王……解衣衣我，推食食我。」在此，「解」指脫去繫牛之繮繩也。與，給。

⑦相類　彼此近似。史記商君列傳論：「余嘗讀商君閉塞、耕戰書，與其人行事相類。」南宋羅大經（？—？約慶元、寶祐間）鶴林玉露卷一一：「後世唯諸葛武侯有伊尹風味。其草廬三顧而後起，與耕莘聘幣已略相類。」

⑧事「容」錯誤　表或然，有也許，或許，大概等義；在此，引申作「難免」解。

⑨「見」歸　被。

【析源】

後漢書劉寬傳：「寬嘗行，有人失牛者，乃就寬車中認之。寬無所言，下駕步歸。有頃，認者得牛而送還，叩頭謝曰：『慙負長者，隨所刑罪。』寬曰：『物有相類，事容脫誤，幸勞見歸，何為謝之？』州里服其不校。」

三一、認馬

卓茂性寬仁恭愛。鄉里故舊雖行能與茂不同，而皆愛慕欣欣焉。嘗出，有人認其馬，茂心知其謬，嘿解與之。他日，馬主別得亡者，乃送馬謝之。茂性不好爭如此。

【語譯】

卓茂天生度量廣厚慈悲、端肅愛人，同鄉老友雖然品德能力和他不一樣，但是都發自內心地敬仰、嚮往他。他曾經外出，有人識別馬匹卻看走了眼，卓茂內心了然那是一樁誤斷，卻緘默地脫去馬繮給了那人。改天，馬主另外重獲逃馬，於是，把先前誤斷的馬匹牽還給卓茂，並坦承自己的無心之過。卓茂是這麼一位天生不喜歡對辯的人。

【注解】

①「認」馬　參認牛①。

②卓茂（？—二八）。西漢南陽宛（今屬河南南陽）人。字子康。元帝時，學于長安。事博士江生，有通儒之稱。初辟丞相府史，後以儒學舉為侍郎，給事黃門，遷密令。渠勤於政事、注重教化。平帝時，王莽秉政，遷京部丞，以病辭歸。新莽竊國，與同邑孔休等堅持不仕，名重當時。更始立，任侍中祭酒，旋以年老辭歸。光武即位，拜太傅，封褒德侯。（後漢書卷二五）。

③性　天生之氣質。禮記樂記：「人生而靜，天之性也；感於物而動，性之欲也。」又中庸：「天命之謂性。」荀子性惡：「不可學、不可事而在人者，謂之性。」

④寬仁恭愛　寬仁，語本書仲虺之誥：「克寬克仁，彰信兆民。」孔傳：「言湯寬仁之德明信於天下。」氣度廣厚，心存慈悲之謂也。端肅曰恭；愛人曰仁。論語顏淵：「樊遲問仁，子曰：『愛人。』」

⑤鄉里　猶同鄉。世說新語賢媛：「許允為吏部郎，多用其鄉里，明帝遣虎賁收之。」

⑥故舊　故交；老友。論語泰伯：「故舊不遺，則民不偷。」

⑦行能 ㄒㄧㄥˊ ㄋㄥˊ。品行與才能。六韜王翼：「謀士五人，主圖安危，慮未萌，論行能，明賞罰，授官位，決嫌疑，定可否。」

⑧愛慕 敬仰嚮往。

⑨欣欣 喜樂自得貌。詩大雅鳧鷖：「旨酒欣欣，燔炙芬芬。」戰國楚屈原遠遊：「內欣欣而自美兮，聊媮娛以自樂。」

⑩心知其「謬」 ㄇㄧㄡˋ。錯誤。書冏命：「繩愆糾謬，格其非心，俾克紹先烈。」

⑪嘿解與之 嘿，ㄇㄛˋ。無聲息貌。晏子春秋諫上十二：「臣聞之，近臣嘿，遠臣瘖，眾口鑠金。」史記刺客列傳：「魯句踐怒而叱之，荊軻嘿而逃去。」餘參認牛⑥。

⑫亡者 指稱逃馬。亡，逃絕。左傳僖公二十四年：「晉侯賞從亡者。」

【析源】

後漢書卓茂傳：「（茂）性寬仁恭愛。鄉黨故舊，雖行能與茂不同，而皆愛慕欣欣焉。……時嘗出行，有人認其馬。茂問曰：『子亡馬幾何時？』對曰：『月餘日矣。』茂有馬數年，心知其謬，嘿解與之，挽車而去，顧曰：『若非公馬，幸至丞相府歸我。』他日，馬主別得亡者，乃詣府送馬，叩頭謝之。茂性不好爭如此。」

三二、雞肋不足以當尊拳

劉伶嘗醉，與俗人相忤。其人攘袂奮拳而往。伶曰：「雞肋不足以當尊拳。」其人笑而止。

【語譯】

劉伶曾經酒醉，和平庸的人彼此對不上眼，並發生衝突。那人捲起衣袖、高舉拳頭，氣沖沖地去找他理論一番。劉伶道：「我這把雞肋般的瘦骨頭，不能夠承受您的老拳。」那人只好一笑了之。

【注釋】

①雞肋　一作「鷄肋」。雞的肋骨。在此，用以喻身體瘦弱。清孔尚任（一六四八—一七一八）桃花扇逃難：「歎十分狼狽，村拳共捱，雞肋同壞。」

②當　ㄉㄤ。承受；承擔。晏子春秋內篇雜上：「越石父曰：『吾聞之：「至恭不修途，尊禮不受擯；」夫子禮之，僕不敢當也。』」荀子儒效：「天子也者，不可以少當也，不可以假攝為也；能、則天下歸之，不能、則天下去之。」

③尊拳　指稱對方的拳頭；今語「您的老拳」。

④劉伶　（？—？魏晉間人，卒於泰始間）沛（今安徽淮北）人。字伯倫。放情肆志，常以細宇宙齊萬物為心。與阮籍、嵇康相善，為竹林之交。嗜酒，未嘗措意文翰，惟撰酒德論一篇存世。曾為建威參軍。泰始初對策，盛言無為之化，以無用罷。後以壽終。（晉書卷

四九）。

⑤俗人　平庸的人。荀子儒效：「不學問，無正義，以富利為隆，是俗人者也。」

⑥相忤　彼此逆目而視，引發衝突。忤，ㄨˇ。逆。莊子刻意：「無所於忤，虛之至也。」成玄英疏：「忤，逆也。」史記魏其武安侯列傳：「灌將軍得罪丞相，與太后家忤，寧可救邪？」

⑦攘袂奮拳　拉上衣袖，揮振拳頭。漢書鄒陽傳：「臣竊料之，能歷西山，徑長樂，抵未央，攘袂而正議者，獨大王耳。」明張居正（一五二五—一五八二）暮宿田家詩：「攘袂再三起，向我誇耕桑。」清侯方域（一六一八—一六五四）書彭西園集後：「（西園）嘗遊京師，遇竟陵鍾惺，與譚不合，奮拳毆之。」袁枚（一七一六—一七九七）隨園詩話卷一：「韓蘄王為小卒時，相士言其日後封王。韓大怒，以為侮己，奮拳毆之。」

⑧往　去。水滸傳第五回：「智深自往東京。」在此，往，引申作「找（對方）理論」解。

⑨笑而止　笑且止。止，已。指未發生奮拳毆人之舉。

【析源】

晉書劉伶傳：「（伶）嘗醉與俗人相忤，其人攘袂奮拳而往。伶徐曰：『雞肋不足以安尊拳。』其人笑而止。」又，世說新語文學：「劉伶著酒德頌，意氣所寄。」劉孝標注：「竹林七賢論曰：『伶處天地間悠悠蕩蕩，無所用心。嘗與俗士相迕，其人攘袂而起，欲必築之。』伶和其色曰：『雞肋豈足以當尊拳。』其人不覺廢然而返。……」

三三、唾面自乾

婁師德深沉有度量 其弟除代州刺史 將行。師德曰：「吾備位宰相，汝復為州牧，榮寵過盛，人所嫉也，將何以自免？」弟長跪曰：「自今雖有人唾某面，其拭之而已，庶不為兄憂。」師德愀然曰：「此所以為吾憂也。人唾汝面，怒汝也；汝拭之，乃逆其意，所以重其怒。夫唾不拭自乾，當笑而受之。」

【語譯】

婁師德思慮透徹深入，個性沉著穩健。胸懷磊落、器量闊開。（他的）弟弟實授代州刺史，準備前往就任。他說：「我忝為宰相，你又做了方面大吏，名位、恩澤已經超越極點，必然引來別人的猜忌、憎恨。此後，我們應該怎麼做，才能不發生這不愉快的事情呢？」他的弟弟挺直腰骨、兩膝著地答道：「從現在起，假若有人對著我的臉龐吐口水，只有默默地指淨它就是，但願不使大哥增添煩擾。」師德臉色驟變地說：「這正是我的擔心！人家當著你的臉吐口水，是對你發火，你趕緊擦淨它，正好和他的意圖相反，必然更加讓他生氣。既遭人吐口水，不須擦拭，也會蒸發、消失，應該面帶笑容地接受對方的羞辱吧。」

【注釋】

①唾面自乾　語本尚書大傳大戰：「罵女毋歎，唾女毋乾。」女，通「汝」。意謂逆來順受，忍辱不與人較也。

②婁師德　（六三〇—六九九）。唐鄭州原武（今河南原陽）人。字宗仁。弱冠擢進士第，授江都尉。上元初，累補監察御史。儀鳳三年（六七八），應募從軍西擊吐蕃，八戰八勝，功遷殿中侍御史兼河源軍司馬。天授初，累授左金吾將軍，檢校豐州都督。長壽二年（六九三），同鳳閣鸞臺平章事，復以為河源、積石、懷遠軍及河、蘭、鄯、廓州檢校營田大使。入遷秋官尚書、原武縣男，改左肅政御史大夫，並知政事。神功元年（六九七）拜納言，封譙縣子。聖曆二年（六九九）詔檢校并州長史、天兵軍大總管。是歲卒，贈涼州都督，謚貞。（舊唐書卷九三、新唐書卷一〇八）。

③深沉　沉，本作「沈」。思慮深入透徹，個性沈著穩健，喜怒不形於色。漢書王嘉傳：「嘉奏封事，薦（梁）相等明習治獄：相計謀深沈。」北齊書神武皇帝紀上：「長而深沉有大度，輕財重士，為豪俠所宗。」

④度量　胸懷；器量。史記司馬相如傳喻巴蜀檄：「人之度量相越，豈不遠哉。」三國志蜀志馬忠傳：「忠為人寬濟有度量，但詼啁大笑，忿怒不形於色。」

⑤除　授予官職，恆指實授言。後漢書陳實傳：「復再遷，除太邱長。」

⑥代州　地名。春秋時屬晉地，戰國屬趙，置雁門郡。秦漢因之。隋開皇五年改稱代州。唐宋因之。

⑦刺史　參尿寒灰⑩。

⑧備位　謙詞。謂聊以充數，徒占其位；猶云「忝為」。漢書魏相傳：「臣相幸得備位，不能奉明法，廣教化，理四方，以宣盛德，……臣相罪當萬死。」

⑨宰相　韓非子顯學：「故明主之吏，宰相必起於州郡，猛將必起於卒伍。」上古，本用以泛稱掌政之高階官吏，其後則用以專稱歷代輔佐皇帝、統領百官、總攬政務之最高行政首長。如秦漢之丞相、相國、三公，唐宋之中書、門下、尚書等三省長官及平章事，明清之大學士。（通典卷一九、續通典卷二五）。榮按：婁師德於武后長壽二年（六九三）授同鳳閣鸞臺平章事（即門下省長官），乃相職也。

⑩州牧　參尿寒灰⑩。

⑪榮寵　名位（官位）與恩澤。東漢蔡邕（一三三—一九二）汝南周巨勝碑：「瞻彼榮寵，譬諸雲霄。」後漢書李通傳：「時天下略定，通思欲避榮寵　以病上書乞身。」

⑫過盛　猶云逾極。過，超。表性態。漢書劉歆傳：「博見強志，過絕於人。」盛，極點。莊子德充符：「平者，水停之盛也。」史記蕭相國世家：「高祖以蕭何功最盛，封為酇侯，所食邑多。」

⑬嫉　ㄐㄧˊ。妒忌；意謂因別人較自己好而生猜忌、憎恨之心。戰國屈原離騷：「眾女嫉余之蛾眉兮，謠諑謂余以善淫。」

⑭自免　自求趨避災厄、排除憂患。史記魯仲連鄒陽列傳：「夫以孔墨之辯，不能自免於讒

訣，而二國以危。」南朝梁江淹（四四四—五〇五）詣建平王上書：「彼之二子，猶或如是，況在下官，焉能自免。」

⑮長跪　挺直腰骨，雙膝著地。戰國策魏策四：「秦王色撓，長跪而謝之。」史記留侯世家：「良業為取履，因長跪履之。」

⑯唾某面　對著我的臉龐吐口水。唾，ㄊㄨㄛˋ。吐口水。禮記曲禮上：「尊客之前不叱狗，讓食不唾。」某，指稱自己。自謙代詞。禮記投壺：「主人謂曰：『某有枉矢哨壺，以樂嘉賓。』」面，顏前也。今語臉龐。左傳襄公三十一年：「人心之不同，如其面焉。」

⑰拭　ㄕˋ。指。擦。儀禮聘禮：「賈人北面坐拭圭。」漢書張敞傳：「今天子以盛年初即位，天下莫不拭目傾耳，觀化聽風。」

⑱庶不為兄憂　但願不讓大哥增添擔心。庶，猶但願；希望。元史陳思謙傳：「汝當身先士卒，以圖報效，庶無負朝廷也。」為，ㄨㄟˋ。使。易井：「井渫不食，為我心惻。」國語魯語：「……其為後世昭前之令聞也。」憂，愁。論語衛靈公：「人無遠慮，必有近憂。」在此，猶云煩擾。

⑲愀然　ㄑㄡˇ ㄖㄢˊ。容色改變貌。禮記哀公問：「孔子愀然作色而對曰：『君之及此言，百姓之德也。』」鄭注：「愀然，變動貌也。」西漢司馬相如（前一七九—前一一八）上林賦：「於是，二子愀然改容，超若自失，逡巡避席。」李善注引郭璞曰：「愀然，變色貌。」

⑳當笑而受之　宜面帶笑容地接受他的羞辱。當，應該。史記黥布列傳：「黥布，秦時為布

衣。少年，有客相之曰：『當利而王。』」漢書薛廣德傳：「曉人不當如此耶？」受，承。孟子萬章下：「萬章曰：『君餽之粟，則受之乎？』曰：『受之。』」

【析源】

唐劉肅（生卒年里均不詳；元和初猶在世。）大唐新語容恕：「初，（婁）師德在廟堂，其弟某以資高拜代州都督。將行，謂之曰：『吾少不才，位居宰相。汝今又得州牧，叨據過分，人所嫉也。將何以終之？』弟對曰：『自今雖有唾某面者，亦不敢言，但自拭之，庶不為兄之憂也。』師德曰：『此適為我憂也。夫前人唾也，發於怒也，汝今拭之，是逆前人怒也。唾不拭將自乾，何如笑而受之。』弟曰：『謹受教。』」

新唐書婁師德傳：「（師德）深沈有度量，人有忤己，輒遜以自免，不見容色。……其弟守代州，辭之官，教之耐事。弟曰：『人有唾面，絜之乃已。』師德曰：「未也。絜之，是違其怒，正使自乾耳。」」榮按：舊唐書婁傳並無以上記事。又，師德論唾面自乾，時武周長壽二年（六九三）正月也。

三四、五世同居

張全翁言：「潞州有一農夫，五世同居。太宗討并州，過其舍，召其長訊之曰：『若何道而至此。』對曰：『臣無他，惟能忍耳。』太宗以為然。」

【語譯】

張全翁說：「潞州有一戶農家，上上下下五代的人都住在一起，並未分家。秦王領軍誅伐并州的時候，道經這戶人家，招請年長者來垂詢，他問：『順著甚麼方法，才能做到這樣的地步？』年長者稟道：『草民沒有別的方法，只是大家都能彼此寬容罷了。』秦王認為有道理。」

【注釋】

①五世同居　多作「五世同堂」、亦作「五代同居」。指自高祖至玄孫，五代並存，共同居處，並未分家。父子一輩曰一世。孟子離婁下：「君子之澤，五世而斬。」父子相繼各為一代。唐王維（七〇一—七六一）詠李陵詩：「漢家李將軍，三代將門子。」按：唐，避太宗名諱，遇「世」字多改用「代」字。兩漢，稱大家族未分開居住之兄弟及兄弟之子為同居。漢書惠帝紀：「今吏六百石以上，父母妻子與同居，……」

②張全翁　人名，生卒年事跡皆不詳，惟可確定，渠為北宋初曾官朝議（大夫）。（詳本章析源）

③潞州　地名。周黎侯國。漢置壺關縣，屬上黨郡。北周建德七年（五七八）始置潞州，州治襄垣。唐以後州治在今山西長治縣。明嘉靖八年（一五二九）改潞安府。（讀史方輿紀

要卷四二）。

④太宗　指李世民（五九九—六四九）。李淵之次子，隋末勸父淵起兵，推翻隋朝。淵即帝位，封渠為秦王，武德九年（六二六）發動玄武門之變，得立為太子，即位後，行均田制、租庸調法，興修水利，恢復農業生產，史稱貞觀之治。在位廿三年崩，廟號太宗。

⑤討　誅伐。禮記王制：「革制度衣服者為畔。畔居者討。」鄭注：「討，誅也。」

⑥并州　古九州之一，其地包括今河北保定、正定，山西太原、大同等地。西漢置并州，地當今內蒙、山西大部與河北之一部，東漢併為冀州。三國曹魏復置之，惟約今山西汾水中游周遭地區。唐開元十一年改為太原府。（通典卷一七九州郡九、太平寰宇記卷四〇河東道一）按：武德三年（六二〇）四月，秦王李世民屯兵柏壁，大破劉金剛，俘斬數萬，劉武周聞金剛敗，棄并州走突厥，世民遂直取并州。

⑦「過」其「舍」　過，經過。莊子知北遊：「若白駒之過隙。」舍，宅也。宋史輿服志：「庶人舍屋，許五架門，一間兩廈而已。」

⑧「召」其「長」「訊」之　召，ㄓㄠˋ。招。招請。淮南子修務訓：「楚人有烹猴而召其鄰，……」年耄且輩分高者曰長。訊，問。即問而使人解答之稱。禮記學記：「今之教者，呻其佔畢，多其訊問；……」

⑨若何道　順著甚麼方法。若，順。順從。書說命中：「明王奉若天道，建邦設都。」穀梁傳莊公元年：「不若於道者，天絕之也。」范寧注：「若，順。」何道，甚麼方法。楚辭

天問：「覆舟斟尋，何道取之？」聞一多疏證：「言少康滅斟尋氏，奄若覆舟，獨以何道取之乎？」

⑩臣　有多義。在此，作「庶民」解。帝制時代庶民（人）對君王亦自稱臣。詩小雅北山：「溥天之下，莫非王土；率土之濱，莫非王臣。」孟子萬章下：「在國，曰市井之臣。在野，曰草莽之臣。皆謂庶人。……」

⑪無他　亦作「無它」、「無佗」。意謂沒有別的。孟子告子上：「人有雞犬放，則知求之；有放心則不知求。學問之道無他，求其放心而已矣。」又，梁惠王下：「……此無他，與民同樂也。」金元好問（一一九〇—一二五七）內相文獻楊公神道碑銘：「聖人之道無它，至誠而已。」

⑫惟能忍耳　只不過大家都能彼此寬容罷了。惟，只。僅僅。論語子張：「有始有卒者，其惟聖人乎？」孟子離婁上：「……是以惟仁者宜在高位。」忍，在此，作「寬容」解。論語八佾：「是可忍，孰不可忍也？」耳，不過……罷了。穀梁傳襄公三十年：「天子、諸侯所親者唯長子、母弟耳。」論語陽貨：「子曰：『二三子，偃之言是也，前言戲之耳。』」

⑬以為然　認為有道理。以為，ㄧˇ ㄨㄟˊ。認為。左傳僖公二十三年：「及齊，齊桓公妻之，有馬二十乘。公子安之。從者以為不可，將行，謀於桑下。」北宋蘇軾日喻：「生而眇者不識日，問之有目者。或告之曰：『日之狀如銅槃。』扣槃而得其聲。他日聞鍾，以為日也。」然，是。不錯。論語雍也：「仲弓曰：『居敬而行簡，以臨其民，不亦可乎？居簡

而行簡，無乃大簡乎？』子曰：『雍之言然。』」史記孔子世家：「孔子欣然笑曰：『形狀末也，而似喪家之狗，然哉、然哉！』」

【析源】

北宋王得臣（一〇三六—一一一六）麈史卷二治家「張全翁朝議為予曰：『潞州有一農夫，五世同居。太宗討并州，過其舍名甚長，訊之曰：『若何道而至此？』其長對曰：『臣無他，惟忍耳。』太宗以為然。』」

三五、九世同居

張公藝九世同居，唐高宗臨幸其家，問本末，書「忍」字以對。天子流涕，遂賜縑帛。

【語譯】

張公藝上下九代，住在一起，並未分家。唐高宗在位時，曾親自走訪，並請教維持這種局面的來龍去脈。他用筆寫了百餘個「忍」字來回復皇帝的垂詢。高宗深受感動、淚流滿面，於是賞給張府絹製織品。

【注釋】

①張公藝 隋唐間鄆州壽張（今屬山東省）人。生卒年不詳，渠以孝行聞。（舊唐書孝行傳

劉君良傳附張公藝）。

②唐高宗（六二八—六八三）。李治，字為善。太宗第九子，文德皇后長孫氏所出。始封晉王，貞觀十七年立為太子。在位三十四年，弘道元年（六八三）崩，謚天皇大帝，廟號高宗，葬乾陵。

③臨幸　皇帝親自駕到。帝王車駕所至曰「幸」。世說新語識鑒：晉武帝講武於宣武場，帝欲偃武修文，親自臨幸，悉召羣臣。」新五代史雜傳王峻：「峻於樞密院起廳事，極其華侈，邀太祖臨幸。」史載：乾封元年（六六六）正月，高宗車駕泰山頓封禪（舊唐書高宗紀下）。造訪張府應於同年。

④本末　喻原委。易繫辭下：「其初難知，其上易知，本末也。」荀子禮論：「本末相順，始終相應。」

⑤流涕　指流淚言。目出曰涕，鼻出曰泗。又，目出曰涕、鼻出曰洟。

⑥縑帛　ㄐㄧㄢ ㄅㄛˊ。絹類絲織品。古多用以賞賜、酬謝。周禮天官典絲：「掌其藏與其出，以待興功之時。」鄭注：「時者若溫煖宜縑帛，清涼宜文繡。」史記滑稽列傳：「數賜縑帛，檐揭而去。」

【析源】

舊唐書孝友傳劉君良附張公藝：「鄆州壽張人張公藝，九代同居。……麟德中，高宗有事泰山，路過鄆州，親幸其宅，問其義由。其人請紙筆，但書百餘『忍』字。高宗為之流涕，賜以縑帛。」榮按：麟德中，係指麟德三年，是年改元乾封元年，餘參③。

三六、置怨結懽

李泌、竇參器李吉甫之才，厚遇之。陸贄疑有黨，出為明州刺史。贄之貶忠州，宰相欲害之，起吉甫為忠州刺史，使甘心焉。至，置怨與結懽，人器重其量。

【語譯】

李泌、竇參看重李吉甫的資質、能力，給以相當的禮遇。陸贄質疑他們可能結為小組織，將李吉甫外放明州擔任刺史。後來，陸贄被降調為忠州別駕，宰相企圖加禍於陸贄，因此荐舉吉甫任忠州刺史，企圖恣縱他一償害人的快意。沒料到他一到職，捨仇恨且主動示好。大家肯定他做人的氣度。

【注釋】

①置怨結懽　捨棄仇恨，彼此交好。置，捨棄。棄。國語周語中：「今以小忿棄之，是以小怨置大德也。」韋昭注：「置，廢也。」晏子春秋諫上十一：「置大立少，亂之本也。」怨，恨。仇恨。孟子萬章上：「萬章曰：『父母愛之，喜而不忘。父母惡之，勞而不怨。然則舜怨乎？』」禮記儒行：「內舉不避親，外舉不避怨。」結懽，與人交好。懽，同

「驩」、「歡」，厂ㄨㄢ。左傳昭公四年：「（楚子）使椒舉如晉而求諸侯，曰：『……寡人欲結驩於二三君，使舉請閒。』」南朝梁任昉出郡傳舍哭范僕射詩：「結懽三十載，生死一交情。」

②李泌（七二二—七八九）。唐京兆（今陝西西安）人。字長源。少聰敏，博涉經史，好談神仙道術。天寶中，上書論當世務，玄宗召見之，令待詔翰林，供奉東宮。太子遇之厚。楊國忠奏其賦詩諷刺時政，詔于蘄春縣安置。肅宗即位，起行在，陳古今成敗之機，自稱山人，固辭官秩，解褐銀青光祿大夫，俾掌機務，權逾宰臣。授元帥廣平王行軍司馬。為崔圓、李輔國所忌，畏禍，隱衡山。代宗即位，召為翰林學士，權臣惡不附己，出之。貞元三年（七八七）拜中書侍郎，同中書門下平章事。封鄴縣侯。請復天下吏員。加百官俸科，順宗在春宮，以妃母郜國公主故受責，切諫，順宗乃得安。卒，贈太子太傅，有李泌集二〇卷存世。（新、舊唐書卷一三九、一三〇）

③竇參（七五五—八一四）。籍里不詳。字時中。以蔭累遷萬年尉。進大理司直。婺州刺史鄧珽坐贓八千貫，宰臣右之，欲免輸財，參堅執法，竟徵贓。遷御史中丞，舉劾無所迴避。德宗屢召見，與語天下事，或決大議。神策將軍孟華戰有功，或誣以反，龍武將軍李建玉陷吐蕃自拔歸，部曲告與虜通，無以自白，悉治出之，人始屬望。貞元五年（七八九）以中書侍郎同中書門下平章事，領度支、鹽鐵使，實專大政，引用親黨，多所詗察，四方畏之。八年，坐族子竇申事貶郴州別駕，又貶驩州司馬，賜死。（新舊唐書卷八〇、一三

六）

④器　重；重視。後漢書陳寵傳：「……朝廷器之。」

⑤李吉甫　（七五八—八一四）。唐趙郡（今河北趙縣）人。字弘憲。父栖筠，代宗朝為御史大夫，名重於時。吉甫因以蔭補左司御率府倉曹參軍。貞元初，為太常博士，明練典故。歷忠、郴、饒三州刺史。憲宗立，召為考功郎中，知制誥，輔帝討平劉辟。元和二年（八〇七）拜中書侍郎，同中書門下平章事，佐帝討李錡。為相年餘，凡易三十六鎮，請使屬郡刺史，得自為政，以弱藩鎮。封贊皇縣開國侯，徙趙國公。出為淮南節度使。每朝廷得失輒以聞。于高郵縣築堤為塘，溉田數千頃。六年，授中書侍郎，同中書門下平章事。請減省職員并諸色出身胥吏，輔帝圖淮西。卒，贈司空，謚忠懿。有元和郡縣圖志五四卷存世。（新、舊唐書卷一四六、一四八）。

⑥才　資質。才能，通「材」。孟子告子上：「富歲子弟多賴，凶歲子弟多暴。非天之降才爾殊也，其所以陷溺其心然也。」論語子罕：「顏淵喟然歎曰：『仰之彌高，鑽之彌堅；瞻之在前，忽焉在後。……既竭吾才；如有所立，卓爾；……』」

⑦厚遇　非常的禮遇。厚，厚待，優待。管子小問：「假而禮之，厚而勿欺，則天下之士至矣。」顏氏家訓教子：「有偏寵者，雖欲以厚之，更所以禍之。」遇，待。史記淮陰侯列傳：「漢王遇我甚厚。」又，高祖本紀：「漢王之出關至陝，撫關外父老，還，張耳來見，漢王厚遇之。」北宋秦觀（一〇四九—一一〇〇）清和先生傳：「上曰：『清和先生今乃

信其清和矣，益厚遇之。』」

⑧陸贄（七五四—八〇五）。唐蘇州嘉興（今屬浙江）人。字敬輿。年十八舉大歷進士。德宗即位，召為翰林學士。建中四年（七八三），從帝避朱泚之亂於奉天，機務填總，遠近調發，奏請報下，書詔日數百。貞元八年（七九二），累遷中書侍郎、同平章事。為裴延齡所譖毀。十年（七九四）冬，罷相。次年，謫貶忠州別駕。順宗立，召還，詔未至而卒，贈兵部尚書，謚曰宣。後人匯集有陸宣公奏議行世。（新、舊唐書卷五七、一三九）。

⑨疑有黨　預度存在著小組織。疑，預度；估量。儀禮士相見禮：「凡燕見于君，必辯君之南面；若不得，則正方，不疑君。」疏：「不可預度君之面位邪立嚮之。」朋輩曰黨。今語謂小組織。左傳僖公九年：「臣聞亡人無黨；有黨必有讎。」

⑩「出」為「明州」刺史　朝廷曰內，地方曰外；外放曰出。唐開元廿六年（七三八）分越州鄮縣地為鄮、奉化、慈谿、翁山四縣，置明州，州治鄮縣（今鄞縣南四十里）。大歷、長慶間州治先後徙今寧波。因境內四明山而得名。轄境相當今浙江甬江流域及舟山群島等地。天寶元載（七四二）改餘姚郡。乾元元年（七五八）恢復為明州。榮按：新舊唐書均載「出為明州（員外）長史。」非刺史也。

⑪忠州　原稱臨州，貞觀八年（六三四）改名，以地邊巴徼，意懷忠信為名，治臨江縣（今稱忠縣），轄境相當近世重慶、豐都、墊江、石柱等縣。天寶元載（七四二）改南賓郡、乾元元年（七五八）復為忠州。餘參⑧。

⑫欲「害」之　加禍。易謙：「鬼神害盈而福謙。」

⑬「起」吉甫忠州刺史　荐舉曰起。戰國策秦策二：「起樗里子于國。」高誘注：「起，舉也。」

⑭使甘心焉　恣縱害人的快意。使，恣縱。漢書灌夫傳：「夫為人剛直使酒，……。」甘心，稱心，快意。左傳莊公九年：「管（仲）召（忽）讎也，請受甘心焉。」注：「言欲快意戮殺之。」

⑮器重　重視。在此，引申作「肯定」解。

【析源】

舊唐書李吉甫傳：「宰臣李泌、竇參推重其才，接遇頗厚。及陸贄為相，出為明州員外長史，久之遇赦，起為忠州刺史。時贄已謫在忠州，議者謂吉甫必逞憾於贄，重構其罪；及吉甫到部，與贄甚歡，未嘗以宿嫌介意。」又，陸贄傳：「初，贄秉政，貶駕部員外郎李吉甫為明州長史，量移忠州刺史。贄在忠州，與吉甫相遇，昆弟、門人咸為贄憂，而吉甫忻然厚禮，都不銜前事，以宰相禮事之，猶恐其未信不安，日與贄相狎，若平生交契者。……後乃深交。」又，新唐書李栖筠傳附吉甫：「李泌、竇參器其才，厚遇之。陸贄疑有黨，出為明州長史。贄之貶忠州，宰相欲害之，起吉甫為忠州刺史，使甘心焉。既至，置怨與結懽，人益重其量，……。」

三七、鞍壞不加罪

裴行儉常賜馬及珍鞍；〔令史〕私馳。馬蹶鞍壞，懼而逃，行儉招還，云不加罪。

【語譯】

裴行儉經常得到皇帝賞給他駿馬和精製的鞍橋；令史偶而會暗中騎乘、使用。馬匹不慎仆倒受傷、馬鞍用後受損，令史心生恐懼，不告而別，他設法找回並表示不會追究那無心的過失。

【注釋】

①鞍壞不加罪　鞍橋受損，不追究過失。鞍，置馬背上，便人乘騎之墊，通稱馬鞍，又稱鞍橋。受損曰壞，加，猶添也。過失曰罪。加罪，猶云追究過失。

②裴行儉　（六一九—六八二）。唐絳州聞喜（今山西聞喜縣）人。字守約。曾祖伯鳳，北朝周驃騎大將軍；祖父定，馮翊郡守；父仁基，隋光祿大夫、武德原州都督。渠以門蔭補弘文生。貞觀間，舉明經，拜左屯衛倉曹參軍。麟德二年（六六五），拜安西大都護。咸亨初，改吏部侍郎。儀鳳中，為安撫大食使，冊送波斯王歸國，計擒西突厥叛酋。以功拜禮部尚書。調露元年（六七九），為定襄道行軍大總管討突厥，勛封聞喜縣公。永淳元年

（六八二），為金方道大總管，討車薄，病卒，年六十四，贈幽州都督，謚曰獻。中宗即位，追贈揚州大都督。撰有草字雜體、選譜。（新舊唐書卷一〇八、八四）

③常　恆。列子天瑞：「生者不能不生，化者不能不化，故常生常化。故常生常化者，要時不生，無時不化。」易林：「天之所予，福祿常在。」又作「曾」解。漢書高帝紀：「高祖常繇咸陽，縱觀秦皇帝。」

④賜　予。上給下謂之賜。禮記曲禮上：「夫為人子者，三賜不及車馬。」又大儀：「……其以乘壺酒、束脩、一犬賜人，……」鄭注：「於卑者曰賜。」榮按：舊唐書裴行儉傳：「又有敕賜馬及新鞍，令史輒馳騾，……」

⑤「珍」鞍　美善可貴者，如：珍彥（形容人），又如：珍味（形容味）。其形容物者，如：東晉盧諶（二八四—三五〇）答魏子悌詩：「崇臺非一幹，珍裘非一腋。」珍鞍，謂精製之馬鞍也；鞍，詳①。

⑥令史　古職官名，始置於戰國，歷代品秩懸殊、職掌不一。唐制：屬未入流胥吏，於尚書省六部諸司、諸臺省、東宮詹事府、左右春坊及其下各局署皆隨曹閑劇而置，掌文書案牘，亦常差充雜職，如：甲庫令史、捉錢令史等。相當現代一、二職等書記職。榮按：令吏，戰國秦所置，屬縣衙屬員。原文誤作後者，茲訂正之。

⑦私馳馬　暗地裡騎乘疾奔。私，未經允准，暗自行之。即暗中，不公開。左傳宣公十六年：「冬，晉侯使士會平王室，定王享之。原襄公相禮。殽烝。武季私問其故。」史記項羽本

紀：「張良是時從沛公。項伯乃夜馳之沛公軍，私見張良，具告以事，欲呼張良與俱去。」馳，疾奔。

⑧馬「蹶」ㄐㄩㄝˊ。仆。顛仆。淮南子精神訓：「形勞而不休則蹶。」資治通鑑唐高祖紀：「馬蹶，世民躍立於數步之外，馬起，復乘之。」

⑨懼而逃 內心害怕然後出走。懼，恐。害怕。論語子罕：「子曰：『知者不惑，仁者不憂，勇者不懼。』」而，然後。逃，出走。書牧誓：「乃惟四方之多罪逋逃，是崇是長。」

⑩招還 找尋回來。招，覓。書說命下：「惟說式克欽承，旁招俊乂，列于庶位。」唐李白（七〇一—七六二）九日登山詩：「因招白衣人，笑酌黃花菊。」還，ㄏㄨㄢˊ。回。返回。詩小雅何人斯：「爾還而入，我心易也；還而不入，否難知也。」漢古詩焦仲卿妻詩：「卿但暫還家，吾今且報府。」五代後蜀韋莊（八三六？—九一〇）菩薩蠻詞：「未老莫還鄉，還鄉斷人腸。」

⑪云 ㄩㄣˊ。同「曰」，恆用以轉述他人語句。論語子罕：「牢曰：子云：『吾不試，故藝。』」

⑫不「加罪」 追究（他的）過失責任。加，添。論語子路：「冉有曰：『既庶矣，又何加焉？』曰：『富之。』曰：『既富矣，又何加焉？』曰：『教之。』」罪，咎，過失之稱。詩大雅生民：「后稷肇祀，庶無罪悔，以迄于今。」史記項羽本紀：「此天之亡我，非戰之罪也！」

【析源】

舊唐書裴行儉傳：「（行儉）又有敕賜馬及新鞍，令史輒馳騾，馬倒鞍破，令史亦逃。行儉並委所親招到，謂曰：『爾曹豈相輕耶？皆錯誤耳。』待之如故。」

新唐書裴行儉傳：「嘗賜馬及珍鞍，令史私馳馬，馬蹶鞍壞，懼而逃。行儉招還之，不加罪。」

三八、萬事之中忍字為上

唐光祿卿王守和未嘗與人有爭。嘗於案几間大書「忍」字，至於幃幌之屬以繡畫為之。明皇知其姓字，非時引對，問曰：「卿名守和，已知不爭。好書『忍』字，尤見用心。」奏曰：「臣聞堅而必斷，剛則必折，萬事之中，『忍』字為上。」帝曰：「善。」賜帛以旌之。

【語譯】

唐光祿寺卿王守和不曾和別人有過競取、對辯。曾經在處理公文書的房間，鄭重地寫一個「忍」字，至於帷幕、窗簾等，則採用刺繡加以裝飾。玄宗認得他的姓名字號以後，隨時召見他並垂詢道：「尊諱守和，已經讓大家充分瞭解愛卿不與人競取、對辯，喜歡寫『忍』字，更加可見愛卿的用心。」守和回稟道：「臣聽說『堅』便必定斷裂，『剛』就一定折斷，為人處世，『忍』是最好的準則。」玄宗說：「好極了！」賞給絲織品用來表彰他。

【注解】

①萬事之中，忍字為上　為人處世，「忍」是最好的準則。萬事，一切事情。墨子貴義：「子墨子曰：『萬事莫貴於義。』」唐李白古風之五九：「萬事固如此，人生無定期。」萬事，在此，引申作「為人處世」解。忍，參成王告君陳④。上，最好的。周禮考工記弓人：「凡取幹之道七：柘為上，檍次之……竹為下。」明李時珍（一五一八—一五九三）本草綱目草三牡丹：「牡丹以色丹者為上。」

②光祿卿　唐制：專管皇室祭品、膳食及招待酒宴之職官，從三品。

③王守和　生卒年、籍里等均不可考。

④未嘗　未曾。不曾。一作「未常」。論語雍也：「非公事，未嘗至於偃之室也。」左傳襄公二十八年：「昔先大夫相先君適四國，未嘗不為壇。」

⑤與人有爭　和別人有過競取、對辯。爭，參君子無所爭②。

⑥嘗於　曾經在。嘗，曾。曾經。論語衛靈公：「衛靈公問陳於孔子。孔子對曰：『俎豆之事則嘗聞之矣；軍旅之事，未之學也。』」

⑦案几間　處理公牘的房間。處所曰閒，ㄐㄢ。亦作「間」；案几間，猶今語辦公室也。

⑧大書　鄭重記載；鄭重其事地寫。近人梁啟超（一八七三—一九二九）紀年公理：「南海先生倡強學會，即用史公之例，大書孔子卒後二千四百四十七年，會中一二俗士聞之，則

舌撟汗下色變，懼禍將及己。」

⑨幃幌 ㄨㄟˊ ㄏㄨㄤˇ。帷幕、窗簾。幃，通「帷」。帳幕。釋名釋牀帳：「帷，圍也。所以自障圍也。」西晉張協（？—？；永嘉中去世。）七命：「重殿疊起，交錯對幌。」注：「文字集略曰：幌，以帛明牕也。」

⑩繡畫 刺繡為畫。唐李山甫（？—？；光啟間猶在世）寒食詩之一：「萬井樓臺疑繡畫，九原珠翠似煙霞。」

⑪明皇 （六八五—七六二）。李隆基，睿宗（旦）之子。韋后殺中宗（顯），立溫王，隆基密謀起兵，殺韋氏，奉父旦為帝，旋讓位於渠。即位後，用姚崇、宋璟為相，物阜民豐，史稱開元之治。晚年倚任李林甫、楊國忠，吏治腐敗、藩鎮割據。天寶十四載（七五五），安祿山反，次年陷長安，西走四川，諸將擁立太子亨為帝，奉之為太上皇，寶應元年（七六二）崩，葬泰陵，廟號玄宗。（新舊唐書玄宗本紀）

⑫姓字 姓氏名字。猶云姓名。墨子經說上：「聲出口，俱有名，若姓字。」南朝宋謝惠連（四〇七—四三三）祭古冢文：「銘誌湮滅，姓字不傳。」

⑬非時 隨時。唐王建（七六六？—？）贈郭將軍詩：「密封計策非時奏，別賜衣裳到處熏。」

⑭引對 皇帝召見臣僚詢問對答之稱。唐封演（？—？；約卒於貞元末）封氏聞見記穎悟：「即日聞奏，恩命引對。」南宋陸游（一一二五—一二一〇）福建到任謝表：「首蒙引對，

面錫殊科。」

⑮用心　存心。漢書董仲舒傳上疏：「陛下親耕藉田以為農先，……思惟往古，而務以求賢，此亦堯舜之用心也。」

⑯堅而必斷，剛則必折　「堅」、「剛」既稱物性，亦隱指人性而言。堅，硬；剛，堅強。二者同義。又，折即斷也，亦屬同義字。

⑰善　猶云好極了。史記范雎列傳：「王曰：『善！』」

⑱帛　絲織品。

⑲旌　ㄐㄧㄥ。表彰。左傳僖公二十四年：「以志吾過，且旌善人。」

【析源】

五代王仁裕（八八〇—九五六）開元天寶遺事卷四忍字：「光祿卿王守和未嘗與人有爭。嘗於案几間大書忍字，至於幃幌之屬以繡畫為之。明皇知其姓字，非時引對，問曰：『卿名守和，已知不爭，好書忍字，尤見用心。』奏曰：『臣聞堅而必斷，剛則必折。萬事之中，忍字為上。』帝曰：『善！』賜帛以旌之。」

三九、盤碎色不少吝

裴行儉初平都支、遮匐，獲瓌寶不貲。蕃酋將士願觀焉。行儉因宴，徧出示坐者。有碼碯盤二尺，文彩粲然。軍吏趍跌盤碎，惶懼，叩頭流血。行儉笑曰：『爾非故也。』色不少吝。

【語譯】

裴行儉剛剛削除都支、遮匐等叛亂，得到不少稀世的珍品。西域各部首領與渠所率將士想一睹究竟。行儉因此招待他們餐敘，並將所有的珍寶展示在他們的眼前。其中有一個瑪瑙盤，直徑二尺，紋路、色澤精良明潔。有一位士兵急著往前，絆了一跤，盤子給打破了，內心不安、害怕，伏在地上，不斷地以頭叩地，直到流血。行儉笑著說：「你又不是故意的。起來！起來！沒事。」毫無捨不得的神情。

【注釋】

①盤碎色不少吝　盤子打破了，卻毫無捨不得的神情。盤，ㄆㄢˊ。本作「槃」、「鎜」，俗作「柈」。淺而敞口之盛食承物之器。左傳僖公二十三年：「乃饋盤飧，置璧焉。」南朝梁江淹學梁王兔園賦：「碧玉作椀，銀為盤。」碎，ㄙㄨㄟˋ。破。破壞。史記廉頗藺相如列傳：「大王必欲急臣，臣頭今與璧俱碎於柱矣！」色，心理上感應，呈現於眉宇間之神情。顏氣曰色。詩魯頌泮水：「載色載笑，匪怒伊教。」禮記祭義：「孝子之有深愛者必有和氣，有和氣者必有愉色。」不少，不稍，謂毫無也。史記伯夷叔齊列傳序：「余以所聞由光義至高，其文辭不少概見，何哉？」吝，惜。捨不得。書仲虺之誥：「改過不吝，克寬克

仁。」

②初平　甫剷除。初，甫。表時間。史記秦始皇本紀：「丞相綰言：『諸侯初破，燕、齊、荊地遠，不為置王，毋以填之。』」平，剷除。詩小雅常棣：「喪亂既平，既安且寧。」

③都支、遮匐　儀鳳四年（六七九），西突厥阿史那都支自號十姓可汗，與吐蕃聯合，擾安西。六月，高宗詔吏部侍郎裴行儉討之。行儉請毋發兵，可以計取。即詔行儉冊送波斯王子，並安撫大食，若道經西域。都支果不疑，率子弟上謁，遂擒之。行儉召執諸部渠長，降別帥李遮匐以歸。（新唐書卷二一五）。都支，全名阿史那都支，西突厥人。遮匐，亦屬西突厥人，唐室賜姓李。

④瓌寶　稀世珍品。西晉左思（二五二？—三〇六？）吳都賦：「窺東山之府，則瓌寶溢目；觀海陵之倉，則紅粟流行。」

⑤不貲　本作「不訾」。謂數量甚大，不能以資財計算。「訾」、「貲」皆讀作「ㄗ」。管子七臣七主：「貧富之不訾。」史記貨殖列傳：「巴蜀寡婦清，……家亦不訾。」三國志魏志高柔傳：「羣鹿犯暴，殘食生苗，處處為害，所傷不貲。」訾，通「貲」，謂資財也。

⑥蕃酋　泛指當時西域臣服唐室之各部首領。

⑦願觀焉　都想一睹那些珍品呢。願，欲。期望。禮記中庸：「施諸己而不願，勿施諸人。」左傳昭公四年：「宣伯曰：『魯以先子之故，將存吾宗，必召女。召女何如？』對曰：『願之久矣。』」觀，視。諦視。書益稷：「帝曰：『……予欲觀古人之象，……』」易繫辭

下：「觀鳥獸之文與地之宜，……始作八卦。」焉，作語氣詞用。

⑧宴　亦作「讌」、「醼」，ㄧㄢˋ。以酒肉款待賓客。左傳宣公十六年：「王饗有體薦，宴有折俎。」

⑨偏出示　全部拿出來給人看。偏，皆。淮南子主術訓：「……則天下偏為儒墨矣。」漢書賈誼傳：「彼自丞相以上，偏置私人。」出示，拿出給人看。南宋張世南（？—？）游宦紀聞卷七：「己丑秋，孟訪一親舊，出示古物數種，皆所未見。」清王瑞履（？—？嘉道間人。）重論文齋筆錄卷一：「蔡聖涯妹婿，出示萬松居士折桂圖。」

⑩坐者　在坐的人。

⑪碼碯盤　用瑪瑙加工製成的盤子。碼碯，即瑪瑙。屬玉髓礦物，品類極多，顏色光美，可製器皿與飾物。約於西漢武帝前後，自古印度（身毒）傳入中土。（劉歆西京雜記卷二）

⑫二尺　謂盤面直徑。

⑬文彩粲然　色彩錯雜艷麗、精良耀眼的樣子。文彩，本作「文釆」，謂錯雜艷麗之色彩也。墨子辭過：「刻鏤文釆，不知喜也。」粲然，精潔貌。荀子榮辱：「俄而粲然有秉芻豢稻粱而至者。」

⑭趍跌　趍，ㄑㄩ。同「趨」。疾走曰趨。淮南子兵略訓：「獵者逐禽，車馳人趍，各盡其力。」跌，ㄉㄧㄝˊ。失足倒地。西漢陸賈（？—？，文帝間猶在世）新語輔政：「任杖不固則仆。……（秦）以趙高李斯為杖，故有傾仆跌傷之禍。」

⑮惶懼　內心不安而害怕。惶懼，同義複詞。

⑯叩頭　以頭叩地；叩，擊也。昔時，叩頭為最敬重之禮儀。史記田叔列傳：「叔叩頭對曰：『是乃孟舒所以為長者也。』」

⑰非故　不是故意。非，不。不是。易坤：「非一朝一夕之故。」

【析源】

舊唐書裴行儉傳：「初，平都支、遮匐，大獲瓌寶，蕃酋將士願觀之，行儉因宴設，遍出歷示。有馬腦盤，廣二尺餘，文彩殊絕。軍吏王休烈捧盤，歷階趨進，誤躡衣，足跌便倒，盤亦隨碎。休烈驚惶，叩頭流血，行儉笑而謂曰：『爾非故也，何至於是？』更不形顏色。」

新唐書裴行儉傳：「初，平都支、遮匐，獲瓌寶不貲，蕃酋將士願觀焉。行儉因宴，徧出示坐者，有碼碯盤廣二尺，文彩粲然，軍吏趨跌盤碎，惶怖，叩頭流血。行儉笑曰：『爾非故也，何至是？』色不少吝。」

四〇、不忍按

許圉師為相州刺史，以寬治。部有受賕者，圉師不忍按，其人自媿，後修飭，更為廉士。

【語譯】

許圉師任相州刺史的時期，採行仁厚施政、御下。某屬員收取別人不當的財物，他不願意狠下心來審理，那人本身充滿羞咎，後來行為謹嚴、端正，改頭換面，成為有氣節、重操守的人。

【注釋】

①不忍按　打從心裡，不願意狠下心來審理。不忍，即不忍心。謂感情上覺得過不去。穀梁傳桓公元年：「先君不以其道終，則子弟不忍即位也。」按，審理。遼史蕭翰傳：「詔屋質鞠按，翰伏辜。」

②許圉師　（？—六七九）。唐安州安陸（今屬湖北）人。進士出身，累遷給事中。顯慶四年（六五九）以黃門侍郎同中書門下三品。旋為散騎常侍、檢校侍中。龍朔二年（六六二）為左相。次年，左遷虔州刺史，尋轉相州。渠為政寬簡，上元中晉戶部尚書。（新、舊唐書卷九〇、五九）。

③相州　北魏天興四年（四〇一）自冀州分置之。治鄴縣（今河北臨漳縣西南）。轄境相當今河北邢台、廣宗以南，河南林州、湯陰、清豐、范縣以北，山東武城、莘縣以西地區。其後迭有改變。唐時轄境約今河北成安、廣平、魏縣西南，河南安陽、鶴壁、湯陰、林州、內黃等縣市與濮陽西部地。治安陽。

④刺史　唐制：刺史為一州行政長官，不帶軍號，員一人，品秩依州之等級自從三品至正四品下不等。其屬有長史、司馬、別駕、錄事參軍及司功、司倉、司戶、司田、司兵、司法、

司士參軍事等，員額增減不一。初，刺史例加使持節，唯給銅魚一枚。中唐後多帶防禦使、團練使，其屬又有押牙、虞侯、兵馬使等。餘參尿寒灰⑩。

⑤以「寬」治　仁厚。書大禹謨：「臨下以簡，御眾以寬。」左傳昭公二十年：「唯有德者能以寬服民，其次莫如猛。」

⑥「部」有「受賕」者　部，即所部，屬僚之稱也。後漢書卓茂傳：「人常言部亭長受其米肉遺者。」受賕，收取賄賂。受，接受。即收取也。詩大雅下武：「於斯萬年，受天之祜。」賕，ㄑㄡˊ。枉法相謝之財物。史記滑稽列傳：「又恐受賕枉法。」後漢書王符傳：「夫理直則持正而不撓，事曲則諂意以行賕；不撓故無恩於吏，行賕故見私於法。」

⑦自「媿」　同「愧」。慚。謂心有所羞。詩大雅抑：「相在爾室，尚不愧于屋漏。」

⑧修飭　行為謹嚴、端正，不逾矩。北史羊烈傳：「烈家傳素業，閨門修飭，為世所稱。」

⑨更為　改變成為。更，改也。ㄍㄥ。論語子張：「君子之過也，如日月之食焉。過也，人皆見之；更也，人皆仰之。」

⑩廉士　有氣節不苟取之人。孟子滕文公下：「陳仲子豈不誠廉士哉！」趙注：「陳仲子，齊一介之士，窮不苟取者。」莊子刻意：「眾人重利，廉士重名。」

【析源】

舊唐書許紹傳附少子圉師：「尋轉相州刺史，政存寬惠，人吏刊石以頌之。嘗有官吏犯贓事露，圉師不令推究，但賜清白詩以激之，犯者愧懼，遂改節為廉士，其寬厚如此。」

新唐書許紹傳附圉師：「久之，為虔州刺史，稍遷相州，專以寬治，州人刻石頌美。部有受賕者。圉師不忍按，但賜清白箴，其人自愧，後修飭，更為廉士。」

四一、遜以自免

唐婁師德深沉有度量，人有忤己，遜以自免，不見容色。嘗與李昭德偕行，師德素豐碩，不能遽步。昭德遲之，恚曰：「為田舍子所留。」師德笑曰：「吾不田舍，復在何人？」

【語譯】

唐婁師德思慮透徹深入、沉著穩健，胸懷磊落、器量闊開。遇上別人對他過不去的時候，總是謙恭、退讓，求得脫身，而且神色自若。他曾經和李昭德同行，師德本來容貌豐滿，體形肥胖，不能快步前進。昭德無奈地等候他並抱怨道：「裝出那一副鄉巴佬的模樣。」他笑著說：「我不是鄉巴佬，還有那個人會是？」

【注釋】

①遜以自免　謙恭、退讓，使自己求得脫身。遜，謙恭、退讓。書說命下：「惟學遜志，務時敏，厥修乃來。」以，連詞；猶言使得。左傳襄公二十四年：「象有齒以焚其身。」三國蜀諸葛亮（一八一—二三四）前出師表：「不宜妄自菲薄，引喻失義，以塞忠諫之路

也。」自免，求得脫身。西漢劉向（前七七？—前六）九歎遠逝：「舒情敶詩，冀以自免兮；頹流下隕，當日遠兮。」

②婁師德　人名。詳唾面自乾②。

③深沉有度量　詳唾面自乾③、④。

④忤己　對自己過不去。

⑤不見容色　謂喜怒未形於色，神情自若狀。

⑥李昭德　（？—六九七）。唐京兆長安（今陝西西安）人。擢明經。累官御史中丞。如意元年（六九二），拜鳳閣侍郎同平章事，尋檢校內史。曾密奏罷武承嗣相權，杖殺請立承嗣為皇太子者。武后好祥瑞，諛佞者多獲進用，渠叱取媚者。時酷吏恣橫，昭德每奏其奸，又榜殺侯思止，其黨稍沮。然頗怙權，人多疾之。後為來俊臣誣下獄，遇殺，時人冤之。（新舊唐書卷一一七、八七）

⑦偕行　同行。謂相伴出發。詩秦風無衣：「王于興師，修我甲兵，與子偕行。」

⑧素　本。西漢劉向說苑反質：「是謂伐其根素，流於華葉。」三國吳韋旦（？—二七三）博奕論：「平居不惰其業，窮困不易其素。」

⑨豐碩　容貌豐滿、體形肥胖。唐李德裕（七八七—八五〇）次柳氏舊聞：「吳皇后年幼體弱，皇孫體未舒，負媼惶惑，乃以宮中諸子同日生而體貌豐碩者以進。」明史楊博傳：「博魁梧豐碩，臨事安閒有識量。」

⑩遽步　急行。快走。新唐書婁師德傳：「嘗與李昭德偕行，師德豐碩，不能遽步，昭德遲之。」

⑪「遲」之　ㄓˋ。待。後漢書章帝紀：「朕思遲直士，側席異聞；……」集解：「遲，待也。」南北朝宋謝靈運（三八五—四三三）南樓中望所遲客詩：「登樓為誰思，臨江遲來客。」唐陸龜蒙（？—八八一？）入靈屋洞詩：「真君不可見，焚盥空遲久。」

⑫恚　發怒。抱怨。漢書東方朔傳：「舍人恚曰：『朔擅詆欺天子從官，當棄市。』」

⑬為田舍子所留　裝出那一副鄉巴佬的模樣。為，ㄨㄟˊ。裝出。漢書楊惲傳：「言大臣廢退，當闔門惶懼，為可憐之意，不當治產業，通賓客。」太平廣記卷三〇九引唐谷神子博異志張遵言：「夜叉等齊獰毒，為戚施之顏，肘行而前。」田舍子，本義農家子，多用為貶意，猶云鄉巴佬。南宋姚寬（一一〇五—一一六二）西溪叢話卷上：「王衍彥，楚人。嘗夢中得詩云：『……可憐田舍子，理亂不曾知。』」所留，「所」屬文言文介詞。古文恆見有介詞加動詞之形式，該「所」字並無適當白話字詞可資對譯。留，保存。在此，作「模樣」解。

⑭吾不田舍　我不是鄉巴佬。

⑮復在何人　又有誰會是？

【析源】

新唐書婁師德傳：「師德長八尺，方口博唇。深沈有度量，人有忤己，輒遜以自免，不見容色。嘗與李昭德偕行，師德素豐碩，不能遽步。昭德遲之，恚曰：『為田舍子所留。』師德笑曰：『吾不田舍，復在何人？』」

四二、盛德所容

狄仁傑未輔政，婁師德薦之。后曰：「朕用卿，師德薦也，誠知人矣。」出其奏，仁傑慙，已而歎曰：「婁公盛德，我為所容，乃知吾不逮遠矣！」

【語譯】

狄仁傑還沒有拜相之前，婁師德曾經鼎力推介他。武后說：「我所以任命愛卿，是因為婁師德的推介。他果然是位能識別人才的賢臣啊！」狄仁傑上朝陳報政務離開內廷，心感愧咎，後來歎息地說：「我被婁公那高超的德行所寬恕；到現在才知道我實在太不如他啊！」

【注釋】

①盛德所容　被高尚的德行寬恕。盛德，高尚的品德。易繫辭上：「日新之謂盛德。」史記老子韓非列傳：「良賈深藏若虛，君子盛德，容貌若愚。」唐岑參（七一五—七七〇）故僕射裴公輓歌之一：「盛德資邦傑，嘉謨作世程。」所，助詞，指盛德言。容，寬恕。書君陳：「有容，德乃大。」莊子庚桑楚：「不能容人者無親。」

②狄仁傑（六五〇—七〇〇）。唐并州太原（今山西太原）人。字懷英。舉明經，調汴州參軍，遷并州都督府法曹。儀鳳中，授大理丞。發斷冤獄一萬七千人，時稱「平恕」。遷侍御史。累官寧州、豫州刺史。則天即位，任地官侍郎同鳳閣鸞臺平章事。後為來俊臣誣陷下獄，貶彭澤令，轉魏州刺史、幽州都督。神功元年（六九七）復相。後出任河北道行軍副元帥、河北道安撫大使等職，率軍擊突厥。入為內史，勸止武后造大佛像。所薦張柬之、姚崇等人，後皆為名臣。聖曆三年（七〇〇）病卒，贈文昌右相，謚文惠。中宗返正，贈司空，睿宗追封梁國公。（新舊唐書卷一一五、八九）

③輔政　輔佐治理政事。漢書蕭望之傳：「望之前為將軍輔政，欲排退許史，專權擅朝。」東晉干寶晉紀總論：「受遺輔政，屢遇廢置，政齊王不明，不獲思庸於亳。」

④薦　ㄐㄢˋ。舉。舉而進之。今語謂推介。孟子萬章上：「諸侯能薦人於天子，不能使天子與之諸侯。」

⑤后　指武后。武則天（六二四—七〇五），并州文水（今山西文水）人，名曌。父士彠，高祖時工部尚書。曌十四歲選為太宗才人。太宗崩，出為尼。高宗復召入宮，永徽六年（六五五）立為后，代決政事，由是主掌國政。高宗崩，曌廢黜中宗、睿宗。天授元年（六九〇）自稱神聖皇帝，改國號曰周。前後執政達四十餘年，富權略，能用人；惟任酷吏嚴刑峻法，又好佛教，豪奢專橫，頗多弊政。神龍元年（七〇五），宰相張柬之政變，擁中宗復位，同年歲末，病逝內宮。（新舊唐書則天皇后紀）

⑥朕 ㄓㄣˋ。我。我的。書皋陶謨：「皋陶曰：『朕言惠，可底行。』」戰國屈原離騷：「回朕車以復路兮，及行迷之未遠。」榮按：上古自稱朕，本無貴賤之分。自秦始皇始專用為皇帝之自稱。又太后臨朝聽政，亦自稱朕。此處，係武后自稱；時已稱帝。

⑦誠 果然。確實。孟子公孫丑上：「子誠齊人也，知管仲晏子而已矣。」

⑧知人 謂能識別人之賢愚善惡。書皋陶謨：「知人則哲，能官人。」禮記檀弓下：「晉人謂（趙）文子知人。」

⑨已而 後來。史記孟子荀卿列傳：「李斯嘗為弟子，已而相秦。」

⑩乃知 猶云這才知道。乃，副詞。

⑪「不逮」「遠」矣 不逮，不及。書周官：「今予小子，祗勤於德，夙夜不逮。」戰國屈原卜居：「數有所不逮，神有所不通。」遠，指彼此程度懸殊言。

【析源】

舊唐書婁師德傳：「初，狄仁傑未入相時，師德嘗薦之，及為宰相，不知師德荐己，數排師德，令充外使。則天嘗出師德舊表示之，仁傑大慚，謂人曰：『吾為婁公所含如此，方知不逮婁公遠矣。』」

新唐書婁師德傳：「狄仁傑未輔政，師德薦之，及同列，數擠令外使。武后覺，問仁傑曰：『師德賢乎？』對曰：『為將謹守，賢則不知也。』，又問：「知人乎？」對曰：『臣嘗同僚，未聞其知人也。』后曰：『朕用卿，師德薦也，誠知人矣。』出其奏，仁傑慚，已而歎曰：『婁公盛德，我為所容乃不知，吾不逮遠矣！』

四三、含垢匿瑕

晉陳騫沉厚有智謀，少有度量，含垢匿瑕，所在存〔績〕。

【語譯】

西晉陳騫樸實穩重，有智巧、有計謀，年幼時就已顯露他的胸懷、器量。寬宏大度，處處留下功業。

【注釋】

①含垢匿瑕　一作「含垢藏瑕」。包容汙垢，隱藏缺失。形容寬容大度。語本左傳宣公十五年：「瑾瑜匿瑕，國君含垢。」世說新語德行：「未嘗見其喜慍之色」劉孝標注引嵇康別傳：「康性含垢藏瑕，愛惡不爭於懷，喜怒不寄於顏。」舊唐書田弘正傳：「官封代襲，刑賞自專，國家含垢匿瑕，垂六十載。」北宋蘇軾趙康靖公神道碑：「卿相大臣，號多長者。記人之功，忘人之過，含垢匿瑕，犯而不校。」

②陳騫　（二一二—二九二）。臨淮東陽（今江蘇馬壩）人。魏司徒陳矯子。起家尚書郎，遷中山、安平太守，并著稱績。封安國亭侯。豫平諸葛誕之反，晉爵廣陵侯。武帝受禪，進車騎將軍，封高平郡公。咸寧初，遷太尉，轉大司馬。累處方任，為士庶所懷，年老致

仕。元康二年卒。諡曰武。（晉書卷卅五）

③沉厚　樸實穩重。沉，本作「沈」。新唐書李靖傳：「靖每參議，恂恂似不能言，以沈厚稱。」

④智謀　智巧計謀。韓非子五蠹：「上古競於道德，中世逐於智謀，當今爭於氣力。」後漢書吳漢傳：「其人勇鷙有智謀，諸將鮮能及者。」

⑤「少」有「度量」　少，ㄕㄠˋ。年幼。左傳襄公十一年：「子皮欲使尹何為邑，子產曰：『少，未知可否。』」度量，胸懷、器量。史記司馬相如傳喻巴蜀檄：「人之度量相越，豈不遠哉。」三國志蜀志馬忠傳：「忠為人寬濟有度量，但詼啁大笑，忿怒不形於色。」

⑥所在存績　處處著有功業。所在，猶云處處。魏書崔鴻傳：「自晉永寧以後，雖所在稱兵，競自尊樹，而能建邦命氏成為戰國者，十有六家。」明劉基橫碧樓記：「天下之佳山水，所在多有。」存績，留下事蹟，謂著有功業也。功曰績。詩大雅文王有聲：「豐水東注，維禹之績。」傳：「績，功也。」書畢命：「罔不祗師言，嘉績多于先王。」「績」，原文誤植為「續」，茲依史籍訂正之。

【析源】

晉書陳騫傳：「騫少有度量，含垢匿瑕，所在有績。」

四四、未嘗見喜怒

唐賈耽自朝歸第，接對賓客，終日無倦。家人近習，未嘗見其喜怒之色。古之淳德君子，何以加焉！

【語譯】

唐賈耽從朝廷回到居所，接待來賓，應對訪客，整天沒有絲毫懈怠厭煩的樣子。僕役和親近他的人，不曾看到他歡悅、憤怒的容色。過去這種敦厚質樸、才德出眾的人，實在無從超越他啊！

【注釋】

①未嘗見喜怒　不曾看到面帶歡悅或憤怒的容色。謂情緒極其穩定，不致一會兒高興、一會兒生氣。

②賈耽　（七三〇—八〇五）。唐滄州南皮（今河北南皮）人。字敦詩。以兩經登第，調授貝州臨清縣尉。族遷檢校禮部郎中，入為鴻臚卿。大歷十四年（七七九），檢校左散騎常侍兼山南西道節度使。建中三年（七八三），檢校工部尚書。貞元九年（七九三）徵為右僕射同中書門下平章事。順宗即位，檢校司空，進封魏國公。永貞元年（八〇五）卒，年七六，贈太傅，諡曰靖，撰有海內華夷圖、古今郡國縣道四夷述四〇卷。（新舊唐書卷一

六六、一三八）

③自「朝」歸「第」　朝，指朝廷言。君臣謀政事之處曰朝，彳幺。禮記曲禮下：「在官言官，……在朝言朝。」左傳僖公七年：「里克殺公子卓於朝。」第，邸。漢書高帝紀：「為列侯者賜大第。」新唐書裴度傳：「度治第東都集賢里。」

④接對　接待應對。抱朴子譏惑：「趨步升降之節，瞻視接對之容，至於三千。」周書韋敻傳：「至有慕其閑素者，或載酒從之，敻亦為之盡歡，接對忘倦。」史記屈原列傳：「出則接遇賓客，應對諸侯。」

⑤賓客　新賓、訪客。即客人之總稱。詩小雅吉日：「發彼小豝，殪此大兕，以御賓客，且以酌醴。」唐姚合（七八一？—八四六）晦日宴劉值錄事宅詩：「花落鶯飛深院靜，滿堂賓客盡詩人。」

⑥終日　整天。詩齊風猗嗟：「終日射侯，不出正兮。」論語衛靈公：「羣居終日，言不及義。」

⑦無倦　沒有懈怠、厭煩。亦作「無勌」。論語顏淵：「居之無倦，行之以忠。」荀子堯問：「忠信無勌，而天下自來。」楊倞注：「言精專不怠而天下自歸，不必致也。」

⑧家人　僕役。史記欒布列傳：「始梁王彭越為家人時，嘗與布善。」漢書轅固傳：「竇太后好老子書，召問固，固曰：『此家人言耳。』」顏注：「家人，言僮隸之屬。」

⑨近習　親近。西漢東方朔（前一五四—前九三）七諫初放：「斥逐鴻鵠兮，近習鴟梟。」

⑩古　過去久遠的時間。

⑪淳德　亦作「湻德」。謂敦厚質樸之德行。史記秦本紀：「上含淳德以遇其下，下懷忠信以事其上。」三國魏阮籍東平賦：「奉湻德之平和兮，孰斯邦之可集。」

⑫君子　詳損①。

⑬何以加焉　無從超越他啊！何以，用反問的語氣表示沒有或不能。此處，猶云無從。金王若虛（一一七四—一二四三）論語辨惑總論：「凡人有好則有惡，有喜則有怒，有譽則有毀，聖人亦何以異哉？」明劉基襲封誠意伯誥券：「古稱名世，何以過之？」加，勝。超越。禮記檀弓上：「獻子加於人一等矣。」焉，語助詞。

【析源】

舊唐書賈耽傳：「耽性長者，不喜臧否人物。自居相位，凡十三年，雖不能以安危大計啟沃於人主，而常以檢身厲行以律人。每自朝歸第，接對賓客，終日無倦，至於家人近習，未嘗見其喜慍之色，古之淳德君子，何以加焉！」

新唐書賈耽傳：「其器恢然，蓋長者也，不喜臧否人物。為相十三年，雖安危大事亡所發明，而檢身厲行，自其所長。每歸第，對賓客無少倦，家人近習，不見其喜慍。世謂淳德有常者。」

四五、語侵不恨

杜衍曰：「今之在位者多是責人小節，是誠不恕也。衍歷知州，提轉、安撫，未嘗壞一官員。其不職者，委之以事，使不暇惰。不謹者，諭以禍福，不必繩以法也。」范仲淹與衍論事異同，至以語侵杜衍，衍不為恨。

【語譯】

杜衍說：「當前，居官任職的人，總是指摘究問別人瑣細微末的操守，這的的確確不夠寬厚。我曾經擔任州郡首長，又被舉薦調升轉運使、安撫使；從未毀及各僚屬的前程。對於不稱職的屬員，我囑託公事要求他好好處理，令對方沒有時間懈怠。對於敷衍不敬慎的屬員，我總是苦口婆心地告知他災殃、幸福等道理，不一定要用法規律令予以糾正。」范仲淹曾和他參詳公務，彼此見解不同，造成言語觸犯杜衍，他並沒有怪怨。

【注釋】

①語侵不恨　遭受別人言語上的觸犯，沒有怪怨。語，恆指二人對話而言。論語顏淵：「子曰：『非禮勿視，非禮勿聽，非禮勿言，非禮勿動。』顏淵曰：『回雖不敏，請事斯語矣。』」侵，犯。凌犯。周禮夏官：「負固不服則侵之。」北史邢邵傳：「加以風雨所侵，

漸至虧墜。」恨，怨。怪怨。南朝梁江淹恨賦：「自古皆有死，莫不飲恨而吞聲。」唐白居易（七七二—八四六）長恨歌：「天長地久有時盡，此恨綿綿無絕期。」

②杜衍（九七八—一〇四五）。北宋越州山陰（今浙江紹興）人。字世昌。大中祥符中進士甲科，補揚州觀察推官。歷仕州郡，斷獄明決，屢雪冤案，為章獻劉后所知。後召為三司戶部副使。會河北乏軍費，為都轉運使，措置有方，未增賦于民而費用足。仁宗即位，召為御史中丞，曾建言改革常平法。後兼判吏部流內銓，改知審官院，治事明辯，屬吏無所施其奸。嗣兩知永興軍，改革州民調發之法，省錢過半。再任樞密使，又稱為相。好薦引賢士，而沮止僥倖。渠支持慶曆新政，新政失敗後罷相出知兗州。慶曆七年（一〇四七）致仕。皇祐元年（一〇四九）封祁國公。衍喜為詩，又善書，真行草皆有法。卒年八十。（宋史卷三一〇）

③在位　居官任職。書大禹謨：「君子在朝，小人在位。」

④多是　猶云總是。「多」與「少」相對，言數量大。多，做為副詞，表估量、猜度：五代齊己（八六四—九四三）酬元員外見寄詩：「且有吟情撓，都無俗事煎。時聞得新意，多是此忘緣。」朱子語類日鈔卷五：「讀書切不可自謂理會得了，便理會得，且只做理會不得『某見說不會底便有長進，不長進者多是自謂已理會得了底。』」

⑤責人，指摘究問別人。

⑥小節　瑣細微末的操守。荀子王制：「大節是也，小節是也，上君也；大節是也，小節一

出焉，一入焉，中君也；大節非也，小節雖是也，吾無觀其餘矣。」史記韓長孺列傳：「今太后以小節苛禮責望梁王。」宋書垣護之傳：「護之少倜儻，不拘小節。」

⑦不恕　不寬厚，寬容曰恕。論語衛靈公：「其恕乎，己所不欲，勿施於人。」戰國屈原離騷：「羌內恕己以量人兮，各興心而嫉妒。」

⑧歷知州、提轉、安撫　曾任知州、提刑司檢法官、轉運使、經略安撫使。知州、……安撫使等均唐職官名。秦漢設郡，隋唐改稱州，宋沿唐制。宋制：諸路置提刑司檢法官；經略安撫使掌理一方軍政民事。（文獻通考卷六一、續文獻通考卷六〇）

⑨壞　毀。

⑩官員　在此，指杜衍之屬吏、同僚而言。

⑪不職　不稱職，即不適任、不勝任之謂。漢書賈誼傳陳政事：「古者大臣……坐罷軟不勝任者，不謂罷軟，曰：『下官不職』。」

⑫「委」之以「事」　委，囑託。付託。戰國策齊策一：「嬰子曰：『願委之於子。』」事，謂公務也。

⑬不暇惰　沒有時間偷懶。不暇，沒有時間。來不及。書酒誥：「罔敢酒於酒，不惟不敢，亦不暇。」顏氏家訓勉學：「每至文林館，氣喘汗流，問書之外不暇他語。」北宋曾鞏（一〇一九—一〇八三）冬望詩：「嘗聞古者禹稱智，過門不暇慈其孩。」惰，懈怠。今語偷懶。指心神懶散、任事怠忽而言。論語子罕：「語之而不惰者，其回也與！」

⑭不謹　不敬慎。不小心。恆用以描述做事敷衍塞責。管子侈靡：「使人君不安者屬際也，不可不謹也。」舊唐書柳宗元劉禹錫傳論：「蹈道不謹，昵比小人。」清王韜（一八二八—一九八七）淞隱漫錄陸碧珊：「兩家書札往來，輒以女婢紅于為鴻雁，紅于偶不謹，為女父所得，大詫，絕不許女再往生家。」

⑮「諭」以「禍福」　諭，告。曉。韻會：「諭，及其未悟，告之使曉。」穀梁傳桓公六年：「大閱者何？閱兵車也，脩教明諭國道也。」禍福，災殃與幸福。左傳襄公二十三年：「禍福無門，唯人所召。」抱朴子任命：「禍福交錯乎倚伏之間，興亡纏綿乎盈虛之會。」清林則徐（一七八五—一八五〇）赴戍登程口占示家人：「苟利國家生死以，豈因禍福避趨之。」

⑯繩以法　用法令律例糾正。繩，ㄕㄥˊ。正。糾正。書冏命：「匡其不及，繩愆糾繆。」疏：「本不正者，以繩正之，繩謂彈正。」三國志魏志徐邈傳：「為涼州刺史，彈邪繩枉，州界肅清。」法，指國家的法令律例。

⑰范仲淹　（九八九—一〇五二）　先世邠州人，後徙蘇州吳縣（今江蘇蘇州）。字希文。少孤，母改嫁朱氏，遂從姓朱，名說。立志向學，大中祥符舉進士，為廣德軍司理參軍，改集慶軍節度推官；始還姓。母喪去官，晏殊召置應天府學，後荐為秘閣校理。天聖七年（一〇二九）上疏請章獻劉太后還政，出判河中府，移陳州。仁宗親政，擢右司諫。歲大蝗旱，奉命安撫江、淮，所至開倉賑災，且禁民淫祀，奏蠲廬、舒折役茶、江東丁口鹽錢，

且條陳救弊十事。以力諫仁宗勿廢郭后，忤宰相呂夷簡，出知睦州，徙蘇州。疏濬太湖入海水道，解除江南洪澇。召還，判國子監，遷權知開封府。時呂夷簡執政，進用者多出其門。渠上百官圖，多所指摘，被誣為朋黨，與尹洙、歐陽脩同坐貶，出知饒、潤、越三州。西夏事起，召知永興軍，改陝西都轉運使。未幾，任陝西經略安撫、招討副使。後復置陝西路安撫、經略、招討使，與韓琦、龐籍分領之。久在軍中，號令明白，受撫士卒，且竭誠待外族，敵遂不敢輕犯。與琦齊名，時稱「韓范」。慶曆三年（一〇四三）入為樞密副使，改參知政事。與富弼、歐陽脩等推行新政，條上十事，大多採用。後復遭指為朋黨，罷政，為陝西四路安撫使，知邠州，又徙鄧州、杭州、青州等，卒年六十四，謚文正。工詩詞文，遺有范文正全集。（宋史卷三一四）。

【析源】

南宋朱熹（一一三〇—一二〇〇）宋名臣言行錄前集卷七杜衍：「（公）又曰：『今之在上者多擿發下位小節，是誠不恕也。衍知兗州時，州、縣官有累重而素貧者，以公租所得均給之。公租不給，即繼之以公帑，量其小大，咸使自足，尚有復侵擾者，真貪吏也，於義可責。』又曰：『衍歷知州、提轉、安撫，未嘗壞一箇官員。其間不職者，即委以事，使之不暇惰。不慎者，諭以禍福，俾之自新。從而遷善者甚眾，不必繩以法也。』」

宋史杜衍傳「始，衍為治謹密，不以威刑督吏，然吏民亦憚其清整。……契丹與元昊戰黃河外，參知政事范仲淹宣撫河東，欲以兵自從。衍曰：『二國方交鬥，勢必不來，我兵不可妄出。』仲淹爭議帝前，詆衍，語甚切。仲淹嘗父行事衍，衍不以為恨。」

四六、釋盜遺布

陳寔字仲弓。為太丘長，有人伏梁上，寔見，呼其子訓之曰：「夫不善之人未必本惡，習以性成，梁上君子是矣。」俄聞，自投地伏罪。寔曰：「觀君形狀非惡人，應由貧困。」乃遺布二端，令改過。之後，更無盜。

【語譯】

陳寔字仲弓。當他擔任太丘首長的時候，某天夜裡，有個人在屋梁上，臉朝下東張西望，準備伺機行竊，被他看見，即刻叫喚他的兒子到跟前教導一番。他說：「不好的人原來不一定就那麼地壞，長期的習慣使他形成醜陋不堪的性格。屋梁上那位先生就是活生生的例子啊！」突然間，聽到這些話，自己竟跳下來認罪。陳寔告訴他：「細瞧你的長相，不是個壞人，應當是窮苦、困難造成的吧？」於是，送給他二端布料，要求他改正過失，以後，終於沒有竊盜。

【注釋】

①釋盜遺布　放走小偷還送他布料。釋，放。赦。書多方：「開釋無辜，亦克用勸。」國語

晉語一：「十七年冬，公使太子伐東山。里克諫曰：『臣聞皐落氏將戰，君其釋申生也。』公曰：『行也。』……」竊取他人財物之人曰盜。左傳僖公二十四年：「竊人之財，猶謂之盜。」老子：「不貴難得之貨，使民不為盜。」荀子修身：「竊貨曰盜。」遺，ㄨㄟˋ。贈。贈送。孟子滕文公下：「湯使遺之牛羊，葛伯食之，又不以祀。」漢古詩飲馬長城窟行：「客從遠方來，遺我雙鯉魚。」布，謂布料。

②陳寔（一〇四—一八七）。東漢潁州許（今河南許昌東）人。字仲弓。寔出身卑微，曾為縣吏、都亭佐。縣令見其好學，送太學受業。歷任督郵、郡西門亭長、功曹、聞喜長、太丘長。修德清靜，百姓以安。黨錮事起，受株連者多逃，唯寔自請囚禁，曰：「吾不就獄，眾無所恃。」會赦得出。及黨錮解，數徵以高位，皆不就。卒於家，予祭者三萬餘人，刊石立碑，謚曰文範先生。（後漢書卷六二）

③太丘　地名。春秋宋地。左傳襄公元年：「鄭子然侵宋，取太丘。」西漢武帝時為敬立丘侯國。東漢明帝改置太丘，至晉廢。故城在今河南永城縣西北。（太平寰宇記卷一二）

④長　ㄓㄤˇ。秦漢間中央與地方各機關正職主官之泛稱。

⑤伏梁上　身體扒在屋梁上，面朝下。伏，身體前傾，面龐朝下之狀。詩大雅靈臺：「麀鹿攸伏。」禮記曲禮上：「寢毋伏。」爾雅釋宮：「宋廇謂之梁。」注：「屋大梁也。」又：「楣謂之梁。」注：「門戶上橫梁也。」

⑥呼　叫喚。禮記曲禮上：「從長者而上丘陵，則必鄉長者之所視。登城不指，城上不呼。」

史記陳涉世家：「陳王出，遮道而呼涉，……」

⑦訓　教導。教誨。書高宗肜日：「乃訓于王曰：『惟天監下民，典厥義。……』」孟子萬章上：「三年，以聽伊尹之訓己也，復歸于亳。」

⑧不善　在此，指惡人而言。左傳襄公二十九年：「然明曰：『政將焉往？』裨諶曰：『善之代不善，天命也，其焉辟子產？』」楊伯峻注：「以好人代替壞人。」國語晉語六：「不善進不善，善亦蔑由進矣。」

⑨未必本惡　原來不一定就那麼地壞。未必，不一定。本，原來。壞曰惡，ㄜˋ。易大有：「君子以遏惡揚善。」唐魏徵（五八〇—六四三）諫太宗十思疏：「懼讒邪，則思正身以去惡。」

⑩習與性成　謂長期的習慣，形成一定的性格。書太甲上：「茲乃不義，習與性成。」孔疏：「言為之不已，將以不義為性也。」東漢蔡邕陳留太守胡公碑：「幼有嘉表，克岐克嶷，不見異物，習與性成。」北宋程頤（一〇三三—一一〇七）四箴：「習與性成，聖賢同歸。」另，習以成性謂養成習慣即成本性。北齊劉晝（五一六？—五六七？）新論風俗：「人居此地，習以成性，謂之俗焉。」唐白居易（七七二—八四六）策項：「臣聞人無常心，習以成性；國無常俗，教則移風。」多用以指壞習慣不易改變；前後二者有別也，附誌於此。按：後漢書陳寔傳作習「以」性成。以，一作「與」解。「以」、「與」義相通也。

⑪梁上君子　代稱竊賊。語本後漢書陳寔傳。

⑫俄聞　「俄而聞」之省詞。謂突然間聽到。

⑬自　指竊賊本身。

⑭投地　投，擲也；此處引申作「跳」解。投地，跳下地來。

⑮伏罪　認罪。伏，承受。承認。左傳隱公十一年：「許既伏其罪也。」

⑯觀　參盤碎色不少吝⑦。

⑰二「端」　古度名，說法不一：㈠小爾雅：「倍丈謂之端。」㈡集韻：「布帛六丈曰端。」㈢六書故：「布帛一丈六尺曰端。」

⑱「更」無盜　ㄍㄥˋ。竟。終於。五代後蜀花蕊夫人（？—？）述國亡詩：「十四萬人齊解甲，更無一箇是男兒。」

【析源】

後漢書陳寔傳：「時歲荒民儉，有盜夜入其室，止於梁上。寔陰見，乃起自整拂，呼命子孫，正色訓之曰：『夫人不可不自勉。不善之人未必本惡，習以性成，遂至於此。梁上君子者是矣！』盜大驚，自投於地，稽顙歸罪。寔徐譬之曰：『視君狀貌，不似惡人，宜深剋己反善。然此當由貧困。』令遺絹二匹。自是一縣無復盜竊。」

四七、愍寒架橋

淮南孔旻隱居篤行，終身不仕，美節甚高。嘗有竊其園中竹，旻愍其涉水冰寒，為架一小橋渡之。推此，則其愛人可知。

【語譯】

淮南孔旻深居簡出、行為惇厚、與世無爭，一生不做官，過人的操守相當卓越。曾經有人偷取他的園裡所栽植的竹子。孔旻還憐惜偷竊者步行渡水冰冷難耐，竟替他搭建了一座小橋以方便來往。單從這一點來深究，就可以瞭解孔旻是如何地體諒、尊重別人了。

【注釋】

①愍寒架橋　同情別人的受涼難耐，搭建不必直接涉水的通道。憐惜曰愍，ㄇㄣˇ。有體恤、同情等義。漢書蓋寬饒傳：「諫議大夫鄭昌，愍傷寬饒盤直憂國。」寒，指涉水時，雙足遇水冰涼難耐而言。架，搭（設）。構築。韓詩外傳卷八：「有鳥於此，架巢於葭葦之顛。」北宋蘇軾渚宮詩：「當時郢人架宮殿，意思絕妙般與倕。」明孫蕡（一三三八—一三九三）次歸州詩：「市廛架屋依巖巒，婦女罌提汲江水。」橋，河川兩岸間，以竹、木、石為建材，搭設之，以供人、車等來往，免除直接涉水、乘舟之建物。

②淮南　泛指淮水以南之地，約今蘇、皖二省長江以北、淮河以南的區域。北宋初置淮南路、

治所揚州，熙寧間分東西二路。（讀史方輿紀要卷五）

③孔旻　北宋人。生卒年、詳細籍里均待考。（重修揚州府志卷五三、夢溪筆談卷九人事一）

④隱居　深居簡出、與世無爭。論語季氏：「『隱居以求其志，行義以達其道』，吾聞其語也，未見其人也。」

⑤篤行　行為惇厚。史記樗里子列傳：「太史公曰：『甘羅年少，然出一奇計，聲稱後世，雖非篤行之君子，然亦戰國之策士也。』」

⑥終身不仕　一生無意服官。終身，詳一慙③。仕，做官。服公職。禮記曲禮上：「四十強而仕。」論語公冶長：「子使漆雕開仕。……」

⑦美節甚高　過人的操守相當卓越。至善曰美。猶云過人。論語泰伯：「如有周公之才之美，使驕且吝，其餘不足觀也矣。」操守曰節。荀子君子：「節者，死生此者也。」釋文：「死生則為名節也。」又王霸：「士大夫莫不敬節死制。」高，指稱程度；甚高猶云卓越。

⑧竊　ㄑㄧㄝˋ。盜。盜取。書微子：「今殷民乃攘竊神祇之犧牲牷，……」注：「往盜曰竊。」論語顏淵：「季康子患盜，問於孔子。孔子曰：『苟子之不欲，雖賞之不竊。』」

⑨園　種樹、植果，設有藩籬之地。詩鄭風將仲子：「將仲子兮，無論我園。」連文釋義云：「樹果曰園，種菜曰圃。種樹曰園，種菜曰圃。有藩曰園，有牆曰囿。」

⑩涉水　恃雙足渡水。徒步渡水曰涉。易需：「利涉大川。」左傳宣公十七年：「誓曰：『所不此報，無能涉河。』」

⑪冰寒　冰冷。如冰之冷也。雲笈七籤卷九五：「天尊曰：『譬如冰寒之堂，淳以冰凍而為，梁柱、牀席、屏幃，莫非冰結。』」清趙翼（一七二七—一八一四）甌北詩話陸放翁詩：「是放翁年十餘歲時，早已習聞先正之緒言，遂如冰寒火熱之可改易。」

⑫推此　從這一點來研判。推，究。猶云研判。漢書劉向傳論：「指明梓柱，以推興廢昭矣。」南宋陸游水亭偶題詩：「人生行樂從來事，此理何須更細推。」

⑬愛人　和善待人，謂體貼、友愛他人也。論語學而：「節用而愛人，使民以時。」孟子離婁下：「仁者愛人。」唐韓愈順宗實錄二：「（廣陵王）博厚以容物，寬明而愛人。」近人康有為（一八五八—一九二七）大同書辛部第十二章：「當太平之世，……所獎勵者，惟智與仁而已。智以開物，成務，利用，前民；仁以博施，濟眾，愛人，利物。」

【析源】

北宋沈括（一〇三〇—一〇九四）夢溪筆談卷九人事一：「淮南孔旻隱居篤行，終身不仕，美節甚高。嘗有竊其園中竹，旻愍其涉水冰寒，為架一小橋渡之。推此，則其愛人可知。」重修揚州府志（嘉慶十五年刊）錄上文於卷五三人物志隱逸，惟起首處改成「宋孔旻，淮南人。」又，清陸心源（一八三四—一八九四）宋史翼卷三六隱逸列傳作「孔旻，淮南人。……」其餘文字悉同。榮按：宋史卷四五七隱逸上列有孔旼傳。旼（九九四—一〇六〇），兗州人，隱居汝州龍興縣（屬京西北路）。渠志行與孔旻相同；而「旻」、「旼」音同、形義有別，惟是否屬同一人，仍有待考證，茲錄以備忘之。

四八、射牛無怪

隋吏部尚書牛弘弟弼好酒而酗，嘗醉射殺弘駕車牛。弘還宅，其妻迎謂曰：「叔射殺牛。」弘聞，無所怪問，直答曰：「作脯。」坐定，其妻又曰：「叔忽射殺牛，大是異事。」弘曰：「已知。」顏色自若，讀書不輟。

【語譯】

隋吏部尚書牛弘的弟弟牛弼喜歡喝酒，同時老是過量，曾經酩酊不已，用箭殺死他座車的牛隻。牛弘回到家裡，妻子在門口接他，並且說：「小叔發箭殺死牛隻。」牛弘聽在耳裡，沒有絲毫地責備或追究，卻直接答道：「就把它做成肉乾吧！」進到屋裡坐好了，他的妻子又說：「小叔突然用箭殺死牛隻，實在難以理解。」牛弘道：「已經知道了。」臉上的表情自然得很，繼續讀他的書。

【注釋】

①射牛無怪　突然用箭殺死牛隻，卻沒有加以責備。射，以弓發箭。射為上古六藝之一。禮記射義：「是故古者天子，以射選諸侯、卿、大夫、士。射者，男子之事也。」怪，責怪。猶云責問。荀子正論：「今世俗之為說者，不怪朱象，而非堯舜，豈不過矣哉！」儒林外

史第三回：「論這事，只該怪我們金老爺。」警世通言第二十八回：「你怪我也無用了！」

②吏部尚書　相當於近現代銓敘部部長。吏部，古六部之首，掌官員任免、銓審、獎懲、遷調等事宜。尚書，六部首長，自兩漢至前清品秩不一。隋制：位列四品；其位階相當近現代部會正主官。

③牛弘　（五四五—六一〇）。隋安定鶉觚（今甘肅靈臺）人。字里仁。好學博聞。初仕北周，入隋累遷秘書監。嘗上表請重賞購書，被納，典籍由此而大備。後拜禮部尚書，奉詔修成五禮一百卷。再除太常卿，改定雅樂。復遷吏部尚書，選官力主先德行後文才，故委任多稱職。煬帝時晉升右光祿大夫。（隋書卷四九、北史卷七二）

④「好」酒而「酗」　好，ㄏㄠˋ。喜歡。禮記大學：「如好好色，如惡惡臭。」論語里仁：「惟仁者能好人、能惡人。」酖酒曰酗，ㄒㄩˋ。意謂酒醉而逞兇也。唐王勃（六四八—六七五）上吏部裴侍郎啟：「敘名流者，酗、驕、奢為達。」

⑤醉　飲酒過量，伐德喪儀。孟子離婁上：「今惡死亡而樂不仁，是猶惡醉而強酒。」五代後蜀韋莊離筵訴酒詩：「不是不能判酩酊，卻憂前路醉醒時。」

⑥射殺　用箭致人獸於死命。北宋蘇軾將官雷勝得過字代作：「一雙鐵絲箭，未發手先唾。射殺雪毛狐，腰間餘一箇。」

⑦駕車牛　用以牽動座車的牛隻。駕，軛（ㄜˋ）牛、馬使曳引之。詩小雅采薇：「戎車既駕，四牡業業。」禮記曲禮上：「君車將駕，則僕執策立於馬前。已駕，僕展軨。」三國

蜀譙周（?—二七〇）古史考云：「黃帝作車，引重致遠。少昊時加牛，禹時奚仲為車正加馬。」具輪旋史，載人裝物，以行於陸地之交通工具統稱車。

⑧迎 ㄧㄥˊ。接。孟子梁惠王下：「簞食壺漿，以迎王師。」漢書于定國傳：「迎師學春秋，身執經北面備弟子禮。」

⑨叔 指稱大弟。古婦女稱夫弟曰叔，與子女之稱父弟同。

⑩聞 聽。聽得。左傳僖公十年：「欲加之罪，其無辭乎？臣聞命矣。」論語陽貨：「子之武城，聞弦歌之聲。」孟子公孫丑上：「聞其樂而知其德。」

⑪無所怪問 沒有絲毫地責備、追究。所，作「指示」與「兼代」使用。木蘭辭：「問女何所思，問女何所憶？女亦無所思，女亦無所憶。」怪，參①。問，追究。左傳僖公四年：「昭王南征而不復，寡人是問。」東漢曹操（一五五—二二〇）選舉令：「昔季闡在白馬，有受金取婢之罪，棄而不問，後以為濟北相，以其能故。」

⑫直答 直接回道。直，直接，公羊傳莊公三十二年：「殺世子母弟直稱君者，甚之也。」北魏賈思勰（?—?）齊民要術八和齏：「橘皮新者直用，陳者以湯洗去陳垢。」唐元稹和李校書新題樂府上陽白髮人：「醉酣直入卿士家，閨闈不得偷迴避。」

⑬脯 ㄈㄨˇ，乾肉。作脯謂製成肉乾。詩大雅鳧鷖：「爾酒既湑 爾殽伊脯。」漢書東方朔傳：「生肉為膾，乾肉為脯。」漢古詩飲馬長城窟行：「生男慎莫舉，生女哺用脯。」

⑭坐定 猶云入座，坐下。意謂已坐妥。戰國策燕策三：「太子跪而逢迎，卻行為道，跪而

拂席。田先生坐定。」史記魏公子列傳：「公子於是乃置酒大會賓客，坐定。公子從車騎，虛左，自迎夷門侯生。」

⑮大是異事　真無法理解。大，表程度深；大是猶今語真是。異事，難以理解的事、奇怪的事。顏氏家訓雜藝：「蕭子雲每歎曰：『吾著齊書，勒成一典，文章弘義，自謂可觀。唯以筆跡得名，亦異事也。』」北宋蘇軾登州海市詩：「重樓翠阜出霜曉，異事驚倒百歲翁。」

⑯顏色自若　面色並沒有改變。顏色，面色。南朝梁江淹古離別詩：「願一見顏色，不異瓊樹枝。」清黃遵憲（一八四八—一九〇五）今別離詩：「攬鏡妾自照，顏色桃花紅。」自若，猶自如。保持原樣。恆用以形容臨事鎮定。戰國策秦策二：「人告曾子之母曰：『曾參殺人。』曾子之母曰：『吾子不殺人。』織自若。」三國志蜀志關羽傳：「羽便伸臂令醫劈之，……臂血流離，盈於盤器，而羽割炙飲酒，言笑自若。」

⑰不輟　一作「不惙」。不止。不絕。論語微子：「耰而不輟。」莊子秋水：「孔子遊於匡，宋人圍之數帀，而弦歌不惙。」

【析源】

北史牛弘傳：「（弘）性寬厚，篤志於學，雖職務繁雜，書不釋手。……弟弼，好酒而酗，嘗醉射殺弘駕車牛。弘還宅，其妻迎謂曰：『叔射殺牛。』弘聞，無所怪問，直答曰：『作脯。』坐定，其妻又曰：『叔忽射殺牛，大是異事。』弘曰：『已知。』顏色自若，讀書不輟。其寬和如此。……」

隋書牛弘傳：「（弘）性寬厚，篤志於學，雖職務繁雜，書不釋手。……有弟曰弼，好酒而酗，嘗因醉，射殺弘駕車牛。弘來還宅，其妻迎謂之曰：『叔射殺牛矣。』弘聞之，無所怪問，直答云：『作脯。』坐定，其妻又曰：『叔忽射殺牛，大是異事！』弘曰：『已知之矣。』顏色自若，讀書不輟。其寬和如此。……」

四九、代錢不言

陳重字景公，舉孝廉，在郎署。有同署郎負息錢數十萬，責主日至，請求無已。重乃密以錢代還。郎後覺知而厚辭謝之。重曰：「非我之為，當有同姓名者。」終不言惠。

【語譯】

陳重字景公，被地方官推介為孝廉，在郎署服務。有同仁虧欠本金、利息數額達幾十萬，債主天天來索討，不斷地敘明他的要求。於是，陳重私下籌足了款項幫著清償。後來，那位同仁覺察了，才深深地表示感謝。陳重說：「不，那不是我做的。應該是同姓同名的人所幹的吧！」他一味地不承認。

【注釋】

①代錢不言　替人還債，卻不承認。代，替。書皐陶謨：「兢兢業業，一日二日萬幾，無曠

庶官，天工人其代之。」錢，指債務言。不言，不說出來，謂不承認有代為還債之舉也。

②陳重　詳誣袴②。

③舉　薦引。拔擢。論語衛靈公：「君子不以言舉人。」

④孝廉　孝，指孝子。廉，謂廉潔之士。西漢武帝元光元年（前一三四）初，令郡國舉孝廉各一人。後始合稱孝廉；為兩漢選任官吏之二科目也，歷代因之。至隋唐有秀才之科，無孝廉之舉，明清舉人俗稱孝廉。

⑤郎署　古官署名。郎，兩漢宿衛之官。署，部署之所，猶云曹局，相當隋唐司農、太府諸署。（顏師古匡謬正俗卷五）明清稱京曹。郎，另詳誣金③。

⑥負　虧欠。漢書鄧通傳：「通家當負責（債）數鉅萬。」

⑦息錢　謂利息與本金。史記孟嘗君列傳：「（馮驩）至薛，召取孟嘗君錢者皆會，得息錢十萬……召諸取錢者，能與息者皆來，不能與息者亦來。」

⑧責主　同「債主」。債，本作「責」。所欠的錢財。管子輕重乙：「君直幣之輕重，以決其數，使無券契之責，則積藏囷窌之粟，皆歸於君矣。」注：「責，讀曰債。」

⑨日至　天天到來。墨子尚賢中，「夫治之法將日至者也。日以治之，日不什脩。」史記白起王翦列傳：「居三月，諸侯攻秦軍急，秦軍數卻，使者日至。」

⑩請求無已　不停地要求。請求，說明要求。漢書宣帝紀：「虛閭權渠單于請求和親。」唐趙元一（？—？，貞元前後人）奉天錄卷三：「三軍賈勇，請求死鬬。」無已，不止。

詩魏風陟岵：「父曰：嗟，予子行役，夙夜無已。」戰國策韓策一：「且夫大王之地有盡，而秦之求無已。」

⑪密　不公開。猶云私下。暗地裡。

⑫以錢代還　拿出錢來替他清償。

⑬覺知　覺察到。史記淮南厲王衡山王列傳：「吏覺知，使長安尉奇等往捕開章。」唐劉知幾（六六一—七二一）史通暗惑：「密言臺上，猶懼覺和，羣議沙中，何無避忌！」

⑭厚辭謝之　深深地向他（指陳重）表謝意。厚，表程度。辭謝，道謝。謝恩。漢書朱買臣傳：「上謂買臣曰：『富貴不歸故鄉，如衣繡夜行，今子何如？』買臣頓首辭謝。」唐皇甫枚（?—?，晚唐、後梁間人）三水小牘王知古：「母曰：『夫人傳語：主與小子，皆不在家，於禮無延客之道。然僻居於山藪，接軫豺狼所嘷，若固相拒，是見溺不救也。清舍外廳，翌日可去。』知古辭謝。」

⑮「終」不言「惠」　終，自始至終。意謂一直如此。戰國策魏策四：「秦王使人謂安陵君曰：『寡人欲以五百里之地易安陵，安陵君其許寡人。』安陵君曰：『……受地於先王，願終守之，弗敢易。』」惠，恩。恩德。書蔡仲之命：「民心無常，惟惠之懷。」論語里仁：「君子懷刑，小人懷惠。」書皐陶謨：「安民則惠，黎民懷之。」

【析源】

後漢書陳重傳：「有同署郎負息錢數十萬，責主日至，跪求無已，重乃密以錢代還。郎後覺知而厚辭謝之。重曰：『非我之為，將有同姓名者。』終不言惠。」

五〇、認豕不爭

曹節素仁厚，鄰人有失豕者與節豕相似，詣門認之，節不予爭。後，所失豕自還，鄰人大慚，送所認豕并謝，節笑而受之。

【語譯】

曹節向來仁慈寬容。住附近的人家丟掉的豬隻，體形、長相都和曹家養的非常像，於是登門辯識並篤定說是他的，曹節沒有和他辯解。後來，鄰居走失的豬隻自個兒回來了，那人感到非常地羞愧，把誤認的豬隻送還而且表示道歉。曹節面帶笑容地接受。

【注釋】

①認豕不爭　對方把豬隻看走眼並強行帶走；自己卻未據理辯解。謂為人仁厚也。認，運用眼、耳、腦等器官識別人、物，並作判斷。豕，ㄕˇ。學名Sus scrofa，俗名豬。不反芻偶蹄類，為野豬之變種。體肥滿，頭大、眼小，口吻長略向上曲，鼻端突出，耳或上聳或下垂，腳短，喜臥陰濕污泥處，雜食，孕四月而誕，年產二次，每產六至十二子，約一年育成，品種頗多，毛色、體型小異，大者逾千餘斤，屬人類肉食常品。不爭，未據理辯解，另參不爭②。

②曹節　生卒年均不詳。東漢沛國譙縣（今安徽亳州）人。字元偉。宦者曹騰之父。

③素　向來。左傳僖公二十八年：「其眾素飽，不可謂志。」楊伯峻注：「素，向來。」史記陳涉世家：「吳廣素愛人，士卒多為用者。」顏氏家訓序致：「吾家風教，素為整密。」

④仁厚　仁慈寬容。荀子富國：「其仁厚足以安之。」漢書宣帝紀：「誠愛結于心，仁厚之至也。」南史虞寄傳：「寄少篤行，造次必於仁厚，雖僮豎未嘗加以聲色。」

⑤鄰人　住在附近的人。韓非子說難：「其家甚智其子，而疑鄰人之父。」唐吳融（？—九〇三）廢宅詩：「風飄碧瓦雨摧垣，卻有鄰人與鎖門。」

⑥失豕　丟掉豬隻。失，喪，丟。論語陽貨：「既得之，患失之。」南朝梁任昉奏彈劉整：「范今年二月九日夜，失車欄子夾杖龍牽等。」豕，詳①。

⑦相似　相類。相像。易繫辭上：「與天地相似，故不違。」南朝梁蕭統（五〇一—五三一）採蓮曲：「桂楫蘭橈浮碧水，江花玉面兩相似。」

⑧詣門　登門。上門。後漢書鄭均傳：「郡將欲必致之，使縣令譎將詣門，既至，卒不能屈。」唐陸龜蒙甫里先生傳：「（甫里先生）性不喜與俗人交，雖詣門不得見也。」明劉基結襪子詩：「詣門謁朱亥，虛左上侯嬴。」

⑨自還　自個兒回來。自，指稱豬隻本身。

⑩大慚　非常羞愧。大，表程度。猶云非常。

【析源】

西晉司馬彪（？—約三〇六）續漢書宦者傳曹騰：「騰父節，字元偉。素以仁厚稱。鄰人有亡豕者，與節豕相類，詣門認之，節不與爭。後，所亡豕自還其家，豕主人大慚，送所認豕并辭謝節，節笑而受之，由是鄉黨貴歎焉。」

五一、鼓琴不問

趙閱道為成都轉運使，出行部內，唯攜一琴、一龜。坐則看龜、鼓琴。嘗過青城山，遇雪，舍於逆旅。逆旅之人不知其使者也，或慢狎之。公頹然鼓琴不問。

【語譯】

趙閱道出任成都轉運使，從朝廷官署直接前往，隨身僅僅帶一把琴、一隻龜。沿路歇腳稍坐片刻的時候，就端視烏龜、彈琴自娛。曾經過青城山，卻逢下雪，投宿客棧。旅店伙計不清楚他是朝廷出使地方的大員，難免有些怠慢、敷衍。趙公平和自若地彈琴並未加以責備。

【注釋】

①鼓琴不問　專心致志地彈琴，不加以責備。鼓琴，彈琴。詩小雅鹿鳴：「我有嘉賓，鼓瑟鼓琴。」莊子漁父：「孔子絃歌鼓琴，奏曲未半，有漁父者，下船而來。」史記齊悼惠王世家：「魏勃父以善鼓琴見秦皇帝。」問，責。責備。左傳僖公四年：「昭王南征而不復，

寡人是問。」又，襄公二十五年：「晉人問陳之罪。」

②趙閱道　本名抃（一〇〇八—一〇八四）。北宋衢州西安（今浙江衢縣）人。進士及第。仕州縣，以治績召為殿中侍御史。彈劾不避權幸，聲稱凜然，京師目為「鐵面御史」。言務欲朝廷外別白君子小人，一時名臣，賴以安焉。請知睦州，移梓州路轉運使，改益州。蜀，地遠民弱。吏，肆為不法。然抃以身率之，蜀風丕變。召為右司諫。出知虔州，御之嚴而不苛。加龍圖閣直學士，知成都，以寬為治，英宗譽為「中和之政也」。神宗立，召知諫院。旋擢參知政事。王安石用事，抃屢斥其不便。再知成都，治益尚寬。乞歸，知越州，復徙杭州。元豐七年（一〇八四）卒，謚清獻。有清獻集傳世。（宋史卷三一六）

③成都轉運使　北宋初原稱「益州路轉運使」。真宗咸平四年（一〇〇一），自西川路分置益州路，為川峽四路之一。治成都府。轄境相當今四川江油、北川等市縣以南，喜德、沐川等縣以北，小金、瀘定等縣以東，綿陽、井研等市縣以西。嘉祐四年（一〇五九）改稱成都府路。轉運使，宋制：各路置轉運使司掌經度一路財賦，察其登耗有無，以足上供及郡縣之費。歲行所部，檢察儲積，稽考帳籍。并專掌舉刺官吏之事。主官稱轉運使，下設副使、判官等職。南宋職掌稍有調整。（中國歷代疆域詳圖—兩宋，宋史卷一六七）

④出行部內　從中央官署直接赴任。出行，出外行遠。史記天官書：「其出行十八舍二百四十日而入。」官署曰部。猶云從朝廷公廨直接遠行赴新職所在地也。

⑤青城山　在四川灌縣西南。一名赤城山。道家以此山為第五洞天，上有清泉，曰潮泉。岷

山連岫千里，青城山為第一峰。（明曹學佺蜀中廣記卷六）

⑥遇雪　遭逢下雪。遇，逢。今語碰到。

⑦舍於逆旅　投宿旅店。舍，住宿。止宿。墨子非攻中：「至夫差之身，北而攻齊，舍於汶上，戰於艾陵，大敗齊人，而葆之大山。」莊子山木：「夫子出於山，舍於故人之家。」逆旅，客棧。迎止賓客之處。左傳僖公二年：「今虢為不道，保於逆旅，以侵敝邑之南鄙。」注：「逆旅、客舍也。」莊子山木：「陽子之宋，宿於逆旅。」

⑧使者　受命出使的人。戰國策趙策一：「使使者致萬家之邑一於智伯。」

⑨或慢狎之　也許敷衍怠慢他。或，也許。表示不肯定。左傳宣公三年：「天或啟之，必將為君。」史記封禪書：「其神或歲不來，或歲數來。」唐韓愈縣齋有懷詩：「治長信非罪，侯生或遭罵。」慢狎，猶輕慢。意謂對人不尊重、態度不佳、敷衍應付也。之，指稱代詞。

⑩公　指稱趙閱道。

⑪頹然　和順貌。北史文苑傳庾信：「身長八尺，腰帶十圍，容止頹然，有過人者。」新唐書呂諲傳：「性靜慎，勤總吏職，諸僚或出游，諲獨頹然據案，鉤視簿最，翰益親之。」

【析源】

榮按：全文悉摘自夢溪筆談卷九人事一，未稍更動；茲從略。

五二、唯得忠恕

范純仁嘗曰：「我平生所學，唯得忠恕二字。一生用不盡，以至立朝事君、接待僚友、親睦宗族，未嘗須臾離此也。」又戒子弟曰：「人雖至愚，責人則明；雖有聰明，恕己則昏。爾曹但常以責人之心責己，恕己之心恕人，不患不到聖賢地位也。」

【語譯】

范純仁曾說：「我往常受教、習修的心得，只有『忠』、『恕』兩個字。一輩子用不完：在朝廷服務、和國君相處，與同仁互動以及宗族間和諧往來，都不曾片刻與這兩個字分開。」同時，他也告示晚輩說：「一個人即使心智非常遲鈍，當要求別人的時候總是清清楚楚，毫不含糊。一個人雖然心智正常，耳聰目明，為了寬容自己，總是表現出闇昧、乏理。你們只要經常地用要求別人的那種心態來要求自己，用寬容自己的心態來寬容別人，就不必擔心達不到聖賢的境界了。」

【注釋】

①唯得忠恕　只得到「忠」和「恕」。唯，獨。只有。表性態。易同人：「唯君子能通天下之志。」論語顏淵：「子謂顏淵曰：『用之則行，舍之則藏，唯我與爾有是夫。』」得，

謂取得，擁有。禮記曲禮上：「臨財毋苟得，臨難毋苟免。」忠恕，修養之德目。盡己心力以奉公、任事、待人曰忠。寬容、推己及人曰恕。

②范純仁　（一○二七—一一○一）字堯夫，范仲淹之次子。以父任為太常寺太祝。舉皇祐元年（一○四九）進士，無意出仕，與胡瑗、孫復、石介、李覯等從游。父卒，始出仕。知襄城縣，勸民蠶桑。簽書許州觀察判官，知襄邑縣，建請牧地隸屬縣，遂成宋制。治平中，累遷侍御史，反對尊崇濮王，出判安州，歷知州、提點刑獄、轉運副使。神宗朝，拜兵部員外郎兼起居舍人，同知諫院。因反對王安石變法，語多激切，出知河中府，徙成都路轉運使。以新法不便，戒州縣未得遽行。又遭左遷。歷知和、邢、慶、信陽、齊等州軍。哲宗立，復直龍圖閣，知慶州，召為給事中。時宣仁后聽政，司馬光執政，將盡除新法，渠則主張去其太甚者，毋須盡復舊法。元祐初，同知樞密事。三年（一○八八）拜相。極言前世朋黨之禍，論不可因譖黜官，誤傷賢善。反對治蔡確安州詩獄，反為言官指為朋黨。次年，出知潁昌，又歷知太原、河南等府。召還，復拜右僕射，八年，復相。哲宗親政，召章惇為相，渠堅請去，又以論事忤惇意，累貶永州安置。罹疾失明。徽宗即位，累獲擢遷，且蒙優渥，官至右正議大夫、觀文殿大學士、中太一宮使。建中靖國元年（一一○一）卒，年七十五，諡忠宣。（宋史卷三一四）

③平生　往常。猶平素。論語憲問：「見利思義，見危授命，久要不忘平生之言，亦可以為成人矣。」唐杜甫夢李白詩：「出門搔白首，若負平生志。」

④所學　受教、習修到的。所，參射牛無恠⑪。受教、習修曰學。禮記學記：「君子如欲化民成俗，其必由學乎？」東漢張衡（七八—一三九）東京賦：「凡人心安所習。」孟子公孫丑上：「……子貢曰：『學不厭，智也。……』……」

⑤一生　人自出世至老死為一生，猶云一輩子。世說新語雅量：「未知一生當著幾量屐？」東晉陶潛（三六五—四二七）飲酒詩：「所以貴我身，豈不在一生。」

⑥以至　表示由於上文—「平生所學，唯得忠恕二字。一生用不盡。」所說的情況，引出了下文—「立朝……未嘗須臾離此也。」的結果。北宋王讜（？—？，元祐間仍在世）唐語林補遺二：「德宗時，楊炎、盧杞為宰相，皆奸邪用事，樹立朋黨，以至天子播遷，宗社幾覆。」

⑦立朝事君　在朝服務，與國君相處。立朝，國君在位、大臣柄政於朝廷，均稱立朝。史記商君列傳：「君之危若朝露，……秦王一旦捐賓客而不立朝，秦國之所以收君者，豈其微哉？」東漢蔡邕文範先生陳仲弓銘：「其立朝事上也，恭順貞厲，含章直方。」事君，事上。謂與國君共處治事也。

⑧接待僚友　接納同仁並與之互動。接待，接納且彼此相處。漢書蕭望之傳：「望之見納朋，接待以意。」三國志吳志陳表傳：「表欲得戰士之力，傾意接待，士皆愛附，樂為命用。」同官曰僚友，今語多用同仁。禮記曲禮上：「僚友稱其弟也。」按「弟」同「悌」。

⑨親睦宗族　與具血親關係的族人，和諧往來。親睦，來往頻繁，和諧無間。孟子滕文公上：

「鄉田同井，出入相友，守望相助，疾病相扶持，則百姓親睦。」清劉大櫆（一六九八—一七八〇）中書舍人程君墓志銘：「其人有族戚交鄰，貧富厚薄，信實姦欺之不齊，君一與之親睦，莫有違言者。」宗族，父系諸親屬。亦指同宗之人。宗族分言，族親於宗。左傳僖公二十四年：「召穆公思周德之不類，故糾合宗族于成周而作詩。」戰國策韓策二：「臣之仇，韓相傀。傀又韓君之季父也，宗族盛，兵衛設。」

⑩須臾　片刻。禮記中庸：「道也者，不可須臾離也。」荀子勸學：「吾嘗終日而思矣，不如須臾之所學也。」

⑪離，分開。呂覽誣徒：「離則不能合；合則不能離。」

⑫戒　告示。

⑬子弟　在此，作「年輕後輩」解。荀子非十二子：「遇長則修子弟之義。」

⑭至愚　心智極遲鈍。

⑮責人則明　要求別人的時候，總是清清楚楚、毫不含糊。責，要求。人，指對方言。明，謂不含糊也。

⑯恕己則昏，寬容自己總是馬馬虎虎、闇昧之理。恕，寬容。闇昧之理曰昏。

⑰爾曹　猶汝輩；今語作「你們」解。後漢書趙熹傳：「爾曹若健，遠相避也。」唐杜甫戲為六絕句之二：「爾曹身與名俱滅，不廢江河萬古流。」

⑱但常　只要經常地。

⑲責人之「心」 指心態言。

⑳不患 不用擔憂。左傳襄公二十三年：「為人子者，患不孝，不患無所。」南宋何薳（一〇七七—一一四五）春渚紀聞古聲遺制：「不患其器之樸拙，使人援弦促軫，想見太古自然之妙，然後為勝。」

㉑地位 指境界言。

【析源】

本章經文文字悉引自宋名臣言行錄後集卷十一，茲從略。南宋張鎡（一一五三—一二一一）仕學規範卷五行己：「范開府純仁性夷易寬簡。嘗曰：『吾平生好學，得之忠恕二字而已。』」自警編卷一學問：「范純仁嘗曰：『我平生所學，惟得忠恕二字，一生受用不盡。……』」

宋史范純仁傳：「（純仁）嘗曰：『吾平生所學，得之忠恕二字，一生用不盡，以至立朝事君、接待僚友、親睦宗族，未嘗須臾離此也。』每戒子弟曰：『人雖至愚，責人則明；雖有聰明，恕己則昏。苟能以責人之心責己，恕己之心恕人，不患不至聖賢地位也。』」

五三、益見忠直

王太尉旦薦寇萊公為相。萊公數短太尉於上，而太尉專稱其長；上一日謂太尉，曰：「卿雖稱其美；彼談卿惡。」太尉曰：「理固當然。臣在相位久，政事闕失必多。準對陛下無所隱，益見其忠直，此臣所以重準也。」上由是益賢太尉。

【語譯】

太尉王旦推介寇準擔任宰相。寇準卻屢次在皇帝跟前指摘他的缺失；但太尉仍一意地贊美他的優點。有一天，皇帝向太尉說：「雖然，你贊揚他的長處，他卻只提您的瑕疵。」太尉回奏道：「道理本就是這樣的啊！我在宰相的職位上時間長，政事上的缺點、過失一定不少。寇準對皇上您沒有任何藏匿、保留，更加看出他的盡心、剛正，這是我尊崇他的原因。」因此，皇帝更加器重太尉。

【注釋】

①益見忠直　更加看出（他的）盡心、剛正。益，越。更。加甚之詞。史記酷吏列傳楊僕：「吏民益輕犯法，盜賊滋起。」後漢書馬援傳：「大丈夫為志，窮當益堅，老當益壯。」見，視。看到。詩唐風綢繆：「今夕何夕，見此良人。」易乾：「飛龍在天，利見大人。」孟子梁惠王上：「見牛未見羊也。」忠直，盡心剛正。盡心奉公任事曰忠：正而不斜曰直。書伊訓：「敢有侮聖言，逆忠直，遠耆德，比頑童，時謂亂風。」漢書劉向傳：「更生（按向字更生）年少於望之、堪，然二人重之，薦更生宗室忠直，明經有行。」

②王太尉旦　太尉，職官名，秦始置。宋制：國初，與司徒、司空並稱三公，不常置，皆為宰相、親王、使相加官，其特拜者不預政事、皆赴上于尚書省。政和二年（一一一二）廢太尉、司徒、司空，更太師、太傅、太保為三公，為真相之任。南宋又以三公為加官、無實職。（宋史卷一六一）王旦（九五七—一〇一七）。北宋大名莘縣（今屬山東）人。字子明。太平興國五年（九八〇）進士及第。以著作郎與修文苑英華。真宗朝，旦知樞密院，累官至宰相，在相位十餘年，務行故事，為真宗所信賴。晚年以未能諫止託名天書行封禪事，為世所譏，抱憾以歿，卒謚文正。（宋史卷二八二、宋史紀事本末卷二二）

③寇萊公　寇準（九六一—一〇二三）。北宋華州下邽（今陝西渭南）人。字平仲。太平興國四年（九七九）進士，官至參知政事。景德元年（一〇〇四）契丹入侵，準任同平章事，力排眾議，促使真宗親征，進駐澶州督戰，與契丹訂澶淵之盟。後為王欽若等所讒罷相。天禧初復相，封萊國公。後貶死雷州。仁宗時，追贈中書令，謚忠愍。能詩，今傳有寇忠愍公詩集三卷。（宋史卷二八一）

④數短　屢次指摘……的缺失。數，ㄕㄨㄛˋ。屢次。多次。論語里仁：「朋友數，斯疏矣。」史記伍子胥列傳：「吾數諫王，王不用，吾今見吳之忘矣。」短，指摘他人之缺失。史記屈原列傳：「令尹子蘭聞之大怒，卒使上官大夫短屈原於頃襄王。」

⑤上前　皇帝的跟前。帝制時代，對皇帝敬稱「上」；在此，指稱北宋真宗。

⑥專稱其長　一意地贊美他的優點。專，一意如此。表性態。史記曹相國世家：「雒陽之人，

年少初學，專欲擅權紛亂諸事。」又，游俠列傳：「專趨人之急，甚於己私。」稱，頌揚。國語周語中：「君子不自稱也，非以讓也，惡其蓋人也。」禮記表記：「故君子……稱人之美，則爵之。」長，優。善。孟子公孫丑上：「敢問夫子惡乎長？曰：『我知言，我善養吾浩然之氣。』」

⑦稱其「美」 善。詩齊風盧令：「盧令令，其人美且仁。」孟子盡心上：「道則高矣，美矣，宜若登天然，似不可及也。」

⑧「彼」談卿「惡」 彼，指稱冠準。瑕曰惡。周禮冬官：「敝盡而無惡。」

⑨理固當然 道理本就是這樣的啊。語本文中子魏相：「非辯也，理當然耳。」又，戰國策齊策四：「譚拾子曰：『事有必至，理有固然。君（按指稱孟嘗君）知之乎？』」

⑩闕失 過失。闕，ㄑㄩㄝ。過失。詩大雅烝民：「袞職有闕，維仲山甫補之。」闕，同「缺」。闕失屬同義複詞。

⑪所以「重」準 尊崇。禮記祭統：「所以明周公之德，而又以重其國也。」東漢馬援（前一四—四九）戒弟子書：「吾愛之重之，願汝曹效之。」

⑫由是 因此。史記項羽本紀：「……項羽由是始為諸侯上將軍，諸侯皆屬焉。」三國蜀諸葛亮（一八一—二三四）前出師表：「先帝不以臣卑鄙，猥自枉屈，三顧臣于草廬之中，諮臣以當世之事。由是感激，遂許先帝以驅馳。」

⑬益「賢」太尉 器重。尊崇。禮記禮運：「以賢勇知，以功為己。」孔疏：「賢，猶崇重

也。」南宋陸游老學庵筆記卷一：「（宋）神宗夜讀宋璟傳，賢其人。」

【析源】

五朝名臣言行錄卷二之四丞相王文正公旦：「王太尉薦寇萊公為相，萊公數短太尉於上前，而太尉專稱其長。上一日謂太尉曰：『卿雖稱其美，彼專談卿惡。』太尉曰：『理固當然。臣在相位久，政事闕失必多。準對陛下無所隱，益見其忠直，此臣所以重準也。』上由是益賢太尉。」仕學規範卷七行己除「理固當然」改作「理當固然」外，其餘文字無異，茲從略。自警編卷一器量除「萊公」作「寇公」外，其餘文字亦無殊，併略之。厚德錄卷一所載與前揭文悉同。宋史王旦傳：「寇準數短旦，旦專稱準。帝謂旦曰：『卿雖稱其美，彼專談卿惡。』旦曰：『理固當然。臣在相位久，政事闕失必多。準對陛下無所隱，益見其忠直，此臣所以重準也。』帝以是愈賢旦。」

五四、酒流滿路

王文正公母弟傲不可訓。一日，逼冬至。祠家廟列百壺於堂前，弟皆擊破之，家人惶駭。文正忽自外入，見酒流又滿路不可行，俱無一言，但攝衣步入堂。其後弟忽感悟，復為善，終亦不言。

【語譯】

王旦有個胞弟行止放肆、不守禮法，矜慢在心，毫無忌憚，簡直不堪教導。接近冬至的某一天，王氏祭拜家廟、在正廳前方供桌上陳置百壺醇醪以饗歷代祖先。他的弟弟竟然將酒壺一一打破。僕婢見狀，相當驚奇也深懷恐懼。這時候，王旦突然從外面進來。看到流動的酒汁，遍布路面，不方便行走。卻連隻字片語都不說，只默默地撩起下襬走到正廳。以後，弟弟令人意外地竟被他的舉止所感動而清醒過來，重新學好；他依然不多說。

【注釋】

①酒流滿路　酒汁流動，遍布路面。酒呈液狀，倘不在容器內，勢必如水一般流動。滿，遍布。莊子天運：「在谷滿谷，在阬滿阬。」成疏：「乃谷乃阬，悉皆盈滿。」唐盧綸（?—?，約卒於貞元十四、五年間）和張僕射塞下曲之三：「欲將輕騎逐，大雪滿弓刀。」路，指堂前供桌周遭的地面言。

②王文正　王旦，卒諡文正，餘參前章益見忠直②。

③母弟　同母所出，而年齡小於己者。猶云胞弟。左傳宣公十七年：「凡大子之母弟，公在曰公子，不在曰弟。凡稱弟，皆母弟也。」

④傲不可訓　行止放肆、不守禮法，矜慢在心，毫無忌憚，簡直不堪教導。傲，ㄠˋ。本義作「倨」解。（說文）。謂行止放肆、不守禮法，心懷矜慢，毫無忌憚也。不可，猶不堪。北宋蘇軾九日黃樓作詩：「去年重陽不可說，南城夜半千漚發。水穿城下作雷鳴，泥滿城頭飛雨滑。」訓，教導。孟子萬章上：「三年，以聽伊尹之訓己也，復歸于亳。」明張居

正乞遵守慈諭疏：「蓋惟其愛之也深，故其訓之也切；惟其訓之也切，益見其愛之也深。」

⑤一日　指某一天言。

⑥逼冬至　接近冬至。逼，近。接近。晉書苻堅載記：「君懸軍深入，置陣逼水，此持久之計，豈欲戰者乎。」冬至，二十四節氣（二十四氣）中之第二十二個節氣，合陽曆十二月廿一至廿三日，陰曆十一月中。榮按：宋名臣言行錄前集卷三王旦作「……一旦遇冬至，……。」

⑦祠家廟　祭拜家廟。祠，ㄘˊ。祭。祭祀。史記封禪書：「高祖初起，禱豐枌榆社；天下已定，詔以羊彘祠之。」漢武帝故事：「帝行幸河東，祠后土。」明王守仁（一四七二—一五二八）象祠記：「其下諸苗夷之居者，咸神而祠之。」家廟，古有官爵者始得構建，用以祭祀祖先。禮記王制：「天子七廟……，諸侯五廟……，大夫三廟……，士一廟。」惟後代多泛指宗族所建立之宗祠言。（文獻通考卷一〇四、清文獻通考卷一一三）

⑧列百壺　陳置百壺醇醪。列，陳。置設。史記孔子世家：「列俎豆。」百壺，泛言酒多，或整百壺或近或逾百壺不一。詩大雅韓奕：「顯父餞之，清酒百壺。」唐楊憑（？—？；約卒於元和十五年之前）湘江泛舟詩：「除卻同傾百壺外，不愁誰奈兩魂銷。」

⑨堂前　指家廟正廳前方。正室曰堂。古，屋宇築於高出地面之臺基上。前曰堂，用以行吉凶諸大禮，後稱室，住人。禮記禮器：「天子之堂九尺……士三尺。」論語先進：「由也升堂矣，未入於室也。」說文土部：「堂，殿也。」段注：「堂之所以偁殿者，正謂前有

陛，四緣皆高起……古曰堂，漢以後曰殿。古上下皆偁堂，漢上下皆偁殿，至唐以後，人臣無有偁殿者。」後人泛指房屋正廳曰堂。玉臺新詠隴西行：「請客北堂上，坐客氈氍毹。」唐杜甫贈衛八處士詩：「焉知二十載，重上君子堂。」劉禹錫烏衣巷詩：「舊時王謝堂前燕，飛入尋常百姓家。」

⑩家人　昔對僕婢之通稱。漢書轅固傳：「竇太后好老子書，召問固。固曰：『此家人言耳。』」顏注：「家人言僮隸之屬。」

⑪惶駭　一作「惶駴」。既恐懼且驚訝。三國志魏志陳思王曹植傳：「植益內不自安。」裴松之注引魏典略：「至如脩者，聽采風聲，仰德不瑕，目周章於省覽，何惶駭於高視哉。」舊唐書高仙芝傳：「俄而，賊騎繼至，諸軍惶駭，棄甲而走，無復隊伍。」明史忠義傳四李中正：「驟聞賊至，吏民惶駴，知縣金會嘉棄城遁。」

⑫「攝」衣　摳。撩起。論語鄉黨：「攝齊升堂，鞠躬如也。」史記高祖本紀：「沛公起攝衣，謝食。」

⑬「其」後　指「擊破酒壺，兄俱無一言，祭拜如儀」之事言。

⑭感悟　亦作「感寤」。受感動而醒悟。史記管晏列傳：「夫子既已感寤而贖我，是知己；知己而無禮，固不如在縲紲之中。」新唐書姦臣傳崔胤：「德昭感寤，乃告以胤謀，德昭許諾，胤斬帶為誓。」明史胡世寧傳：「每重獄，別白為帝言之，帝輒感悟。」

【析源】

北宋强至（一〇二二—一〇七六）韓魏王遺事：「公言：『王文正母弟傲不可訓，一日逼冬至，祠家廟列百壺於堂前，弟皆擊破之，家人惶駭。文正忽自外入，見酒流滿路，不可行，俱無一言；但攝衣步入堂。其後弟忽感悟，復為善，終亦不言。』」宋名臣言行錄前集卷三、韓魏公言行錄皆載此事且文字悉同。宋史王旦傳：「旦事寡嫂有禮，與弟旭友愛甚篤。……」

五五、不形於言

韓魏公器量閎博，無所不容。自在館閣已有重望於天下與。同館王拱辰、御史（蕭）定基同發解開封府舉人。拱辰、定基時有喧爭；公安坐幕中閱試卷如不聞。拱辰忿不助己，詣公室，謂公曰：「此中習器度耶？」和顏謝之。公為陝西招討時，師魯與英公不相與，師魯於公處即論英公事，英公於公處亦論師魯，公皆納之，不形於言，遂無事。不然，不靜矣。

【語譯】

韓琦的格局、度量既大且高，沒有什麼事不能接納。從任事館閣的時候，已在全國著有崇高的聲望呢！後來一度成為同事的王拱辰、登仕版後任御史的蕭定基，這時候一起分由州、縣指令遣送開封府應試。兩人經常較量得吵吵鬧鬧。韓公卻穩穩地坐在帳惟內批改試卷，好像沒有聽到爭吵一般。拱辰怨恨（韓公）未及時幫他，到韓公的座前向他說：「這裡頭在修鍊器量、識量的嗎？」韓公面色和藹地向他表示謝意。韓公任陝西招討使的時期，尹洙和夏竦彼此不睦。尹洙在他面前就數說夏竦的種種行徑，夏竦一見到他，也批評尹洙一番。韓公全都聽進去了，就是不表示任何的看法，於是沒有變故。不（是）這樣處理的話，必不得安寧。

【注釋】

①不形於言　說辭之中，不表示任何的看法。不形，不顯露。西漢王褒（？—？活動於宣帝在位期間）四子講德論：「好惡不形，則是非不分。」西晉陸機（二六一—三〇三）辨亡論下：「亂不極則治不形。」明方孝孺（一三五七—一四〇二）送石君永常赴河南僉事序：「不形好惡，不傾是非，咸得其正，然後可以為正矣。」言，指說辭。

②韓魏公　（一〇〇八—一〇七五）。北宋相州安陽（今河南安陽）人。字稚圭。天聖五年（一〇二七）進士。仁宗時，西北邊事起，琦任陝西經略招討使，與范仲淹率兵拒戰。韓范久在兵間，名重當時，為宋廷所倚重，時人稱為「韓范」。西夏和成，入為樞密副使，嘉祐中，官同中書門下平章事。英宗立，封魏國公。因此，人咸敬稱曰韓魏公。琦為相十年，臨大事，決大議，雖處危疑之際，知無不為。卒諡忠獻，遺有安陽集五〇卷。（宋史卷三一二）

③器量　本義「作器物之容量」解。周禮天官酒正：「唯齊酒不貳，皆有器量。」後引申指人之器局、度量。」論語八佾：「管仲之器小哉。」注：「言其器量小也。」東漢蔡邕郭有道碑：「夫其器量弘深，姿度廣大。」

④閎博　「閎大廣博」省詞作「閎博」。語本韓非子難言：「閎大廣博，妙遠不測，則見以為夸而無用。」

⑤無所不容　意謂一切皆能容納。三國志魏志陳思王曹植傳：「貶爵安鄉侯。」裴松之注引魏書：「朕於天下無所不容，而況植乎？」雲笈七籤卷三：「右四條備衛身中。」注：「身中變化，無所不容。」清龔自珍（一七九一——一八四一）太倉五中堂奏疏書後：「是故君父之慈臣子，無所不容，教誨委曲，至夫斯極。」

⑥館閣　宋廷設昭文館、史館、集賢院，合稱三館，分掌圖書、經籍、修史諸事。又設神閣、龍圖閣、天章閣以度藏經籍、圖書與歷代御製典籍。二者統稱館閣。南宋葉夢得（一〇七七——一一四八）石林燕語卷二：「端拱中分三館書萬餘卷，別為祕閣，命李至兼秘書監，宋泌兼直閣，杜鎬兼校理，三館與祕閣始合為一，故謂之館閣。」

⑦重望　崇高的聲望。唐李洞（？—八九七？）感知上刑部鄭侍郎詩：「公心外國說，重望兩朝推。」南宋陸游老學庵筆記卷十：「張魏公有重望，建炎以來，置左右相多矣，而天下獨目魏公為張右相。」清俞正燮（一七七五——一八四〇）癸巳存稿熊廷弼獄論：「元標為都御史，負八股文重望。」

⑧天下　猶今語「國家」。舊說：地在天之下，故稱大地為天下。古籍中以家、國、天下連稱，謂積家成國，積國成天下，故三代統一諸國，稱有天下；統一而分裂謂失天下。所謂天下，即指全中國而言也。統一天下，即統一全中國之謂之也。書大禹謨：「奄有四海，為天下君。」

⑨同館　謂同在館閣任職。明沈德符（一五七八—一六四二）野獲編科場二薦主同咨：「今同年往還投刺，俱稱年弟，雖先人丁丑榜中，惟同館數相知稱之，其餘皆年侍生也。」

⑩王拱辰　（一〇一二—一〇八五）。北宋開封咸平（今河南通許）人。原名拱壽，字君貺。天聖八年（一〇三〇）舉進士。通判懷州，入直集賢院。慶曆元年（一〇四一）為翰林學士。權知開封府，拜御史中丞。杜衍、范仲淹為政，拱辰傾之，由此為公議所薄。復以翰林學士權三司使，坐舉富民鄭旭，出知鄭州。數歲還，為學士承旨兼侍讀。至和三年（一〇五六）復拜三司使。聘契丹，御史趙抃論其輒當非正之禮，出知永興軍，累官至吏部尚書。熙寧元年（一〇六八），復以北院使召還。王安石惡其異己，出知應天府。八年（一〇七五），入朝，為中太一宮使。元豐初，三路籍民為保甲，渠抗言其害。卒年七十四，謚懿恪。（宋史卷三一八）

⑪御史　職司監察。有御史大夫、御史中丞、殿中侍御史之別，品秩高低懸殊，宋制：自八品至三品不等。

⑫蕭定基　（？—？）北宋廬陵（今江西吉安縣）人。字守一。與王拱辰同科。授監察御史。

頗得仁宗信任，宣州蠻入寇時，補廣西安撫使缺，累官淮浙荊湖制置發運使，卒於任。宋史無傳。（尚友錄卷六）榮按：自警編與明刻本皆作「葉定基」，茲據四庫本宋名臣言行錄訂正為「蕭定基」。

⑬同　一起。易睽：「二女同居，其志不同行。」韓非子揚權：「虧靡有量，毋使民比周，同欺其上。」

⑭發解　ㄈㄚ ㄐㄧㄝ。唐宋，應貢舉合格者，曰「發解」。北宋司馬光論諸科試官狀：「臣伏見朝廷取勘諸處發解考試諸科官，以所解之人到省十有九不中者。」續資治通鑑宋太宗端拱元年：「先是開封府發解，如諸州之制，皆府官專其事。是秋，以府事繁劇，始別勑朝臣主之，定名訖，送府發解如式。」

⑮開封府　唐稱汴州府。五代後梁建國，升為東京開封府。後唐稱汴州宣武軍，後晉、後漢、後周都此，曰東京。開封府，北宋因之。又稱汴梁、汴京。（輿地廣志卷四、讀史方輿紀要卷四七）

⑯舉人　稱州郡貢舉合格者，唐宋時名曰選人；明清則專指鄉試中式者。

⑰喧爭　吵鬧、口頭較量。唐杜甫秋日記夔府詠懷一百韻：「富貴空回首，喧爭懶著鞭。」

⑱安坐幕中　穩妥地坐在帳帷內。謂不受帷外喧爭之影響也。幕，帳帷之處，藉以分別內外。

⑲不聞　猶未聞。

⑳忿　怨恨。生氣。書君陳：「爾無忿疾於頑，無求備於一夫。」論語陽貨：「古之矜也廉，

今之矜也忿戾。」

㉑詣　ㄧˋ。至。到。史記秦本紀：「代王乘傳詣長安。」

㉒此中　猶今語「這裡頭」。晉書周顗傳：「王導枕周顗膝，指顗腹曰：『卿此中何所有？』顗答曰：『此中空洞無物，但是容卿輩數百人。』」

㉓習　作「修鍊」解。

㉔器度　器量。識量。晉書列女傳慕容垂妻段氏：「范陽王有非常器度，若燕祚未終，其在王乎！」資治通鑑晉元帝建武元年：「乂形神秀爽，寬仁有器度，故士心多附之。」

㉕和顏　面色和藹之謂也。西漢劉向列女傳鄭瞀：「婦人以端正和顏為容。」三國魏曹植（一九二—二三二）洛神賦：「收和顏而靜志兮，申禮防以自持。」嵇康琴賦：「揚和顏，攘皓腕。」

㉖陝西招討　全稱「陝西經略安撫招討使」。常川駐節延安，以拒西夏。

㉗師魯　尹洙（約一〇〇〇—一〇四七）字師魯。北宋河南府（今河南洛陽）人。天聖進士，授正平主簿。舉書判拔萃科，改山南東道節度使掌書記、知伊陽縣，有能名。以大臣薦召試，為館閣校勘。因反對以朋黨為范仲淹罪，忤時相，黜監唐州酒稅。曾撰敘燕、息戍上於朝，論燕地及西北形勢，極言軍政之弊。宋夏戰起，葛懷敏辟為經略判官，迭上疏論邊事，請募士兵、首騎軍、增步卒。韓琦知秦州，辟渠為通判州事。後歷知涇、渭等州，坐以公使錢為部將償債，貶監均州酒稅。渠博學有識度，尤精春秋。與歐陽脩等提倡古文，

著有河南先生集二十七卷。（宋史卷二九五）

㉘英公　夏竦曾受封英國公，故稱。竦（九八五—一〇五一）。北宋江州德安（今屬江西）人。字子喬。以父死國事，錄竦丹陽主簿。嗣舉賢良方正，累遷知制誥、禮部郎中。仁宗時，知洪州。洪州俗尚鬼，多巫覡惑民，竦索部中得千餘家，勒還農業，毀其淫祠。天聖三年（一〇七五），復知制誥。進翰林學士兼侍讀。為樞密副使、撰修國史，為集武臣賞罰前比，著為定例，吏無由高下為奸。七年，改參知政事，建議增設賢良等六科，復百官轉對，置理檢使等。因與宰相呂夷簡不合，復為樞密副使。太后崩，出知州郡。入為三司使。康定中，元昊反，為陝西經略安撫招討使。然竦怯懦畏避，數請解兵柄，改判河中府。慶曆中，召為樞密使。臺諫攻其于陝西所為，出知亳州。七年（一〇四七），復為樞密使，封英國公。次年罷，徙武寧軍節度使，進鄭國公。卒，贈太師、中書令，謚文正，改謚文莊。（宋史卷二八三）

㉙相與　恆指交好的人。唐吳筠（？—七七八？）元日言懷因以自勵詒諸同志詩：「孰能無相與，滅跡俱忘筌。」北宋羅燁（？—？）辭翁談錄壬集卷二崔木因妓得家室：「每遇相與，遊於市中之時，崔木獨慷慨特達，用錢如泥沙。」不相與，意謂彼此不睦。

㉚論　議，謂分析是非、說明事理。孟子萬章下：「以友天下之善士為未足，又尚論古之人。」唐韓愈過始興江口感懷詩：「目前百口還相逐，舊事無人可共論。」

㉛納　受。晉書華軼傳：「軼少有才氣，聞於當世，汎愛博納，眾論美之。」南史齊高帝諸

子傳上豫章文獻王嶷：「嶷不參朝務，而言事密謀，多見信納。」

㉜無事　沒有變故。禮記王制：「天子無事，與諸侯相見，曰朝。」史記平準書：「漢興七十餘年之間，國家無事。」北宋曾鞏本朝要策契丹：「自此邊境去矢石之憂，天下無事，百姓和樂。」明陳子龍（一六〇八—一六四七）議財用：「若云多事，則自古亦無無事之國也。」

㉝不然　不是這樣。不如此，論語八佾：「王孫賈問曰：『與其媚於奧，寧媚於竈，何謂也？』子曰：『不然。獲罪於天，無所禱也。』」唐韓愈短燈檠歌：「吁嗟世事無不然，牆角君看短檠棄。」

㉞不靜　無從安寧。靜，寧。禮記大學：「知止而后有定，定而后能靜。」淮南子本經訓：「怒則手足不靜。」

【析源】

宋史韓琦傳：「琦蚤有盛名，識量英偉，臨事喜慍不見于色，論者以重厚比周勃，政事比姚崇。」又，「天資朴忠，折節下士，無貴賤，禮之如一。尤以獎拔人才為急，儻公論所與，雖意所不悅，亦收用之，故得人為多。」宋名臣言行錄後集卷一韓琦：「……自在館閣，已有重望與。同館王拱辰、御史蕭定基同發解開封府舉人，二人時有爭喧，公坐幕中閱試卷如不聞。拱辰忿不助己，詣公室謂公曰：『此中習宰相氣度耶？』公和顏謝之。」自警編卷一器量：「韓魏公器量宏博、無所不容。自在館閣已有重望於天下。與同館王拱辰、御史葉定基同發解開封府舉人。拱辰、定基時有喧爭，安坐幕中閱試卷如不聞。拱辰忿不助己，詣公室謂公曰：『此中習宰相器度耶？』公和顏謝之。」

五六、未嘗峻折

歐陽永叔在政府時，每有人不中理者輒峻折之，故人多怨。韓魏公則不然，從容諭之以不可之理而已，未嘗峻折之也。

【語譯】

歐陽脩任職政事堂的時候，只要有人言行不切合事理，就會遭他嚴厲地斥責，所以僚屬的內心，每有不快。韓琦可不如此；他總是不慌不忙地把不應該這樣的道理剖析、告知對方而已，不曾有過嚴厲地斥責。

【注釋】

①未嘗峻折　不曾嚴厲地斥責。未嘗，參羹污朝衣⑤。峻折，嚴加斥責。續資治通鑑宋太宗太平興國八年：「奏對之際，無不假以辭色，善惡兼聽，未嘗峻折之也。」

②歐陽永叔　歐陽脩（一〇〇七—一〇七二）字永叔。脩，自號醉翁、六一居士。北宋廬陵吉水（今屬江西）人。舉天聖八年（一〇三〇）進士甲科，官至樞密副使、參知政事。因議新法，與王安石不合，致仕，退居潁川，卒謚文忠。渠一生博覽群書，以文章著名。反

對宋初西崑派浮艷文風，主張文學須切合實用。撰有毛詩本義、新五代史、集古錄等書。與宋祁合修新唐書。後人輯有歐陽文忠集一五三卷、附錄五卷，其居士集為作者晚年所自編。（宋史卷三一九）

③政府　指政事堂言。唐、兩宋稱宰相處理政務之所。資治通鑑唐宣宗大中二年：「前鳳翔節度使石雄詣政府自陳黑山、烏嶺之功，求一鎮以終志。」胡三省注：「政府，即謂政事堂。」南宋葉適與趙丞相書：「相公在政府，實拔異之，使某由此有聞於世，雖嘗奉啟陳謝，而不敢敘道其感戴之私。」清昭槤（一七七六—一八三〇）嘯亭雜錄劉文正公之直：「然余承乏政府，尚不需此，汝可歸告汝主，贈諸故舊之貧窶者可也。」榮按：兩宋之後，「政府」一詞，則多泛指行政機關而言。

④中理　ㄓㄨㄥˋ ㄌㄧˇ。切合事理。呂氏春秋懷寵：「必中理，然後說；必當義，然後議。」後漢書李固傳：「其言有中理，即時施行，顯拔其人，以表能者。」北齊書文襄帝紀：「神武試問以時事得失，辨析無不中理。」明何景明（一四八四—一五二二）與李空同論詩書：「辭艱者意反近，意苦者辭反常，色澹黯而中理，披幔讀之，若搖鞞鐸耳。」

⑤輒　ㄓㄜˊ。即。表時間。漢書吾丘壽王傳：「盜賊不輒伏辜，免脫者眾。」後漢書馬援傳：「夫大將在外，讒言在內，微過輒記，大功不計，誠為國之所慎也。」

⑥從容　ㄘㄨㄥ ㄖㄨㄥˊ。不慌不忙。書君陳：「寬而有制，從容以和。」莊子秋水：「儵魚出遊從容，是魚之樂也。」

⑦諭「ㄩˋ」。告曉。告示。恆用於上對下。周禮秋官訝士：「訝士掌四方之獄訟，諭罪刑於邦國。」禮記祭義：「於是諭其志意。」

⑧不可之理　不應該這樣的道理。不可，謂不可以，即不應該。公羊傳文公九年：「緣民臣之心，不可一日無君；緣終始之義，一年不二君。」三國魏嵇康釋私論：「或讒言似信，不可謂有誠；激盜似忠，不可謂無私。」

【析源】

南宋趙善璙（？—？，嘉定元年進士）自警編卷一器量：「歐陽永叔在政府時，每有人不中理者輒峻折之，故人多怨。韓魏公則不然，從容諭之以不可之理而已，未嘗峻折之也。」

五七、非毀反己

韓魏公謂小人不可求遠，三家村中亦有一家當求。處之之理：知其為小人，以小人處之，更不可校；如校，則自小矣。人有非毀，但當反己是不是，己是則是在我，而罪在彼，烏用計其如何。

【語譯】

韓琦說過，處處都有小人，即使人戶稀少的三家村都可以找得到，不必捨近求遠。對待他們的方法：既然知道他們是小人，就要用小人的角度看待他們，尤其不應該和他們斤斤計較；倘若和他們計較，無異貶低了自己。當遭遇別人嘲諷醜化的時候，就應該回過頭來檢視自己對不對，我沒錯，那麼本身站得住腳，而錯誤在對方，又何必審酌對方怎麼樣。

【注釋】

①非毀反己　面臨嘲諷醜化，應回過頭來檢視本身。非，ㄈㄟˇ，通「誹」。顏氏家訓歸心：「見有名僧高行，棄而不說；若規凡猥流俗，便生誹毀。」非毀，謗毀也。謂嘲諷醜化。反己，回過頭來檢視本身。己，指本身言。莊子徐无鬼：「反己而不窮，循古而不摩，大人之誠。」史記樂書：「好惡無節於內，知誘於外，不能反己，天理滅矣。」北宋曾鞏列女傳目錄序：「士之苟於自恕，顧利冒恥而不知反己者，往往以家自累故也。」清顧炎武（一六一三——一六八二）與戴楓仲書：「不務反己而好評人，此今之君子所以終身不可與適道，不為吾友願之也。」

②小人不可求遠　意謂處處皆有小人，不應該捨近求遠地去尋覓。小人，泛指行為不端或見聞淺薄者。管子牧民：「信小人者，失士。」荀子勸學：「小人之學也，入乎耳，出乎口。」覓曰求。南朝梁任昉齊竟陵文宣王行狀：「既允焚林之求，實兼儀形之寄。」

③三家村　恆指偏僻且人、戶皆稀少的小（鄉）村。唐王季友（？——？，大曆初尚健在）代賀若令譽贈沈千運詩：「山上雙松長不改，百年唯有三家村。」北宋蘇軾用舊韻送魯元翰知洺州：「永謝十年舊，老死三家村。」

④處之之理　對待他們的方法。待；相待曰處，ㄔㄨˇ。禮記檀弓下：「（顏淵）謂子路曰：

『何以處我？』」荀子非相：「談說之術，矜莊以莅之，端誠以處之，堅彊以持之。」唐韓愈與袁相公書：「諸弟皆優贍有餘，而宗師妻子常寒露飢餒，宗師怡然處之，無有難色。」處「之」，本文此處指小人言。道曰理，在此，引申作「方法」解。

⑤以小人處之　用小人的角度去看待他。以，用也。（說文）。孟子滕文公上：「許子以釜甑爨，以鐵耕乎？」韓非子外儲說左上：「以子之矛陷子之盾，何如？」

⑥「更」不少「校」　更，ㄍㄥˋ。尤其。愈加。史記管晏列傳：「吾嘗為鮑叔謀事，而更窮困。」比量曰校，ㄐㄧㄠˋ。猶今語計較。北史孤獨羅傳：「亦不與諸弟校競。」

⑦自小　矮化了自己。貶低了本身。

⑧但當　就應該。但，就。北史盧昶傳：「若彼先有知識，欲見但見，須論即論。」

⑨是在我　理在我方，猶謂本身站得住腳。

⑩「罪」在彼　咎曰罪。過失之稱。詩大雅生民：「庶無罪悔，以迄于今。」史記項羽本紀：「此天之亡我，非戰之罪也！」

⑪烏用　安用。何用。

⑫計　審酌。莊子德充符：「計子之德，不是以自反邪？」

⑬如何　怎樣。書堯典：「帝曰：『俞，予聞，如何？』」北宋蘇軾贈包安靜先生詩之二：「建茶三十斤，不審味如何？」明唐順之（一五〇七—一五六〇）游塘侯巡公詩：「爾生狂態復如何？一刺懷中半滅磨。」

【析源】

南宋張鎡（一一五三—一二一二）仕學規範卷八行己：「公謂小人不可求遠，三家村中亦有一家當求。處之之理：知其為小人，以小人處之，更不可校；如校之，則自小矣。人有非毀，但當反己是不是，己是則是在我，而罪在彼，烏用計其如何。」又，自警編卷一器量，除起首處敘明「韓魏公」外，文字悉與上揭文同；榮按：仕學規範成書在前。

五八、辭和氣平

凡人語及其所不平，則氣必動、色必變，辭必厲。唯韓魏公不然。更說到小人忘恩背義，欲傾己處，辭和氣平，如道尋常事。

【語譯】

一般人談到他認為不公平的事，情緒一定發作，臉色一定改變，用詞一定猛烈。單單韓琦不是這個樣子。即使說到行為不正的人忘恩負義，存心降格無品的情況，言詞依然溫厚，情緒仍舊穩定，就好像在說平常的事一般。

【注釋】

①辭和氣平　言詞溫厚，情緒穩定。辭，言詞。禮記曲禮上：「毋不敬，儼若思，安定辭。」孔疏：「辭，言語也。」孟子萬章上：「說詩者，不以文害辭，不以辭害志。」朱注：

「文，宗也；辭，語也。」和，溫厚。氣，指情緒言。莊子庚桑楚：「欲靜則平氣。」唐韓愈送浮屠文暢師序：「措之于其躬，體安而氣平。」平，高低相等，寧靜且無起伏。呂氏春秋大樂：「歡欣生於平，平生於道。」唐楊炯從軍行：「烽火照西京，心中自不平。」

②凡人　一般人。平常人。書君陳：「凡人未見聖，若不克見；既見聖，亦不克由聖。」後漢書梁鴻傳：「每歸，妻為具食，不敢於鴻前仰視，舉案齊眉。伯通察而異之，曰：『彼傭能使其妻敬之如此，非凡人也。』」

③語及　談到。談說曰語。禮記文王世子：「既歌而語，以成之也。」鄭注：「語，談說也。」孔子家語致思：「孔子之郯，遭程子于塗，傾蓋而語，終日，甚相親。」

④不平　在此，係指稱不公平的事或人。唐司空圖（八三七—九〇八）馮燕歌：「未死勸君莫浪言，臨危不顧始知難。已為不平能割愛，更將身命救深冤。」明陶宗儀（？—一三九六？）輟耕錄扶箕詩：「天遣魔軍殺不平，不平人殺不平人。不平人殺不平者，殺盡不平方太平。」（卷二七）

⑤氣必動　情緒一定發作。氣，詳①。必，一定。表性態。論語憲問：「仁者必有勇，勇者不必有仁。」孟子公孫丑下：「君子有不戰，戰必勝矣。」動，發（作）。書金縢：「今天動威以彰周公之德。」宋書武帝紀上：「至是，桓脩還京，高祖託以金創疾動，不堪步從，乃與無忌同船共還。」唐胡曾（？—？，咸通間人）詠史詩秦庭：「包胥不動咸陽哭，爭得秦兵出武關。」

⑥色必變　臉部的表情一定更改。色，指臉部表情言。猶云神態、氣色。論語顏淵：「察言而觀色。」世說新語雅量：「謝太傅（安）盤桓東山，時與孫興公（綽）諸人汎海戲，風起浪涌，孫、王（羲之）諸人色並遽，便唱使還。」變，更改。易繫辭下：「易窮則變，變則通，通則久。」商君書更法：「今吾欲變法以治，更禮以教百姓，恐天下之議我也。」

⑦辭必厲　言詞一定惡毒、猛烈。辭，詳①。厲，惡毒、猛烈。唐韓愈羅池廟碑銘：「驅厲鬼兮山之左。」戰國宋玉（？—？）招魂：「厲而不爽些。」

⑧唯　獨。但。只有。易乾：「其唯聖人乎？」戰國屈原離騷：「何桀紂之昌被兮，夫唯捷徑以窘步。」

⑨「更」說到　即使。縱。北宋柳永（九八七？—一〇五四？）如魚水詞：「更歸去，偏歷鑾坡鳳沼，此景也難忘。」元鄭光祖（？—？）傷梅香第二折：「我更不中呵！須是相國之家。」

⑩忘恩背義　猶言忘恩負義。忘掉他人對自己的恩德，做出背信棄義的劣行。北宋崔鶠（一〇五七—一一二六）楊嗣復論：「君子不記舊惡，以德報怨；而小人忘恩背義，至以怨報德。」

⑪欲傾己處　存心降格無品的情況。欲，想要。商君書更法：「今吾欲變法以治。」在此，引申作「存心」解。傾己，謂降低自己的身份。此處引申作「無視人格尊嚴與品德之可貴解。」亦即降格無品。處，ㄔㄨˋ。謂情況。

⑫尋常　平常。唐杜甫曲江詩之二：「酒債尋常行處有，人生七十古來稀。」劉禹錫烏衣巷詩：「舊時王謝堂前燕，飛入尋常百姓家。」

【析源】

仕學規範卷十一行己：「凡人語其所不平，氣必動、色必變、辭必厲。惟（韓魏）公不然，更說至小人忘恩背義，欲傾己處，辭和氣平，如道尋常事。」又，自警編卷一器量：「凡人語及其所不平，則氣必動、色必變、辭必厲。惟韓魏公不然，更說小人忘恩背義，欲傾己處，辭和氣平如道尋常事。」按：後書應係根據前書撰成。

五九、委曲彌縫

王沂公曾再蒞大名代陳堯咨。既視事，府署毀圮者即舊而葺之，無所改作。什器之損失者完補之如數。政有不便，委曲彌縫，悉掩其非。及移守洛師，陳復為代，覩之，歎曰：「王公宜其為宰相，我之量弗及。」蓋陳以昔時之嫌，意謂公必返其〔政〕，故發其隱也。

【語譯】

王曾二度抵大名府接替陳堯咨。他到任後，官廳崩壞的地方，按照原來的結構、造型加以修繕，沒有任何的改變、處理。日常生活用具損失的部分，依原來的數量一一補齊。公事上有不盡適宜的措施，他總是輾轉曲折地予以彌補縫合，過去種種的不是，全部隱匿不提。到他奉命遷調洛陽，陳堯咨再度回任，目睹這一切，感慨地說：「王公膺任宰輔重寄，的確合適，我的度量可做不到。」或許，陳堯咨因為過去彼此間的齟怨，以為王曾一定回任。由於這個緣故，把這段秘辛予以公開。

【注釋】

①委曲彌縫　輾轉曲折地彌補縫合。委曲，輾轉曲折。委，謂原委，即來龍去脈。曲，曲折。史記天官書：「若至委曲小變，不可勝道。」彌縫，彌補縫合。左傳僖公二十六年：「（齊）桓公是以糾合諸侯而謀其不協，彌縫其闕，而救其災。」又，昭公二年：「敢拜子之彌縫敝邑。寡君有望矣。」

②王沂公曾　王曾（九七八－一〇三八）。北宋青州益都（今屬山東）人。字孝先。咸平五年（一〇〇二）進士第一，以將作監丞通判濟州。得宰相寇準賞識，授直史館、三司戶部判官。真宗數次召對，應答稱旨，尊禮優渥。累官吏部侍郎，兩拜參知政事。真宗病，太子年幼，持議太后聽政。及仁宗即位，章獻劉太后聽政，拜相，朝廷倚以為重。後因裁抑太后姻家，出知青州。仁宗親政，召為樞密使。景祐二年（一〇三五）復拜相，封沂國公。嗣與呂夷簡不協，與之俱罷，以左僕射、資政殿大學士通判鄆州。寶元元年（一〇三八）冬，卒。年六十一。（宋史卷三一〇）

③蒞　ㄌㄧˋ。說文作「𨽸」。通「涖」、「蒞」、「莅」。臨，到。易明夷：「明入地中，明

夷，君子以莅眾。」國語晉語一：「使奚齊莅事。」

④大名　舊府名。又縣名。今河北省大名縣地。漢置元城縣，三國為陽平郡。北周大象二年分置魏州。五代後漢改稱大名府。宋建為北京。明清均為府。（嘉慶一統志卷三五）

⑤代　接替。以此易彼，以後續前。書皋陶謨：「無曠庶官，天工人其代之。」

⑥陳堯咨　生卒年均不詳。字嘉謨。北宋閬州閬中（今屬四川）人。舉進士第一。歷通判濟州、直史館、判三司度支勾院、知制誥。崇政殿試進士，堯咨為考官，因作弊事貶。起復知光州，歷知制誥、知荊南、永興軍、河南府、陝西緣邊安撫使，知秦州、同州、開封府，入為翰林學士，換宿州觀察使、知天雄軍，以安國軍節度使觀察留後知鄆州，拜武信軍節度使，知河陽徙澶州、天雄軍。堯咨性剛戾，於兄弟中最為少文，然以氣節自任。卒贈太尉，諡康肅。（宋史卷二八四）

⑦既視事　到任之後。既，已。表過去時間，書堯典：「九族既睦，平章百姓。」論語八佾：「成事不說，遂事不諫，既往不咎。」史記伯夷叔齊列傳：「功用既興，然後授政。」視事，接篆治事。任後。左傳襄公二十五年：「崔子稱疾，不視事。」漢書王尊傳：「今太守視事已一月矣，五官掾張輔懷虎狼之心，貪污不軌，……今將輔送獄，直符史詣閤下從太守受其事。」

⑧府署　猶云官廳。府，在此指大名府言。公廨曰署。後漢書宦者傳序：「府署第館，棊列於都鄙。」唐劉禹錫和令狐相公：「鶯避傳呼起，花臨府署明。」北宋王讜唐語林豪爽：

「郊思不已，即強就府署，願一見焉。」

⑨毀圮（ㄆㄧˇ）。屬同義複詞。圮，毀也。意謂崩塌破損。

⑩即舊而葺之　依據原來的結構、造型加以修繕。即，依據。按照。唐元稹樂府古題序：「凡所歌行，率皆即事名篇，無復倚旁。」清章學誠（一七三八—一八〇一）校讎通義校讎條理：「校書之時，遇有疑似之處，即名而求其編韻。因韻而檢其本書。」舊，謂原結構、造型。葺，ㄑㄧˋ。修繕。左傳昭公二十三年：「必葺其牆屋。」注：「葺，補治也。」之，代詞。指稱府署。

⑪無所改作　沒有任何的更動。改作，更改變動。論語先進：「魯人為長府。閔子騫曰：『仍舊貫，如之何？何必改作！』」漢書外戚傳下孝成許皇后：「君子之道，樂因循而重改作。」唐白居易議百司食利錢：「弊既滋深，法宜改作。」續資治通鑑宋哲宗元符三年：「京（按指蔡京）好大喜功，銳于改作，若果大用，必變亂舊政。」

⑫什器　日常生活用具。史記五帝本紀：「（舜）作什器於壽丘。」索隱：「什，數也，蓋人家常用之器非一，故以十為數，猶今云什物也。」

⑬損失　減少、遺落。損，與「益」相對。減少。易損：「損下益上，其道上行。」墨子七患：「歲饉，則仕者大夫以下，皆損祿五分之一。」失，遺落不見。易比：「王用三驅，失前禽。」

⑭完補之如數　按原登錄的數量一一添補起來。完補，謂一一添置補充。之，代詞。指稱什

器之損失者。如數，按照規定或要求的數量。周禮夏官司弓矢：「大射、燕射，共弓矢如數，并夾。」鄭注：「如數，如當射者之數也。」清王士禛池北偶談談異六玉簪：「生云：『須二十鍰乃可。』賈即如數應之。」

⑮政有不便　有不盡適宜的公事。政，指公事言。官府所治事。易賁：「君子以明庶政。」左傳隱公十一年：「政以治民，刑以正邪。」論語為政：「為政以德，譬如北辰，居其所而眾星共之。」不便，不適宜。紅樓夢第十三回：「寶玉見坐間還有許多親友，不便明言。」

⑯悉掩其非　過去的種種不是，他都隱匿不提。悉，全數。引申作「都」解。掩，隱匿。意猶包庇。左傳文公十八年：「毀則為賊，掩賊為藏。」注：「掩，匿也。」其非，指過去諸不便之政。

⑰移守　猶云調任。

⑱洛師　猶云洛京，即洛陽。師，京師。書洛誥：「予惟乙卯，朝至于洛師。」唐玄宗（六八五—七六二）軒遊宮十五夜詩：「行邁離秦國，巡方赴洛師。」按洛陽曾為東周、後漢等之國都，唐以其為東都。榮按：自警編（四庫本）作「洛帥」，應為筆誤。

⑲覩　ㄉㄨˇ。見。看到。易乾：「聖人作而萬物覩。」東漢王延壽（？—？；父逸）魯靈光殿賦：「予客自南鄙，觀藝於魯，覩斯而貽。」

⑳弗及　不及。比不上。後漢書周黃徐姜申屠傳序：「太原閔仲叔者，世稱節士，雖周黨之

潔清，自以為弗及也。」

㉑意謂公必反其〔政〕，原刊本作「反其故」，茲據自警編訂正之。

【析源】

自警編卷一器量：「王沂公再莅大名代陳堯咨。既視事，府署毀圮者，即舊而葺之，無所改作。什器之損失者，完補之如數。政有不便，委曲彌縫，悉掩其非。及移守洛帥，陳復為代。覩之，歎曰：『王公宜其為宰相，我之量弗及已。』蓋陳以昔時之嫌，意謂公必反其政，發其隱也。」

六〇、詆短遜謝

傅獻簡公言：李公沆秉鈞日，有狂生叩馬獻書，歷詆其短。李遜謝曰：「俟歸家當得詳覽。」狂生遂發訕，怒隨公馬後，肆言曰：「居大位不能康濟天下，又不能引退，久妨賢路，寧不愧於心乎？」公但於馬上踧踖，再三曰：「屢求退，以主上未賜允。」終無忤也。

【語譯】

傅堯俞說：「李沆執政時，有胡為無知的書生勒住他的坐騎，呈遞陳情狀，極盡訶責他的過失。李沆一面致歉、一面陪罪地說：『等我回到家，一定仔仔細細地拜讀。』這胡為無知的書生竟耍賴，氣沖沖地跟在李公的座騎後面，口無遮攔地說：『穩坐顯貴的官位，不能夠為國安民濟眾，又不願意自請辭職，長期阻礙了賢者仕進之路，你內心難道無絲毫羞慚？』李公非常自制，只在座騎上表示尊重對方，並且不斷地說：『多次要求退隱，因為皇上還沒有表示同意。』從頭到尾，沒有和對方發生衝突。

【注釋】

①詆短遜謝　遭遇毀謗攻訐；卻道歉、陪罪。詆短，毀謗攻訐。南宋羅泌（？—？；乾道間出生）路史禪通記栗陸氏：「王嘉爭董賢以死，何武謀王莽以死，死忠也，乃曰：『區區以一簣障江河，用沒其身。』嘉武身乎將相，可以區區自處哉？故非聖人而率肆詆短，鮮有不害名教者。」遜謝，道歉謝罪。陳書留逸傳：「異出下淮抗禦，恪與戰，敗績，退還錢塘，異乃表啟遜謝。」唐牛僧孺（七八〇—八四八？）玄怪錄張佐：「佐遜謝曰：『嚮慕先生高躅，願從事左右耳。何賜深責。』」清袁枚隨園詩話卷一：「尚書大加訶責，余初猶遜謝，既而責之不休，余正色曰：『公以為此印不倫耶？』」

②傅獻簡公　傅堯俞（一〇二四—一〇九一）。北宋鄆州須城（今山東東平）人，後徙孟州濟源（今屬河南）。字欽之。未冠登進士第。英宗朝累官同知諫院，因諫勿尊濮王為皇考、罷知和州。神宗立，徙廬州，改陝西轉運使。熙寧中至京，對王安石言新法不便，除權鹽鐵副使。尋出為河北轉運使，改知江寧府，又改許州，數月再除江寧，徙河陽、徐州，兩年六移，困於道路。又坐事落職奪官。起監黎陽縣倉草場，凡十年。哲宗即位，召為秘書

少監兼侍講，累遷吏部尚書兼侍讀。元祐四年（一〇八九）拜中書侍郎。卒，謚獻簡（宋史卷三四一）

③李沆（九四七—一〇〇四）。北宋洺州肥鄉（今屬河北）人。字太初。舉進士。歷通判潭州、直史館、知制誥，為翰林學士。淳化三年（九九二），拜參知政事。四年，出知昇州，改河南府。真宗即位，復為參知政事。咸平元年（九九八），以本官平章事，監修國史，累加尚書右僕射。景德元年（一〇〇四）卒，年五十八，贈太尉、中書令，謚文靖。（宋史卷二八二）

④秉鈞　喻執政。鈞，製陶所用轉輪。唐宣宗（李忱，八一〇—八五九；八四六—八五九在位）斷句詩：「七年秉鈞調四序，一方獄市獲來蘇。」舊唐書崔彥昭傳：「秉鈞之道，何所難哉？」明史武宗紀贊：「……而秉鈞諸臣補苴匡救。」榮按：李沆自咸平元年（九九八）至景德元年（一〇〇四）拜監修相（即以參知政事同平章事帶館職）前後七年之久。

⑤狂生　妄為無知的書生。荀子君道：「危削滅亡之情舉積此矣，而求安樂，是狂生者也。」

⑥叩馬　勒住馬。叩通「扣」。史記伯夷叔齊列傳：「伯夷叔齊叩馬而諫曰：『父死不葬，爰及干戈，可謂孝乎？』」近人郁達夫（一八九六—一九四五）別掌書某君詩：「道我新詩錦不如，臨歧叩馬請回車。」

⑦獻書　猶云上書，謂奉上書札。恆指向有地位者陳述意見。文心雕龍書記：「及七國獻書，詭麗輻輳；漢來筆札，辭氣紛紜。」范久瀾注：「（獻書）若樂毅報燕惠書……張儀與楚

相書皆是也。」顏氏家訓省事：「守門詣闕，獻書言計，率多空薄。」唐杜甫別蔡十四著作詩：「獻書謁皇帝，志已清風塵。」

⑧歷詆其短　極盡訶責他的過失。謂毀謗攻訐之甚也。歷，遍。表性態。在此，引申作「極盡」解。詆，訶責。短，過失。餘詳參①。

⑨遜謝　詳①。

⑩當得　應該。理所當然。世說新語文學：「孚（羊孚）雅善理義，乃與仲堪道齊物。殷難之，羊云：『君四番後，當得見同。』」清平山堂話本快嘴李翠蓮記：「小娘子放心，令尊與我是老兄弟，當得早晚照管。」，在此，引申作「一定」解。

⑪詳覽　詳細閱覽。猶云仔細拜讀。東漢王充論衡薄葬：「夫如是，世俗之人，可一詳覽。詳覽如斯，可一薄葬矣。」唐韋承慶（六四〇—七〇六）規正東宮啟：「伏願詳覽古今，以為鑒誡。」清張之洞（一八三七—一九〇九）讀古人文集：「凡集中有奏議、考辯、記傳之文字，中有實事者，須詳覽之。」

⑫遂　竟。表性態。左傳文公七年：「及歸，遂不見。」漢書梅福傳：「王氏浸盛，災異數見，群下莫敢正言，福復上書，上遂不納。」

⑬發訕　耍賴皮。金瓶梅詞話第卅二回：「爹你還不打與他兩下子哩，你看他恁發訕。」又，第五十二回：「桂姐被他說急了，便道：『爹！你看應花子來！不知怎的，只發訕纏我。』」

⑭肆言　無所顧忌地說話。南史焦度傳：「度於職樓上肆言罵辱攸之，至自發露形體穢辱之。」北宋蘇軾郭忠恕畫贊：「益縱酒，肆言時政，頗有謗讟。」明宋濂（一三一〇—一三八一）送方生還寧海詩序：「凡理學淵源之統，人文絕續之寄，盛衰幾微之載，名物度數之變，無不肆言之。」

⑮居大位　處於顯貴的職位。居，處于。處在。易乾：「是故居上位而不驕，在下位而不憂。」大位，顯貴的職位。東漢蔡邕陳太丘碑：「潁川陳君，絕世超倫，大位未躋，慙於臧文竊位之負。」南朝梁劉孝標（四六二—五二一）辯命論：「然則高才無貴仕，饕餮而居大位。」清侯方域朋黨論上：「是以君子在大位而攻小人，主上則以為竊弄威福也。」

⑯康濟天下　為國安民濟眾。康濟，謂安民濟眾。書蔡仲之命：「康濟小民。」傳：「汝為政，當安小民之居，成小民之業。」晉書武帝紀泰始三年詔：「兢兢祗畏，懼無以康濟寓內。」天下，詳不形於言⑧。

⑰引退　自請辭職。宋書謝莊傳與大司馬江夏王義恭箋：「前以聖道初開，未遑引退，及此諸夏事寧，方陳微請。」

⑱久妨　長期阻礙。久，指時間不短。妨，礙。漢書王尊傳：「又出敎敕掾功曹，各自砥礪，即太守為治；其不中用，趣自退避，毋久妨賢。」

⑲賢路　賢者仕進之路。語本史記萬石張列傳：「願歸丞相侯印，乞骸骨歸，避賢者路。」西晉潘岳（二四七—三〇〇）河陽縣作詩：「在疚妨賢路，再升上宰輔。」晉書卞壼傳：

「聞西臺召壺為尚書郎，實欲因此以避賢路，未及陳誠，奄丁窮罰。」

⑳踧踖　ㄘㄨˋ ㄐㄧˊ。恭敬而不安的樣子。論語鄉黨：「君在，踧踖如也。」後漢書東平憲王蒼傳：「臣惶怖戰慄，誠不自安，每會見，踧踖無所措置。」

㉑主上　昔帝制時代臣下對君主的稱呼。韓非子孤憤：「主上卑而大臣重，故主失勢而臣得國。」西漢司馬遷（前一四五—前八六？）報任少卿書：「後數日，陵敗書聞，主上為之食不甘味，聽朝不怡。」清侯方域朋黨論上：「夫主上居深宮之中，與臣庶隔絕，常恐天下之欺己，而密以為防。」

㉒無忤　不抵觸。不違逆。晉書摯虞傳：「若推之於物則無忤，求之於身則無尤。」唐裴耀卿（六八一—七四三）贈太子賓客竇希求神道碑：「公私遊聚，小大無忤。」新繁縣志人物志費密傳：「天性和平，與人無忤，終身未嘗言人過失；有機相向者，淡然處之。」

【析源】

南宋李元綱（？—？，孝宗時為上庠生）厚德錄卷四引傳獻公佳語作：「公言：李沆秉鈞日，有狂士扣馬獻書，歷詆其短。李遜謝曰：『俟歸家當得詳覽。』狂生遂發訕，怒隨公馬後，肆言曰：『居大位不能康濟天下，又不能引退，久妨賢路，寧不媿於心乎？』但於馬上踧踖，再三曰：『屢求退，以主上未賜允。』終無忤色。」

自警編卷一器量：「傳獻簡公言李文靖公秉鈞，有狂生叩馬獻書，歷詆其短。李遜謝曰：『俟歸家當得詳覽。』狂生遂發訕，怒隨公馬後，肆言曰：『居大位不能康濟天下，又不能引退，久妨賢路，寧不愧於心乎？』公但於馬上踧踖，再三曰：『屢求退，以主上未賜允。』終無忤也。」二者，內容相同，部分字詞略有出入耳。按：本章經文，顯係逕摘引自後者，茲誌之。

六一、直為受之

呂正獻公著平生未嘗較曲直，聞謗未嘗辨也。少時，書于座右曰：「不善加己，直為受之。」蓋其初自懲艾也如此。

【語譯】

呂公著一輩子不曾與人爭論是非。聽到惡意的攻訐，也不曾加以澄清、說明。年輕的時候，在坐位的右端寫著：「不長於嘉勉自己，貫徹堂堂正正地做人吧！」也許，他先前就這樣地警戒、擔心著。

【注釋】

①直為受之　貫徹堂堂正正地做人。直，不偏不斜。表性態。南朝齊孔稚珪（四四七—五〇一）北山移交：「度白雪以方絜，干青雲而直上。」在此，引申作「堂堂正正」解。為，ㄨㄟˊ。謂行為。直為，猶云堂堂正正做人。受，接納。謂奉為行為之指標。之，代詞。指稱直為。

②呂正獻公著　呂公著（一〇一八—一〇八九）。北宋壽州（今安徽鳳臺）人。父夷簡。字晦叔。以蔭補奉禮郎，登進士弟，通判潁川。仁宗朝累官通章閣待制兼侍讀。英宗立，加龍圖閣直學士。以議追崇濮王事出知蔡州。神宗立，召為翰林學士、知通進銀臺司。熙寧初，知開封府，次年為御史中丞。因反對青苗法，又劾呂惠卿奸邪，出知潁州。熙寧末，起知河陽，召拜翰林學士承旨，知審官院。未幾，同知樞密院事。出知定州、揚州。哲宗立，拜尚書右僕射兼中書侍郎，與司馬光同為宰相，共廢新法。元祐三年，拜司空、同平章軍國事。四年二月卒，年七十二。贈太師、申國公、謚正獻。紹聖初，入黨籍、削贈謚。紹興間，悉還贈謚。（宋史卷三三六）

③平生　一生。今語一輩子。唐黃滔（八四〇？—？）遊東林寺詩：「平生愛山水，下馬虎溪時。」

④較　比。意謂計較；猶云爭論。北齊書斛律金傳：「羨及光並少工騎射，其父每日令其出畋，還即較所獲禽獸。」北宋梅堯臣吳沖卿示和韓持國詩一卷輒以為謝詩：「畏懷但驚顧，得與前事較。」明沈仕（一四八八—一五六五）桂枝香春閨怨曲：「較當初，瘦比東陽守，今來恐不如。」

⑤曲直　是非。有理無理。荀子王霸：「不卹是非，不治曲直。」唐柳宗元（七七三—八一九）封建論：「夫假物者必爭，爭而不已，必就其能斷曲直者而聽命焉。」

⑥聞謗　聽到別人惡意的攻訐。聞，聽。聽得。左傳僖公十年：「欲加之罪，其無辭乎？臣

聞命矣。」論語陽貨：「子之武城，聞弦歌之聲。」孟子公孫丑上：「聞其樂而知其德。」

毀語曰謗。左傳昭公廿七年：「今又殺三不辜，以興大謗。」中論：「救寒莫如重裘，止謗莫如修身。」

⑦辨　爭論。猶云澄清、說明。禮記鄉飲酒義：「不慢不爭，則遠於鬭辨矣。」

⑧少時　年輕時。亦作「年幼時」解。史記管晏列傳：「管仲夷吾者，潁上人也，少時常與鮑叔牙遊。」孔子家語致思：「吾少時好學，……。」

⑨座右　座位的右端。古人恆將所珍視之文、書、字、畫置於該處。唐杜甫天育驃騎歌：「故獨寫真傳世人，見之座右久更新。」舊唐書劉子玄傳：「居史職者，宜置此書於座右。」北宋晁迥（九五一——一〇三四）慎刑箴：「願布斯文，置諸座右。」東漢崔瑗，兄璋為人殺害，瑗遂手刃其仇，亡命，蒙赦而出，作銘自戒，嘗置座右，故稱座右銘。南朝梁慧皎（四九七—五五四）高僧傳義解一支遁：「僧眾百餘，常隨稟學，時或有惰者，遁乃著座名銘以勗之，曰：『勤之勤之，至道非彌，……。』」

⑩不善加己　不長於嘉勉自己。不善，不長於。三國魏嵇康養生論：「其自用甚者，飲食不節，以生百病，好色不倦，以至乏絕，風寒所災，百毒所傷，中道夭於眾難，世皆知笑悼，謂之不善持生也。」加，通「嘉」。管子小匡：「力死之功，猶尚可加也；顯生之功，將何如？」西漢劉向列女傳齊桓公姬：「望色請罪，桓公嘉焉；厥使其內，立為夫人。」

⑪「蓋」其「初」　蓋，也許。莊子讓王：「列禦寇蓋有道之士也，居君之國而窮，君無乃

為不好士乎？」初，先前。詩王風兔爰：「我生之初，尚無為；我生之後，逢此百罹。」

⑫懲艾　戒懼。意謂警戒、擔心。史記樂書：「成王作頌，推己懲艾，悲彼家難，可不謂戰之恐懼，善守善終哉？」張守節正義：「言成王作頌，悲文王戰戰恐懼，推己戒勵為治，是善守善終也。」北宋蘇轍言責降官不當帶觀察團練狀：「且使罪人知有懲艾，謹錄奏聞，亦非小補也。」亦作「懲乂」（ㄔㄥˊ ㄧˋ）、「懲刈」（ㄔㄥˊ ㄧˋ）、「懲[illegible]」（ㄔㄥˊ ㄞˋ）。新唐書柳宗元傳：「然眾畏其才高，懲刈復進，故無用力者。」

【析源】

宋名臣言行錄後集卷八呂公著：「公平生未嘗校曲直，聞謗未嘗辨。少時，書於座右曰：『不善加己，直為受之。』蓋其初自懲艾也如此。」自警編卷一器量：「呂正獻公平生未嘗較曲直。聞謗未嘗辨也。少時，書於座右曰：『不善加己，直為受之。』蓋其初自懲艾如此。」宋史呂公著傳：「公著自少講學，即以治心養性為本，平居無疾言遽色，於聲利紛華，泊然無所好。暑不揮扇，寒不親火，簡重清靜，蓋天稟然。其識慮深敏，量閎而學粹，……。與人交，出於至誠，好德樂善，……。」

六二、服公有量

王武恭公德用善撫士。狀貌雄偉動人，雖里兒巷婦，外至夷狄，皆知其名氏。御史中丞孔道輔等因事以為言，乃罷樞密出鎮，又貶官知隨州，士皆為之懼。舉止言色如平時，惟不接賓客而已。久之，道輔卒。客有謂公曰：「此害公者也。」公愀然曰：「孔公以職言事，豈害我者。可惜朝廷亡一直臣。」於是，言者終身以為媿，而士大夫服公為有量。

【語譯】

王德用擅長統御屬員，他的體形容貌高大壯碩、引人注意。連鄉里兒童、市井婦女，乃至境外異族，都曉得他的尊姓大名。御史中丞孔道輔等人認為僚屬過度信服他，不適宜長期掌理軍國機要，於是被免去簽書樞密院事的職務，外放節度使，繼而降調隨州知州。為這件事，僚屬們都感到惶恐。他行動、言談、表情卻跟平時沒有兩樣，只是，不在接見賓客罷了。過了好一段日子，孔道輔去世，昔日好友間有人說：「這個人就是使您無端遭受謫貶外放的人啊！」他臉色一變，說道：「孔公因為職責所在，所以就事論事，難道這算是構成加害於我的罪狀嗎？可惜，朝廷從此失去一位堂堂正正的官員啊！」於是，說那話的人一輩子都感到慚愧，而官場上的人士欽佩王公真是一位休休有容的君子。

【注釋】

①服公有量　欽佩他有器量。意謂肯定他是休休有容的君子。服，欽佩。南宋李元綱厚德錄卷三：「有滯囚獄成，三問輒不伏，轉運使命奎覆按，一視牘而辨之，的不死，人皆服其

明。」北宋司馬光駕部員外郎司馬府君墓志詺：「兄曰：『衣已燒矣，起視何益？』轉枕復寢。人皆服其度量。」公，對王德用的敬稱。有量，謂有器量。器局寬洪大（海）量之稱。

②王武恭公德用　王德用（九八〇—一〇五八）。北宋趙州（治今河北趙縣）人。字元輔。父諱超，渠從父於至道中五路出兵擊李繼遷，善領兵作戰。累遷內殿崇班，歷為巡檢、指揮使。天聖中，知廣信軍，徙冀州。累遷步軍副都指揮使，歷桂州、福州觀察使。仁宗時，簽書樞密院事，罷為武寧軍節度使、徐州大都督府長史，起知青州。歷諸邊帥。以使相判澶州，封冀國公。至和（一〇五四）為樞密使。進封魯國公。卒，年七十九，贈太尉、中書令，謚武恭。（宋史卷二七八）

③善撫士　擅長統御屬員。善，擅長於。後漢書崔實傳：「實之善績，母有助焉。」撫士，統御屬員。撫，治理。引申作「統御」解。士，鄉士。泛稱諸僚屬、各級官吏。書秦誓：「嗟，我士，聽無譁。」孔傳：「誓其群臣，通稱士也。」儀禮喪服：「公士大夫之眾臣，為其君布帶繩屨。」鄭注：「士，鄉士也。」在此，作「屬員」解。

④狀貌　體形容貌。戰國策趙策一：「豫讓又漆身為厲，滅鬚去眉，自刑以變其容，為乞人而往乞，其妻不識，曰：『狀貌不似吾夫；其音何類吾夫之甚也。』」北齊書文苑傳荀士遜：「狀貌甚醜，以文辭見用。」亦作「狀皃」。

⑤雄偉　高大壯碩。晉書慕容德載記：「年未弱冠，身長八尺二寸，姿貌雄偉。」北宋蘇軾

大悲閣記：「復作大閣，以覆菩薩，雄偉壯峙，工與像稱。」清戴名世（一六五三—一七一三）雁蕩記：「靈巖直靈峰之西，展旗峙其左，天柱峙其右，奇特雄偉，嶄然不可躋。」

⑥動人　引人注意。南朝梁江淹報袁叔明書：「容貌不能動人，智謀不足自遠。」

⑦里兒　指鄉里兒童。北宋梅堯臣送周諫議知襄陽詩：「里兒尚唱銅鞮曲，耆舊爭隨畫鹿車。」

⑧巷婦　謂市井中婦女。

⑨夷狄　古稱東方部族曰夷，北境各族曰狄。後用以泛稱華夏境外各族。論語八佾：「夷狄之有君，不如諸夏之亡也。」漢書蕭望之傳：「聖王之制，施德行禮，先京師而後諸夏，先諸夏而後夷狄。」北宋王安石河北民詩：「家家養子學耕織，輸與官家事夷狄。」

⑩名氏　姓名。公羊傳文公十六年：「弒君者，曷為或稱名氏，或不稱名氏？」東漢班固西都賦：「士食舊德之名氏，農服先疇之畎畝。」唐劉知幾史通二體：「其有賢如柳惠、仁若顏回，終不得彰其名氏，顯其言行。」南宋何薳春渚紀聞祝不疑奕勝劉仲甫：「雖不出國門，而天下名碁，無不知其名氏者。」

⑪御史中丞　職官名。宋制：中央設御史臺，置御史中丞掌風憲，位居四品。

⑫孔道輔　生卒年不詳。北宋曲阜（今屬山東）人。孔子第四十五代孫，初名延魯，字原魯。舉進士第，為寧州軍事推官。知仙源縣，主孔子祠事，孔氏子弟故多放縱者，一繩以法。章獻太后臨朝，召為左正言，論奏樞密使曹利用、內侍羅崇勛竊弄權柄，宜早斥去，以清

朝廷。改判吏部流內銓，糾察在京刑獄。坐糾事不當，出知鄆州。明道二年（一〇三三）召為右諫議大夫、權御史中丞，以諫阻仁宗廢郭后事忤旨，罷知泰州。景祐間，復為御史中丞，遇事彈劾無所避，出入風采肅然，權貴益忌之。參知政事程琳坐罪當廢，道輔言琳罪不足深治，仁宗，以道輔朋黨大臣，黜知鄆州。行至韋城，罹寒疾卒。（宋史卷二九七）

⑬因事以為言　憑藉某一件事實做為話題，向皇帝進言。宋史王德用傳：「言者論德用貌類藝祖（宋太祖），御史中丞孔道輔繼言之，且謂德用得士心，不宜久典機密，遂罷為寧武軍節度使、……。」因，憑藉，利用。依托。孟子離婁上：「為高必因兵陵，為下必因川澤。」南宋陸游老學庵筆記卷一：「建康城，李璟所作，其高三丈，因江山為險固。」

⑭罷　免。意謂免官。晉書魏舒傳：「時欲沙汰郎官，非才者罷之。」宋史富弼傳：「罷相，出判亳州。」

⑮樞密　「簽書樞院事」省稱作「樞密」。

⑯出鎮　外放至州郡以上地方擔任長官。宋書廬陵獻王義真傳：「（義真）出鎮歷陽。未之任而高祖崩。」南宋陳正敏（？—？）遯齊閒覽剛果而和：「程丞相琳，性嚴毅，無所推下，出鎮大名。」餘參③宋史引文。

⑰貶官　謫降官職、官等。唐韓愈寒食日出遊詩：「憶昔與君同貶官，夜渡洞庭看斗柄。」近人陳寅恪（一八九〇—一九六九；一作一八八九—一九六九）李德裕貶死辯證：「所書貶官年月，亦與舊史不合。」

⑱隨州　春秋時隨國，兩漢置隨縣屬南陽郡。西晉武帝分南陽郡立義陽國，復分義陽立隨郡。南朝宋改隨陽郡，齊、梁稱隨郡，西魏改隨州。隋、唐、宋、元因之。明初改縣，後省入州，清因之。（嘉慶一統志卷三四三德安府）。民元改隨縣，屬湖北省轄。

⑲舉止　猶云行動。後漢書馮異傳：「……觀其言語舉止，非庸人也，可以歸身。」宋書吳喜傳：「喜是何人，乃敢作此舉。」

⑳言色　言語、臉色。意謂言談與表情。無量壽經卷下：「言色常和，莫相違戾。」明黃淳耀（一六〇五－一六四五）陶菴自監錄：「吾嘗眾中察人，有以言色說人者，未嘗不心鄙之，切勿自蹈此失。」

㉑不接賓客　不會晤、不款待來客。接，招待。宋書王惠傳：「惠被召即拜，未嘗接客。」賓客，屬同義複詞。賓，客也。左傳僖公卅三年：「臼季使過冀，見冀缺耨，其妻饁之。敬相待如賓，與之歸。」孟子萬章下：「舜尚見帝，帝館甥於貳室，亦饗舜，迭為賓主，是天子而友匹夫也。」客人總稱賓客。詩小雅吉日：「發彼小豝，殪此大兕，以御賓客，且以酌醴。」唐姚合晦日宴劉值錄事宅詩：「花落鶯飛深院靜，滿堂賓客盡詩人。」明唐順之吏部郎中林東城墓志銘：「鎖門謝賓客，雖親故人不往拜，示自尊重。」

㉒「害」公　加禍。易謙：「鬼神害盈而福謙。」

㉓愀然　ㄑㄧㄠˇ　ㄖㄢˊ。容色改變貌。禮記哀公問：「孔子愀然作色而對曰：『君之及此言也，百姓之德也。』」鄭注：「愀然，變動貌也。」西漢司馬相如上林賦：「於是二子愀然改容，

超若自失，逡巡避席。」

㉔以職言事　因為職責所在，所以就事論事。職，職責。按：孔道輔時任御史中丞，為朝廷言官。言，談論。

㉕「亡」一「直臣」　亡，失。失去。左傳僖公二年：「亡下陽不懼，而又有功，是天奪之鑒而益其疾也。」史記淮陰侯列傳：「楚已亡龍且，項王恐。」直臣，直言諫諍之臣。漢書朱雲傳：「御史將雲下，雲攀殿檻，檻折……及後當治檻，上曰：『勿易！因而輯之，以旌直臣。』」唐陸贄（七五四—八〇五）冬至大禮大赦制：「暴亂之後，仍彰烈士之功；憂危之中，方見直臣之節。」南宋劉佽（？—？，慶元、紹定間人）邇言：「觀仙都天柱，猶直臣之氣，不撓不折，社稷之佐，扳地擎天。」清唐甄（一六三〇—一七〇四）潛書抑尊：「所貴乎直臣者，其上，攻君之過；其次，攻宮闈之過；其下焉者，攻帝族、攻后族、攻寵貴。」

㉖媿　ㄎㄨㄟˋ。同「愧」。謂自慚。戰國屈原九章思美人：「欲變節以從俗兮，媿易初而屈志。」漢書文帝紀十四年：「以不敏不明，而久撫臨天下，朕甚自媿。」

【析源】

自警編卷一器量：「王武恭公善撫士。狀貌雄偉動人，雖里兒巷婦，外至夷狄，皆知其名氏。御史中丞孔道輔等因事以為言，乃罷樞密出鎮，又貶官至隨州。士皆為之懼，公舉止言色如平時，惟不接賓客而已。久之，道輔卒，客謂公曰：『此害公者也。』公愀然曰：『孔公以職言事，豈害我者？可惜朝廷亡一直臣。』於是，言者終身以為愧，而士大夫服公為有量。」宋史王德用傳：「德用狀貌雄毅，面黑，頸以下白皙，人皆異之。言者論德用貌類藝祖，御史中丞孔道輔繼言之，且謂德用得士心，不宜久典機密，遂罷為武寧軍節度使、徐州大都督府長史。有言德用市馬於府州者，上其券，乃市於商人者。言者猶不已，降右千牛衛上將軍，知隨州。……德用舉止言色如平時，惟不接賓客而已。徙知曹州，或謂德用曰：『孔中丞害公，今死矣。』德用曰：『中丞言官，豈害我者？朝廷亡一忠臣，可惜也。』」

六三、寬大有量

程氏遺書子言：「范公堯夫之寬大也。昔余過成都，公時攝帥。有言公於朝者，朝廷遣中使降香峨眉，實察之也。公一日在，予款語，予問曰：『聞中使在此，公何暇也？』公曰：「不爾則拘束。」已而，中使果怒，以鞭傷傳言者耳。屬官喜謂公曰：『此一事足以塞其謗，請聞於朝。』公既不折言者之為非，又不奏中使之過也，其有量如此。」

【語譯】

二程遺書記載伊川先生謂：「范公堯夫的氣量是這樣地弘深、豁達。從前，我到成都，那時候他兼理帥務。有人在朝廷裡指陳他的作為。中央派內官假藉焚香禮佛的名義到峨眉山；

卻實實在在地在成都周遭調查、考核一番。某一天，正好他沒有外出，我和他促膝懇談，並探詢道：『聽說內官抵達這裡，您怎還有空？』他說：『不如此就受約束、限制吧！』不久，內官竟發脾氣，用鞭子打傷傳話者的耳朵。他的部屬興奮地向他稟道：『光這一個事件，就可以充分地堵住那些惡意的攻訐，建議上呈朝廷明鑒。』范公不但沒有斥責說這番話的人的不對，而且不願意條陳內官的過失。他是這麼的有度量。」

【注釋】

①寬大有量　氣量弘深，大度汪洋。寬大，心存厚道而不苛刻。文子上仁：「老子曰：『非淡漠無以明德，非寧靜無以致遠，非寬大無以并覆，非正平無以制斷。』」史記高祖本紀：「今項羽僄悍，今不可遣。獨沛公素寬大長者，可遣。」北宋陳師道代謝西川提點刑獄表：「延見吏民，問所疾苦，論以寬大之意，使無鞭扑之憂。」有量，具度量。猶云大度汪洋。

②程氏遺書　即二程遺書。凡二十五卷、附錄一卷。北宋程顥、程頤講，南宋朱熹編次。（四庫提要子部、儒家類）

③子言　伊川先生道。子，指稱伊川先生。程頤（一〇三三—一一〇七）。洛陽人，字正叔。世稱伊川先生。哲宗初，擢崇政殿說書，後出為西京國子監管勾監事。紹聖中，以黨論放歸，四年送涪州，移峽州，旋遇赦歸。少與兄顥（一〇三二—一〇八五）俱學於周敦頤，同為北宋理學之開創者。講學三十餘年，門人甚眾。治學以大學論語孟子中庸為標指，而遠於六經，以窮理為本。著有易傳、春秋傳等。（宋元學案卷十五、十六）。言，猶謂。

恆於有所評論時用之。左傳昭公十四年：「邢侯之獄，言其貪也。」

④范公堯夫之寬大也　范公堯夫的氣量是這樣地弘深、豁達。范公堯夫，即范純仁。詳唯得忠恕②。之，指稱代詞。猶云「這樣地」。戰國策韓策三：「……公行之計，是其于主也至忠矣。」寬大，詳①。

⑤昔　前。從前。與「今」相對。詩小雅采薇：「昔我往矣，楊柳依依。今我來思，雨雪霏霏。」

⑥余過成都　我至成都。過，至。今語謂到。呂氏春秋異寶：「伍員過於吳，……」高誘注：「過，猶至也。」成都，唐至德二年（七五七）改蜀郡，置成都府，治所即今成都市。北宋嘉祐五年（一〇六〇）改成都府路，元初改成都路，明初復為府，清因之。民二，廢府改市。（嘉慶一統志卷三八四、中華民國紀事（民二））

⑦攝帥　兼理帥務。攝，兼職。論語八佾：「管氏有三歸，官事不攝，焉得儉。」朱注：「攝，兼也。」新唐書杜如晦傳：「俄檢校侍中，攝吏部尚書。」遼史韓德源傳：「後加同政事門下平章事，遙攝保寧軍節度使。」帥，指帥務言。按：兩宋於諸路置安撫司（經略安撫司）以朝臣派充，掌一路軍政之事，恆稱「帥司」。時，范堯夫以成都府路轉運使兼理安撫使之職也。

⑧有「言」公於「朝」者　言，指陳。在此，作「惡意攻訐」解。朝，朝廷。

⑨朝廷　今謂中央。

⑩遣　派。差派。漢書高帝紀：「始懷王遣我，固以能寬容。」

⑪中使　宮中差派的使者。恆指宦官。後漢書宦者傳張讓：「凡詔所徵求。皆令西園騶密約勑，號曰『中使』。」南朝梁沈約齊故安陸昭王碑文：「勉膳禁哭，中使相望。」張銑注：「天子私使曰中使。」唐白居易繚綾詩：「去年中使宣口敕，天上取樣人間織。」

⑫降香　官吏入寺廟焚香叩拜。昔多於朔望之日行之。明沈德符野獲編補遺內監孔廟內臣降香：「惟太祖初年，每月朔望，遣內臣降香，歷朝遵行。」

⑬峨眉　亦作峨嵋。位於四川峨眉縣西南。山勢雄偉，有山峰相對如蛾眉，故名。岷山自北而來，綿延三百餘里，至此突起三峰，曰大峨、中峨、小峨。大峨山有石龕百二十、大洞十二、小洞廿八，又有雷洞七十三；中峨山於縣南二十里處，又稱覆蓬山、綏山；小峨山於縣南卅里處，一名鏵刃山。（讀史方輿紀要卷六六）峨眉山層巒疊障、流泉飛瀑、古木參天、繁花夾道、風景殊麗。每隨季節變化與夫地勢迥異，加以陰晴風雨雲霧霜雪之渲染，景色尤為神奇，有「峨眉天下秀」之稱。亦為我國四大佛教名山之一，公元二世紀於此首建佛寺，主祀普賢菩薩，至十五世紀前後達頂盛，寺廟多達百餘座。當前著名者有：報國、伏虎、雷音、萬軍、洪椿、仙峯、洗象池等諸寺。

⑭實察之也　（卻）實實在在地調查、考核一番。實，實際。事實。易既濟：「東鄰殺牛，不如西鄰之禴祭實受其福。」宣和遺事前集：「朝廷遣黃潛善按視，潛善歸謂訛傳，不以實聞於上。」察，調查、考核。論語衛靈公：「眾惡之，必察焉；眾好之，必察焉。」之，

指稱代詞。指范公遭人惡意揭舉的事件。

⑮款語　懇談。唐段成式酉陽雜俎前集五怪術：「（普）寂云：『方有小事，未暇款語，且請遲回休憩也。』北宋蘇軾與開元明師書之四：「泥雨遠煩瓶錫，不克款語。」款語，亦作「欵話」。唐劉長卿（七〇九—七八六？）潁川留別倉李萬詩：「客裡相逢欵話深，如何歧路剩霑襟。」款，俗字作「欵」。

⑯何暇　那來空閒。哪裡有閑暇。三國吳韋曜博弈論：「君子之居室也，勤身以致養；其在朝也，竭命以納忠。臨事且猶旱旰食，而何暇博弈之足耽？」

⑰不爾　不這樣。世說新語品藻：「謝公（按指謝安）問王子敬（獻之）：『君書何如君家尊（王羲之）？』答曰：『固當不同。』公曰：『外人論殊不爾。』」

⑱拘束　受約束限制。南朝梁鍾嶸（四六七？—五一九？）詩品中宋光祿大夫延之詩：「又喜用古事，彌見拘束。」北齊書馮偉傳：「（趙郡）王將舉秀才，固辭不就，歲餘請還。王知其不願拘束，以禮發遣。」

⑲已而　旋即。不久。史記孝武本紀：「少君曰：『此器齊桓公十年陳於柏寢。』已而案其刻，果齊桓公器。」新五代史梁臣傳霍存：「存伏兵蕭縣，已而瑾果與溥俱出迷離，存發伏擊之。」亦作「後來」解。史記孟荀列傳：「李斯嘗為弟子，已而相秦。」

⑳果怒　真的發脾氣。果，表性態。真。史記梁孝王世家：「竇太后哭極哀，不食，曰：『帝果殺吾子。』」

㉑以「鞭」傷傳言者耳　馬箠。又，撻罪人之刑具，竹根等亦稱之曰鞭。左傳宣公十五年：「雖鞭之長，不及馬腹。」晉書苻堅載記：「堅曰：『以吾之眾旅，投鞭於江，可以斷流。』」前漢書荀悅傳：「桎梏鞭撲，以加小人，化其制也。」唐張蠙（？—？，晚唐至後唐間人）新竹詩：「新鞭暗入庭，初長兩三莖。」

㉒不折　沒有斥責。折，參未嘗峻折①。

【析源】

二程遺書二十一上、伊川語七上、師說：「子言：范公堯夫之寬大也。昔余過成都。公時攝帥，有言公於朝者，朝廷遣中使降香峨眉，實察之也。公一日訪予款語，予問曰：『聞中使在此，公何暇也？』公曰：『不爾則拘束。』已而中使果怒，以鞭傷傳言者耳。屬官喜謂公曰：『此一事足以塞其謗，請聞於朝。』公既不折言者之為非，又不奏中使之過也，其有量如此。」自警編卷一器量，除起首處改作「程氏遺書」外，文字悉同，茲從略。

六四、呵辱自隱

李翰林宗諤，其父文正公昉秉政時，避嫌遠勢，出入僕馬與寒士無辨。一日，中路逢文正公前騶，不知其為公子也，遽呵辱之，是後每見斯人必自隱蔽，恐其知而自媿也。

【語譯】

翰林學士李宗諤，在他的父親—李昉執掌政柄的期間，顧忌嫌疑，避免濫用權勢，出門或回家，跟隨的僕人與乘馬和貧窮的讀書人沒有兩樣。有一天，半途遇到文正公陣仗前導的侍役，那人不知道他是李公子，突然對他大聲辱罵。以後，每見到那人，一定設法躲藏，避免碰面，深怕對方瞭解真相而自覺羞咎。

【注釋】

①呵辱自隱　遭受對方大聲的辱罵，本身卻避免見面，設法躲藏。意謂嚴以律己、寬以待人。呵，ㄏㄜ。大聲喝斥。呵辱，猶辱罵。南朝宋鮑照擬古詩：「笞擊官有罰，呵辱吏見侵。」自隱，自行躲藏。莊子繕性：「雖聖人不在山林之中，其德隱矣，隱故不自隱。」後漢書獨行傳范冉：「墳封高下，令足自隱。」

②翰林　全稱翰林學士，職官名。宋沿唐制，中央設翰林院，置翰林學士承旨、翰林學士與知制誥等職。

③李宗諤（九六四—一○一二）。北宋深州饒陽（今屬河北省）人。字昌武。父昉。七歲能屬文，第進士。真宗即位，拜起居舍人，預重修太祖實錄。歷知制誥、判集賢院。景德二年（一○○五）召為翰林學士。大中祥符中知審官院。屬禮汾陰后土，命為經度制置副使，同權河中府事。禮成，拜右諫議大夫。五年（一○一二）卒，年四十九。著翰林雜記，以紀宋制度。有文集六十卷、內外制卅卷。嘗預修續通典、大中祥符封禪汾陰記、諸路圖經、

家傳、談錄。（宋史卷二六五）

④李昉（九二五—九九六）。北宋深州饒陽（今屬河北省）人。字明遠。以蔭補官。五代後周累遷屯田郎中、翰林學士。宋初，加中書舍人。開寶間，知貢舉。太宗即位，加戶部侍郎，受詔同修太祖實錄。從征太原。拜參知政事。趙普再出鎮，與宋琪同拜平章事。加監修國史。端拱初，罷相。淳化二年（九九一）復相，四年再罷。至道二年（九九六）卒，年七十二，贈司徒，謚文正。有文集五〇卷，另傳世太平御覽一六〇卷、太平廣記五〇〇卷，皆為渠領銜修纂而成。（宋史卷二六五）

⑤秉政　執政。掌握政權。史記太史公自序：「春秋之後，陪臣秉政。」漢書外戚傳下定陶丁姬：「哀帝崩，王莽秉政。」新唐書張延賞傳：「帝還，詔入秉政。」

⑥避嫌遠勢　顧忌嫌疑，避免濫用權勢。避嫌，亦作「避慊」。顧忌嫌疑。漢書趙充國傳：「雖亡尺寸之功，媮得避慊之便，而亡後咎餘責。」顏師古注：「慊亦嫌字。」又，馮野王傳：「上繇下第而用譚（按：張譚），越次避嫌不用野王，以昭儀兄故也。」唐權德輿（七五九—八一八）送別沅汎詩：「廢業固相受，避嫌誠自私。」遠，ㄩㄢˋ。避免。遠勢，避免濫用權勢。

⑦出入　出與進。由內到外曰出，與「入」相反。詩小雅北山：「或出入風議，或靡事不為。」史記項羽本紀：「所以遣將守關者，備他盜出入與非常也。」文心雕龍書記：「關者，閉也。出入由門，關閉當審。」唐杜甫石壕吏詩：「有孫母未去，出入無完裙。」

⑧僕馬　僕從與乘馬。後漢書宋意傳：「婚姻之盛，過於本朝；僕馬之眾，充塞城郭。驕奢僭擬，寵祿隆過。」唐薛用弱（？—？，大和前後之人）集異記補編賈人妻：「文書有誤，為主司駁放，資財蕩盡，僕馬喪失，窮悴頗甚。」清唐甄潛書無助：「夫僕馬者，致遠之資也。苟不憚勞，不恥後，雖無僕馬之助，終亦必至焉。為學無朋，亦若是矣。」

⑨寒士　貧苦的讀書人；原指出身寒微的讀書人（魏晉南北朝）。晉書儒林傳范弘之：「下官輕微寒士，謬得廁在俎豆，實懼辱累清流，惟塵聖世。」南史袁粲傳：「袁濯兒不逢朕，員外郎未可得也，而敢以寒士遇物！」唐杜甫茅屋為秋風所破歌：「安得廣廈千萬間，大庇天下寒士俱歡顏。」明史海瑞傳：「瑞無子。卒時，僉都御史王用汲入視，葛幃敝籯，有寒士所不堪者。」

⑩無辨　一作「無辯」。沒有區別。莊子齊物論：「果有言邪？其未嘗有言邪？其以為異於鷇音，亦有辯乎，其無辯乎？」成玄英疏：「辯，別也……兼彼此偏執，不定是非，亦何異鷇鳥之音，有聲無辯！」呂氏春秋離謂：「鄭國多相縣以書者……令無窮，則鄧析應之亦無窮矣。是可、不可無辨矣。」高誘注：「辨，別。」淮南子要略訓：「齊景公內好聲色，外好狗馬，獵射亡歸，好色無辯。」高誘注：「辯，別也。一本作『無辨』。」後漢書皇后紀序：「高祖帷薄不修，孝文衽席無辯。」李賢注：「孝文幸慎夫人，每與皇后同坐，是無辯也。」

⑪中路　半途。戰國楚宋玉九辯：「然中路而迷惑兮，自壓按而學誦。」

⑫逢　遇。春秋齊甯戚（？—？，桓公時，前六八五—前六四三，健在。）飯牛歌：「南山矸，白石爛。生不逢堯與舜禪，短布單衣適至骭。從昏飯牛薄夜半，長夜漫，何時旦？」

⑬前騶　古，官員出行，於儀仗之前，導路之侍役。騶，ㄗㄡ。騎士。北宋徐鉉（九一六—九九一）奉和宮傅相公懷內見寄四十韻：「不遺前騶妨野逸，別尋逋客在招延。」王讜唐語林補遺二：「新昌李相紳性暴不禮士，鎮宣武。有士人遇於中道，不避，乃為前騶所拘。」

⑭遽　ㄐㄩˋ。「遽然」省詞。謂突然也。

⑮是後　此後。從此。史記魏公子列傳：「是後，魏王畏公子之賢能，不敢任公子以國政。」北史后妃傳上昭哀皇后姚氏：「（夫人）未升尊位，然帝寵禮如后。是後，猶欲正位，后謙不當。」北宋曾鞏本朝政要策屯田：「是後，開易水、疏雞距、修鮑河之利，邊屯以次立矣。」

⑯斯人　指稱文正公前騶。

⑰隱蔽　遮掩身軀，期不為對方碰面。呂氏春秋決勝：「諸搏攫柢噬之獸，其用齒角爪牙也，必託於卑微隱蔽，此所以成勝。」高誘注：「若狐之搏雉，俯伏弭毛以喜說之，雉見而信之，不驚憚遠飛，故得禽之。」東晉葛洪神仙傳劉安：「一人能分形易貌，坐存立亡，隱蔽六軍。」南宋何薳春渚紀聞蘇劉互謔：「獨顏子拘謹，不能遽為闊步，顧市中石塔似可隱蔽，即屏伏其旁，以俟夫子之過。」

⑱恐　生怕。表臆度之助動詞。論語季氏：「吾恐季氏之憂。不在顓臾，而在蕭牆之內也。」

史記廉頗藺相如列傳：「秦城恐不可得。」

⑲自媿　猶自慚。餘參服公有量㉖。

【析源】

本章經文悉摘引自厚德錄卷二。又，自警編卷一器量，所載文字一致，皆從略。宋史李昉傳附子宗諤：「宗諤字昌武，七歲能屬文，恥以父任得官，獨由鄉舉，第進士，授校書郎。……內行淳至，事繼母符氏以孝聞。二兄早世，奉嫂字孤，恩禮兼盡。與弟宗諒友愛尤至，覃恩所及，必先羣從，……勤接士類，無賢不肖，恂恂盡禮，獎拔後進，唯恐不及，以是士人皆歸仰之。」

六五、容物不校

傅公堯俞在徐，前守侵用公使錢，公寖為償之，未足而公罷。後守反以文移公。公當償千緡。公竭資且假貸償之。久之，鈎考得實，公蓋未嘗侵用也，公卒不辨，其容物不校如此。

【語譯】

傅堯俞徙知徐州，前任知州非法支用公使錢，他逐漸地代替歸還，尚未還清，他又另有他就。接任的知州不詳細深究原委，反而行文於他，說他必須歸還千串錢。他只好傾盡私囊、又舉債湊足款項，予以歸還結案。過了很長一段時間，經考核獲悉實情，他實在不曾非法支用公款。他始終不作辯白、澄清。他是這麼一位量大、不計較的人呢！

【注釋】

①容物不校　氣量寬大，不斤斤計較。容物，氣量大、能容人。莊子田子方：「其為人也真，人貌而天，虛緣而葆真，清而容物。」唐韓愈順宗實錄二：「廣陵王某，孝友溫恭，慈仁忠厚，博厚以容物，寬明而愛人。」清顧炎武菰中隨筆：「宋文帝性仁厚恭儉，勤於為政，守法而不峻，容物而不弛。」不校，不計較。校，ㄐㄧㄠˋ。論語泰伯：「有若無，實若虛，犯而不校。」韓愈和侯協律詠筍：「短長終不校，先後竟誰論？」近人章炳麟（一八六九—一九三六）蘄黃母銘：「母一意教侃（按：黃侃），忍詢不校。」

②傳公堯俞　詳詆短遜謝②。

③徐　徐州。古九州之一，約今江蘇、山東、安徽等三省部分地區。梁惠王卅年（前三四〇）下邳遷於薛，改稱徐州。（竹書紀年）。漢以後，各代皆置徐州，轄地代有變更，大致在今淮北一帶，多以彭城（今江蘇徐州或下邳（今江蘇邳縣）為治所。（元和郡縣志卷九、嘉慶一統志卷一〇〇、一二五、一六五）

④前守　前任知州。宋制：州置知州或權知州事，掌郡國之政令，通判為之貳。（宋會要輯稿職官）。按，隋唐兩宋稱州，秦漢稱郡。

⑤侵用　非法占用公物或他人之物。太平廣記卷二一七引神仙傳拾遺唐若山：「況帑藏錢帛，

頗有侵用，誠為居憂之。」儒林外史第九回：「商人楊執中，累年在店不守本分，嫖賭穿吃，侵用成本七百餘兩，有誤國課。」

⑥公使錢　公款之一。兩宋州郡用於宴請、餽送過往官員之諸費用稱之。說郛卷九六南宋王栐（？—？，約淳熙端平間人）燕翼詒謀錄：「祖宗舊制，州郡公使錢，專饋士大夫入京往來與官員罷任旅費，所饋之厚薄，隨其官品之高下，妻孥之多少。」其後，此一支出由官府規定數類，向所轄地人民徵收之。（文獻通考卷二四國用二）。

⑦寖　ㄑㄣ。本作「𡫶」，舊作「濅」、「寑」，今作「浸」。逐漸。漢書禮樂志：「恩愛寖薄。」

⑧償　ㄔㄤˊ。漢書直不疑傳：「其同舍有告歸，誤持其同舍郎金去。已而，同舍郎覺亡，意不疑。不疑謝有之，買金償。」另參，誣金一則。

⑨未足　不足。謂尚未全部歸還。

⑩罷　免官他就。

⑪後守　接任的知州。

⑫文移　公文。移，箋、表等款之古公文書也。後漢書光武帝紀上更始元年：「……於是，置僚屬，作文移，從事司察，一如舊章。」注：「東觀漢記曰：『文書移與屬縣也。』」在此，作動詞用，謂行文也。

⑬當償　應歸還，亦即必須歸還。

⑭千緡　一千串制錢。緡，ㄇㄣˊ。俗作「緍」。成串的錢。東晉王嘉（？—？，約卒於三八五年之後）拾遺記卷九晉時事：「因墀國獻……玉錢千緡，其形如環。」

⑮竭資　傾盡（一己之）財貨。竭，盡。禮記大傳：「旁治昆弟，合族以食。序以昭穆，別之以禮義，人道竭矣。」財貨曰資。易旅：「旅即次，懷其資。」

⑯假貸　借。國語晉語八：「假貸居賄。」史記酈生陸賈傳附朱建：「及平原君母死，……平原君家貧未有以發喪，方假貸服具。」

⑰鉤考　鉤，俗作「鈎」。一作「鈎攷」、「鉤考」。謂探求考核。周禮天官司會：「以逆邦國都鄙官府之治。」鄭玄注：「逆受外鉤考之。」孫詒讓正義：「鬼谷子權篇陶弘景法云：『求其深微曰鉤。』國語晉語韋注云：『考，校也。鉤考亦謂鉤求考校之，察其是非也。』」北宋王安石太子太傅田公墓志銘：「自景德會計，至公始復鉤考財賦，盡知其出入。」清朱克敬（？—一八九〇）暝菴雜識卷二：「必鈎攷文辭，強加箋解。」近人章炳麟秦獻記：「然其律令在官，空為文具，終不鉤考，以致其誠。」

⑱得實　得其實情。史記五帝紀：「皐陶為大理，平，民各伏得其實。」周書明帝紀武成元年：「自周有天下以來，雖經赦宥，而事跡可知者，有司宜即推窮，得實之日，但免其罪，徵備如法。」

⑲蓋　實。卻是。表性態。公羊傳僖公二年：「獻公曰：『子之謀則已行矣；寶則吾寶也。雖然吾馬之齒亦已長矣。』蓋戲之也。」孟子梁惠王下：「景公說，……召太師曰：『為

我作君臣相說之樂。』蓋徵招、角招是也。……」

【析源】

三朝名臣言行錄卷十之三中書侍郎傅獻簡公堯俞：「……其在徐，前守侵用公使錢，公寖為償之。未足而公罷。後守反以文移公，當償千緡，公竭資且假貸償之。久之，鉤考得實，公蓋未嘗侵用也。公卒不辨，其容物不較類為如此。」注：「（引自）墓誌。」

自警編卷一器量：「傅獻簡公□□，□守侵用公使錢，公寢□□□，□□而公罷。後守反以文移公，當償千緡。公竭貲假貸償之。久之，鉤攷得實。公蓋未嘗侵用也。公卒不辯，其容物不校如此。」（文淵閣四庫本）榮按：缺字部分以「□」填補之；又「寖」訛作「寢」。

宋史傅堯俞傳：「徐前守侵用公錢，堯俞至，為償之，未足而去。後守移文堯俞使償，久之，考實非堯俞所用，卒不辯。」

六六、德量過人

韓魏公鎮相州，因祀宣尼省宿。有偷兒入室，挺刃曰：「不能自濟，求濟於公。」公曰：「几上器具，可直百千，盡以與汝。」偷兒曰：「願得公首以獻西人。」公即引頸，偷兒稽顙曰：「以公德量過人，故來相試。几上之物，已荷公賜，願無泄也。」公曰：「諾。」終不以告人。其後，為盜者以他事坐罪當死，於市中備言其事，曰：「慮吾死後，惜公之遺德不傳於世。」

【語譯】

韓琦主持相州軍政的時候，由於祭孔臨視聖廟，就在那兒過夜。有小偷闖進他的寢室，拔刀並說：「我不能自給自足，只好來求助於大人。」韓公道：「矮桌上的杯皿、祭器，大約價值成百上千錢，通通給你吧！」小偷說：「想要大人的首級，用來獻給西蕃。」韓公立刻伸長脖子，好讓他下手。這時，小偷以額觸地，跪在他的跟前說：「因為大人的涵養、氣量超越常人，所以前來一探究竟。矮桌上的東西已蒙大人餽贈，至盼不要對外公開。」韓公說：「好。」這件事一直沒有告知任何人。後來，這位竊賊因為再犯他案經判處死刑，在接受斬首的市集，詳詳細細地全盤道出，並說：「我擔心死後，恐怕韓公對我的這項生前的德澤，從此消失。」

【注釋】

①德量過人　道德涵養和胸襟度量超越一般的人。德量，道德涵養和胸襟度量。世說新語雅量：「顧看簡文，穆然清恬。」劉孝標注：（按指簡文）舉止自若，音顏無變，（桓）溫每以此稱其德量。」北宋歐陽脩歸田錄卷二：「其為相，務以厚重鎮止浮競，時人稱其德

量。」清錢邦芑（？—？約崇禎、順治間人）過錫山贈郭夔一詩：「至人恢德量，涵納不可窮。」過人，超越常人。晏子春秋問下十五：「君之彊，過人之量。」張純一校注引孫星衍曰：「言強力過人。」宋書蒯恩傳：「既習戰陣，膽力過人，誠心忠謹，未嘗有過失，甚見愛信。」北宋程頤程伯淳行狀：「彊記過人，十歲能為詩賦。」

②韓魏公　韓琦。餘詳不形於言②。

③鎮　主州郡軍政事務之謂。猶云作鎮。東晉陶潛晉故征西大將軍長史孟府君傳：「鎮武昌，并領江州。」宋史劉錡傳：「鎮荊南六年，軍民安之。」

④相州　北魏天興四年（四〇一）分冀州置。治鄴縣（今河北臨漳縣西南鄴鎮）。轄境代有變更，至唐其轄境相當今河北成安縣、廣平縣與魏縣西南部，河南安陽、鶴壁、湯陰、林州、內黃等縣（市）與濮陽縣西部地。北宋屬河北西路，轄境略縮。（中國歷史地圖集第六冊等）

⑤因　由于。由於。史記衛將軍驃騎列傳：「因前使絕國功，封騫博望侯」

⑥祀　ㄙˋ。祭。祭祀。禮記月令：「春祀戶，夏祀竈，秋祀門，冬祀行，……」左傳襄公九年：「祀盤庚于西門之外。」

⑦宣尼　西漢元始元年（公元元年）追謚孔子為褒成宣尼公。（漢書平帝紀）。後人因稱孔子為宣尼。西晉左思詠史詩之四：「言論準宣尼，辭賦擬相如。」

⑧省宿　臨視曰省（ㄒㄧㄥˇ）。世說新語德行：「（晉）武帝問劉仲雄曰：『卿數省王（按指王

戎）和（按指和嶠）不？』」宿，ㄙㄨˋ。住。停留。孟子公孫丑下：「……去則窮日之力而後宿哉？」世說新語德行：「郭林宗每行宿逆旅，輒躬自灑掃。」

⑨偷兒　竊賊，即小偷。晉書王獻之傳：「（王獻之）夜臥齋中，而有偷人入其室，盜物都盡。獻之徐曰：『偷兒，青氈我家舊物，可特置之。』」唐李端（？—？，與錢起同時代之人）晚春過夏侯校書值其沈醉戲贈詩：「謁客唯題鳳，偷兒欲觀氈。」

⑩挺刃　從刀鞘拔出利刃。挺，拔。拔出。戰國策魏策四：「唐雎挺劍而起。」史記陳涉世家：「尉劍挺，（吳）廣起奪而殺尉。」刀、劍、矛、戟、矢合稱五刃。刃，ㄖㄣˋ。兵器名。孟子梁惠王上：「殺人以梃與刃，有以異乎？」

⑪自濟　自給。北史常景傳：「卿清德自居，不事家業，雖儉約可尚，將何以自濟也？」北宋蘇舜欽（一〇〇八—一〇四八）城南感懷呈永叔詩：「我今餓伶俜，閔此復自思，自濟既不暇，將復奈爾為！」

⑫求濟　猶求助。求，尋找。詩小雅伐木：「嚶其鳴矣，求其友聲。」濟，助。救助。易繫辭上：「知周乎萬物而道濟天下。」北宋歐陽脩朋黨論：「以之事國，則同心而共濟。」

⑬几　ㄐㄧ。案之小者曰几。亦即今人所稱長方形矮桌。几長三至五尺不等、高尺二寸、廣二尺。（三禮圖、禮書通故）。書顧命：「御王冊命，曰：『皇后憑玉几，道揚末命。……。』」

⑭器具　猶用具。碗、盤、杯、皿之屬。唐元稹中書省議賦稅及鑄錢等狀：「臣等約計……創治鑪冶，器具頻繁，一年勒停，並是廢物。」清紀昀（一七二四—一八〇五）閱微草堂

筆記灤陽消夏錄五：「有以狐女為妾者，別營靜居之，牀帷器具，與人無異。」

⑮可直　約略價值。

⑯百千　成百上千。謂不少也。唐白居易泛春池詩：「霜竹百千竿，煙波六七畝。」

⑰盡　皆。全。表性態。史記項羽本紀：「沛公欲王關中，使子嬰為相，珍寶盡有之。」孟子滕文公上：「陳相見許行而大悅，盡棄其學而學焉。」

⑱「願」得公「首」　願，欲。期望。禮記中庸：「施諸己而不願，勿施諸人。」左傳昭公四年：「宣伯曰：『魯以先子之故，將存吾宗，必召女；召女何如？』對曰：『願之久矣。』」頭曰首，人頭之稱。詩邶風靜女：「愛而不見，搔首踟躕。」禮記雜記：「首有創則沐。」穀梁傳文公十一年：「斷其首而載之，眉見於軾。」

⑲西人　西蕃。指西夏（一〇三二—一二二七）。

⑳引頸　伸長脖子。頸，頸項。俗稱脖子。唐杜甫舟前小鵝兒詩：「引頸嗔船過，無行亂眼多。」

㉑稽顙　跪拜時，以額觸地之禮，本多用於喪禮，示極度悲痛。禮記檀弓上：「拜而後稽顙，頹乎其順也。」釋文：「稽顙，觸地無容。」後亦用于請罪。漢書李廣傳武帝報書：「夫報忿除害，捐殘去殺，朕之所圖於將軍也。若迺免冠徒跣，稽顙請罪，豈朕之指哉？」顙，ㄙㄤˇ、ㄙㄤ。人額。易說卦：「其於人也，為寡髮、為廣顙。」

㉒相試　一探究竟。相，一方對另一方有所施為。史記魯仲連鄒陽列傳：「臣聞明月之珠，

夜光之璧，以闇投人於道路，人無不按劍相眄者。」古樂府木蘭詩：「爺娘聞女來，出門相扶將。」試，探。謂事未徵實而預為探究之。晏子春秋內篇雜上：「且欲試吾君臣，故絕之也。」唐韓偓（八四二—九一四？）詠美人浴詩：「教移蘭燭頻羞影，自試香湯水怕深。」

㉓已「荷」公「賜」 荷，ㄏㄜˋ。受，承受。左傳昭公三年：「一為禮於晉，猶荷其祿，況以禮終始乎。」晉書載記八慕容廆：「（裴）嶷辭曰：『臣世荷朝恩，濯纓華省，因事遠寄，投跡荒遐。』東晉劉琨（二七〇—三一八）勸進表：「況臣等荷寵三世，位廁鼎司！」賜，給予。上給下謂賜。禮記曲禮上：「夫為子者，三賜不及車馬。」

㉔無泄 不要公開出去。泄，ㄒㄧㄝˋ。漏。同「洩」管子君臣：「……微謀外泄之謂也。」

㉕諾 ㄋㄨㄛˋ。表許可。以言許人，應承之稱。資治通鑑宋廢帝紀：「帝曰：『奚顯度為百姓患，比當除之！』左右唱諾，即宣旨殺之。」

㉖坐罪當死 觸犯刑章，按律應處死刑。坐罪，犯罪受判處。遼史耶律隆運傳附耶律滌魯：「不肖子坐罪籍沒。」

㉗市 貨物買賣交易之處。易繫辭下：「日中為市，致天下之民，聚天下之貨，交易而退，各得其所。」古，行刑恆於庶民聚集處為之。如：北京菜市口。

㉘備言 詳說。漢書杜欽傳：「此則眾庶咸說，繼嗣日廣，而海內長安。萬事之是非，何足備言。」西晉杜預（二二二—二八四）春秋經傳集解序：「身為國史，躬覽載籍，必廣記

而備言之。」

㉙慮　憂。漢書黥布傳：「……為百姓萬世慮者也。」顏師古注：「慮，憂也。」三國蜀諸葛亮後出師表：「先帝慮漢賊不兩立，王業不偏安，故託臣以討賊也。」榮按：後出師表乃後人偽託之作。

㉚惜　恐。北宋黃庭堅（一〇四五—一一〇五）五小詩：「此翁今惜醉，舊不論升斗。」南宋張綱（一〇八三—一一六六）清平樂詞：「無限遊人誰惜倦？只有衰翁心嬾。」

㉛遺德　指前人所留德澤。莊子盜跖：「今長大美好，人見而悅之者，此吾父母之遺德也。」史記孝文本紀：「朕既不敏，常畏過行，以羞先帝之遺德。」三國蜀諸葛亮前出師表：「誠宜開張聖聽，以光先帝遺德，恢弘志士之氣。」北宋曾鞏思軒詩序：「今六十餘年，而君來世其官，眾於是考於州人，以求水部之餘恩遺德。」

【析源】

北宋强至忠獻韓魏王遺事：「公判相州，因祀宣尼省視。有偷兒入室，挺刀曰：『不能自濟，求濟於公。』公曰：『几上器具可直百千，盡以與汝。』偷兒曰：『願得公首，以獻西人。』公即引頸，偷兒稽顙曰：『以公德量過人，故來相試。几上之物已荷公賜，願無泄也。』公曰：『諾。』終不以告人。其後，為盜者以他事坐罪當死，於市中備言其事，曰：『慮吾死後，惜公之遺德，不傳於世也。』」厚德錄卷一：「韓魏公以使相出鎮相州，因祀宣尼宿於齋館。夜有偷兒入其室，褰帷挺刃，顧謂公曰：『不能自濟，故來求濟於公。』公曰：「几上器具可直百千，盡以與汝。』偷兒曰：『非此謂也。願得公首，以獻西人。』公即引頸，偷兒投刃稽顙曰：『以公德量過人，故來試公；然几上之物，已荷公賜，願公無泄也。』公曰：「諾。」明日，於宅庫如其數取償之，終不語人。其後，為盜者以他事坐罪當死，乃於市中備言其事，曰：『慮吾死後，惜公之遺德不傳於世也。』」又，清崔廷璋（？—？，光緒間猶健在）韓魏公言行錄亦載此故事，文字悉與忠獻韓魏王遺事相同，附誌之。

六七、眾服公量

彭公思永始就舉時，貧無餘貲，惟持金釧數隻棲於旅舍。同舉者過之，眾請出釧為翫，客有墜其一於袖間，公視之不言，眾莫知也，皆驚求之。公曰：「數止此，非有失也。」將去，袖釧者揖而舉手，釧墜於地，眾服公之量。

【語譯】

彭思永剛剛應舉的那時候，相當窮苦並不富裕，單單攜帶寥寥幾隻金手鐲在身，投宿在旅館。一起應舉的同伴到他的住處，大家請他把金鐲子拿出來觀賞，以解無聊，有人竟將一隻金鐲子故意失手，趁機裹藏在自己袖子裡，他看在眼裡不說；大家不知道，都感到詫異，分頭找尋。思永道：「已經數過一遍了，就只有這些，並沒有減少。」當大伙要離開的時候，藏鐲的那一位擡起雙手作禮的一刹那，金鐲子掉下來；大家都敬佩彭思永是個有肚量的人。

【注釋】

①眾服公量　大家敬佩他有肚量。三人曰眾；謂數之多者也。在此，作「大家」解。左傳隱公四年：「眾叛親離，難以濟矣。」服，敬佩。餘參服公有量①。公，在此係對彭思永的敬稱。量，指肚量。餘參服公有量①。

②彭思永　（一〇〇〇—一〇七〇）北宋廬陵（治在今江西吉安）人。字季長。第進士，知南海、分寧等縣，通判睦州。臺州大水敗城，往攝治焉。入為侍御史，論內降授官賞之弊，謂斜封非盛世所當有，仁宗深然之。言不宜濫恩，以益僥倖。觸怒帝，轉司封員外郎解臺職，為湖北轉運使。加直史館，為益州路轉運使。尋調戶部副使，擢天章閣待制、知瀛洲。治平中，召為御史中丞。濮王有稱親之議，渠上疏極論濮王于屬為伯，不可得而變也。出知黃州，改太平州。熙寧三年（一〇七〇），以戶部侍郎致仕，卒年七十一。（宋史卷三二〇）

③就舉　即應舉。謂參加科舉考試。金元好問續夷堅志王雲鶴：「年未四十，喪妻不娶，亦不就舉，獨處一室中，如僧。」

④貧無餘貲　窮苦並不富裕。乏財曰貧。左傳昭公十四年：「分貧振窮，長孤幼，養老疾；……」說苑政理：「散財以賑貧。」漢書食貨志：「滯財役貧。」餘貲，富餘的貲財。北

宋歐陽脩師魯墓志銘：「一子三歲，四女未嫁，家無餘貲。」清趙翼甌北詩話白香山詩：「及刺杭州歸，有餘貲，又買東都履道里楊憑宅。」

⑤惟 僅。獨。書仲虺之誥：「惟玉不邇聲色，不殖貨利，……」左傳隱公十一年：「不惟許國之為，亦聊以固吾圉也。」

⑥持 攜帶。史記滑稽列傳：「其人家有好女者，恐大巫祝為河伯娶之，以故多持女遠逃亡。」唐韓愈赴江陵途中寄贈三學士詩：「持男易斗粟，掉臂莫肯酬。」

⑦金釧 黃金製臂環，俗稱金手鐲、金鐲子。正字通：「釧，古男女同用，今惟女飾有之。」釧，ㄔㄨㄢˋ。

⑧棲 歇宿。詩王風君子于役：「雞棲于塒，日之夕矣。」

⑨旅舍 猶旅館；旅店。後漢書宦者傳侯覽：「京兆尹袁逢於旅舍閱參車三百餘兩，皆金銀錦帛珍玩，不可勝數。」唐溫庭筠（八一二—八七〇）上首座相公啟：「行當杪歲，通津加嘆，旅舍傷懷。」明何景明清明日病懷詩：「旅舍清明日，長安新火煙。」

⑩同舉者 一起前來應舉的同伴。

⑪過之 到他的住處。過，到。至。「之」，指稱代詞。指彭思永的住處言。

⑫翫 ㄨㄢˋ。觀賞。東漢趙曄（？—？）吳越春秋句踐歸國外傳：「吳王聞越王盡心自守，食不重味，衣不重綵，雖有五臺之游，未嘗一日登翫。」西晉張華（二三二—三〇〇）答何劭詩之一：「屬耳聽鶯鳴，流目翫鯈魚。」唐薛用弱集異記徐佐卿：「既入此堂，忽覩挂

箭，則命侍臣取而翫之，蓋御箭也，深異之。」

⑬袖釧者　暗藏金鐲子的人。袖，藏。以袖藏之。唐劉禹錫武夫祠詩：「探丸書公吏，袖刃宿娼家。」清鮑廷博（一七二八—一八一四）無題詩：「問誰閒袖遮面手，老我空懷再少心。」

⑭揖而舉手　為拱手道別而擡起手來。揖，ㄧ。拱手為禮。

【經源】

自警編卷一器量：「彭公李長始就舉時，貧無餘貲，惟持金釧數隻棲於旅舍。同舉過之，眾請出釧為翫。客有墜其一於袖間，視之不言，眾莫知也。皆驚，求之。公曰：「數止此，非有失也。」將去，袖釧者揖而舉手，釧墜於地，眾服公量。」（文淵閣四庫本）榮按：季長誤筆為李長，訂正之。宋名臣言行錄後集卷五彭思永一則，文字內容大體相同，其中，「於」作「于」、「眾服公量」作「眾服公之量」。宋史彭思永傳：「始就舉，持數釧為資。同舉者遇之，出而玩，或墜其一於袖間，眾相為求索。思永曰：『數止此耳。』客去，舉手揖，釧墜於地，眾皆服其量。」

六八、還居不追直

趙清獻公家三衢，所居甚隘。弟姪欲悅公意者，厚以直，易鄰翁之居，以廣公第。公聞不樂，曰：「吾與此翁三世為鄰矣，忍棄之乎？」命亟還〔翁〕居而不追其直，此皆人情之所難者。

【語譯】

趙抃的老家在三衢，房舍相當逼窄，不夠寬敞。弟弟和姪兒想要一博他的歡心，用很高的價格，買下隔壁老翁的房舍，擴大了他的宅邸。他聽到這個消息，並不高興。說：「我和這位老先生可是祖、父、子三代的鄰居，捨得不住在一起嗎？」於是，指示弟姪儘快將房舍歸還老先生；同時，不要索還那筆屋款。這一切可不是一般人能夠做到的。

【注釋】

①還居不追直　房舍交歸原主，卻沒有索回購屋的款項。還，ㄏㄨㄢˊ。物歸原主。周禮秋官司儀：「致饔餼，還圭。」鄭玄注引鄭司農曰：「還圭，歸其玉也。」書序：「……悉以書還孔氏。」新唐書食貨志一：「其後，豪富兼并，貧者失業，於是詔買者還地而罰之。」居，住宅。住所。書盤庚上：「各長于厥居，勉出乃力。」孔穎達疏：「各思長久於其居處。」後漢書逸民傳臺終：「（臺終）隱於武安山，鑿穴為居，采藥自業。」北宋沈括潤州金山二使君祠堂記：「其徒度其勢，不能復得所欲，一夕火其凥。」榮按：「居」，亦作「凥」。清吳騫（一七三三—一八一三）扶風傳信錄：「問其居，曰：『近村。』」追，索。討。唐韓愈論太旱書：「有者皆已輸納，無者徒被追徵。」直，通「值」。物價。代

價。戰國策齊策三：「象床之直千金，傷此若髮漂，賣妻子不足償之。」北宋蘇軾東坡志林謝魯元翰寄煖肚餅：「公昔遺余以暵肚餅，其直萬錢；我今報公亦以暵肚餅，其價不可言。」明宋應星（一五八七—？）天工開物磚：「刀磚之直視牆磚稍溢一分。」在此，直，作「購屋款項」解。

②趙清獻公　趙抃卒謚清獻，故有此敬稱；餘詳鼓琴不問②。

③三衢　今浙江衢縣。唐武德四年（六二一）改婺州信安縣為衢州，因境內有三衢山，故又以三衢稱衢州。（元和郡縣志卷二六）。唐羅隱（？—九〇九）寄三衢孫員外詩：「小敷文伯見何時，南望三衢渴復飢。」

④隘　ㄞˋ。狹窄。詩大雅生民：「誕寘之隘巷，牛羊腓字之。」古樂府相逢行：「相逢狹路間，道隘不容車。」

⑤弟姪　弟弟與姪兒。同父同母或同父異母所出，年少於己者曰弟。兄弟之子女曰姪。

⑥悅　ㄩㄝˋ。使之歡愉。近人況周頤（一八五九—一九二六）蕙風詞話卷三：「此詞意境較沈淡，便不如前詞悅人口耳。」

⑦厚以直　用很高昂的價碼。厚，形容價碼高昂。直，參①。

⑧易　換取。交換。易繫辭下：「日中為市，致天下之民，積天下之貨交易而退，各得其所。」孟子公孫丑下：「古之為市者，以其所有易其所無。」又，滕文公上：「以粟易械器者，不為厲陶冶。」荀子正名：「易者，以一易一。」注：「易謂以物相易。」

⑨鄰翁　住家左右相近的老人。鄰，住家左右相近者。左傳昭公三年：「非宅是卜，唯鄰是卜。」三國魏何晏（一九〇—二四九）景福殿賦：「嘉班妾之辭輦，偉孟母之擇鄰。」在此，作形容詞用。老人曰翁。史記魏其武安侯列傳：「怒曰：『與長孺共一老禿翁，何為首鼠兩端。』」北宋歐陽脩醉翁亭記：「醉翁之意不在酒，在乎山水之間也。」

⑩公「第」　邸。漢書高帝紀：「為列侯者賜大第。」新唐書裴度傳：「度治第東都集賢里。」

⑪三世為鄰　住處相鄰已經三個世代。三世指祖、父及本身而言。

⑫亟還　猶云速還。亟，ㄐㄧˊ。疾速。與「緩慢」相對。詩豳風七月：「亟其乘屋，其始播百穀。」鄭箋：「亟，急。」史記陳涉世家：「趣趙兵，亟入關。」南宋周密（一二三二—一二九八）齊東野語朱氏陰德：「汝亟歸告若主。」清和邦額（？—？）夜譚隨錄崔秀才：「亟作書，遣老僕往投之。」還，詳①。

⑬〔翁〕居　原刊「公居」；厚德錄卷一作：「……命亟還翁居……」茲據以訂正之。

⑭人情　人之常情。多指世間約定俗成之事理準則。莊子逍遙遊：「大有逕庭，不近人情焉。」東漢王粲（一七七—二一七）登樓賦：「人情同於懷土兮，豈窮達而異心。」北宋歐陽脩相州晝錦堂記：「仕官而至將相，富貴而歸故鄉，此人情之所榮，而今昔之所同也。」

【析源】

厚德錄卷一：「趙閱道少保，寬厚長者，與物無忤。家於三衢，所居甚隘。弟侄有欲悅公意者，厚以直，易鄰翁之居，以廣公第。公聞不樂，曰：『吾與此翁三世為鄰矣，忍棄之乎？』命亟還翁居，而不追其直。」撰者李元綱注明出自陳正敏遯齋閑覽。宋史趙抃傳：「抃長厚清修，人不見其喜慍。平生不治貲業，……施德惸貧，蓋不可勝數。」榮按：遯齋閑覽，已佚。

六九、持燭燃鬚

宋丞相魏國公韓琦帥定武時，夜作書，令一侍兵持燭於旁。侍兵他顧，燭燃公之鬚，公遽以袖摩之，作書如故，少頃回視，則已易其人矣。公恐主吏鞭笞，亟呼，視之曰：「勿易渠，已解持燭矣。」軍中咸服。

【語譯】

北宋丞相魏國公韓琦主持定州路武備，任經略安撫使的某一天晚上，在案前寫信，他指定一位貼身士兵站立桌邊，掌燭照明。這位士兵心神不專、左顧右盼，燭火燒著韓公的鬍鬚。韓公迅速地用袖子撲火，依然繼續寫信。一會兒回頭看去，那位士兵已被撤換。他生怕主官用鞭子體罰士卒，一再召喚主官，並說：「不用換掉他，燭火燒鬚已經沒事了。」袍澤無不欽佩他的寬容。

【注釋】

①持燭燃鬚　掌燭照明的人不專心，使得燭火燒著主人公的鬍鬚。持燭，猶云掌燭。拿著燭臺。持，拿著。禮記射義：「持弓矢審固，然後可以言中。」燭，ㄓㄨˊ。本義火炬。後恆指以膏製成，用以照明者為燭。儀禮燕禮：「宵則庶子執燭於阼階上。」燃，本作「然」。說文：「然，燒也。從火，肰聲。」北宋徐鉉謂俗別作燃，蓋後人增加。鬚，ㄒㄩ。面毛。本作「須」。在頤為鬚。左傳昭公二十六年：「有君子，白皙，鬒鬚眉，甚口。」疏：「鬒鬚眉者，言鬚眉皆稠多也。」鬒，ㄓㄣˇ。髮黑且稠美也。甚口，大口。

②丞相　仁宗嘉祐三年（一〇五八）三月至六年（一〇六一）閏八月，韓琦拜同中書門下平章事集賢殿大學士（簡稱集賢相）。餘詳不形於言②。

③帥　兩宋稱經略安撫使為帥司，掌一路之軍政。文獻通考卷五職官十三諸路將官：「若屯戍防邊，則受帥司節制。」宋以文官主軍政。在此，「帥」屬動詞，作「主持」解。

④定武　定州的武備。北宋時，定州、真定、高陽關與大名稱河北四路各置經略安撫使一名。定州路轄州、軍各四，治所定州在今河北定縣。（宋史地理志、嘉慶一統志）。

⑤作書　寫信。樂府詩集雜曲歌辭枯魚過河泣：「作書與魴鱮，相教慎出入。」文選孫楚為石仲容與孫皓書李善題解引臧榮緒晉書云：「太祖遣徐劭、孫郁至吳，將軍石苞令孫楚作書孫皓。劭至吳，不敢為通。」

⑥令　發出命令使人執行。詩齊風東方未明：「倒之顛之，自公令之。」西晉陸機辨亡論上：

「挾天子以令諸侯，清天步而歸舊物。」在此，作「指示」解。

⑦侍兵　貼身處理雜物的士兵，如今之傳令兵。

⑧它顧　謂左顧右盼，未專心正視燭火也。

⑨遽　ㄐㄩˋ。急。表性態。左傳僖公二十四年：「僕人以告，公遽見之。」唐韓愈祭十二郎文：「嗚呼！孰謂汝遽去吾而歿乎？」

⑩「靡」之　ㄇㄛˊ。消滅。淮南子精神訓：「形有靡而神未嘗化。」

⑪少頃　片刻。一會兒。荀子致士：「君子也者，道法之總要也，不可少頃曠也。」資治通鑑後唐莊宗同光元年：「少頃，梁兵潰圍出。」

⑫主吏　古，郡縣等地方官之屬吏，史記高祖本紀：「沛中豪桀吏聞令有重客，皆往賀。蕭何為主吏，主進。」裴駰集解引孟康曰：「主吏，功曹也。」清洪頤煊（一七六五—一八三三）讀書叢錄都吏：「漢制太守屬官……內事考課遷除，皆功曹主之，故稱主吏。」在此，指經略安撫使以下之屬員。

⑬鞭笞　用鞭施打。鞭，ㄅㄧㄢ。古，竹製刑具。書舜典：「鞭作官刑。」用鞭、杖、竹板等抽打曰笞，ㄔ。墨子魯問：「譬有人於此，其子強梁不材，故其父笞之。」按：笞，為古五刑之一。詳漢書刑法志、唐律疏議笞刑。在此，笞，作動詞使用。韓非子外儲右下：「故王良、造父，天下之善御者也。然而，使王良操左革而叱咤之，使造父操右革而鞭笞之，馬不能行十里，共故也。」

⑭亟呼視之　一再地召喚主吏並注視著他……。亟，ㄑㄧˋ。一再。左傳成公十六年：「吾先君之亟戰也，有故。」杜注：「亟，數也。」漢書刑法志：「師旅亟動，百姓罷敝。」顏師古注：「亟，屢也。」呼，召。喚。左傳哀公十一年：「武叔呼而問戰焉。」

⑮渠　他。三國志吳志趙達傳：「膝如期往，至，乃陽求索書，驚言失之，云：『女婿昨來，必是渠所竊。』」

⑯已解持燭　燭火燃鬚已經沒事了。解，除。除去。古樂府南風歌：「南風之薰兮，可以解吾民之慍兮。」唐王勃春思賦：「解宇宙之嚴氣，起亭皐之春色。」在此，引申作「沒事」解。持燭，謂燭火燃鬚。

⑰軍中　指韓公麾下諸袍澤言。

【析源】

厚德錄卷二：「韓魏公帥定武時，夜作書，令一侍兵持燭於旁，兵他顧，燭燃公鬚，公以袖麾之，而作書如故。少頃，回視，則已易其人矣。公恐主吏鞭卒，急呼曰：『勿易之，渠方解持燭。』軍中為之感服。」自警編卷一器量：「韓魏公帥定武時，夜作書，令一侍兵持燭於旁，侍兵他顧，燭燃公鬚，公遽以袖麾之，而作書如故。少頃，回顧，則已易其人矣。公恐主吏鞭之，亟呼視之，曰：『勿易渠，今已解持燭矣。』軍中感服。」宋名臣言行錄後集卷一韓琦：「公帥定州時，夜作書，令一侍兵持燭，侍兵旁視，燭燃公鬚，公遽以袖摩之，而作書如故。少頃，回視，則已易其人矣。公恐主吏鞭之，亟呼視之，曰：『勿易渠，已解持燭矣。』軍中感服。」撰者朱熹自注引自別錄。經查忠獻韓魏王別錄(正德間重刊本)並無此項記載。另,宋韓魏公言行錄載:「公鎮定武時,夜治軍書,小吏執燭誤燎公鬚,公自以手拂之,亦不言,作書如故。移時,再顧,執燭者已易其人。公恐主吏鞭之,急慰之曰:『勿易渠,今已解執燭矣。』」(光緒十三年刊本)

七〇、物成毀有時數

魏國公韓琦鎮大名日,有人獻玉杯二隻,云:「耕者入壞塚而得之,表裏無瑕可指,亦絕寶也。」公以白金答之,尤為寶玩。每開宴召客,將設一卓,覆以錦衣,置玉杯其上。一日,召漕使且將用之酌酒勸坐客,俄為一吏誤觸倒,玉杯俱碎,坐客皆愕然,吏且伏地待罪。公神色不動,笑謂坐客曰:「凡物之成毀,亦自有時數。」俄顧吏曰:「汝誤也非故也,何罪之有!」坐客皆嘆服公寬厚之德不已。

【語譯】

魏國公韓琦主持大名軍政事務的日子裡,有個人呈送一對玉杯給他,道:「莊稼漢進入一座坍塌的大墳得到這對杯子。它們無論表面或裏面都沒有絲毫斑痕,無可挑剔,可以說是極品。」韓公用銀兩回贈他,表示感謝,並格外地受到珍惜、玩賞。只要設宴聚會,總是單獨擺設一張覆蓋著精美桌巾的桌子，將玉杯放在上頭。有一天，邀集漕吏，而且預定用玉杯來勸客飲酒，須臾間，玉杯卻被一位屬吏不小心給碰倒、全都破碎，在座的客人都相當驚訝，屬吏並趴在地面等候懲處。韓公的神情、面色如常，笑著對賓客說：「任何有形的萬象，其生成或損壞，本來都有定數罷！」不一會兒，對著那屬吏說：「你的錯不是有意的，有什麼罪可言？」在座的來客一致贊嘆、欽佩韓公寬大博厚的道德涵養。

【注釋】

①物成毀有時數　有形的萬象，它的生成、損壞是有定數的。物，有形的萬象，如衣服、兵器、錢財、金石、生活用品、草木……均屬之。公孫龍子名實論：「天地與之所產焉，物也。」周禮秋官：「辨其物而掌其政令，……」鄭注：「物，衣服、兵器也。」又，天官：「辨三酒之物，……」鄭注：「物者，財也，以三酒所成有時，故豫給財令作之也。」北宋歐陽脩集古錄自序：「物常集於所好，……」蘇軾范增論：「物必先腐而後蟲生。」禮記大學：「物有本末，事有終始，……」朱注：「物，草木也。」成毀，成與毀。前者指生成、後者稱損壞。時數，猶云定數。一定的氣數。南朝梁劉孝標辯命論：「寧前愚而後智，先非而終是，將榮悴有定數，天命有至極而謬生妍蚩。」

②魏國公韓琦　詳不形於言②。

③鎮　詳德量過人③。

④大名　北宋河北四路之一，全稱大名府路。轄二府、六州、一軍，治所大名府（今河北大

名縣）。

⑤玉杯　亦作「玉桮」、「玉盃」。玉製的杯或杯之美稱。韓非子喻老：「象箸玉杯，必不羹菽藿，必旄象豹胎。」史記孝文本紀：「十七年，得玉杯，刻曰：『人主延壽。』」南朝齊謝朓金谷聚詩：「璖椀送佳人，玉桮邀上客。」唐杜甫章梓州橘亭餞成都竇少尹詩：「秋日野亭千橘香，玉盃錦度高雲涼。」清吳偉業（一六〇六—一六七一）元夕詩：「長信玉杯簪戴勝，昭陽銀燭擘空侯。」

⑥耕者　猶莊稼漢。耕，犁地。翻土播種。論語微子：「長沮、桀溺耦而耕。」孟子公孫丑上：「自耕稼陶漁以至為帝，無非取於人者。」

⑦壞塚　坍塌的大墳。壞，傾圮倒塌。詩大雅板：「無俾城壞，無獨斯畏。」韓非子說難：「宋有富人，天雨牆壞。」唐鮑溶（？—？，元和前後人）隋宮詩：「煬帝春遊古城在，壞宮芳草滿人家。」塚，ㄓㄨㄥˇ。大墳。同「冢」。唐杜牧詠青塚詩：「青塚前頭隴水流，燕山山上墓雲秋。」大明一統志大同府古蹟考：「大同府王昭君墓，在古豐州西六十里，地多白草，此塚獨青，故名青塚。」裏、裡，同字異體。

⑧表裏　表面和內部。在此，指杯內、杯外言。管子心術下：「表裏遂通，泉之不涸，四支堅固。」淮南子謬稱訓：「（道）包裹宇宙而無表裡。」北宋司馬光初春登興國寺塔詩：「為君作意登高處，試望皇州表裏春。」

⑨無瑕可指　挑不出任何斑痕。瑕，ㄒㄧㄚˊ。玉病。即白玉中之赤色小斑點，亦泛稱玉之斑痕。

禮記聘義：「瑕不揜瑜。」左傳宣公十五年：「諺曰：『高下在心，川澤納汙。山藪藏疾，瑾瑜匿瑕。』國君含垢，天之道也。」呂氏春秋舉難：「寸之玉必有瑕讁。」指，通「稽」。書西伯戡黎：「殷之即喪，指乃功，不無戮于爾邦。」荀子正名：「……故知者為之分別制名以指實。」今人于省吾（一八九六—一九八四）雙劍誃諸子新證荀子三：「指應讀作『稽』，古籀『稽』字作『𩠐』，指、𩠐並諧旨聲……稽，核也。」榮按：考驗其實曰核。在此，「指」引申作「挑剔」解。

⑩絕寶　極品的玉器。絕，極至。唯一無二之稱。晉書顧愷之傳：「俗傳愷之有三絕：才絕、畫絕、癡絕。」新唐書虞世南傳：「上每稱其五絕：一德行、二忠直、三博學、四文辭、五書翰。」玉曰寶，即玉器。公羊傳莊公六年：「冬，齊人來歸衛寶。」注：「寶者，玉物之凡名。」國語魯語上：「莒太子僕弒紀公，以其寶來奔。」

⑪白金　銀。爾雅釋器六：「白金謂之銀。」說文：「銀，白金也。」

⑫答　回應、致謝。孟子離婁上：「禮人不答，反其敬。」

⑬尤為　格外地受到。尤，甚。更加。謂格外地。史記張丞相列傳：「蒼本好書，……尤精律曆。」為，ㄨㄟˋ。受。論語子罕：「不為酒困，何有於我哉？」國語越語下：「不聽吾言，身死，妻子為戮。」

⑭寶玩　一作「寶翫」。珍愛玩賞。北宋歐陽脩歸田錄卷下：「（宋庠）嘗手校郭忠恕佩觿三篇，寶翫之。」金元好問雲巖詩序：「余因歎一物之微，經歷世變，遷徙南北，乃復為

好事者之寶玩，似不偶然。」明唐順之跋趙松雪書道德經後：「松雪字畫精絕，為儒家所寶玩。」清陸以湉（約一八〇二—一八六五）冷廬雜識金布衣：「余於杭城骨董肆得其畫竹一幅，題曰：『凌霜雪，節獨完，我與君，共歲寒。』筆墨高古，良可寶玩。」

⑮每　用以表示反覆發生同樣情況中的任何一次。猶每次，每逢。詩秦風權輿：「於，我乎！夏屋渠渠，今也每食無餘。」漢書董賢傳：「每賜洗沐，不肯出，常留中視藥。」又，匈奴傳上：「每漢兵入匈奴，匈奴則報償。」

⑯開宴　擺設酒宴。唐白居易琵琶引：「移船相近邀相見，添酒迴燈重開宴。」

⑰召客　猶邀客。召，ㄓㄠ。邀請。呂氏春秋分職：「今召客者，酒酣歌舞，鼓瑟吹竽。」高誘注：「召，請也。」

⑱將設　必定安置。將，必定。表情況之必然。左傳閔公元年：「難不已，將自斃。」韓非子難一：「聖人明察在上位，將使天下無姦也。」設，置。安置。禮記經解：「規矩誠設，不可欺以方圓。」孔疏：「設，設置。」又，內則：「子生，男子設弧于門左，女子設帨于門右。」

⑲卓　ㄓㄨㄛ。桌子。今作「桌」、「棹」。南宋趙與時（一一七五—一二三一）賓退錄卷一：「（蔡）京遣人廉得有黃羅大帳，金龍朱紅倚卓，金龍香爐。」元高文秀（？—？，大都人）襄陽會第一折：「兄弟請坐，擡上果卓來。」清葉廷琯（一七九一—一八六八）吹網錄卷三：「考卓即桌字。俗以几案為桌。當以卓為正。宋初猶未誤。」

⑳覆以錦衣　用質地精美的桌巾覆蓋著。覆，ㄈㄨˋ。覆蓋。南朝梁簡文帝（蕭綱）鴛鴦賦：「紅毛覆臆，翠鬣垂心。」唐盧照鄰（六三四？—六八六？）秋霖賦：「風橫天而瑟瑟，雲覆海而沈沈。」錦衣，彩衣，古顯貴之服。詩秦風終南：「君子至止，錦衣狐裘，顏如渥丹。」唐李白越中覽古詩：「越王勾踐破吳歸，義士還家盡錦衣。」在此，引申作質地精美的桌巾解。

㉑置　設。擺設。史記高祖本紀：「高祖置酒前殿。」

㉒漕使　宋制：諸路設（都）轉運使司置轉運使，掌催徵稅賦、出納錢糧，辦理上供及漕運等事。轉運使簡稱漕使或漕司。（宋史職官七）

㉓酌酒　斟酒。酌，ㄓㄨㄛˊ。斟酒，ㄓㄣ。斟，益。添。詩周南卷耳：「我姑酌彼金罍，維以不永懷。」孟子告子上：「酌則誰先？曰：先酌鄉人。」

㉔勸坐客　鼓勵在座賓客盡情飲用。勸，獎勉。鼓勵。

㉕俄為……倒　不一會兒，被一名屬吏不慎碰撞傾覆。俄，ㄜˊ。須臾。不久。表時間。列子力命：「俄而季良之疾自瘳。」關尹子十八籌：「鳥獸俄旬旬俄逃逃。」為，被。論語子罕：「……不為酒困，何有於我哉？」國語越語下：「不聽吾言，身死，妻子為戮。」一吏，一名屬吏。誤觸倒，不慎碰撞、造成傾覆。誤，不慎。後漢書逸民傳梁鴻：「曾誤遺火延及它舍，鴻乃尋訪燒者，問所去失，悉以豕償之。」唐韓愈瘞硯銘：「役者劉胤誤墜之地，毀焉，乃匣歸埋于京師。」觸倒，碰撞而傾覆，觸，碰撞。左傳宣公二年：「（鉏

釐）觸槐而死。」漢書陳萬年傳：「萬年嘗病，召咸教戒於床下，語至夜半，咸睡，頭觸屏風。」倒，謂倒下，即傾覆。唐封演（？—？，約卒於貞元末年）封氏聞見記繹山：「始皇刻石紀功，其文字李斯小篆。後魏太武帝登山，使人排倒之。」

㉖俱碎，都破裂成片。俱，都。論語憲問：「羿善射，奡盪舟，俱不得其死然。」史記秦本紀：「蜚廉善走，父子俱以才力事殷紂。」碎，破。謂破裂成片。史記廉頗藺相如列傳：「臣頭，今與璧俱碎於柱矣。」晉書石崇傳：「以珊瑚樹……示崇，崇便以鐵如意擊之，應手而碎。宣和遺事前集：「動不動金瓜碎腦，是不是斧鉞臨身。」

㉗愕然　驚訝貌。愕，ㄜˋ。史記黥布列傳：「楚使者在，方急責英布發兵，舍傳舍。隋何直入，坐楚使者上坐，曰：『九江王已歸漢，楚何以得發兵！』布愕然。」唐沈亞之（？—八三一後）馮燕傳：「明旦嬰起，見妻毀死，愕然，欲出自白。」明王守仁（一四七二—一五二八）傳習錄卷下：「我言舜是世間大不孝的子，瞽瞍是世間大慈的父。鳴治愕然請問。」

㉘伏地待罪　俯臥在地，等候懲處。伏地，面朝下、背向上俯臥於地。韓非子十過：「虎狼在前，鬼神在後，騰蛇伏地，鳳皇覆上。」漢書淮南厲王劉長傳：「追念辠過，恐懼伏地。」待罪，等候治罪。猶云等待懲處。漢書匡衡傳：「衡子昌為越騎校尉，醉殺人，繫詔獄。越騎官屬與昌弟且謀篡昌。事發覺，衡免冠徒跣待罪，夫子使謁者詔衡冠履。」

㉙神色不動　神情面色沒有轉變。謂鎮靜如常也。神色，神情臉色。東觀漢記劉寬傳：「寬

夫人試寬意，伺當朝會，裝嚴已訖，使婢奉肉翻污朝衣，婢遽收之，寬神色不異。」唐韓愈瀧吏詩：「胡為此水邊，神色久戃慌。」清沈復（一七六三—？）浮生六記閨房記樂：「芸反強顏勸勉，代整行裝，是晚但覺神色稍異而已。」動，轉變。淮南子覽冥訓：「日行月動。」

㉚非故也　不是有意的。故，存心為之。明史湯開遠傳：「聲罪不足服罪，而故者更藉誤者以實口。」

㉛何罪之有　有甚麼罪可言。

㉜嘆服　贊嘆、欽佩。二刻拍案驚奇卷二：「小道人隨手應去，盡是神機莫測。諸王盡皆嘆服，把酒稱慶。」清戴名世老子論上：「（夫子）既不能辭而闢之，而復與其弟子問禮道路，從之問禮，且嘆服而許與之，將謂孔子者亦老氏之徒耶？」

㉝寬厚之德　深沈渾厚的道德涵養。寬厚，深沈渾厚。北宋蘇軾上樞密韓太尉書：「孟子曰：『我善養吾浩然之氣。』今觀其文章，寬厚宏博充乎天地之間，稱其氣之大小……。」德，德行。謂道德涵養。

【析源】

厚德錄卷二：「韓魏公知北都，有中外親獻玉盞一隻。云：『耕者入塚而得，表裏無纖瑕可指，蓋絕寶也。』公以百金答之，尤為寶愛。開讌召漕使、顯官，特設一卓，覆以繡衣，致玉盞其上。且將用之酌酒遍勸坐客。俄為吏將誤觸檯倒，玉盞俱碎，坐客皆愕然。吏將伏地待罪，公神色不動，笑謂坐客曰：『物破亦自有時。』謂吏將曰：『汝誤也，非故也。何罪之有？』公之量寬大厚重如此。」自警編卷一器量：「韓魏公在大名日，有人獻玉盞二隻。云：『耕者入壞塚而得，表裏無纖瑕可指，亦絕寶也。』公以百金答之，尤為寶玩。每開宴召客，特設一桌，覆以錦衣，置玉盞其上。一日，召漕使，且將用之酌酒勸坐客。俄為一吏誤觸倒，玉盞俱碎，坐客皆愕然，吏且伏地待罪。公神色不動，笑謂坐客曰：『凡物之成毀，亦自有時數。』俄顧吏曰：『汝誤也，非故也。何罪之有？』坐客皆嘆服公寬厚不已。」宋名臣言行錄後集卷一韓琦：「在大名日，有人獻玉盞二隻。云：『耕者入壞塚而得，表裏無纖瑕可指，亦絕寶也。』每開宴召客，特設一棹，覆以錦衣，置盞其上。一日，召漕使，且將用之酌酒勸座客，俄為一吏誤觸倒，玉盞俱碎，坐客皆愕然，吏且伏罪。公神色不動，笑謂座客曰：『凡物之成毀，亦自有數。』俄顧吏曰：『汝誤也，非故也。何罪之有？』坐客皆嘆公寬厚不已。」韓魏公言行錄：「公知北都，有中外親獻玉杯一隻，表裏無瑕，真絕寶也。公以百金答之。開宴召漕使賞之，特設一棹，置玉杯其上，俄為吏誤觸，玉杯墮地而碎，滿座失色，吏惶懼叩頭乞罪。公神色不動，笑謂眾賓曰：『物之成毀，蓋有定數，不足怪也。』並謂吏曰：『汝誤也，非故也。』坐客歎服。」榮按：「本章經文似逕取諸自警編或宋名臣言行錄後集。上引各則記載內容大體相同，惟「玉盞」或作「玉杯」，又或稱「一隻」、或稱「二隻」，文字則詳略有別。查宋以大名為北京，故大名亦稱北都。厚德錄卷二文字結束處，撰者注云「出劉斧翰府名談。」斧，南宋時人，生卒年與生平事跡惜皆不可考，所撰翰府名談二十五卷，已無傳本。宋名臣言行錄後集上引文字，注云：「（出自）遺事。」查明張士隆正德刊本北宋強至忠獻韓魏王遺事未載該故事也，茲誌之。

七一、罵如不聞

富文忠公少（日），有罵者如不聞。人曰：「他罵汝。」公曰：「恐罵他人。」又告曰：「斥公名，云富某。」公曰：「天下安知無同姓名者。」

【語譯】

富弼年輕時，面對惡言相加的當頭，總是同沒有聽見一般，不予理會。有人說：「他在罵你。」富弼回道：「或許在罵別的人吧！」又跟他說：「指你的名字，說是富某呢！」他說：「難道確定天底下就沒有同姓同名的人嗎？」

【注釋】

①罵如不聞　遭人惡言斥責，就同沒有聽見一般，不予回應、理會。罵，ㄇㄚˋ。亦作「駡」。惡言斥責。左傳昭公二十六年：「冉豎射陳武子，中手，失弓而罵。」史記留侯世家：「漢王輟食吐哺，罵曰：『豎儒，幾敗而公事！』」唐韓愈順宗實錄二：「賣者或不知，就索其值，多被毆罵。」南宋陸游醉中作詩：「愛酒官長罵，近花丞相嗔。」如，同。似。孟

子離婁下：「君之視臣如手足，則臣視君如腹心；君之視臣如犬馬，則臣視君如國人；君之視臣如土芥，則臣視君如寇讎。」不聞，未聞，謂沒有聽見。不，未。沒有。聞，聽。聽得。論語陽貨：「子之武城，聞弦歌之聲。」孟子公孫丑上：「聞其樂而知其德。」

②富文忠公　富弼（一〇〇四—一〇八三）。北宋河南（今河南洛陽）人。字彥國。妻晏殊之女。仁宗復制科，舉茂材異等，授將作監丞、簽書河陽判官，累遷開封府推官、知諫院，於政事多所建言。曾請令丞相兼領樞密院，參與處置邊事。除鹽鐵判官、史館修撰，奉使契丹。慶曆二年（一〇四二），為知制誥，糾察在京刑獄。契丹屯兵境上，遣使索要周世宗所取關南地。弼始為接伴使，繼而隨之赴契丹，堅拒割地之求，唯許增加歲幣，言語應對，不辱使命。次年拜樞密副使，與范仲淹等推行「慶曆新政」，上當世之務十餘條與安邊十三策。後懼流言中傷，求宣撫河北，又出知鄆州、青州，兼京東路安撫使，歷仕州府。至和二年（一〇五五）與文顏博同拜相。為相專務守成，無所興革。六年，因母喪去位。英宗即位，召為樞密使。居二年，封祁國公，進封鄭國公，判揚州。熙寧元年（一〇六八），徙判汝州。神宗召見，問以邊事，對以「當布德行惠，願二十年口不言兵」。次年拜相。王安石變法，以政見不合求退，出判河南，改亳州。又以抵制青苗法，降判汝州。遂請老，進封韓國公致仕。元豐六年（一〇八三）卒，諡文忠。（宋史卷三一三）

③少〔日〕　明正統十年刻本作「少者」，茲據文淵閣四庫本仕學規範訂正為「少日」。年少之時也。南宋辛棄疾（一一四〇—一二〇七）定風波暮春漫興詞：「少日春懷似酒濃，

插花走馬醉千鍾。」金元好問出山詩：「少日漫思為世用，中年直欲伴僧閒。」清納蘭性德（一六五五—一六八五）湘靈鼓瑟詞：「憶少日清狂，花間馬上，軟風斜照。」年少，年輕。戰國策趙策二：「寡人年少，蒞國之日淺。」

④恐 或許。表臆度。史記廉頗藺相如列傳：「秦城恐不可得。」

⑤告 ㄍㄠˋ。語。語知。管子形勢：「與不可，彊不能，告不知，謂之勞而無功。」戰國策秦策二：「犀首告臣。」

⑥斥 ㄔˋ。指。指出。詩周頌雝：「假哉皇考」鄭玄箋：「斥文王也。」後漢書孔融傳：「是時，荊州牧劉表不供職貢，……擬斥乘輿。」顏師古注：「斥，指也。」

⑦天下 古，恆指我國範圍內之全部疆域，猶今云全國。書大禹謨：「奄有四海，為天下君。」後漢書朱穆傳：「昔秦政煩苛，百姓土崩，陳勝奮臂一呼，天下鼎沸。」北宋梅堯臣送師直之會稽宰詩：「天下風物佳，莫出吳與越。」儒林外史第二十四回：「天下同名同姓也最多，怎見得便是我謀害你丈夫？」

⑧安知 怎麼曉得。意謂難道確定……。安，怎麼。豈。表疑問。論語先進：「安見方六七十如五六十而非邦也者？」唐韓愈送惠師詩：「離合自古然，辭別安足珍。」知，瞭解。書臯陶謨：「知人則哲。」論語為政：「知之為知之，不知為不知，是知也。」又，憲問：「知我者其天乎？」在此，引申作「確定」解。

【析源】

仕學規範卷十三行己：「富文忠公少日有詬者如不聞。或問曰：『恐罵他人。』曰：『斥公名，云富某。』曰：『天下安知無同姓名者。』」宋史富弼傳：「弼性至孝，恭儉好修，與人言必盡敬，……其好善嫉惡，出於天資。常言：『君子與小人並處，其勢必不勝。君子不勝，則奉身而退，樂道無悶。小人不勝，則交結構扇，千岐萬轍，必勝而後已。迨其得志，遂肆毒於善良，求天下不亂，不可得也。』」

七二、佯為不聞

呂蒙正拜參政，將入朝堂，有朝士於簾下指曰：「是小子亦參政耶？」蒙正佯為不聞。既而，同列必欲詰其姓名，蒙正堅不許。曰：「若一知其姓名，終身便不能忘，不如不聞也。」

【語譯】

呂蒙正任參知政事，打算步入朝堂議政，有同僚站在門簾的下端，指著他說：「這小子也是參知政事嗎？」蒙正裝作沒有聽到。不久，有同事看不過去，一定要問清楚說這種話的人，究竟是何方神聖。呂蒙公非常果斷地表示不能同意。他說：「一旦知道那個人的姓名，我一輩子就忘不了這件事。還不如不知道來得好。」

【注釋】

①佯為不聞　裝作沒有聽到。佯為，ㄧㄤˊ ㄨㄟˊ。裝作。假裝成。宋無名氏異聞總錄卷一：「（父）即佯為販鬻者，徘徊道上。」醒世恆言賣油郎獨占花魁：「這些言語秦重一句句都聽得，佯為不聞。美娘萬福過了，坐於側首。」不聞，詳罵如不聞①。

②呂蒙正　（九四四—一〇一一）。北宋河南（今河南洛陽）。字聖功。太平興國二年（九七七），進士第一。累遷左諫議大夫、參知政事。李昉罷相，拜蒙正遞補之，與趙普同為相，普甚推許之。淳化中，罷為吏部尚書。復相李昉，四年（九九三），昉罷，復相蒙正。渠主張內修政事，結好鄰邦，弭兵節財。至道初，出判河南府。真宗即位，進左僕射。兩宋三入相者惟趙普與蒙正。六年（一〇〇三）罷相，授太子太師，封萊國公，改封徐，又封許。許國公之命甫下而卒，年六十八，贈中書令，謚曰文穆。（宋史卷二六五）

③拜　任。授。史記淮陰侯列傳：「……至拜大將，則信也。」漢書王莽傳：「拜王昌為中堅將軍。」

④參政　全稱參知政事。職官名。唐始置，以中書令、侍中、尚書令共議國政為宰相。以他官而居宰輔職位者，如參知機務、參知政事等銜。宋承唐制，於宰相之外，別置參知政事，掌副宰相，毗大政，參庶務。乾德二年（九六四）起施行。元豐間一度廢除，建炎三年恢復之。遼金元相承，明廢。（文獻通考卷四九職官三、續通志卷一三三職官略四、宋史職官志一）。

⑤將入　打算步入。將，打算。左傳隱公元年：「國不堪貳，君將若之何？」論語八佾：「天

將以夫子為木鐸。」入，由外至內，與「出」相對。

⑥朝堂　古，中央議政之處。亦泛指朝廷言。周禮考工記匠人：「九卿朝焉。」鄭玄注：「如今朝堂諸曹治事處。」賈公彥疏：「鄭據漢法，朝堂諸曹治事處，謂正朝之左右為廬舍者也。」後漢書明帝紀：「夏五月戊子，公卿百官……，乃並集朝堂，奉觴上壽。」唐鄭綮（？—八九九）開天傳信記：「上為皇孫時，……嘗於朝堂叱武攸暨，曰：『朝堂我家朝堂，汝得恣蜂蠆而狼顧耶？』」元成廷珪（？—？，元末人，與張翥一二八七—一三六八，為忘年交）戚戚行詩：「朝堂羽書昨日下，帥府然燈點軍籍。」

⑦朝士　泛指京官。謂朝廷之士也。西漢陸賈新語懷慮：「戰士不耕，朝士不商，邪不奸直，圓不亂方。」世說新語言語：「陶公疾篤，都無獻替之言，朝士以為恨。」

⑧簾　折竹編成之帷箔，施於堂戶以為障蔽者。其後，又採荻、葦、蘆編成，且輟珠、毳等為飾物。

⑨是小子　這小子。是，指代詞。此。孟子梁惠王上：「無傷也，是乃仁術也，見牛未見羊也。」小子，有多義。在此，係用以表輕蔑也。後漢書班超傳：「小子安知壯士志哉！」世說新語方正：「王爽與司馬太傅飲酒，太傅醉呼王為小子。王曰：『亡祖長史與簡文皇帝為布衣之交，亡姑亡姊伉儷二宮，何小子之有？』」

⑩既而　不久。時間副詞。左傳僖公十五年：「晉侯許賂中大夫，既而皆背之。」南朝宋鮑照舞鶴賦：「既而氛昏夜歇，景物澄廓，星翻漢迴，曉月將落。」

⑪同列　猶同僚。史記屈原賈生列傳：「上官大夫與之同列，爭寵而心害其能。」北宋歐陽脩歸田錄卷二：「寇萊公在中書，與同列戲云：『水底日為天上日。』未有對，而會楊大年適來白事，因請其對。大年應聲曰：『眼中人是面前人。』一坐稱為的對。」

⑫詰　ㄐㄧㄝˊ。問人。老子：「視而不見名曰夷，聽之不聞名曰希，搏之不得名曰微，此三者，不可致詰，故混而為一。」

⑬堅不許　非常果斷地表示不同意。堅，決。表性態。北宋歐陽脩論杜衍范仲淹等罷政事狀：「及陛下堅不許辭，方敢受命。」不許，不允許。意謂不同意。左傳僖公二十八年：「楚愛曹衛，必不許也。」史記廉頗藺相如列傳：「秦王怒，不許。」唐熊孺登（？—？，與元白故交；約卒於長慶季年）日暮天無雲詩：「應非暫呈瑞，不許出山川。」

⑭若一知　如果一知道。即一旦知道。

⑮終身　猶一輩子。餘參一慙③。

⑯便　即。就。

⑰不如　比不上。顏氏家訓勉學：「諺曰：『積財千萬，不如薄伎在身。』」

【析源】

北宋司馬光涑水記聞卷二：「呂蒙正相公不喜記人過。初參知政事入朝堂，有朝士于簾內指之曰：『是小子亦參政耶？』蒙正佯為不聞而過之，其同列怒令詰其官位姓名，蒙正遽止之。罷朝，同列猶不能平，悔不窮問。蒙正曰：『一知其姓名則終身不能復忘，固不如無知也。不問之，何損？』時皆服其量。」宋名臣言行錄前集卷一呂蒙正許國文穆公：「蒙正不喜記人過。初參知政事入朝堂，有朝士於簾內指之曰：『是小子亦參政邪？』蒙正佯為不聞而過之。其同列怒令詰其官位姓名，蒙正遽止之曰：『若一知某姓名則終身不能復忘，因不如無知也；且不問之，何損？』時皆服其量。」注：「（出自）記聞。」厚德錄卷一，「蒙正不喜……」作「呂蒙正丞相不喜……」又，「皆服其量」作「皆服其局量。」其餘文字與名臣錄一致，茲從略。宋史呂蒙正傳：「蒙正初入朝堂，有朝士指之曰：『此子亦參政耶？』蒙正佯為不聞而過之。同列不能平，詰其姓名，蒙正遽止之，曰：『若一知其姓名，則終身不能忘，不若毋知之為愈也。』時皆服其量。」（卷二六五）。

七三、罵殊自若

狄武襄公為真定副帥。一日宴劉威敏，洺有劉易者亦與坐。易素踈悍，見優人以儒為戲，乃勃然曰：「黥卒乃敢如此。」詬罵武襄不絕口，擲樽俎而起。武襄殊自若，不少動，笑語愈溫。易歸方自悔，則武襄已踵門求謝。

【語譯】

狄青任真定路副都總管。某一天，擺設酒食款待劉威敏，洺陽人劉易也在座。劉易原本迂闊凶暴，看到藝人正在演儒者為主題的戲目，於是發怒變色道：「無名小卒竟敢這樣地踐踏斯文！」不停地辱罵狄公，並且抛甩餐具，拂袖而起。狄公相當鎮定，沒有絲毫改變，更加和氣地談笑。劉易回到住處才感覺後悔，倒是狄公已經親自登門請求諒解。

【注釋】

①罵殊自若　遭受別人辱罵，卻異常鎮定。罵，參罵如不聞①。殊，甚。表性態。呂氏春秋貴己：「有殊弗知慎者。」史記留侯世家：「父以足受，笑而去，良殊大驚。隨目之，父去里所，復還。曰：『孺子可教矣。後五日平明，與我會此。』」自若，猶云自如。即保持原狀。恆用以形容臨事鎮定。戰國策秦策二：「人告曾子之母曰：『曾參殺人。』曾子之母曰：『吾子不殺人。』織自若。」三國志蜀志關羽傳：「羽便伸臂令醫劈之，……臂血流離，盈於盤器，而羽割炙飲酒，言笑自若。」

②狄武襄公　狄青（一〇〇八—一〇五七）。北宋汾州西河（今山西汾陽）人。字漢臣。行伍出身，善騎射。初隸騎御馬直。寶元初，西夏李元昊進擾，為延州指使。與夏人戰，常為先鋒。四年間大小二十五戰，八中流矢，屢挫強敵，臨戰披髮，戴銅面具，所向披靡。尹洙為經略判官，薦於經略使韓琦、范仲淹。仲淹授以春秋左傳，遂折節讀書，悉通秦漢以來將帥兵法，由是益知名。元昊稱臣，徙真定路副都總管，遷彰化軍節度使、知延州。皇祐四年（一〇五二）擢樞密副使。儂智高起事嶺外，率兵前往弭平。凱旋歸拜樞密使。至和三年（一〇五六）為人誣劾，出判陳州。卒謚武襄。（宋史卷二九〇）

③真定　真定路。治真定，（今河北正定縣）。轄一府五州。

④副帥　副都總管之敬稱。宋史狄青傳：「元昊稱臣，徙真定路副都總管，……」

⑤宴　擺置酒食款待賓客。孟子滕文公下：「牲殺、器皿、衣服不備，不敢以祭，則不敢以宴，亦不足弔乎？」晉書庾純傳：「（賈）充嘗宴朝士，而純後至，充謂曰：『君行常居人前，今何以在後？』……」

⑥劉威敏　人名。狄青之友，生平待考。

⑦沔　ㄇㄧㄢˇ。沔陽之省稱。今陝西勉縣東。

⑧劉易　生卒年不詳，宋史隱逸中劉易：「性介烈，博學好古，喜談兵。韓琦知定州，上其所著春秋論，……狄青代洙，遇之亦厚。治平末，卒，琦作文祭之云：『剛介之性，天下能合者有幾？淵源之學，古人不到者甚多。』」

⑨亦與坐　也在座。在座，亦作「在坐」。

⑩素　向來。左傳僖公二十八年：「其眾素飽，不可謂老。」楊伯峻注：「素，向來。」史記陳涉世家：「吳廣素愛人，士卒多為用者。」顏氏家訓序致：「吾家風教，素為整密。」

⑪踈悍　迂闊凶暴。踈，ㄕㄨ。本作「疏」、亦作「䟽」、「踈」。迂闊。南宋戴復古（一一六七—？）寄章泉先生趙昌父詩：「近者李侍郎，直言遭逐去。人皆笑其踈，君獨有詩句。」清顧炎武日知錄九州：「然則謂禹貢九州，為盡虞夏之疆域者，疏矣。」悍，ㄏㄢˋ。凶狠蠻橫。荀子富國：「不富不厚之不足以管下也，不威不強之不足以禁暴勝悍也。」清

蒲松齡（一六四〇—一七一五）聊齋志異馬介甫：「妻尹氏奇悍，少違之，輒以鞭撻從事。」

⑫優人　今語謂「藝人」。古，以樂舞、戲謔為業者。漢書張禹傳：「禹將崇入後堂飲食，婦女相對，優人筦弦鏗鏘極樂，昏夜乃罷。」唐韓愈順宗實錄一：「優人成輔端為謠嘲之，實聞之，奏輔端誹謗朝政，杖殺之。」南宋趙彥衛（?—?開禧初仍在世）雲麓漫鈔卷十二：「近日優人作雜班似雜劇而簡略。」

⑬以儒為戲　用儒者為主題的戲目表演。

⑭勃然　發怒變色。莊子天地：「謂己道人，則勃然作聲。」孟子萬章下：「王勃然變乎色。曰：『王勿異也。王問臣，臣不敢不以正對。』王色定。」

⑮黥卒　ㄑㄧㄥˊ ㄗㄨˊ。兩宋於士兵面龐刺字，以墨涅之，期防逃亡，故稱。北宋沈括夢溪筆談神奇：「祥符中，方士王捷，本黥卒，嘗以罪配沙門島。」蔡絛（?—?，蔡京季子，紹興中卒於貶所白州）鐵圍山叢談卷五：「劉快活信之，黥卒也。」榮按：狄青，出身黥卒。

⑯乃敢如此　竟敢這樣表演。乃，竟。明歸有光（一五〇六—一〇七一）先妣事略：「世乃有無母之人，天乎！痛哉！」如此，這樣。禮記樂記：「如此，則國之滅亡，無日矣。」唐杜甫房兵曹胡馬詩：「驍騰有如此，萬里可橫行。」

⑰詬罵　辱罵。詬，ㄍㄡˋ。魏書酷吏傳高遵：「屯逼民家求絲縑，不滿意則詬罵不去，強相徵求。」

⑱不絕口　不止口。謂不停、不已。

⑲不少動　不稍動。沒有絲毫轉變。少，ㄕㄠˇ。稍。略。莊子徐无鬼：「今予病少痊，予又且復遊於六合之外。」漢書賈山傳：「臣不敢以久遠喻，願借秦以為喻，唯陛下少加意焉。」動，參物成毀有時數㉙。

⑳笑語越溫　更加和氣地說笑。笑語，一作「笑語」，談笑。詩小雅楚茨：「禮儀卒度，笑語卒獲。」唐賈島（七七九—八四三）喜雍陶至詩：「今朝笑語同，幾日百憂中。」越，益。更加。史記外戚世家：「景帝遂案誅大行，而廢太子為臨江王；栗姬越恚恨，不得見，以憂死。」漢書陳遵傳：「遵既免歸長安，賓客越盛。」溫，和。和潤。論語述而：「子溫而厲，威而不猛，恭而安。」

㉑歸　返。謂回到家。左傳僖公十五年：「秦獲晉侯以歸。」西漢武帝（劉徹，前一五六—前八七）秋風辭：「草木黃落兮，雁南歸。」

㉒自悔　猶自罪；自責。自，指本身。事後自恨失宜曰悔。禮記中庸：「遁世不見，知而不悔。」

㉓則……求謝　倒是狄公已經親自登門請求見諒。則，表轉折關係。反而。卻。呂氏春秋審分：「求牛則名馬，求馬則名牛，所求必不得矣。」踵門，親至其門。孟子滕文公上：「（許行）自楚之滕，踵門而告文公曰：『遠方之人，聞君行仁政，願受一廛而為氓。』」求謝，請對方寬諒。謝，道歉。認錯。左傳僖公十年：「於是，丕鄭聘於秦，且謝緩賂，

故不及。」按：⿱不十，ㄆㄧ。同「丕」。戰國策秦策一：「嫂蛇行匍伏，四拜，自跪而謝。」隋書李密傳：「請斬謝眾，方可安輯。」

【析源】

宋名臣言行錄前集卷八狄青武襄公：「青作真定副帥，嘗宴魏公，惟劉易先生與焉。易性素踈訐，時優人以儒為戲，易勃然謂：『黥卒敢如此！』詬詈公不絕口，至擲樽俎以起。公氣殊自若，不少動，笑語益溫。次日，公首造劉易，謝〔罪〕。魏公於是時已知其有量。」注云：「〔出自〕別錄。」榮按：現存明刻本別錄並無是項記載；惟清刻本韓魏公言行錄載：「公言狄青作定副帥，一旦宴公，惟劉易先生與焉。易性素踈訐，時優人以儒為戲，易勃然謂：『黥卒敢如此！』詬詈武襄不絕口，至擲樽俎以起。公是時觀武襄氣殊自若，不少動，笑語益溫。次日，武襄首造劉易謝之。公於是時已知其有量。」仕學規範卷十一行己除「公言」作「魏公言」外，其餘文字與韓魏公言行錄無異，茲從略；撰者注亦稱出別錄。黥，ㄑㄧㄥˊ，同「剠」。宋招募入伍士卒，為防逃亡，於其面龐刺史，故有黥卒、黥兵等之稱。狄青，行伍出身，積功而貴，面涅猶存。劉易見優者以儒為戲，竟以「黥卒」等語羞辱主人。宋史狄青傳：「帝嘗敕青傅藥除字，青指其面曰：『陛下以功擢臣，不問門第，臣所以有今日，由此涅爾，臣願留以勸軍中，不敢奉詔。』」

七四、為同列斥

王吉為添差都監從征劉旴。吉寡語若無能動，為同列斥。吉不問，惟盡力王事。卒破賊，遷統制。

【語譯】

王吉被任命為添差都監隨軍討伐劉旴。他不多話，好像沒甚麼能耐；因此，遭受同僚的指責。王吉並不在意、也不予理會，只積極專心地處理公事。終於掃平叛逆，積功調升統制。

【注釋】

①為同列斥　受同僚的指責。為，詳物成毀有時數⑬。同列，見佯為不聞⑪。斥，指責。北宋秦觀（一〇四九—一一〇〇）春日雜興詩之十：「兒曹獨何事？詆斥幾覆醬。」

②添差　編制員額外所增加之差遣。猶今世行政機關所謂臨時編制（或稱額外）人員；惟古代「官」、「差」有別。南宋洪邁（一一二三—一二〇二）夷堅乙志秦昌時：「既而添差寧國軍簽判，不欲往。」葉紹翁（一一九四？—？）四朝聞見錄衛魁廷尉：「策中力陳添差贅員之弊。」續資治通鑑宋孝宗淳熙三年：「帝以張默為秀王夫人之親，欲以一添差監當，龔茂良言：『近制，惟宗室，戚里及歸正人方得添差。』」

③都監　職官名。宋制：諸路、州、皆置兵馬都監。各路兵馬都監掌本路禁軍、屯戍、邊防、

訓練等等。州府都監掌該各地屯駐、兵甲、訓練、差使等事。（文獻通考卷五九職官十三）。

④從征　隨軍出征。後漢書竇憲傳：「於是大開倉府，勞賜士吏，其所將諸部二千石子弟從征者，悉除太子舍人。」南朝陳張正見（五二四～五二八？—五六九？）度關山詩：「關山度曉月，劍客遠從征。」清昭槤嘯亭雜錄馬壯節公：「（馬銓）洊至四川提督，從征金川。」

⑤劉旰　賊首姓名。旰，ㄍㄢˋ。生平待考。

⑥寡語　猶云寡言。謂個性沈默，不多話。寡，ㄍㄨㄚˇ。少。缺少。與「多」相對。易謙：「君子以裒多益寡，稱物平施。」論語季氏：「不患寡而患不均。」自言為言，與人談論為語。論語鄉黨：「食不語，寢不言。」

⑦無能動　猶無能為。不能做甚麼，即沒有甚麼能耐。

⑧不問　不在意。不理會。易益：「有孚惠心，勿問元吉。」釋文：「問，言也。」引申作「在意、理會」解。

⑨盡力　竭盡材力。左傳成公十三年：「勤禮莫如致敬，盡力莫如敦篤。」管子形勢：「人主之所以使下盡力而親上者，必為天下致利除害也。」

⑩王事　為帝王服勞。猶公事。詩小雅北山：「或棲遲偃仰，或王事鞅掌。」公羊傳哀公三年：「不以家事辭王事，以王事辭家事，是上之行乎下也。」

⑪卒 ㄗㄨˊ。終。孟子盡心下：「晉人有馮婦者，善搏虎，卒為善士。」史記周本紀：「管仲卒受下卿之禮而還。」

⑫破賊 擊潰叛逆；討平亂黨。破，擊潰。史記孫子吳起列傳：「齊因乘勝盡破其軍，虜太子申以歸。」北魏酈道元（四六九？—五二七）水經注渭水三：「（高魯）為謝玄破於淮肥，自縊新城佛圖中。」賊，作亂、肇禍，為害國家社會之人。

⑬遷 徙官。在此，指調升。漢書賈誼傳：「文帝說之，超遷，歲中至太中大夫。」

⑭統制 職官名。南宋武職之一，有統制、同統制、副統制等名，屬偏裨軍官之職。（宋史職官志七）。

【析源】

待考。

七五、不發人過

王文正太尉局量寬厚，未嘗見其怒。飲食有不精潔者，但不食而已。家人欲試其量，以少埃墨投羹中，公唯啖飯而已。問其何以不食羹？曰：「我偶不喜肉。」一日，又墨其飯，公視之，曰：「吾今日不喜飯，可具粥。」其子弟愬於公曰：「庖肉為饔人所私，食肉不飽，乞治之。」公曰：「汝輩人料肉幾何？」曰：「一斤。今但得半斤，食其半，為饔人所廋。」公曰：「盡一斤可得飽乎？」曰：「盡一斤固當飽。」曰：「此後料一斤半可也。」其不發人過，皆類此。嘗宅門壞，主者徹屋新之，暫於廊廡下啟一門以出入。公至側門，門低，據鞍俯伏而過，都不問。門畢復，行正門，亦不問。有控馬卒歲滿辭公。公問曰：「汝控馬幾時？」曰：「五年矣。」公曰：「吾不省有汝。」既去，復呼回曰：「汝乃某人乎？」於是厚贈之。乃是逐日控馬，但見背，未嘗視其面；因去，見其背方省也。

【語譯】

太尉王旦器量深沈渾厚，不曾見過他發脾氣。備置馬虎或不乾不淨的飲料、餐點，只是不吃不喝罷了，從不加以指責。家裡的僕役們想一探主人公的度量，用些許黑塵灑在調好味的湯汁裡頭，王旦僅僅吃飯，不喝湯。問他為什麼不喝？道：「有時候，我不喜歡肉湯。」某一天，僕役改在米飯灑上黑塵，王公看過之後，說：「今天我不想吃飯，應當替我準備粥。」兒孫們稟道：「已經煮熟的肉，被廚子收藏起來了；現在肉材不夠用，正準備請款備辦。」他說：「你們估算一下，需要備辦多少肉。」回道：「一斤。現在只有半斤，用去一半，被廚子隱藏起來。」王公說：「全部一斤，足夠嗎？」回道：「全部一斤，本來應該足夠。」他說：「以後應該預估一斤半才好。」他大都是這樣地不公開舉出別人錯誤的行為。房門壞了，管家預定將宅院所有的門，一次予以更換；臨時在廳堂周圍的房屋開一扇門供人出入。王公到了那側門，門不高，他只好跨著馬鞍，彎著身子進屋，卻從不提及這件事。房門全部修妥後，恢復從正門出入，一樣不作聲。有一名駕馬車的士兵任期屆滿來向他老人家辭行。他垂詢道：「你替我駕車有多久了？」士兵回道：「五年了。」王公說：「我一直不知道有你。」已經離開了，又傳他回來，說：「你就是某人吧？」於是，優渥地賞賜他。由於這位士兵每天服勤駕車，王公只能看到他的背，不曾見到他的臉；此番前來請辭，離開的時候，王公再度看到他的背才查覺出來。

【注釋】

①不發人過　不公開別人錯誤的言行。發，揚。猶云公開。禮記樂記：「其聲發以散。」左傳桓公元年：「夫德，儉而有度，……聲、明以發之，以臨照百官。」注：「發，揚此德也。」史記孔子世家：「博辯廣大危其身者，發人之惡者也。」錯誤之言行曰過。書大禹謨：「宥過無大，刑故無小。」論語憲問：「夫子欲寡其過而未能也。」孟子公孫丑下：「然則，聖人且有過與？」

②王文正　王旦謚文正，餘詳益見忠直②。

③太尉　同②。

④局量　器量，度量。三國志蜀志黃權傳：「（魏）文帝察權有局量，欲試驚之，……而權

舉止顏色自若。」北齊武成帝（高湛，五三六—五六八）除盧景開太守等勑：「盧景開等並器業明遠，局量優通，宜任以化人，申其志力。」

⑤寬厚　詳物成毀有時數㉝。

⑥未嘗　詳萬事之中忍字為上④。

⑦怒　生氣。漢古詩焦仲卿妻詩：「阿母得聞之，槌牀便大怒。」

⑧飲食　飲料和食品。前者屬液態物，後者多為固態物。詩小雅楚茨：「苾芬孝祀，神嗜飲食。」鄭玄箋：「苾苾芬芬有馨香矣。女之以孝敬享祀也，神乃歆嘗女之飲食。」北宋蘇軾和王鞏六首並次韻之一：「況子三年囚，苦霧變飲食。」

⑨精潔　亦作「精絜」。精緻潔淨。儒林外史第卅一回：「那肴饌都是自己家裡整治的，極其精潔。」清吳敏樹（一八〇五—一八七三）募建君山北渚亭湘靈廟引：「且此山茶名天下，……亦宜有精潔焙治之所，又可附而為也。」

⑩不食　不吃。論語衛靈公：「吾嘗終日不食。」史記魏其武安侯列傳：「太后怒，不食。」

⑪而已　猶罷了。助詞。表僅止於此。論語里仁：「夫子之道，忠恕而已矣。」漢書衛青霍去病傳贊：「……人臣奉法遵職而已，何與招士！」北宋范仲淹上資政晏侍郎書：「眾或議爾以非忠非直，但好奇邀名而已。」

⑫家人　詳未嘗見喜怒⑧。

⑬欲試　想一探……。欲，想要。商君書更法：「今吾欲變法以治。」試，探。事未徵實而

預為測之。晏子春秋內篇雜上：「且欲試吾君臣，故絕之也。」唐韓偓詠美人浴詩：「教移蘭燭頻羞影，自試香湯水怕深。」

⑭埃墨　煙薰的黑塵。孔子家語在厄：「（子貢）得米一石焉，顏回仲由炊之於壞屋之下，有埃墨墮飯中。」又：「向有埃墨墮飯中，欲置之則不潔，欲棄之則可惜。」

⑮投羹中　甩入已調味的湯裡頭。投，擲。謂對準目標甩去。史記王翦列傳：「王翦使人問軍中戲乎？對曰：『方投石超距。』」晉書謝鯤傳：「鄰家高氏女有美色，鯤嘗挑之，女投梭，折其兩齒。」羹，ㄍㄥ。和味之湯。詩魯頌閟宮：「毛炰胾羹。」左傳隱公元年：「小人有母，皆嘗小人之食矣，未嘗君之羹，請以遺之。」

⑯唯啖飯　只吃飯。唯，獨。但。只有。易乾：「其唯聖人乎？」戰國屈原離騷：「何桀紂之昌被兮，兼唯捷徑以窘步。」啖，ㄉㄢˋ。吃。東漢王充論衡調時：「倉卒之世，穀食乏匱，人民飢餓，自相啖食。」北宋蘇軾食荔枝詩：「日啖荔枝三百顆，不妨長作嶺南人。」

⑰何以　怎麼。詩召南行露：「誰謂雀無角？何以穿我屋。」南史陳後主紀：「監者又言：『叔寶常耽醉，罕有醒時。』隋文帝使節其酒，既而曰：『任其性，不爾何以過日？』」明高啟（一三三六—一三七四）臥東館簡諸友生詩：「何以度茲運？相勗蹈其常。」

⑱偶不喜肉　有時候不愛吃肉。偶，即偶而；偶爾。意謂有時候。唐范攄（？—？；與方干友，約卒於乾符間。）雲溪友議卷四：「偶臨御溝，見一紅葉。」喜，愛。愛好。史記田完世家：「孔子晚而喜易。」三國魏嵇康與山巨源絕交書：「臥喜晚起，而當關呼之不

置。」

⑲可具粥　應當預備稀飯。宜曰可。謂應當；應該。後漢書皇甫規傳：「今日立號，雖尊可也。」具，準備。備辦。新唐書王敬武傳附子師範：「每縣令至，具威儀入謁。」粥，ㄓㄡ。用米或麥等煮成半流質的食物；今人多稱稀飯。禮記檀弓上：「饘粥之食。」孔疏：「厚曰饘，稀曰粥。」北宋蘇轍遊鍾山詩：「客到唯燒柏子香，晨飢坐待山前粥。」

⑳子弟　猶子姪。世說新語言語：「謝太傅問諸子姪：『子弟亦何預人事，而正欲使其佳？』」又賞譽下：「大將軍（按指王敦）語右軍：『汝是我佳子弟。』」榮按：右軍指羲之，為敦姪。後輩亦統稱子弟。荀子非十二子：「過長則修子弟之義。」史記項羽本紀：「且籍與江東子弟八千人渡江而西，今無一人還，縱江東父兄憐而王我，我何面目見之？」

㉑愬　ㄙㄨˋ。說文「訴」之或體。詩邶風柏舟：「薄言往愬，逢彼之怒。」本文此處作「稟告」解。

㉒庖肉……私　已經煮熟的肉，被廚子收藏起來，一時找不到。庖，ㄆㄠˊ。一本作「炮」，亦作「炰」。烹調。庖肉，謂煮熟的肉。饔人，本官名，掌割烹煎和之事。有內饔、外饔。周禮天官內饔：「凡王之好賜肉脩，則饔人共（供）之。」此處，宜作「廚子」、「廚司」等解。私，與「公」相對。在此，指不公開言，猶謂收藏起來。

㉓食肉不飽　烹調所需的肉材不足。食肉，指肉材言。不飽，不多。意謂不足。飽，多。極多。表性態。南宋真山民（？—？，宋末元初人）山間秋夜詩：「交色秋光共一闌，飽收

風露入脾肝。」元耶律楚材(一一九〇——一二四四)再用閑閑老人韻詩:「掀髯坐語閒臨水,仰面徐行飽看山。」

㉔乞治之 (準備)請領款項備辦。乞,求。討取。論語公冶長:「乞諸其鄰而與之。」在此,指擬申請言。治,辦。備辦。史記灌夫列傳:「將軍昨日幸許過魏其;魏其夫妻治具,自旦至今,未敢嘗食。」儒林外史第四十五回:「今晚薄治園蔬,請二位表兄到荒齋一敘。」之,指食肉言。

㉕汝輩人 你們這些人。

㉖料 度。猶估計。史記李斯列傳:「君侯自料,能孰與蒙恬?」齊書沈憲傳:「沈令料事,特有天才。」

㉗幾何 若干;多少。詩小雅巧言:「為猶將多,爾居徒幾何?」馬瑞辰通釋:「爾居徒幾何,即言爾徒幾何也。」史記王翦列傳:「於是,始皇問李信:『吾欲攻取荊,於將軍度用幾何人而足?』……」新唐書李多祚傳:「(張柬之)乃從容謂曰:『將軍居北門幾何?』曰:『三十年矣。』」清劉獻廷(一六四八——一六九五)廣陽雜記卷四:「小子費亦不貲矣!家私幾何,乃如此胡為耶!」

㉘廋 ㄙㄡ。隱。隱匿。論語為政:「視其所以,觀其所由,察其所安,人焉廋哉!」

㉙盡……飽乎 全部一斤,足夠嗎?盡,全部。左傳昭公二年:「周禮盡在魯矣!」史記扁鵲倉公列傳:「(長桑君)乃悉取其禁方書盡與扁鵲。」可得,是否得。

㉚固當　本來應該。固，本來。當，宜。應該。北宋蘇軾賜文彥博乞致仕不允詔：「固當以國為家。」

㉛主者　主管的人。史記陳丞相世家：「上曰：『主者謂誰？』平曰：『陛下即問決獄，責廷尉；問錢穀，責治粟內史。』」本文此處，指管家者言。

㉜徹屋新之　整座宅邸的門，全作更換。徹，通。整個的。北宋徐鉉和殷舍人蕭員外春雪詩：「晴去便為經歲別，興來何惜徹夜看」新，更換。北宋范仲淹刻唐祖先生墓志於賀監祠堂序：「嘆其真堂卑陋以甚，乃命工度材而新之。」之，指代詞。指稱宅門。

㉝廊廡　堂下周圍的走廊和房舍。史記魏其武安侯列傳：「所賜金，陳之廊廡下。」漢書竇嬰傳引上揭文，顏注：「廊。堂下周屋也。廡，門屋也。」廡，ㄨˇ。

㉞據鞍　跨著馬鞍。後漢書馬援傳：「援自請曰：『臣尚能披甲上馬。』帝令試之。援據鞍顧眄，以示可用。」周書儒林傳樊深：「朝暮還往，常據鞍讀書，至馬驚墜地，損折支體，終亦不改。」

㉟俯伏　彎著身子。東漢趙曄吳越春秋王僚使公子光傳：「胥（按指伍員）乃張弓布矢欲害使者，使者俯伏而走。」

㊱畢復　全部修復。

㊲控馬卒　御馬卒。駕御馬匹曰控馬。

㊳歲滿　任職期滿。北宋曾鞏道山亭記：「程公于是州以治行聞，既新其城，又新其學，而

其餘功又及於此，蓋其歲滿，就更廣州。」宋史食貨志上一：「三司使包拯，亦以為言，遂留再任。治平中，歲滿當去。」明沈德符野獲編科場三試三名內：「（劉子卿）歷聘湖廣、福建、應天鄉試，歲滿請致仕歸。」

㊴辭 ㄘˊ。通「辤」。別。別去。戰國屈原九歌少司命：「入不言兮出不辭。」呂氏春秋士節：「晏子見疑於齊君，出奔，遇北郭騷之門而辭。」高誘注：「辭，別也。」唐李白早發白帝城詩：「朝辭白帝彩雲間，千里江陵一日還。」

㊵幾時 多少時候。西漢武帝秋風辭：「少壯幾時兮，奈老何！」唐韓愈祭十二郎文：「死而有知，其幾何離；其無知，悲不幾時，而不悲者無窮期矣。」本文此處，作「多久」解。

㊶不省 ㄅㄨˋ ㄒㄧㄥˇ。不明白。史記留侯世家：「（張良）為他人言，皆不省。」新唐書宇文士及傳：「……又嘗割肉，以餅拭手，帝屢目，陽若不省，徐啗之。」

㊷汝「乃」某人乎 就是。戰國策齊策四：「孟嘗君怪之曰：『此誰也？』左右曰：『乃歌夫〝長鋏歸來〞者也。』」史記高祖本紀：「呂公女乃呂后也。」

㊸厚贈 優渥地賞賜。

㊹乃是 由於

㊺逐日 一天接一天。每日。唐白居易首夏詩：「料錢隨月用，生計逐日營。」

【析源】

北宋沈括夢溪筆談卷九人事一：「王文正太尉局量寬厚，未嘗見其怒。飲食有不精潔者，但不食而已。家人欲試其量，以少埃墨投羹中，公唯啖飯而已。家人問其何以不食羹，曰：『我偶不喜食肉。』一日，又墨其飯，公視之曰：『吾今日不喜飯，可具粥。』其子弟愬於公曰：『庖肉為饔人所私，食肉不飽，乞治之。』公曰：『汝輩人料肉幾何？』曰：『一斤；當飽。』曰：『此後人料一斤半可也。』其不發人過皆類此。當宅門壞，主者徹屋新之，暫於廊廡下啟一門以出入。公至側門，門低，據鞍俯伏而過，都不問。門畢，復行正門，亦不問。有控馬卒歲滿辭公，公問：『汝控馬幾時？』曰：『五年矣。』公曰：『吾不省有汝。』既去，復呼回曰：『汝乃某人乎？』於是厚贈之；乃是逐日控馬，但見背，未嘗視其面，因去，見其背，方省也。」宋名臣言行錄前集卷二據筆談錄之，部分文字稍異耳，茲從略。

宋史王旦傳：「家人未嘗見其怒，飲食不精潔，但不食而已。嘗試以少埃墨投羹中，旦唯啖飯，問何不啜羹，則曰：『我偶不喜肉。』後又墨其飯，則曰：『吾今日不喜飯，可別具粥。』……宅門壞，主者徹新之，暫於廡下啟側門出入。旦至側門，據鞍俯過，門成復由之，皆不問焉。」

七六、器量過人

韓魏公器量過人。性渾厚，不為畦畛峭塹。功蓋天下、位冠人臣，不見其喜。任莫大之責、蹈不測之禍，身危于累卵，不見其憂。怡然有常，未嘗為事物遷動。平生無偽飾，其語言、其行事，進立于朝與士大夫語，退息于室與家人言，一出于誠。門人或從公數十年，記公言行，相與反復者，究表裏皆合，無一不相應。

【語譯】

韓琦的器局度量，超越一般常人。他個性淳樸敦厚，不受常規的高低、寬嚴所拘束。功勛被覆九州四海，職銜高居百官之首，卻不曾看到他沾沾自喜。承擔著極大的職任，身處不能預料的險境，生命安全比堆疊起來的蛋更加不保，卻不曾看到他擔心、畏懼，像平時一般安適自在，坐懷不亂、處變未驚。他的言行舉止，一輩子沒有虛假矯飾，在朝和同僚所談的，回家和眷屬所說的，全都顯露他的真實無妄。學生或跟隨他幾十年，錄存韓公的談話、作為，即使先後一再出現的，依然始終一致，絲毫沒有顛顛倒倒的情事。

【注釋】

①器量過人　器局度量超越常人。餘詳不形於言③、德量過人①。

②韓魏公　韓琦。餘詳不形於言②。

③性　本性。謂有生之物，隨其與生俱來之氣質也。禮記樂記：「人生而靜，天之性也；感於物而動，性之欲也。」又，中庸：「天命之謂性。」荀子性惡：「……豈人之本性也哉！」

④渾厚　淳樸敦厚。北宋曾鞏館中祭丁元珍文：「王之為人，渾厚平夷，不阻為崖，不巧為機。」南宋周煇（一一二七—？）清波別志卷下：「一時風俗渾厚。」

⑤不為　猶不受。為，ㄨㄟˊ。論語子罕：「……不為酒困，何有於我哉？」國語越語下：「不聽吾言，身死，妻子為戮。」

⑥畦畛　ㄑㄧˊ ㄓㄣˇ。謂常規。南宋呂本中（一〇八四—一一四五）紫微詩話：「晁叔用嘗作近珪墨詩，脫去世俗畦畛，高秀寶深稱之。」金元好問答聽上人書：「上人天資高，內學富，其筆勢縱橫，固已出時人畦畛之外。」明無名氏雲間雜誌卷下：「我朝草書以張東海為最，蓋其操縱闔闢無不如意，且姿態橫發，不襲前人畦畛。」榮按：張弼（一四二五—一四八七）號東海。工草書；遺有張東海文集。

⑦峭塹　ㄑㄧㄠˋ ㄑㄧㄢˋ。喻高低寬嚴。峭，陡峻的山。喻高；又亦作嚴峻、苛刻解。塹，深坑。

⑧功蓋天下　功勛被覆九州、四海。功，功勛。謂功業勛績。蓋，被。被覆。左傳成公二年：「其自為謀也則過矣，其為先君之謀也則忠；忠、社稷之固也，所蓋多矣。」天下，詳不形於言⑧。

⑨位冠人臣　職銜居百官之首。位，指官位言。猶職銜。冠，ㄍㄨㄢˋ。眾中之首。漢書丙吉傳：「高祖開基，蕭曹為冠。」人臣，泛稱同朝百官。按：韓琦於嘉祐中拜相。

⑩任　當。承擔。左傳僖公十五年：「眾怒難任。」

⑪莫大之責　指相職言。莫大，猶無比大。莫，表比較。孟子梁惠王上：「晉國天下莫強

焉。」職分內所應盡之義務曰責。孟子公孫丑下：「有言責者，不得其言則去。」南宋陸游劍客行詩：「國家未滅胡，臣子同此責。」

⑫蹈不測之禍　身處不能逆料的險境。指率兵禦侮言。仁宗時，西北邊事起，琦任陝西經略招討使。蹈，踐。在此，引申作「身處」解。不測，不能逆料。不能測度。易繫辭上：「陰陽不測謂之神。」史記秦始皇本紀：「據億丈之城，臨不測之谿以為固。」災殃曰禍。詩小雅何人斯：「二人從行，誰為此禍。」漢書五行志上：「劉向治穀梁春秋，數其旤福，傳以洪範，與仲舒錯。」禍，亦作「旤」。

⑬身危于累卵　（自己的）性命安全比堆疊起來的蛋還要不保。身，指自己的性命安全。危于，比……還不保。危，險。謂不保。累卵，堆疊起來的蛋，極易傾倒破碎。喻非常危險。韓非子十過：「故曹小國也，而迫於晉楚之間，其君之危，猶累卵也。」戰國策秦策五：「王之春秋高，一日山陵崩，太子用事，君危於累卵，而不壽於朝生。」

⑭怡然有常　像平時一般的安適自在。怡然，安適自在的樣子。史記孔子世家：「有所穆然深思焉，有所怡然高望而遠志焉。」南宋劉炎（？—？，嘉定間猶在世）邇言：「功蓋天地，忠貫日月，進則毅然身任天下之重，退則怡然了無慍戚之容。」有常，謂有如平常。有，表呈現的狀態。

⑮事物　客觀存在之一切物體與現象。荀子君道：「國者，事物之至也如泉源，一物不應，亂之端也。」

⑯遷動　猶變動。遷，變。改變。禮記大傳：「有百世不遷之宗。」左傳昭公五年：「吾子為國政，未改禮而又遷之。」西漢王褒洞簫賦：「託身軀於后土兮，經萬載而不遷。」

⑰平生　一生。唐黃滔遊東林寺詩：「平生愛山水，下馬虎溪時。」

⑱偽飾　虛假矯飾。周禮地官司市：「凡市偽飾之禁，在民者十有二，在商者十有二，在賈者十有二，在工者十有二。」東漢王充論衡超奇：「（桓君山）又作新論，論事問事，辯照然否，虛妄之言，偽飾之辭，莫不證定。」明沈德符野獲編兵部日本和親：「至於公主下降，則納幣賜敕，宴使定期，古來一有故事。軍中安能偽飾以欺外夷？」

⑲進之于朝　猶云上朝（堂）。

⑳士大夫　古，居官者有職位者之泛稱。周禮考工記：「坐而論道謂之王公，作而行之謂士大夫。」注：「親授其職，居其官也。」韓非子詭使：「今士大夫不羞汙泥醜辱而宦。」

㉑語　言論。恆指二人或二人以上對話而言。論語顏淵：「子曰：『非禮勿視，非禮勿聽，非禮勿言，非禮勿動。』顏淵曰：『回雖不敏，請事斯語矣。』」

㉒退息于室　指退朝返家休息言。室，家宅內屋。

㉓家人　在此，用以泛稱眷屬。餘參未嘗見喜怒⑧。

㉔言　語。禮記哀公問，「然後言其喪算……」注：「言，語也。」

㉕一出于誠　全都顯露真實無妄。一，皆，悉。出，顯露。北宋歐陽脩醉翁亭記：「水落而石出，山間之四時也。」真實無妄曰誠。書太甲：「鬼神無常享，享于克誠。」禮記中庸：

「誠者，天之道也。」

㉖門人　弟子。猶學生。論語里仁：「子出，門人問曰：『何謂也？』曾子曰：『夫子之道，忠恕而已矣。』」榮按：上古弟子、門人本無別，至東漢公卿多教授聚徒，其親受業者稱弟子，轉相傳授者謂之門人。（清閻若璩四書釋地三續弟子門人。）

㉗相與反復　先後一再出現的言行。相與，彼此。在此，引申作「先後」解。反復，一再出現。

㉘究　終。卒。

㉙表裏皆合　謂一致而無矛盾。

㉚相應　猶相符；相合。史記張釋之馮唐列傳：「終日力戰。斬首捕虜，上功莫府，一言不相應，文吏以法繩之。」

【析源】

仕學規範卷八行己：「丞相魏國韓忠獻王琦器量過人，性渾厚，不為畦畛峭塹，功蓋天下，位冠人臣，不見其喜。任莫大之責，蹈不測之禍，身危累卵，不見其憂。怡然有常，未嘗為事物遷動。平生無偽飾，其語言行事，進立于朝與士大夫語，退息于室與家人言，一出于誠。門人或從公數十年，記言行，相與反復考究，表裏皆合，無一不相應。……」宋史韓琦傳：「琦蚤有盛名，識量英偉，臨事喜慍不見于色，論者以重厚比周勃，政事比姚崇。……琦天資朴忠，折節下士，無貴賤，禮之如一。」

七七、動心忍性

堯夫解「佗山之石，可以攻玉」：玉者，溫潤之物。若將兩塊玉來相磨，必磨不成，須是得佗箇麄礦底物方磨得出。譬如君子與小人處，為小人侵陵則修省畏避，動心忍性，增益預防，如此便道理出來。

【語譯】

范純仁詮釋「他山之石，可以攻玉」。他說：「玉是一種溫和柔潤的物質。假如拿兩塊玉石彼此又搓又擦，一定整治不出預定的形狀。必須採取另一座山的粗糙礦石來處理，才搓擦得出預定的形狀。譬如君子和小人互動，當遭受小人侵犯、欺凌的時候，便該修己、反省，設法閃躲，內心固然悚動、卻要臨事而懼，按捺著自己的情緒，加強防備可能持續而來的挑釁。能夠這樣，才算是有了處理這事端的方法啊！」

【注釋】

①動心忍性　內心固然悚動，卻要臨事而懼，按捺著自己的情緒，謹慎應變。語出孟子告子下：「故天將降大任於是人也，必先苦其心志，勞其筋骨，餓其體膚，空乏其身，行拂亂其所為。所以動心忍性，曾益其所不能。」榮按：「曾」，同「增」。

②堯夫　范純仁字堯夫。餘詳唯得忠恕②。

③解　詮釋。詮注。近人張純一（一八七一——一九五五）晏子春秋校注凡例：「雖寒暑兩更，稿經五易，恐誤解漏義，所在多有。」

④佗山之石，可以攻玉　詩小雅鶴鳴（第二章）：「鶴鳴于九皐，聲聞于天。……他山之石，可以攻玉。」佗，ㄊㄨㄛ。同「他」、「它」。代第三人稱。佗山，猶云別座山。攻玉，謂將玉石琢磨成器。朱子集傳：「兩玉相磨不可以成器，以石磨之，然後玉之為器，得以成焉。」攻玉以石也。

⑤溫潤　溫和柔潤。禮記聘義：「夫昔者君子比德於玉焉，溫潤而澤仁也。」孔穎達疏：「溫潤而澤仁也者，言玉色溫和柔潤而光澤，仁者亦溫和潤澤，故云仁也。」

⑥相磨　彼此搓擦。磨，搓擦。詩大雅抑：「白圭之玷，尚可磨也。」唐韓愈石鼓歌：「大開明堂受朝賀，諸侯劍珮鳴相磨。」清孫枝蔚春日讀書詩之二：「牀頭雙短劍，今夜更須磨。」

⑦須是　必須。定要。強調某種情況。敦煌曲子詞蘇莫遮：「駱駝嶋，風裊裊，來往巡遊須是身心好。」宣和遺事後集：「須是忍耐強行，勿思佗事。」

⑧得　獲。求之而獲也。論語雍也：「子游為武城宰。子曰：『女得人焉爾乎？』」本文此處，作「挖掘採取」解。

⑨佗箇麄礦底物　別座山的粗糙礦石。箇，量詞。麄，本作「麤」。又作「麁」。ㄘㄨ。粗糙。粗劣。唐韓愈南溪始泛之一：「石麤肆磨礪，波惡厭牽挽。」麄礦底物，指粗糙（劣）

的礦石。

⑩方　始。才。詩大雅公劉：「弓矢斯張，干戈戚揚，爰方起行。」朱子集傳：「方，始也。」唐韓愈次硤石詩：「數日方離雪，今朝又出山。」元黃溍（一二七七—一三五七）初至臨海詩之二：「停馬方問俗，漁唱起前汀。」清秋瑾（一八七五—一九〇七）寶劍歌：「死生一事付鴻毛，人生到此方英傑。」

⑪譬如　比如。為文於舉例說明時之發端語。猶如同，好像。周禮考工記弓人：「恆角而達，譬如終紲，非弓之利也。」史記魏其武安侯列傳：「今人毀君，君亦毀人，譬如賈豎女子爭言，何其無大體也。」清姜埰（一六〇七—一六七二）和陶榮木之四：「譬如駑馬，愧彼良驥。黽勉及時，為善期至。」

⑫君子　詳損①。

⑬小人　泛指行為不端或見聞淺薄之人。管子牧民：「信小人者失士。」荀子勸學：「小人之學也，入乎耳，出乎口。」本文此處從前解。

⑭處　ㄔㄨˇ。相處。交往。意謂互動。詩小雅黃鳥：「此邦之人，不可與處。」莊子德充符：「久與賢人處，則无過。」唐韓愈唐故江西觀察使韋公墓志銘：「與賓客處如布衣時，自持卑一不易。」

⑮侵陵　本作「侵凌」，一作「侵淩」。侵犯欺凌。墨子天志下：「今天下之諸侯，將猶皆侵凌攻伐兼并，此為殺一不辜人者，數千萬矣。」史記五帝本紀：「炎帝欲侵陵諸侯，諸

侯咸歸軒轅。」魏書列女傳涇州貞女兕先氏：「老生不仁，侵陵貞淑，原其強暴，便可戮之。」明陸采（一四九七——一五三七）懷香記征吳得勝：「休得強橫，侵淩至不仁，速當退舍，免輿尸潰亂奔。」

⑯修省　ㄒㄧㄡ ㄒㄧㄥˇ。整治自己、反躬省思。唐薛用弱集異記淩華：「謫官圜扉，伺其修省，既迷所履，太乖乃心。」清史稿禮志三：「詔言：『水旱蝗災，疆吏當修省，勿專事祈禱。』」

⑰畏避　屬同義複詞。畏，避也。三國魏曹丕（一八七——二二六）雜詩之二：「吳會非我鄉，安得久留滯；棄置勿復陳，客子常畏人。」唐杜甫畏人詩：「畏人成小築，褊性合幽棲。」明方孝孺東陽葛府君誄：「嗜道若飴，畏利猶虺。」畏避，亦作因畏懼而躲避解；惟本文此處宜作「不（直接）接觸」解，較恰當。

⑱增益　增加。增添。戰國宋玉高唐賦：「交加累積，重疊增益。」顏氏家訓勉學：「夫明六經之指，涉百家之書，縱不能增益德行，敦厲風俗，猶為一藝，得以自資。」本文此處引申作「加強」解。

⑲預防　事先防備。世說新語言語：「言不能以道匡衛，思患預防，愧歎之深，言何能喻。」南宋葉適辯兵部郎官朱元晦狀：「陛下原其用心，察其旨趣，舉動如此，欲以何為！誠不可不預防，不可不早辯也。」本文此處謂防備對方可能陸續而來的挑釁。

⑳如此　這樣。禮記樂記：「如此，則國之滅亡無日矣。」唐杜甫房兵曹胡馬詩：「驍騰有如此，萬里可橫行。」

㉑道理　處理事情的辦法（方法）。南宋王明清（？—？，建炎、嘉泰間人）揮麈錄餘話卷二：「俊道：『若番人探得知，必來夾攻。太尉南面有張相公人馬，北面有番人、太尉如何處置？』張太尉冷笑：『我別有道理。』」

㉒出來　產生。引伸作「有」解。二刻拍案驚奇卷十一：「天下的事，再經有心人冷眼看不起的。起初滿生在家，大郎無日不與他同飲同坐，毫無說話。比及大郎疑心了，便覺滿生飲酒之間，沒心沒想，言語參差，好些破綻出來。」

【析源】

二程全書遺書二三先生語二上：「堯夫解『他山之石，可以攻玉』：『玉者，溫潤之物。若將兩塊玉來相磨，必磨不成，須是得他箇麤礦底物方磨得出。譬如君子與小人處，為小人侵陵則修省畏避，動心忍性，增益預防。如此便道理出來。』」（四部備要本）榮按：二先生係指伊川先生。」又，本章經文，除「他」作「佗」、「麤」作「麄」外，其餘文字悉與上揭文相同。

七八、受之未嘗形色

韓魏公因論君子小人之際，皆當以誠待之；但知其小人則淺與之接耳。凡人至於小人，欺己處，覺必露其明以破之。公獨不然，明足以照小人之欺，然每受之，未嘗形色也。

【語譯】

韓琦因而陳述君子小人彼此之間，都應該用「誠」來對待；只是既然知道他是個小人，那麼交往便不會深厚罷了。不論什麼人，當他發現被人使詐，必定會公開地把事情的來龍去脈揭穿出來。只有韓公並不這麼做，睿識令他充分瞭解小人的使詐，但總是隱忍下來，不曾表露於臉色呢。

【注釋】

①受之未嘗形色　隱忍下來，不曾表露於臉色。受，容納。易咸：「君子以虛受人。」水經注穀水引西晉皇甫謐（二一五—二八二）帝王世紀：「王室定，遂徙居。成周小，不受王都，故壞翟泉而廣之。」唐杜甫南鄰詩：「秋水纔深四五尺，野航恰受兩三人。」聊齋志異余德：「惟舍後遺一小白釭，可受石許。尹攜歸，貯水養朱魚。」之，指代詞。指「小人之欺」言。未嘗，詳萬事之中忍字為上④。形色，指神態表情。清紀昀閱微草堂筆記灤陽消夏錄三：「我財不贍，不饜所求，頓生異心，形色索漠。」

②韓魏公　韓琦。餘詳不形於言②。

③因論　因而陳述。因，連詞。作「因而」解。史記韓王信盧綰列傳：「及至頹當城，生子，因名曰頹當。」漢書東方朔傳：「舍人不服，因曰：『臣願復問朔隱語，不知，亦當榜。』」

陳述曰論。禮記王制：「命鄉論秀士，升之司徒，曰選士。司徒論選士之秀者而升之學，曰俊士。」史記張儀列傳：「……又有不義之名，而攻天下所不欲，危矣。臣請論其故：周，天下之宗室也，……」

④君子小人之際　君子小人彼此之間。意謂不論君子或小人。君子，詳損①。小人，詳非毀反己①。際，彼此之間。韓非子難一：「君臣之際，非父子之親也。」南宋陳亮（一一四三—一一九四）上孝宗皇帝第一書：「天人之際，昭昭然可察而知也。」

⑤皆當　都應該。皆，都。全。易解：「天地解而雷雨作，雷雨作而百果草木皆甲坼。」莊子盜跖：「丘之所言，皆吾之所棄也。」唐溫庭筠夢江南詞：「過盡千帆皆不是，斜暉脈脈水悠悠。」當。宜。應該。史記李斯列傳：「斯曰：『安得亡國之言，此非人臣所當議也。』」又，黥布列傳：「黥布，秦時為布衣，少年，有客相之曰：『當刑而王。』」

⑥以誠待之　用「誠」來對待他。真實無妄曰誠。待，對待。待遇。猶云相對。論語微子：「若季氏則吾不能，以季孟之間待之。」史記孟子荀卿列傳：「惠王欲以卿相位待之，髡因謝去。」北宋王安石上仁宗皇帝言事書：「約之以禮矣，不循禮則待之以流殺之法。」

⑦但知……接耳　只是既（然）知道他是個小人，那麼交往便不會深厚罷了。但，只是。知，在此表過去式。既已知道。淺，不深厚。與之接，和他交往。

⑧凡人至於小人　意謂任何人。凡人，一般人。

⑨欺己處　謂被別人使詐的時候。使詐曰欺。論語子罕：「吾誰欺，欺天乎？」禮記大學：

「所謂城其意者，毋自欺也。」東晉葛洪抱朴子吳失：「主昏於上，臣欺於下。」處，ㄔㄨˋ。時。時候。唐劉長卿江州留別薛六柳八二員外詩：「江海相逢少，東南別處長。」南宋岳飛（一一〇三—一一四二）滿江紅寫懷詞：「怒髮衝冠，憑欄處、瀟瀟雨歇。」

⑩覺……破之　發現被使詐，必定會公開地把事情的真相揭穿出來。覺，發現。後漢書班超傳：「鄯善王廣奉超禮甚備，後忽更疏懈；超謂其官屬曰：『寧覺廣禮意薄乎？此必北虜使來，狐疑未知所從故也！』」露其明，謂公開真相。揭穿曰破。古今小說第十五回：「一似你先時識破我的肉是狗肉，幾乎叫我不賺一文。」老殘遊記第十八回：「總要破案為第一要義。」

⑪獨不然　單單不這麼做。不然，不是這樣；指行為言。

⑫明足以……欺　睿識令他充分瞭解小人的使詐。睿識曰明。禮記祭統：「唯有德之君，……明足以見之。」足以，猶充分。照，鑑察。後漢書馮勤傳：「忠臣孝子，覽照前世，以為鏡戒。」本文此處引申作「瞭解」、「瞭然」解。

⑬然　但。可是。左傳昭公元年：「然宋之盟，子木有禍人之心。」戰國策秦策三：「如今日言之于前而明日伏誅于後，然臣弗敢畏也。」史記高祖本紀：「呂后問：『陛下百歲後，蕭相國即死，令誰代之？』上曰：『曹參可。』問其次，曰：『王陵可。然陵少戇，陳平可以助之。陳平智有餘，然難以獨任。周勃重厚少文，然安劉氏者必勃也。』」

⑭每　屢次。在此，作「總是」解。

【析源】

忠獻韓魏王別錄中：「公因論待君子小人之際，公曰：『一當以誠，但知其為小人則淺與之接耳。』凡人至於小人，欺己處，不覺則已，覺必露其明以破之公獨不然。」又，忠獻韓魏王遺事：「人有疑公待君子小人均以誠，往往為小人所欺，奈何？公曰：『不然。亦觀其人如何，隨分數放之耳。』人謂公待人誠則皆誠，但有深淺以明濟之也，豈可以為小人不待以誠耶？皆嘆以為不可及。」清刻本韓魏公言行錄文字與前引別錄無異，茲從略。宋名臣言行錄後集卷一韓琦魏國公：「公論君子小人之際，當以誠待之，但知其小人當淺與之接耳。凡人至於小人，欺己處，必露其明以破之。公獨不然，明足以照小人之欺，然每受之，未嘗形色也。」撰者注云：「並別錄。」

七九、與物無競

陳忠肅公瓘性謙和，與物無競。與人議論，率多取人之長。雖見其短，未嘗面折，唯微示意以警之，人多退省愧服。尤好獎進後輩，一言一行，苟有可取，即譽美傳揚，謂己不能。

【語譯】

陳瓘本性謙虛平和，不和世人互爭長短。無論月旦人物或評駁事理，大多選擇對方的優點來陳述。雖然，看出別人的缺點，也不曾當面指責，僅稍作暗示，旨在提醒而已，不少人因此悔改反省，羞咎心服。他格外地喜歡稱許、薦引後進，晚輩的言論、行動，如有值得學習、贊許的，他就不斷地加以贊美、傳述、公開表揚，並稱自己都做不到。

【注釋】

①與物無競　與世人無所爭競。北史薛辯傳：「（薛）湖少有節操，篤志於學，專精講習，不干時務，與物無競，好以德義服人。」資治通鑑後唐明宗天成二年：「宰相重任，卿輩更審議之。吾在河東時見馮書記多才博學，與物無競，此可相矣。」凡生天地之間者皆謂之物。易乾：「大哉乾元，萬物資始，乃統天。」荀子正名：「物也者，大共名也。」公孫龍子名實論：「天地與之所產焉，物也。」競，爭也。左傳襄公十年：「鄭其災乎，師競已甚。」淮南子原道訓：「……猶不能與羅者競多。」又，逐也。詩商頌長發：「不競不絿，不剛不柔。」東漢張衡思玄賦：「鴟鶚競於貪婪兮，我脩絜以益榮。」

②陳忠肅公瓘　（一〇六〇——一一二四）。北宋南劍州沙縣（今屬福建）人。字瑩中。中進士甲科，調湖州掌書記，簽書越州判官，通判明州，召為太學博士。章惇入相，詢以當世之務，乃勸以消朋黨，持中道，又阻蔡卞等毀資治通鑑版。遺秘書省校書郎。因反對紹述之說，出通判滄州，知衛州。徽宗即位，召為右正言，遷左司諫。極論蔡卞、章惇、安惇、邢恕之罪。因言外戚向宗良兄弟交通侍從，出知無為軍。還為著作郎，遷右司員外郎兼權給事。以忤宰相曾布，出知泰州。崇寧中，除名遠竄。又以子正匯告蔡京動搖東宮得罪，

安置通州。又徙數州而卒。紹興間特謚忠肅。（宋史卷三四五）

③性謙和　本性謙虛平和。有生之物，隨其與生俱來之氣質曰性。禮記樂記：「人生而靜，天之性也；感於物而動，性之欲也。」又，中庸：「天命之謂性。」荀子性惡：「……豈人之本性也哉？」謙和，謙虛平和。晉書良吏傳鄧攸：「性謙和，善與人交，賓無貴賤，待之若一。」唐元稹徐智岌右監門衛將軍制：「端判而不失人心，謙和而能宣朕命。」

④與人　同別人一起……。和別人一起……。孟子公孫丑上：「取諸人以為善，是與人為善者也。」

⑤議論　月旦人物，評騭事理。在此指臧否人物、評述分析事理是非曲直。史記貨殖列傳：「臨淄亦海岱之間一都會也。其俗寬緩闊達，而足智、好議論。」顏氏家訓勉學：「及有吉凶大事，議論得失，蒙然張口，如坐雲霧。」

⑥率多　大多。唐封演封氏聞見記貢舉：「楊綰為禮部侍郎，奏舉人不先德行，率多浮薄。」北宋王讜唐語林文學：「（鄭）虔所焚藁，既無別本，復多纂錄，率多遺忘。」率，ㄕㄨㄞˋ。大概。一般。史記韓長孺列傳：「漢與匈奴和親，率不過數歲即復倍約。」清和邦額夜譚隨錄崔秀才：「崔率十餘日一至，至必有所借貸。」

⑦取人之長　選擇對方（即別人）的優點。取人，選擇人。史記仲尼弟子列傳：「孔子聞之曰：『吾以言取人，失之宰我；以貌取人，失之子羽。』」明郎瑛（一四八七—？）七修類稿義理一世道：「富貴易溺，道義難行，近惟科目取人，舉業日盛而經學淺也。人心尤

入於利，故賄賂公行而禮幣無，誌名太甚而史書非，諂諛日盛而風俗薄。」善曰長，优。優點之稱。與「短」相對。孟子公孫丑上：『敢問夫子惡乎長？』」晏子春秋問上二四：「任人之長，不強其短，任人之工，不強其拙。」東漢崔瑗（七七？—一四二？）座右銘：「無道人之短，無說己之長。」

⑧雖見其「短」　缺點。餘參前注⑦。

⑨未嘗　不曾。餘詳萬事之中忍字為上④。

⑩面折　當面批評、指責。史記汲鄭列傳：「（汲）黯為人性倨，少禮，面折，不能容人之過。」南史劉苞傳：「苞居官有能名，性和直，與人交，面折其非，退稱其美。」清王晫（一六三六—？）含世說德行：「（王湛）嘗面折人過，人不加恨，而多敬畏之。」

⑪唯微示意　僅稍作暗示。唯，僅。只（有）。易同人：「唯君子能通天下之志。」微，輕。表性態。新五代史李嗣昭傳：「太祖嘗微誡之。」本文此處，引申作「稍」解。示意，暗示（意圖）。明沈德符野獲編補遺內監內臣罪譴：「發南海子常川打更，則示意殺之，十無一存者矣。」

⑫「警」之　戒。在此，引申作「提醒」解。唐韓愈圬者王承福傳：「又其言有可以警余者，故余為之傳而自鑒焉。」

⑬人多　人，謂受示意者，多，不少。孟子梁惠王下：「（齊）宣王曰：『諸侯多謀伐寡人者，何以待之！』」漢書梁孝王傳：「多作兵弩弓數十萬。」

⑭退省　悔改自反。退，悔改。國語晉語二：「申生甚好信而彊，又失言於眾矣；雖欲有退，眾將責焉。」韋昭注：「退，謂悔改也。」自反曰省，ㄒㄧㄥˇ。論語學而：「曾子曰：『吾日三省吾身：為人謀而不忠乎？與朋友交而不信乎？傳不習乎？』」

⑮愧服　羞咎且心服。愧，羞咎。服謂心服。新唐書鄭元璹傳：「元璹隨語折讓，無所屈，徐乃數其背約，突厥愧服。」宋史程之邵傳：「使者愧服，辟之邵為屬，聽其所為。」明宋濂方愚庵墓版文：「佐貳始雖倨慢，先生委誠待之，卒自愧服。」

⑯尤好　ㄧㄡˊ ㄏㄠˋ。格外喜歡。尤，即尤其。謂格外也。史記樗里子甘茂列傳論：「方秦之強時，天下尤趨謀詐哉。」北宋歐陽脩醉翁亭記：「其西南諸峰，林壑尤美。」清趙翼甌北詩話杜牧詩：「以綠珠之死，形息夫人之不死，高下自見，而詞語蘊藉，不顯露譏訕，尤得風人之旨耳。」好，愛。喜歡。禮記大學：「如好好色，如惡惡臭，……」論語里仁：「唯仁者能好人、能惡人。」

⑰獎進　稱許薦引。後漢書孔融傳：「面告其短，而退稱所長，薦達賢士，多所獎進。」梁書任昉傳：「昉好結交，獎進士友。」聊齋志異臙脂：「愚山先生，吾師也，方見知時，余猶童子。竊見其獎進士子，拳拳如恐不盡。」

⑱後輩　後進。後漢書蔡邕傳：「又前至得拜，後輩被遺。」又，亦作晚輩解。唐許渾（七九一？—？）贈桐廬房明府先輩詩：「闕下書功無後輩，卷中文字掩前賢。」

⑲一言一行　一人的言論與行為。顏氏家訓慕賢：「一言一行，取於人者，皆顯稱之。」

⑳苟有可取　如果有值得學習、贊許的。苟，如果。假若。論語里仁：「苟志於仁矣，無惡也。」戰國策齊策四：「苟無歲，何以有民？苟無民，何以有君？」可取，值得學習或贊許。北宋歐陽脩試筆學書工拙：「每書字，嘗自嫌其不佳，而見者或稱其可取。」

㉑譽美　贊美。近人田北湖（？—一九一一？）與某生論韓文書：「世俗弗察，貿然推許，至謂一言為法，百世為師，障川挽瀾，起衰於八代。譽美失實，毋亦以耳代目之蔽歟？」榮按：韓愈之文曰韓文。「一言為法，……」諷蘇軾。

㉒傳揚　廣泛且公開地散布。朱子語類卷四二：「因見鄉中有人，其傳揚說好者甚眾，以至傳揚於外，莫不皆然，及細觀其所為，皆不誠實。」

㉓不能　「不能彀」，省詞作「不能」。不能彀，亦作「不能勾」、「不能夠」。語本漢書匈奴傳上：「七日不食，不能彀弩。」顏師古注：「彀，張也。」後人引申作不勝任、不可能等義。

【析源】

三朝名臣言行錄卷十三之三諫議陳忠肅公瓘：「公性謙和，與物無競。與人議論，率多取人之長，雖見其短，未嘗面折，唯微示意以警之，人多退省愧服。尤好獎進後輩，一言一行，苟有可取，即譽美傳揚，謂己不能。」仕學規範卷八行己除「公性謙和」作「諫議陳忠肅公瓘性謙和」外，其餘文字悉與前揭文無異，茲從略。宋史陳瓘傳：「瓘謙和不與物競，閑居矜莊自持，語不苟發。」

八〇、忤逆不怒

先生每與司馬君實說話，不曾放過。如：范堯夫十件事只爭得三四件，便已。先生曰：「君實只為能受盡言，儘人忤逆，終不怒，便是好處。」

【語譯】

伊川先生總是好好地把握和司馬溫公談話的機會。像范堯夫，好不容易才能和溫公促膝一談，往往十項主題彼此僅僅詳辯個三四項，就必須中止，堯夫也依然不曾放棄機會。伊川說：「只因為溫公能夠容納直言，聽憑對方冒犯，他自始至終不生氣，這就是他最大的優點。」

【注釋】

①忤逆不怒　即使對方冒犯，本身依然不生氣。忤逆，冒犯。西漢陸賈新語辨惑：「無忤逆之言，無不合之義。」後漢書陳蕃傳：「附從者升進，忤逆者中傷。」陳書傳縡傳：「與奪之辭，依經議論。何得見佛說而信順，在我語而忤逆？」氣憤之見諸聲色者曰怒。論語雍也：「不遷怒，不貳過。」孟子萬章上：「仁人之於弟也，不藏怒焉，不宿怨焉，親愛之而已矣。」北宋黃庭堅題蘇軾像贊：「喜笑怒罵，皆成文章。」不怒，不生氣。

②先生　在此專指程頤（伊川）。

③每　每次。每逢。表反覆發生同一情況中之任一次。詩秦風權輿：「於，我乎！夏屋渠渠，今也每食無餘。」漢書匈奴傳上：「每漢兵入匈奴，匈奴輒報償。」南宋陸游老學庵筆記卷四：「建炎大駕南渡後，每邊事危急，則住常程，謂專治軍旅，其他皆權止施行。」

④司馬君實　司馬光（一〇一九—一〇八六）字君實。北宋陝州夏縣涑水鄉人。寶元元年（一〇三八）進士。歷仕仁、英、神、哲四朝。熙寧間王安石推行新法，渠竭力反對，外放。哲宗即位，入朝為相，盡去新法，恢復舊制。卒謚文正。遺有資治通鑑、稽古錄、涑水紀聞、文集等。（宋史卷三三六）。

⑤說話　用言語表達意思，發表見解。唐白居易老戒詩：「矍鑠誇身健，周遮說話長。」三國志平話卷上：「關公見飛非草次之人，說話言談，便氣和酒盡。」

⑥不曾放過　意謂從沒有放棄機會。

⑦范堯夫　范純仁字堯夫。餘詳唯得忠恕②。

⑧十件事……便已　十個預定要談的主題頂多能辯論三四個，就必須中止。描述時間不充裕；時間有限。件，量詞。事，預定談論的主題。辯論曰爭。莊子齊物論：「有分有辯，有競有爭。」郭象注：「並逐曰競，對辯曰爭。」成玄英疏：「並逐勝負，對辯是非也。」

⑨只為　只因為。為，因。因為。介所因。孟子萬章下：「仕非為貧也，而有時乎為貧。」史記留侯世家：「老父顧謂良曰：『孺子下取履！』良謂然，欲毆之，為其老，彊忍下取

履。」漢書揚雄傳：「譬若江湖之雀，勃解之鳥，乘雁集不為之多，雙鳧飛不為之少。」

⑩能受　能夠容納。受，容納。易咸：「君子以虛受人。」

⑪盡言　直言。　謂毫無保留，暢所欲言。國語周語下：「唯善人能受盡言，齊其有乎？」唐李翺（七七四—八三六）論事于宰相書：「承　閣下厚知，受獎擢者不少；能受　閣下德而獻盡言者必未多人。」

⑫終　謂自始至終。猶云終究。墨子天志中：「欲以此求賞譽，終不可得。」唐韓愈獨釣詩之四：「所期終莫至，日暮與誰迴。」北宋王安石陸忠川詩：「低回頭坎坷，勛業終不遂。」

⑬好處　優點。長處。明王守仁傳習錄卷下：「古先聖人許多好處，也只是無我而已。」紅樓夢第卅九回：「我們沒事評論起來，你們這幾個，都是百個裡頭挑不出一個來的。妙在各人有各人的好處。」

【析源】

二程全書遺書十九、伊川先生語五：「先生每與司馬君實說話，不曾放過。如：范堯夫，十件事只爭得三四件，便已。先生曰：『君實只為能受盡言，儘人忤逆，終不怒，便是好處。』」三朝名臣言行錄卷七之一司馬光，悉引自前揭書；本書撰者究係直接採自前者抑或間引自後者，則仍待考證。

八一、潛卷授之

韓魏公在魏府。僚屬路拯者就案呈有司事而狀尾忘書名。即以袖覆之，仰首與語，稍稍潛卷，從容以授之。

【語譯】

韓琦在魏國公府。某一天，有一位姓路單名拯的屬吏順便將一則公事上陳主管官員辦理，那公牘的末端卻遺漏署名。韓公立刻用衣袖掩蓋住，高擡著頭和他說話，隨即藏起案卷，不慌不忙地教導他。

【注釋】

①潛卷授之　藏起案卷教導他。潛，ㄑㄧㄢˊ。藏。左傳昭公廿九年：「潛醢以食夏后。」唐杜甫奉贈韋左丞詩：「殘杯與冷炙，到處潛悲辛。」公牘經分類編次成帙者曰卷，ㄐㄩㄢˋ。猶云案卷。金史高衎傳：「每季選人至吏部，託以檢閱內籍，謂之檢卷。」授，ㄕㄡˋ。教（導）。漢書董仲舒傳：「弟子傳以久次相授業。」之，代名詞。指被教導者。

②韓魏公　對韓琦的敬稱，餘詳不形於言②。

③魏府　魏國公府的簡稱。

④僚屬　屬官。屬吏。此處，從後解。後漢書光武帝紀上：「更始將北都洛陽，以光武行司

隸校尉，使前整修宮府。於是置僚屬，作文移，從事司察，一如舊章。」世說新語輕詆：「桓公入洛，過淮泗，踐北境，與諸僚屬登平乘樓，眺矚中原。」北宋歐陽脩歸田錄卷二：「（錢思公）在西洛時，嘗語僚屬，言平生惟好讀書。」清昭槤嘯亭雜錄禁抑宗藩：「國初入關時，諸王多著勞績，故酬庸錫類之典，甚為優厚，下五旗人員，皆為王等僚屬，任其差遣。」

⑤路拯　人名。姓路名拯，餘待考。

⑥就　順便。元孟漢瓊（？—？，亳州人）魔合羅楔子：「你孩兒去南昌做買賣，就躲災難。」水滸傳第六十七回：「眾頭領回到忠義堂上，吳用便對宋江說道：『關勝此去，未保其心，可以再差良將，隨後監督，就行接應。』

⑦案呈　公牘上陳。官府文書成例曰案。在此，指案卷言。新唐書陸贄傳：「吏員稽壅則案牒業淆。」呈，奉。送上。清方苞左忠毅公逸事：「公瞿然注視，呈卷即面署第一。」

⑧有司　官吏。古，設官分職，各有專司，故稱。書大禹謨：「好生之德，洽于民心，滋用不犯于有司。」西漢桓寬（？—？，宣帝前後之人）鹽鐵論疾貪：「今一二則責之有司，有司豈能縛其手足而使之無為非哉？」元黃溍日損齋筆記辨史：「自元鼎以前之『元』，皆有司所追命也。」

⑨而　卻。但是。表轉折。韓非子安危：「拂耳，故小逆在心而久福在國。」史記項羽本紀：「今不恤士卒而徇其私，非社稷之臣。」又，淮陰侯列傳：「大夫種、范蠡存亡越，霸勾

踐，立功成名而身死亡。」三國志魏志武帝紀：「志大而智小，色厲而膽薄。」

⑩狀尾忘書名　公牘的末端遺漏署名。狀，指公牘言。如：呈狀等是。尾，末端。忘，不記得。意謂遺漏。書名，寫妥姓名。榮按：公文書於本文結束處，應寫明發文者職銜與姓名。公文處理術語謂之署名，古今大同小異。

⑪即　ㄐㄧˊ。立刻。便。表時間。史記李將軍列傳：「廣不中不發，發即應絃而倒。」

⑫以袖覆之　用衣袖掩蓋它。覆，ㄈㄨˋ。蓋。掩蓋。詩大雅生民：「誕寘之寒冰，鳥覆翼之。」晉書左思傳：「陸機與弟雲書曰：『此間有傖父，欲作三都賦，須其成，當以覆酒甕耳！』及思賦出，機絕歎服，以為不能加。」北宋王安石禁直詩：「翠木交陰覆兩檐，夜天如水碧恬恬。」

⑬仰首　高擡著頭。擡頭，面朝上曰仰，ㄧㄤˇ。易繫辭上：「仰以觀於天文，俯以察於地理。」北宋蘇軾遊惠山詩之一：「俯窺松桂影，仰見鴻鶴翔。」

⑭稍稍　隨即。史記魏其武安侯列傳：「（灌夫）坐乃起更衣，稍稍去。」唐王昌齡（六九八—七五七）初日詩：「斜光入羅幕，稍稍親絲管。」

⑮從容　ㄘㄨㄥˊ ㄖㄨㄥˊ。不慌不忙。西漢司馬相如（前一七九—前一一八）長門賦：「下蘭臺而周覽兮，步從容於深宮。」北宋歐陽脩歸田錄卷二：「其弟伺間，從容言之。」元黃溍日損齋筆記文獻黃公神道碑：「俯仰從容，不大聲色。」

【析源】

忠獻韓魏王別錄下：「公在魏時，府僚路拯者就案呈有司事，而狀尾忘書名。即以袖覆之，仰首與語，稍稍潛卷，語笑從容以授之。路君退而自愧服，曰：『真天下盛德。』」宋名臣言行錄後集卷一韓魏國公稚圭：「公在魏府，僚屬路拯者就案呈有司事，而狀尾忘書名。公即以袖覆之，仰首與語，稍稍潛卷以授之。」注：「並別錄。」仕學規範卷八行己：「公在魏府，僚屬路拯者就案呈有司事，而狀尾忘書名。公即以袖覆之，仰首與語，稍稍潛卷從容以授之。」

八二、俾之自新

杜正獻公衍嘗曰：「今之在上者，多擿發下位小節，是誠不恕也。衍知兗州時，州縣官有累重而素貧者，以公租所得均給之；公租不足，即繼以公帑，量其小大，咸使自足。尚有復侵擾者，真貪吏也。於義可責。」又曰：「衍歷知州、提轉、安撫，未嘗壞一箇官員。其間不職者即委以事，使之不暇惰；不謹者諭以禍福，俾之自新。而遷善者甚眾，不必繩以法也。」

【語譯】

杜衍曾經說道：「當前，官居上層的人，總是揭露下層屬員瑣細微末的操守，這的的確確不寬厚。我擔任兗州知州的時候，州縣屬官有家庭負擔嚴重兼又向來窮困不堪的，就拿公租所得平均支給他們；要是公租不夠分配，就從公款勻支，估計他們匱乏程度的輕重，使他們都能夠滿足個別的需要。如又還有吞蝕公帑、橫徵民財的話，篤定就是貪污的官吏。從正當性來說，應該嚴譴。」又說：「我先後任知州、提舉、轉運使、安撫使等職，不曾毀及任何一位屬員的前程。當中不稱職的屬員就囑託他公事，讓他沒有時間懈怠。敷衍不敬慎的屬員，我總是苦口婆心地告知他災殃、幸福等道理，期待他自己改過更新。這樣去惡為善的屬員並不少，不一定要用法規律令予以糾正。」

【注釋】

①俾之自新　期待他自己改過更新。俾，ㄅㄧˋ。使。書湯誥：「俾予一人，輯寧爾邦家。」詩邶風綠衣：「我思古人，俾無訧兮。」毛傳：「俾，使。」南宋葉適國子監主簿周公墓志銘：「余既序見其大槩，且俾成子別為書以行於世，庶有志者得詳焉。」在此，引伸作「期待」解。之，代詞。指稱他們。自新，自己改正錯誤，重新做人。史記孝文帝本紀十三年緹縈上書：「妾願沒入為官婢，贖父刑罪，使得自新。」葉適代宗彥遠青詞：「雖積罪以致禍，猶積哀而自新。」近人郁達夫沉淪四：「若從此自新，我的腦力還是很可以的。」

②杜正獻公衍　詳語侵不恨②。

③在上者　官居上層的人。上，指上層、上級言。與「下」相對。

④多　與「少」相對。猶云總是。餘詳語侵不恨④。

⑤擿發 ㄊㄧ ㄈㄚ。揭露。後漢書賈宗傳：「宗擢用其任職者，與邊吏參選，轉相監司，以擿發其姦，或以功次補長吏，故各願盡死。」北宋曾鞏尚書都官員外郎王公墓志銘：「居郡，求姦事最急，苟有明孽，一切擿發，窮治之。」明方孝孺贈河南王僉事序：「勸學禮士，搏姦擊強，擿發偽媮，威而不苛，寬而不弛，吏民咸大畏服。」

⑥小節 詳語侵不恨⑥。

⑦不恕 同前注⑦。

⑧兗州 上古九州之一，取兗水以為名。東漢置兗州，轄陳留、東郡、任城、泰山、濟北、山陽、濟陰、東平等八郡，治昌邑，在今山東金鄉縣西北。自漢至晉，治地屢變。北宋，兗州屬京東西路，治瑕縣今山東滋陽縣西。（後漢書郡國志三、嘉慶一統志卷一六五）

⑨累重 ㄌㄟˋ ㄓㄨㄥˋ。本義家屬資產。漢書匈奴傳上：「匈奴聞，悉遠其累重於余吾水北。」顏師古注：「累重，謂妻子資產也。」後多引伸作「家庭負擔重」解。北宋蘇軾乞常州居住表：「但以祿廩久空，衣食不繼，累重道遠，不免舟行。」此處從後解。

⑩而 連詞。猶又。論語顏淵：「夫達也者，質直而好義，察言而觀色，慮以下人。」韓非子說林上：「以管仲之聖而隰朋之智，至其所不知，不難師於老馬與蟻。」

⑪素貧 向來缺錢。素，向來。左傳僖公廿八年：「其眾素飽，不可謂老。」楊伯峻注：「素，向來。」史記陳涉世家：「吳廣素愛人，士卒多為用者。」顏氏家訓序致：「吾家風教，素為整密。」乏財曰貧，用不足之稱也。書洪範：「六極：……四曰貧、……」蔡

仲默傳：「貧者，用不足也。」論語衛靈公：「君子憂道不憂貧。」

⑫公租　帝制時代雜賦所得之一。此項收入，於兩宋例由路、府、州等地方衙門自行支配運用。

⑬公帑　公款。新唐書裴胄傳：「是時，方鎮爭剝下希恩，製重錦異綾，名貢奉，有中使者，即悉帑市歡。」舊五代史漢書李皇后傳：「高祖建義於太原，欲行頒賚於軍士，以公帑不足，議率井邑，助成其事。」

⑭量其小大　斟酌他們匱乏的輕重程度。量，ㄌㄧㄤˋ。酌量，即斟酌也。魏書世祖紀：「詔諸有疑獄，皆付中書，以經義量決。」北史隋本紀下：「鰥寡孤獨，不能自存者，量加振濟。」小大，引伸作「輕重」解。禮記王制：「疑獄，氾與眾共之。眾疑赦之，必察小大之比以成之。」鄭玄注：「小大，猶輕重也。」

⑮自足　滿足本身的需要，列子黃帝：「不施不惠，而物自足。」清顧炎武偶來詩：「赤米白鹽猶自足，青山綠野故無求。」

⑯侵擾　本義侵犯騷擾。史記平準書：「及王恢設謀馬邑，匈奴絕和親，侵擾北邊，兵連而不解。」本文此處，採引伸義，謂吞蝕公帑、橫徵擾民。

⑰貪吏　貪污的官員。荀子彊國：「女主亂之宮，詐臣亂之朝，貪吏亂之官，眾庶百姓皆以貪利爭奪為俗，曷若是而可以持國乎？」史記滑稽列傳：「貪吏安可為也！」漢隸釋楚相孫叔敖碑：「貪吏而可為而不可為，廉吏而可為而不可為。」清方維儀（一五八五—一六

六八）出塞詩：「小兵知有死，貪吏尚求錢。」陳夔龍（一八五六—？）夢蕉亭雜記卷一：「霹靂一聲，貪吏震慴。一府兩縣同時撤革，官方為之一肅。」

⑱於義可責　從正當性而言，應加以嚴譴。於，介所從。自。由。從。孟子梁惠王下：「今燕虐其民，王往而征之，民將以為拯己於水火之中也。」漢書揚雄傳：「司馬長卿竊資於卓氏。」義，事之宜也。論語為政：「見義不為，無勇也。」本文此處，作「正當性」解。可，應。應該。三國志魏志鍾會傳：「但可敕會取艾，不宜自往。」責，譴謫。左傳僖公廿七年：「秋入杞，責無禮也。」西漢楊惲（？—前五四）報孫會宗書：「今子尚安得以卿大夫之制而責我哉？」西晉李密（二二四—二八七）陳情表：「詔書切峻，責臣逋慢。」

⑲知州　州的最高行政首長。宋制州分三等，上等州三萬戶以上，中等州約二萬戶左右，下等州二萬戶以下。上等州俗稱大州。餘參語侵不恨⑧。

⑳提轉　并參語侵不恨⑧、鼓琴不問③。

㉑安撫　經略安撫使省稱「安撫」，亦簡稱「帥」。餘參持燭燃鬢③。

㉒未嘗　參羹污朝衣⑤、或萬事之中忍字為上④。

㉓壞　參語侵不恨⑨。

㉔其間　他們（的）當中。

㉕不職　參語侵不恨⑪。

㉖委以事　謂委之以事。餘同前注⑫。

㉗不暇墯　即不暇惰。餘同前注⑬。

㉘不謹　詳語侵不恨⑭。

㉙諭以禍福　同前注⑮。

㉚遷善　去惡為善。改過向善。孟子盡心上：「殺之而不怨，利之而不庸，民日遷善而不知為之者。」西漢楊雄（前五三—一八）法言學行：「是以君子貴遷善，遷善也者聖人之徒與！」周書陸通傳：「然其逆謀久定，必無遷善之心。」舊唐書昭宗紀：「伏維　皇帝陛下，鑒往古用師之難，採列聖遷善之美，恩如區宇，信及豚魚，則臣等不勝懇願。」

㉛甚眾　很多。不少。甚，極。很。非常。左傳昭公廿八年：「有甚美必有甚惡。」史記陳餘張耳列傳：「高祖箕踞罵，甚慢易之。」眾，多。禮記大學：「生之者眾，食之者寡，則財恆足矣。」孫子虛實：「我專為一，敵分為十，是以十共其一也，則我眾而敵寡。」尹文子大道上：「今天地之間，不肖實眾，仁賢實寡。」

㉜繩以法　詳語侵不恨⑯。

【析源】

同語侵不恨，茲從略。另，明劉元卿（？—？，萬曆前後之人）、喻均（？—？）合撰江右名賢編官政亦載：「衍知兗州時，州縣官有累重而素貧者，以公租所得均給之。」附誌於此。

八三、未嘗按黜一吏

陳文惠公堯佐十典大州，六為轉運使，常以方嚴肅下，使人知畏而重。犯法至其過失則多保祐之，故未嘗按黜一下吏。

【語譯】

陳堯佐十度外放掌理大州的州務，前後六次出任轉運使。他長久不變地採行方正嚴肅的理念統御部屬，養成大多數的屬員知所警惕並且謹慎任事。對於違反法紀以至發生錯誤的屬員，他反而衡情酌理設法護著他們，所以不曾舉劾斥退過任何一名下屬。

【注釋】

①未嘗按黜一吏　不曾斥退過任何一位基層屬員。未嘗，詳羹污朝衣⑤或萬事之中忍字為上④。按黜，斥退。一，謂任一。吏，辦理公務之人。賈子新書大政：「故民之治亂在於吏，國之安危在於政。是以明君之於政也，慎之於吏也，選之然後國安也。」本文此處，指下屬各官員。

②陳文惠公堯佐　（九六三—一〇四四）。北宋閬州閬中（今屬四川）人。進士及第。歷任州縣。知滑州時，築長堤，人稱陳公堤。入為三司戶部副使，徙度支，同修真宗實錄、三朝史。天聖七年（一〇二九）除樞密副使，尋除參知政事。明道中，罷知永興軍。景祐四

年（一〇三七）拜同中書門下平章事、集賢殿大學士。卒，贈司空兼侍中，謚文惠。堯佐初肄業錦屏山，後從种放於終南山，讀書不輟。號知餘子，世稱潁川先生。有文集卅卷，又有潮陽編、野廬編、愚丘集、遺興集。（宋史卷二八四）。

③典　司。掌理。史記太史公序：「司馬氏世典周史。」

④大州　上等州。宋制：州分三等，上等州約三萬戶以上、中等州約二萬戶上下，三等州約二萬戶以下。

⑤六為轉運使　前後六次出任轉運使。為，ㄨㄟˊ。任。轉運使，參鼓琴不問③。

⑥常以……　長久不變地採行方正嚴肅的理念統御部屬。常，恆。長久不變曰恆。列子天瑞：「生者不能不生，化者不能不化，故常生常化。常生常化者，無時不生，無時不化。」以，用，即採行。易明夷：「內文明而外柔順，以蒙大難，文王以之。」虞注：「以，用也。」方嚴，方正嚴肅。三國志吳志魯肅傳：「（肅）卒，權為舉哀，……」裴松之注引三國吳韋昭吳書：「肅為人方嚴，寡於玩飾。」南宋陸游賀薛安撫兼制置啟：「恭維某官淵博有傳，方嚴不撓。」清趙執信（一六六二—一七四四）談龍錄：「或曰：禮義之說，近乎方嚴，是與溫柔敦厚相妨也。」肅，ㄙㄨˋ。整飭。晏子春秋內篇諫上：「蓋是後也，飭法修禮，以治國政，而百姓肅也。」聊齋志異于去惡：「文場事發，簾官多遭誅譴，貢舉之途一肅。」本文此處，引伸作「統御」解。下，指部屬言。

⑦使人　令人。使，令。論語子罕，「子路使門人為臣。」人，指屬員言。

⑧知畏而重　知所警惕並且謹慎任事。畏，警惕。論語子罕：「子畏於匡。」又，季氏：「小人不知天命而不畏也。」重，謹慎。荀子議兵：「重用兵者強，輕用兵者弱。」唐劉肅（？—？，元和前後之人）大唐新語極諫：「兵者凶器，戰者危事，故聖王重行之也。」

⑨犯法　違反法紀。國語魯語下：「若子季孫欲其法也，則有周公之籍矣；若欲犯法，則苟而賦，又何訪焉！」唐韓愈御史臺上論天旱人饑狀：「臣竊見　陛下憐念黎元，同於赤子，至或犯法當戮，猶且寬而宥之，況此無辜之人。」

⑩至其　以至他（們）……。至，以至。三國志蜀志諸葛亮傳：「不能訓章明法，臨事而懼，至有街亭違命之缺，箕谷不戒之失，咎皆在臣授任無方。」

⑪過失　因大意而犯的錯誤。管子山權數：「晉有臣不忠於其君，慮殺其主，謂之公過。諸公過之家，毋使得事君。此晉之過失也。」宋書向靖傳：「子植嗣，多過失，不受母訓，奪爵。」北宋曾鞏太子賓客致仕陳公神道碑銘：「其治於惡人無所貸，至其過失則無所不容。」

⑫則　反而。論語子路：「欲速則不達。」呂氏春秋審分：「求牛則名馬，求馬則名牛，所求必不得矣。」東漢王充論衡儒增：「實欲言十則言百，百則言千矣。」

⑬保祐　本作「保右」，亦作「保佑」。保護幫助。恆用以指神力衛護、幫助。詩大雅假樂：「保右命之，自天申之。」漢書王莽傳上：「此其所以保佑聖漢，安靖元元之效也。」又，杜鄴傳：「天變不空，保佑世主如此之至，至何不應！」南朝梁任昉齊竟陵文宣王行狀：

「方憑保祐，永翼雍熙。」

⑭按黜　舉劾斥退。按，舉劾。新唐書王琚傳：「又使羅希奭深按其罪，琚懼，仰藥，未及死，希奭縊之。」南宋沈作喆（？—？約大觀、乾道間人）寓簡卷十：「譖於太守，將誣按，致之深文。」黜，ㄔㄨˋ。貶降。貶斥。論語微子：「柳下惠為士師，三黜。」醒世恆言三孝廉讓產立高名：「若所舉不得其人，後日或貪財壞法，輕則罪黜，重則抄沒，連舉主一同受罪。」

⑮下吏　屬吏。低階官吏。左傳哀公十五年：「寡君使蓋備說，弔君之下吏。」史記循吏列傳：「官有貴賤，罪有輕重。下吏有過，非子之罪也。」南宋陸游謝梁右相啟：「伏念某鄉校孤生，京塵下吏。」

【析源】

北宋歐陽脩陳文惠公堯佐神道碑：「……公十典大州，六為轉運使，常以方嚴肅下，使人知畏，而重犯法。至其過失則多保佑之，故未嘗按黜一下吏。」（名臣碑傳琬琰之集上、卷十五）五朝名臣言行錄卷六之二丞相陳文惠公堯佐：「公十典大州，六為轉運使，常以方嚴肅下，使人知畏，而重犯法。至其過失則多保佑之，故未嘗按黜一下吏。」注：「（出自）神道碑」。

八四、小過不懌

宋朝韓億在中書，見諸路職司𥨊拾官吏小過，不懌。曰：「今天下太平，主上之心，雖昆蟲、草木，皆欲得所。士之大者望為公卿，次而望為侍從、職司、二千石，下亦望為州郡幕職官。奈何錮之於聖世？」

【語譯】

北宋韓億任職中書省的時候，親眼看到地方各路主官忙忙迭迭地搜集有關官員一些微不足道的錯誤、缺失，內心頗感不悅。他說：「當前海內穩定、國泰民安，在皇上的內心深處，即使卑微如昆蟲、草木，全都希望它們能有個合宜的生養、蕃息之地呢！企圖心強的讀書人，期待有朝一日榮任三公、九卿。其次指望官拜翰林學士、六部尚書（侍郎）、臺、省單位主管或地方大員。最起碼也期許自己能當上地方幕佐性質的官員。此心同、此理同，怎麼就受限於現在呢？」

【注釋】

①小過不懌　謂專挑剔別人微不足道的缺失，內心不悅。管子五輔：「赦罪戾，宥小過，此謂寬其政。」韓非子內儲說上：「重罪者人之所難犯也，而小過者人之所易去也。」雲笈七籤卷一一六：「女本上清仙人也，有小過，謫在人間，年限既畢，復歸上天。」清陸嵩

（一七九一—一八六〇）鬻兒行：「是兒親生不論價，但願小過休笞鞭。」懌，ㄧˋ。悅。悅樂。書康誥：「我惟有及，則予一人以懌。」又，梓材：「和懌先後迷民，用懌先王受命。」

②韓億（九七二—一〇四四）。其先真定壽人，後徙開封雍丘（治今河南杞縣）。咸平中舉進士，為大理評事、知永城縣。真宗曾欲召試，以宰相王旦之婿避嫌，數任外官，所至皆有治聲。仁宗初，進直史館、知青州，以司封員外郎兼侍御史知雜事，判大理寺丞。渠敢于執法，不為權貴所撓。自薛奎後，獨掌臺務踰年。除龍圖閣待制，奉使契丹，應對得體。歷知亳、益二州。景祐二年（一〇三五），同知樞密院事。因武務不修，請二府各列上才可任將帥者數十人試用，又請編纂兵書授之，於是仁宗親集神武秘略賜邊臣。四年，除戶部、參知政事。寶元元年（一〇三八）被劾，與宰相王隨、陳堯佐同罷，出知應天府、成德軍、亳州，官至尚書左丞，以太子少傅致仕。卒贈太子太保，謚忠憲。（宋史卷三一五）。

③中書　中書省之省詞。宋沿唐制，於中央設三省六部，尚書、中書、門下合稱三省。中書省又稱右省，主管郊祀、皇帝冊文、州縣官考課、齋郎年滿復奏、文官考賜章服……等事。（宋史職官志一）。

④諸路　猶各路。路為兩宋地方一級機關。太宗至道二年（九九七）改唐所設「道」為「路」，初分十五路，仁宗時分十八路，元豐改制（一〇八二）增至廿四路。路設四監司：

(一)帥司，即安撫使司。(二)漕司，即轉運使司。(三)憲司，即提點刑獄司。(四)倉司，即提舉常平司。(宋史職官志七)

⑤職司　主管某一職務的官員，猶云主官。三國志吳志陸凱傳：「今州縣職司，或莅政無幾，便徵召遷轉，迎新送舊，紛紛道路，傷財官民，於是為甚。」唐杜甫臨邑舍弟書至苦雨黃河泛溢詩：「職司憂悄悄，郡國訴嗷嗷。」

⑥窘拾　忙忙迭迭地搜集。窘，ㄐㄩㄥˇ。急。表性態。戰國屈原離騷：「何桀紂之猖披兮，夫唯捷徑以窘步。」王逸注：「窘，急也。」南朝宋顏延之(三八四—四五六)和謝靈運詩：「弱植慕端操，窘步懼先迷。」注：「急步追之，常恐失迷，失其正道也。」拾，ㄕˊ。撿取。猶搜集。荀子正名：「是君子之所棄，而愚者拾以為己寶。」東漢劉陶(？—一八五)上疏陳事：「拾暴秦之敝，追亡周之鹿。」文心雕龍辨騷：「吟諷者銜其山川，童蒙者拾其香草。」

⑦天下太平　全國局勢安定。猶謂海內穩定、國泰民安。禮記仲尼燕居：「言而履之，禮也；行而樂之，樂也。君子力此二者，夫是以天下太平也。」漢書王莽傳上：「太皇太后聖明，安漢公至仁，天下太平，五穀成孰。」資治通鑑唐穆宗長慶元年：「雍……謂軍士曰：『今天下太平，汝曹能挽兩石弓，不若識一丁字。』」。

⑧主上　帝制時代臣工對君主的稱呼之一。韓非子孤憤：「主上卑而大臣重，故主失勢而臣得國。」西漢司馬遷報任少卿書：「後數日，陵敗書聞，主上為之食不甘味，聽朝不怡。」

清侯方域朋黨論上：「夫主上居深宮之中，與臣庶隔絕，常恐天下之欺己，而密以為防。」

⑨「雖」……「得所」　雖，即使。禮記中庸：「人一能之，己百之，……雖愚必明，雖柔必強。」韓非子飾邪：「語曰：『家有常業，雖饑不餓，國有常法，雖危不亡。』」呂氏春秋長攻：「不仁不義，雖得十越，吾不為也。」得所，即得其所。謂得到合適的處所或位置。語本孟子萬章上：「昔者有饋生魚於鄭子產，子產使校人畜之池。校人烹之，反命曰：『始舍之，圉圉焉；少則洋洋焉；攸然而逝。』子產曰：『得其所哉！得其所哉！』」

⑩士之大者　知識份子中企圖心強的人。士，讀書人（知識份子）之通稱。大，描述旺盛之企圖心。

⑪望為　期待（自己）榮任……。

⑫公卿　三公九卿。封建帝制時代位階最高之職官名。儀禮喪服：「公卿大夫室老士貴臣。」論語子罕：「出則事公卿，入則事父母。」後漢書陳寵傳：「及竇憲為大將軍征匈奴，公卿以下及郡國無不遣吏子弟奉獻遺者。」

⑬次　首之後曰次。左傳襄公廿四年：「太上有立德，其次有立功，其次有立言。」又昭公廿年：「唯有德者能以寬服民，其次莫如猛。」

⑭侍從　翰林學士、給事中、六部尚書、侍郎等掌理重要政務之職官。榮按：兩宋恆將前述各職官曰侍從。北宋蘇軾論役法差僱利害起請劃一狀：「臣身為侍從，又忝長民，不可不言。」南宋葉適辯兵部郎官朱元晦狀：「栗為侍從，就其蹇淺，多以達　陛下之德意志慮，

示信于下。」另詳南宋趙昇（?—?，理宗前後之人；一作「升」。）朝野類要侍從，茲略。

⑮職司　指朝廷臺、省、院、寺等機關之單位主管。餘參⑤。

⑯二千石　兩漢郡置郡守，綜理郡務，為一郡之首長，俸祿（真）二千石，即月支俸百二十斛。世因稱郡守為「二千石」。石，古讀作ㄕˊ，閩南語今仍之。近世讀ㄉㄢˋ。史記孝文本紀：「臣謹請（與）陰安侯列侯頃王后與瑯玡王、宗至、大臣、列侯、吏二千石議。」漢書循吏傳序：「庶民所以安其田里而亡歎息愁恨之心者，政平訟理也。與我共此者，其唯良二千石乎！」顏師古注：「謂郡守，諸侯相。」西京雜記卷一：「京師大小，祭山川以止雨，丞相、御史、二千石禱祠如求雨灋。」宋佚名新編分門古今類事文翁擲斧：「翁呪曰：『吾得二千石，斧當著此。』因擲之，正中所欲處。後果為蜀郡太守。」榮按：文翁，廬江舒人。漢景帝季年為蜀郡守。又，秦漢之郡，即唐宋時所設州也。知州屬方面要員；餘參語侵不恨⑧。

⑰下　猶云最起碼。

⑱州郡幕職官　州縣等所置各曹參軍、縣丞、主簿等幕僚性官職。

⑲奈何　怎麼。為何。禮記曲禮下：「國君去其國，止之曰：『奈何去社稷也。』大夫曰：『奈何去宗廟也。』士曰：『奈何去墳墓也。』」南宋葉適題韓尚書帖：「當時有識者皆怪訝，謂：『此乃古人遺風，前輩雅韻，奈何反被劾也！』」

⑳錮之於　受限於。錮，ㄍㄨˋ。禁。左傳成公二年：「巫臣盡室以行，申叔跪之，曰：『異哉！……以臣於晉。子反請以重幣錮之。』」

㉑聖世　猶聖代。帝制時代臣民對當代之諛稱。東漢王充論衡須頌：「涉聖世不知聖主，是則盲者不能別青黃也。」抱朴子擢才：「且夫愛憎好惡，古今不均……故聖世之良幹，乃闇俗之罪人也。」南史庾仲文傳：「令賈誼、劉向重生，豈不慷慨流涕於聖世邪！」北宋王安石試院中五絕句之一：「聖世選才終用賦，白頭來此試諸生。」

【析源】

宋名臣言行錄前集卷六韓忠獻公：「公在中書，見諸路職司摭拾官吏小過輒不懌，曰：『天下太平，主上之心，雖蟲、魚、草木，皆欲得所。況仕者，大則望為公卿，次亦望為侍從、職司、二千石，其下亦望京朝、幕官，奈何錮之於聖世乎？』」注：「（出自名臣傳）。厚德錄卷三：「韓許國公億在中書日，嘗見天下諸路職司摭拾官吏小過輒顏色不懌，曰：『今天下太平，主上之心，雖蟲、魚、草木，皆欲得所。夫仕者，大則望為公卿，次則望為侍從、職司、二千石，其下亦望為京朝、幕職，奈何錮之於聖世？』持心如此，……」宋史韓億傳：「億性方重，治家嚴飭，雖燕居，未嘗有惰容。……每見天下諸路有奏擿拾官吏小過者，輒顏色不懌，曰：『天下太平，聖主之心，雖昆蟲、草木，皆欲使之得所。今仕者，大則望為公卿，次亦望為侍從、職司、一千石，其下亦望為京朝、幕職，奈何錮之於聖世？』」（卷三一五）。

八五、拔藩益地

陳囂與民紀伯為鄰。伯夜竊藩囂地自益。囂見之，伺伯去後，密拔其藩一丈，以地益伯。伯覺之，慚惶，既還所侵，又卻一丈。太守周府君高囂德義，刻石旌表，其閭號曰義里。

【語譯】

陳囂和平民紀伯彼此住家接近。紀伯利用晚上暗自移動竹籬、減少陳囂的土地，卻增加了自己的圈地。陳囂看在眼裡，窺察他確已離開之後，秘密地除去自己的竹籬約一丈長，以便增加紀伯的圈地。紀伯察知這種狀況，羞愧、恐慌，不但歸還不當吞蝕的土地，還往後退了一丈。郡守周府君貴重陳囂的道德信義，特別請工匠雕鏤一方石碑來表彰他，把他所住的里巷稱做義里。

【注釋】

①拔藩益地　除去竹籬，增加圈地，拔，除去。史記孔子世家：「桓魋欲殺孔子，拔其樹。」又，淮陰侯列傳：「拔趙幟，易漢赤幟。」藩，ㄈㄢˊ。籬笆。多採竹材為之。易大壯：「羝羊觸籬，羸其角。」朱注：「籬，藩也。」西漢揚雄（一作楊雄，前五三—公元十八年）甘泉賦：「雷鬱律於巖窔兮，電儵忽於牆藩。」李善注：「藩，籬也。」益，加。增加。

易謙：「天道虧盈而益謙。」孔穎達疏：「減損盈滿而增益謙退。」國語周語下：「（郤氏）有是寵也，而益之以三怨，其誰能忍之！」韋昭注：「益，猶加也。」南朝宋鮑照擬行路難詩之九：「還君金釵玳瑁簪，不忍見此益愁思。」說文：「元氣初分，輕清陽為天，重濁陰為地，萬物所陳列也。」泛指山岳、丘陵、平原、田園、郊野…等而言：本文此處作「田園」解。

②陳囂　戰國時人，生卒年、籍里等不詳，曾問學於荀子（前三一三—前二三八），為其弟子。荀子議兵：「陳囂問孫卿子，曰：『先生議兵，常以仁義為本。仁者愛人，義者循理，然則又何以兵為？凡所以有兵者，為爭奪也。』孫卿子曰：『非女（汝）所知也。彼仁者愛人。愛人故惡人之害之也。義者循理　循理故惡人之亂之也。彼兵者，所以禁暴除害也，非爭奪也。……舜伐有苗、禹伐共工、湯伐有夏、文王伐崇、武王伐紂，此四帝兩王，皆以仁義之兵，行於天下也。……』」

③為鄰　彼此住家接近。為，做。鄰，謂鄰居。住家相接近曰鄰。

④竊藩囂地　盜移竹籬，占有陳家圈地。竊，ㄑㄧㄝˋ。盜。盜取。在此，作盜移解。書微子：「今殷民乃攘竊神祇之犧牲牷，……」注：「往盜曰竊。」周禮地官：「凡竊木者有刑罰。」藩，以竹籬圍繞之。左傳哀公十二年：「吳人藩衛侯之舍。」

⑤自益　增加自己的圈地。

⑥「伺」伯「去」後　伺，ㄙˋ。暗中窺察。史記伍子胥列傳：「且嚭使人微伺之。」去，

離。離開。書胤征：「伊尹去亳適夏。」唐韓愈剝啄行：「剝剝啄啄，有客至門。我不出應，客去而嗔。」全唐詩話李遠失鶴詩：「來時白雪翎猶短，去日丹砂項漸深。」

⑦密拔　秘密地除去。密，謂不為人知，即秘密，猶云偷偷地。尹文子大道：「術者，人君所密用，羣下不可妄窺。」新五代史裴迪傳：「迪召開（苗）公立問東事，……乃屏人密詰之，具得其事。」

⑧慚惶　羞愧恐懼。一作「慚惶」，又作「慚皇」。南朝梁簡文帝答徐摛書：「竟不能黜邪進善，少助國章，獻可替否，仰裨聖政，以此慚惶，無忘夕惕。」南宋謝翺（一二四九—一二九五）送袁太初歸剡原袁來杭宿傳法寺詩：「出門擇語歸計餐，顧忌慚皇無不有。」明沈德符野獲編內閣三宰相對聯：「先是，華亭公罷相歸，其堂聯云：『庭訓尚存。老去敢忘佩服；國恩未報，歸來猶抱慚惶。』」榮按：徐階（一五〇三—一五八三）明松江華亭人，字子升，嘉靖四十一年五月拜相為首輔，隆慶二年七月致仕歸。

⑨卻　退。使退。戰國策秦策一：「棄甲兵，怒戰慄而卻。天下固量秦力二矣。」史記留侯世家：「沛公自度能卻項羽乎？」北宋蘇軾漁樵閒話錄上編：「是時，明皇為臨淄郡王，因卻左右而見之。」

⑩太守　職官名。一郡之最高行政首長。西漢景帝時，郡守改名太守。本文此處宜訂正為「郡守」，因故事發生於戰國時代也。

⑪府君　兩漢對太守之尊稱。後仍沿用。後漢書方術傳下華佗：「廣陵太守陳登忽患匈中煩

澌，面赤，不食。佗脈之，曰：『府君胃中有蟲。』」

⑫高　貴重。呂氏春秋離俗：「越窮越榮，雖死，天下高之。」

⑬德義　道德信義。左傳僖公廿四年：「心不則德義之經為頑，口不道忠信之言為嚚。」西晉潘岳西征賦：「誦六藝以飾姦；焚詩書而面牆；心不則於德義，雖異術而同亡。」北宋曾鞏送李材叔知柳州：「古之人為一鄉一縣，其德義惠愛，尚足以薰蒸漸澤。」

⑭刻石　雕鏤圖文於石上。史記秦始皇本紀：「始皇東行郡縣，上鄒嶧山。立石，與魯諸生議，刻石頌秦德。」唐白居易蜀路石婦詩：「後人高其節，刻石像婦形。」清龔自珍（一七九一—一八四一）說刻石：「古者刻石之事有九。」

⑮旌表　表彰。晉書荀崧傳：「今承大弊之後，淳風頹散，苟有一介之善，宜在旌表之列。」旌，ㄐㄧㄥ。

⑯其「閭」ㄌㄩˊ。里巷。

【析源】

文獻不足，待考。

八六、兄弟難得，田地易求

清河百姓乙普明，兄弟爭田，積年不斷。太守蘇瓊諭之曰：「天下難得者兄弟，易求者田地。假令得田地，失兄弟心，如何？」普明兄弟叩頭，乞外更思，分異十年，遂還同住。

【語譯】

北齊清河郡郡民乙普明，兄弟彼此互爭田產，接連多年，不曾間斷。太守蘇瓊告知他們：「活在世間成為兄弟，可不是一件容易的事；想取得一頃半畝的田地，只要勤奮就能夠擁有的。如果，讓你們取得了田地，卻丟了兄弟間友愛和諧的情誼，彼此好像仇人一般，怎麼樣？」普明兄弟跪在堂下，嗑頭不止，懇求太守特別賜給他們兄弟改變意念的機會。彼此雖已離散十年，終於盡釋前嫌，回到老家、住在一起。

【注釋】

①兄弟難得，田地易求　成為兄弟並不是一件容易的事；想取得一頃半畝的耕地，只要有心外加勤奮，終能擁有。兄弟，哥哥和弟弟。爾雅釋親：「男子先生為兄，後生為弟。」詩小雅常棣：「凡今之人，莫如兄弟。」鄭玄箋：「人之恩親，無如兄弟之最厚。」元李直夫（?—?，女真人，活動於大德間。）凍蘇秦第二折：「兄弟如同手足，手足斷了再難續。」難得，不易得到。禮記儒行：「非時不見，不亦難得乎？」史記龜策列傳：「取八十莖已上，蓍長八尺，即難得也。」北宋黃庭堅雨中花送彭文思使君詞：「樂事賞心易散，良辰美景難得。」田地，耕地。即耕種用地。史記蕭相國世家：「今君胡不多買田地，賤

貰貸以自汙？」唐元稹景申秋詩之六：「經雨籬落壞，入秋田地荒。」易求，不難得到。「易」與「難」相對。求，取。即獲得。詩大雅文王之什：「永言配命，自求多福。」論語述而：「富而可求也，雖執鞭之士，吾亦為之。」孟子公孫丑上：「般樂怠敖，是自求禍也。」榮按：本章原標題作「兄弟訟田，至於失歡」未盡妥適，茲依全章文義，修訂如上。

②清河　西漢郡國，高祖置之。桓帝建和二年（一四八）改名甘陵。隋開皇初，改置清河縣，民三改名淮陰縣、屬江蘇省。（漢書地理志上、後漢書郡國志二、讀史方輿紀要卷二、寰宇通志卷廿等）。

③百姓　人民。民眾。書泰誓中：「百姓有過，在予一人。」孔穎達疏：「此『百姓』與下『百姓懍懍』皆謂天下眾民也。」論語顏淵：「百姓足，君孰與不足？百姓不足，君孰與足？」北宋孔平仲（？—？，崇寧初年卒）孔氏談苑元旦占候：「又云：『芒種雨，百姓苦。』蓋芒種須晴明也。」明高啟賦得烏衣巷送趙丞子將：「春風三月滿京華，肯入尋常百姓家。」本文此處，謂郡民也。

④乙普明　姓乙、名普明。北齊時人。乙，出自子姓。（通志氏族略）。

⑤爭田　謂爭田產。爭，ㄓㄥ。競。引之歸己。左傳隱公十一年：「滕侯、薛侯來朝，爭長。」北周庾信（五一三—五八一）竹杖賦：「楚漢爭衡，袁曹競逐。」

⑥積年不斷　多年不絕。積年，多年。累年。列子周穆王：「積年之疾，一朝都除。」後漢

書方術傳下郭玉：「弟子程高尋求積年，翁乃授之。」唐韓愈元和聖德詩序：「外斬楊慧琳、劉闢以收夏蜀，東定青徐積年之叛，海內怖駭，不敢違越。」不斷，不絕。接連。隋書北狄傳突厥：「重疊親舊，子子孫孫，乃至萬世不斷。」南宋樓鑰（一一三七—一二一三）浣溪沙雙檜堂詞：「夏手陽鳥景最長，小池不斷耦花香。」

⑦太守　職官名。餘詳拔蓄益地⑩。

⑧蘇瓊　生卒年不詳。北齊武強（今屬河北省）人。字珍之。文襄引為刑獄參軍，辦獄明審。除南清河太守，民吏肅然，奸盜止息。嘗密走私訪，獲盜牛者，又性清廉，不受餽贈。解民糾紛，禁斷淫祠。天保中，郡界大水。瓊普集有粟家，貸粟給付錢者，時稱良吏。尋遷廷尉，時畢義雲為御史中丞，以猛暴任職，理官莫敢有違，渠推察務在公平，得雪者甚眾。後為大理卿而齊亡，仕周為博陵太守。隋開皇初卒。（北齊書卷四六、北史卷八六）

⑨諭　告知。韻會：「諭，及其未悟，告之使曉。」禮記祭義：「於是諭其志意，以其慌惚以與神明交。」孔穎達疏：「使祝官啟告鬼神，曉諭鬼神以志意。」穀梁傳桓公六年：「大閱者何？閱兵車也，脩教明諭國道也。」注：「諭，曉也。」

⑩天下　普天之下。猶云世間。

⑪假令　如果讓……。假，假若。即如果。令，使。猶「讓」。

⑫「失」兄弟「心」　失，喪。失去。易繫辭上：「君不密則失臣，臣不密則失身。」左傳桓公二年：「官之失德，寵賂章也。」心，思想、意念、感情等之通稱。易繫辭上：「二

人同心，其利斷金。」詩小雅巧言：「他人有心，予忖度之。」唐杜甫秋興詩之一：「叢菊兩開他日淚，孤舟一繫故園心。」清龔自珍己亥雜詩之二五〇：「誰分江湖搖落後，小屏紅燭話冬心。」本文此處，作「感情」解。餘，另參①。

⑬如何　怎樣。詩小雅庭燎：「夜如何其？夜未央。」

⑭叩頭　伏身跪拜，以頭觸地。舊時為最鄭重的禮節。史記滑稽列傳：「鵠，毛物，多相類者，吾欲買而代之，是不信而欺吾王也。欲赴佗國奔亡，痛苦兩主使不通。故來服過，叩頭受罪大王。」金董解元（？—？，金章宗時人）西廂記諸宮調卷一：「臨壇依了眾僧，叩頭禮下當陽。」

⑮乞外更思　懇求特別賜給改變意念的機會。乞，懇求。論語公冶長：「乞諸其鄰而與之。」超越一定範圍曰外。猶云特別。更思，改變想法，更，改變。論語子張：「君子之過也，如日月之食焉。過也，人皆見之。更也，人皆仰之。」念曰思。意念之稱。晉書左思傳：「稱思十年。」又，范寧傳：「妙思通微。」

⑯分異　猶云離散。分，分散。孫子虛實：「故形人而我無形，則我專而敵分。」杜佑注：「我專一而敵分散。」列子黃帝：「用志不分，乃凝於神。」張湛注：「分猶散也。」異，分開。史記孔子世家：「有司加法焉，手足異處。」

【析源】

北齊書循吏傳蘇瓊：「有百姓乙普明，兄弟爭田，積年不斷，各相援引，乃至百人。瓊召普明兄弟對眾人諭之曰：『天下難得者兄弟，易求者田地，假令得地失兄弟心，如何？』因而下淚，眾人莫不灑泣。普明兄弟叩頭，乞外更思，分異十年，遂還同住。」北史循吏列傳—蘇瓊一則所載與前揭文雷同，其中僅「各相援引」作「各相援據」、「眾人莫不灑泣」作「諸證人莫不灑泣」等二處小異耳。

八七、忿忍過片時，心便清涼

彭令君曰：「一朝之忿，可以亡身及親；錐刀之利可以破家蕩業。故忿爭不可以不戒。大抵忿事之起，其初甚微，而其禍甚大。所謂涓涓不壅，將為江河，綿綿不絕，或成網羅。人能於其初而堅忍制伏之，則便無事矣。性猶火也，方發之初，戒之甚易；既已焰熾，則焚山爆原不可撲滅，豈不甚可畏哉？俗語有云：『得忍且忍，得戒且戒；不忍不戒，小事成大。』試觀今人忿爭致訟，以致亡身及親、破家蕩產者，其初亦豈有大故哉？被人少有觸擊則必忿，被人少有所侵陵則必爭，不能忍也則詈人而人亦詈之，毆人而人亦毆之，訟人而人亦訟之，相怨相讎，各務相勝，勝心既熾，無緣可遏，此亡身及親、破家蕩業之由也。莫若於將忿之初，則便忍之，纔過片時，則心便清涼矣。欲其欲爭之初，則且忍之，果所侵有利害，徐以禮懇問之，不從，而後徐訟之於官可也。若蒙官司見直行之，稍峻亦當委曲以全鄰里之義，如此則不傷財、不勞神，身心安寧，人亦信服。此人世中安樂法也。比之忿鬪爭競、喪心費財，伺侯公庭、俯仰胥吏、拘繫囹圄、荒廢本業以至亡身及親、破家蕩產者，不亦遠乎？」

【語譯】

彭令君說：「一時的怨怒，可能賠上自個兒的性命並殃及父母至親。小刀的尖銳、鋒利，可能耗盡家產。所以，怨怒相爭不能不予以革除。一般而言，怨怒互爭的引發，一開始都微不足道，但災殃往往非常嚴重。所謂『緩緩流動的細水，就要形成江河巨流，連續不斷，也許還發展為魚罟般的網狀景觀。』如果，剛開始，人就能堅毅地按捺住情緒，迫使怨怒不發作，那也就沒事了。人的本性像火一樣，剛燃燒起來的時候，馬上撲滅它，很容易；既然火苗已經旺盛，便會燃盡山林，燒及原野，來不及撲滅，難道不是很可怕嗎？有句俗話這麼說：『該忍就要忍，該戒就得戒；不忍也不戒，小事化成大事。』姑且審視現在的人怨怒相爭而成訟案，造成喪失性命，殃及父母至親，耗盡家業的事例。當事端萌現，難道真的有嚴重的事故嗎？遭遇對方的冒犯，便果真怨怒。受到對方的侵犯欺凌，便果真理論、計較。既然無法按捺情緒，那麼惡言罵人，對方因而也以惡言回敬。動手打人，對方因而不甘示弱，予以回擊。主動提出告訴，對方因而也具狀反控。彼此責怪、相互為仇，各求制約對方、贏過對方的想法，已經那麼旺盛，也就無從加以阻止。這便是賠上自個兒性命同時殃及父母至親、耗盡家業的根本原因啊。不如在怨怒可能發作前，就設法抑制住它，過不了多久，內心也就會平靜，清爽了。期願自己想計較的當頭，便姑且按捺住情緒。假如對方的舉動已影響到自己的利益甚至於已造成損害，那不妨待之以禮，慢條斯理且懇切地請教他。一旦不能接受，隔段時間，再從容地提出告訴。如果獲得官府秉公處理，當執法比較嚴苛的時候，也應該曲意遷就，使同一鄉里的人，不致受到過度的懲處。倘若能做到這個地步，便不損失金錢、不耗費精神，身心舒坦平暢，必也能得到對方的信賴和佩服，這是活在世上的安樂之道啊！和忌恨惡鬥、爭執計較，失去理智虛耗金錢、曲意供衙門使喚、在末入流的官佐間周旋，甚至遭受拘留、囚禁，耽誤正業，終於賠上性命、殃及至親、耗盡家業的人一較，不是很懸殊的嗎？」

【注釋】

①忿忍過片時，心便清涼　怨怒之氣抑制一會兒，內心也就恢復平靜、清爽的狀態了。怨怒之氣曰忿。南史焦度傳：「度積忿，呵責（周）彥曰：『汝知我諱明，而恆呼明，何也！』」榮按，度父明。忍，抑制。克制。荀子儒效：「志忍私，然後能公，行忍情性，然後能脩。」楊倞注：「忍，矯其性。」片時，猶片刻。即一會兒。隋江總（五一九—五九四）閨怨篇：「願君關山及早度，念妾桃李片時妍。」南宋王沂孫（一二三三—一二九三）高陽臺詞：「片時千里江南路，被東風悞引，還近陽臺。」清涼，平靜清爽。謂不再煩擾。

百喻經煮黑石蜜漿喻：「而望清涼寂靜之道，終無是處。」北宋蘇軾乘舟過賈收水閣收不在見其子詩之二：「樂哉無一事，何處不清涼。」元鄭廷玉（一作庭玉，?—?.元初之人）忍字記第三折：「忍之一字豈非常。一生忍過卻清涼，常將忍字思量到，忍是長生不老方。」清李漁（一六一〇—一六八〇）憐香伴女較，「紛紛桃李都收盡，方以外尚餘仙杏，貯我藥籠中，引爾清涼境。」

②彭令君　生卒年、事跡均不詳，待考。令君有二義：（一）東漢季年迄魏晉間，對尚書令之敬稱。後亦用以稱樞要大臣。晉書荀勗傳：「荀公達之退惡，不退不休。二令君之美，亦望於君也。」榮按：「荀彧（一六三—二一二）字文若、荀攸（一五六— 二一四）字公達，分詳三國志魏志。北宋司馬光陪子華燕醮廳酒半過趙中令園詩：「簪裾丞相閣，林沼令君家，煙曲香尋篆，杯深酒過花。」（二）對縣令之尊稱。北宋韋居安（?—?，咸淳前後之人）梅磵詩話卷中：「梁鄭公克家未第時，為潮州揭陽宰館客，寓縣治東齋。齋前有梅一株，忽於九月中盛開……邑士多賦詩，往往皆諂令君。」王安石慎縣修路者詩：「畚築今三歲，康莊始一修。何言野人意，能助令君憂。」金王寂（?—?，天德二年、一一五〇年進士）黃桃花詩：「道士厭看千樹老，令君別換一城新。」

③一朝　一時。淮南子道應訓：「使者謁之，襄子方將食，有憂色，左右曰：『一朝兩城下，此人之所喜也；今君有憂色，何也？』」朝，ㄓㄠ。

④可以　表示能（夠）或可能。詩陳風衡門：「衡門之下，可以棲遲。」孟子梁惠王上：「五

畝之宅，樹之以桑，五十者可以衣帛矣。」北宋蘇軾御試重巽申命論：「天地之化育，有可以指而言者，有不可以求而得之者。」清徐蘭（一六六〇—一七三〇）雨阻黑河詩：「花裏見魚不見水，一網可以盈一船。」

⑤亡身及親　賠上自己的性命並殃及父母至親。亡身，喪身。戰國屈原離騷：「鮌婞直以亡身兮，終然殀乎羽之野。」洪興祖補注：「鮌婞直以亡身，則鮌蓋剛而犯上者耳。」東晉桓溫（三一二—三七三）薦譙元彥表：「杜門絕迹，不面偽庭，進免龔勝亡身之禍，退無薛方詭對之譏。」及，與。及親，謂禍延父母至親。

⑥「錐刀」之「利」　錐刀，小刀。荀子議兵：「故以詐遇詐，猶有巧拙焉；以詐遇齊，辟之猶以錐刀墮太山也。」淮南子說山訓：「斷右臂而爭一毛，折鏌鎁而爭錐刀，用智如此，豈足高乎？」利，尖且易刺入物體。孟子梁惠王上：「以梃與刃，可撻秦楚之堅甲利兵矣。」

⑦破家蕩業　同「破家蕩產」，謂耗盡家產，家不成家。業，指產業而言。朱子語類卷一一一：「寬鄉富家多，狹鄉富家少。狹鄉富家，靳靳自足，一被應役，無不破家蕩產。」同義詞尚有「破家敗產」、「破家喪產」、「破家竭產」。

⑧忿爭　忿怒相爭。韓非子解老：「重生者雖入軍無忿爭之心，則無所用救害之備。」淮南子本經訓：「逮至衰世，人眾而財寡，事力勞而養不足，於是忿爭生。」唐韓愈醉後詩：「初喧或忿爭，中靜雜嘲戲。」

⑨不可以不「戒」　絕。革除。三國志魏志管輅傳：「（郭）恩使客節酒、戒肉、慎火，而射雞作食，……流血驚怖。」元伊世珍（？—？）瑯嬛記卷上：「薛嵩性慈、戒殺，即微細如虱亦不害之。」

⑩大抵　猶大都。表示總括一般情況時用之。史記太史公自序：「詩三百篇，大抵聖賢發憤之所為作也。」漢書杜周傳：「其治大抵放張湯。」顏師古注：「大抵，大歸也。」元陳櫟（一二五二—一三三四）勤有堂隨錄：「大抵自下者人必高之，自高者人必下之。」

⑪忿爭之「起」　猶興也。有「發生」之意。呂氏春秋直諫：「故不肖主無賢者，……百邪悉起，若此則無以存矣。」西漢李陵（前？—前七四）答蘇武書：「牧馬悲鳴，吟嘯成羣，邊聲四起。」明方孝孺深慮論：「……而亂常起於不足疑之事。」

⑫涓涓……網羅　恆用以喻積小成大。語出孔子家語觀周：「勿謂神將伺人，焰焰不滅，炎炎若何？涓涓不壅，終為江河，綿綿不絕，或成網羅。」涓涓，細流。壅，ㄩㄥ。塞。綿綿不絕，謂連續不斷。或成，也許發展成為。網羅，魚罟般的網狀景觀。

⑬堅忍　堅定且有毅力之謂。史記張丞相列傳：「御史大夫周昌，其人堅忍質直。」北宋蘇轍七代論：「英雄之士，常因其隙而出於其間，堅忍而不變，是以天下之勢遂成而不可解。」

⑭制伏　迫使屈服。北宋丁謂（九六二—一〇三三）丁晉公談錄：「臣熟觀其非才。但慮不能制伏於下。」

⑮「性」猶火也　有生之物，隨其與生俱來之氣質曰性。在此，指人的本性而言。

⑯燄熾　ㄧㄢˋ ㄔˋ。火苗旺盛。

⑰焚山燎原　燒遍山嶺與田野的草木。形容火勢熾烈。焚，燒。燎，延燒。北宋劉攽（一〇二三—一〇八九）鴻慶宮三聖殿賦：「焚山烈澤，害服妖息。鳥獸咸若，草木允植。」書盤庚上：「若火之燎于原，不可嚮邇。」

⑱可畏　令人畏懼。書大禹謨：「可愛非君？可畏非民。」孔穎達疏：「言君可畏者豈非民乎？」左傳文公七年：「夏日之日之。」杜預注：「夏日可畏。」唐韓愈寄三學士詩：「颶起最可畏，訇哮簸陵丘。」王士禛池北偶談談異五孫文定：「目睢盱可畏。」

⑲得忍……　成大「誡」，一作「戒」；又作「耐」。餘詳諺（三）。

⑳試觀　姑且審視。試，有「嘗試」之意，作「試著」、「姑且」等解。觀，視。諦視。韓非子外儲說左上：「王曰：『吾試觀客為棘刺之母猴。』」

㉑致訟　造成訴訟。致，造成。導致。西漢韋孟（？—？；公元前一五〇年前後猶在世）。諷諫詩：「致冰匪霜？致墜匪嫚？」南朝梁任昉奏彈曹景宗：「致茲虧喪，何所逃罪。宜正刑書，肅明典憲。」訟，謂具狀向官府告訴，即訴訟。詩召南行露：「誰謂女無家，何以速我訟？雖速我訟，亦不女從。」論語顏淵：「聽訟，吾猶人也。必也使無訟乎？」

㉒以致　之前，必有上文，藉「以致」引出下文，此下文多屬負面內容。例：北宋司馬光諫西征疏：「自古以來，國家富彊，將良卒精，因人主好戰不已，以致危亂者多矣。」明張

居正議外史職疏：「自職名更定之後，遂失朝夕記注之規，以致累朝以來，史文闕略。」等嚴重災變言。

㉓大故　重大事故。意謂可能引發嚴重事件之原因。周禮天官膳夫：「邦有大故，則不舉。」指戰爭、刑殺等事。又，春官大宗伯：「國有大故，則旅上帝及四望。」指水、旱或饑荒

㉔「少」有ㄕㄠˇ。稍。略。莊子徐无鬼：「今予病少痊，予又且復遊於六合之外。」漢書賈山傳：「臣不敢以久遠喻，願借秦以為喻，唯　陛下少加意焉。」北宋毛滂（一〇六〇—？）夜行船詞：「莫把鴛鴦驚飛去，要歌時少低檀板。」

㉕觸擊　撞擊。史記封禪書：「於是上使驗小方，鬬棊，棊自相觸擊。」後亦謂抵觸、衝突。此處從後解。近人章炳麟訄書訂孔：「論語者晻昧，三朝記與諸告飭、通論，多自觸擊也。」

㉖侵陵　詳動心忍性⑮。

㉗詈人……之　用嚴峻的詞語責罵對方、令人不堪，對方也會頂撞回來。詈，ㄌㄧˋ。罵。責備。書無逸：「小人怨汝詈汝。」唐柳宗元與蕭翰林俛書：「飾智求仕者，更詈僕以悅讎人之心，日為新奇，務相喜可，自以速援引之路。」

㉘毆人……之　動手打人，對方也會不甘示弱，乘機回擊。毆，ㄡ。擊打。尹文子大道下：「吏因毆之幾殪。」史記留侯世家：「（老父）顧謂良曰：『孺子，下取履！』良愕然，欲毆之。」唐韓愈順宗實錄二：「（農夫）遂毆宦者，街吏擒以聞。」

㉙訟人……之　告發對方，對方也會回告。訟，指向官府舉發人之罪狀而告訴之。

㉚相怨相讎　彼此不滿、互相仇恨。相讎，亦作「相仇」。詩小雅角弓：「民之無良，相怨一方。」史記游俠列傳：「雒陽人有相仇者，邑中賢豪居間者以十數，終不聽。」南宋葉適福建運使直顯謨閣少卿趙公墓誌：「猺昔自相讎而鬪，我主斷不平，數使叛逆，已前誤矣。」

㉛各務相勝　分別使出渾身解數來迫使對方稱臣。各，指雙方言。務，求。相勝，彼此壓服。彼此制約。北宋蘇軾上神宗皇帝書：「相勝以力，相高以言，而名實亂矣。」

㉜勝心既熾　壓服對方的念頭，已經這樣地高昂、旺盛。心，指念頭、作為等而言。詩小詩巧言：「他人有心，予忖度之。」唐柳宗元西山宴遊記：「心凝形釋，與萬物冥合。」熾，ㄔˋ。旺。旺盛。詩魯頌閟宮：「孝孫有慶，俾爾熾而昌，俾爾壽而臧。」

㉝無緣可遏　無從加以阻止。無緣，無從。謂沒辦法。後漢書袁安傳：「今朔漠既定，宜令南單于反其北庭，并領降眾，無緣復更立阿佟，以增國費。」東晉桓玄（三六九—四〇四）重答遠法師書：「理本無重，則無緣有致孝之情；事非資通，不應復有致恭之義。」南宋李如箎（?—?；紹興初為桐鄉縣丞）。東園叢說雜說赤壁賦：「月當在室壁間……以大要言之，亦合在危室間，無緣在斗牛。」遏，ㄜˋ。止。詩大雅民勞：「式遏寇虐，無俾民憂。」書武成：「敢祗承上帝，以遏亂略。」

㉞莫若　猶「莫如」。表示於比較考慮後所作之（理想）選擇也。在此，作「最好是」解。

國語晉語七：「人有言曰：『擇臣莫若君，擇子莫若父。』」莊子盜跖：「世之所謂忠臣者，莫若王子比干、伍子胥。」荀子王制：「馬駭輿，則莫若靜之；庶人駭政，則莫若惠之。」

㉟利害　利益和損害。易繫辭下：「情偽相感而利害生。」韓康伯注：「情以感物則得利，偽以感物則致害也。」史記龜策列傳：「先知利害，察於禍福。」南宋吳曾（？—？，紹興出仕）能改齋漫錄事實：「容到彼親看利害，方敢奏陳。」

㊱徐　慢。緩慢。表性態。左傳昭公二十年：「清濁大小，短長疾徐……以相濟也。」孟子告子下：「徐行後長者，謂之弟。」戰國策趙策四：「（觸讋）入而徐趨，至而自謝曰：『老臣病足，曾不能疾走。』」北宋蘇軾（前）赤壁賦：「清風徐來，水波不興。」

㊲懇問　真誠地請教。懇，真誠。問，猶云請教。

㊳不從　不聽從。論語子路：「其身正，不令而行；其身不正，雖令不從。」後漢書韓棱傳：「棱復上疏諫，太后不從。」

㊴官司　官府。恒用以指稱主管衙門，猶今語主管機關。榮按：古，地方行政組織，其行政、立法、司法集於一，未分設機構司之。東晉葛洪抱朴子酒誡：「人有醉者相殺，牧伯因此輒有酒禁，嚴令重申，官司搜索。」

㊵見直行之　據直而行。謂依正道辦理，不含糊也。見，據。表性態。唐王維贈裴旻將軍詩：「見說雲中擒黠虜，治知天上有將軍。」直，不屈。猶云正道。行之，受理控案。

㊶稍峻　比較嚴苛。指官府嚴格執法，不稍寬貸而言。峻，嚴。嚴正。宋史朱京傳：「風神峻整，見者憚之。」

㊷委曲……義　得理饒人，曲意遷就，期成全同鄉同里之人。委曲一詞，語本老子：「曲則全，枉則直，窪則盈，敝則新……古之所謂『曲則全』者，豈虛言哉！」後人遂恆以「委曲求全」謂曲意遷就，以求保全。

㊸忿鬭爭競　忌恨惡鬭，爭執計較。顏氏家訓文章：「傅玄忿鬭免官，孫楚矜誇凌上。」北宋蘇轍周論：「天下紛然而淆亂，忿鬭而相苦。」三國志魏志何夔傳：「上以觀朝臣之節，下以塞爭競之源。」抱朴子釋滯：「然其事在於少思寡欲，其業在於全身久壽，非爭競之醜，無傷俗之負，亦何罪乎？」晉書劉寔傳：「夫推讓之風息，爭競之心生。」

㊹胥吏　官府中的小吏。多指未入流之官佐、雜役。北齊書彭成王浟傳：「守令參佐，下及胥吏，行游往來，皆自賚糧食。」唐柳宗元梓人傳：「郡有守，邑有宰，皆有佐政，其下有胥吏。」

㊺囹圄　ㄌㄧㄥˊ ㄩˇ。監獄。禮記月令：「（仲春之月）命有司，省囹圄，去桎梏。」孔穎達疏：「囹，牢也；圄，止也，所以止出入，皆罪人所舍也。」漢書禮樂志：「禍亂不作，囹圄空虛。」

㊻本業　指本身所據以養家營生的行業。如：務農……。

㊼不亦遠乎　不是很懸殊的嗎？不亦，常用於表示肯定的反問句，句尾多有「乎」字。禮記

檀弓下：「武子曰：『不亦善乎？』」論語學而：「學而時習之，不亦說乎？……」唐韓愈送齊暭下第序：「今之君天下者，不亦勞乎？」遠，表差距大。猶云懸殊。呂氏春秋審為：「韓之輕於天下遠，今之所爭者其輕於韓又遠。」韓愈處州孔子廟碑：「所謂生人以來，未有如孔子者，其賢過於堯舜遠者，此其效歟。」

【析源】

一朝之忿，有其故實。周敬王六年（公元前五一四年）春，魯昭公自鄆徙居乾侯（今河北成安東南）。左傳昭公廿八年：「公如晉，次于乾侯。」魯三桓專政，昭公捨社稷、宗廟於不顧而出奔；樊遲遂有崇德、修慝、辨惑之問。孔子曰：「善哉問。先事後得，非崇德與？攻其惡，無攻人之惡，非脩慝與？一朝之忿，忘其身以及其親，非惑與？」（論語顏淵）劉寶楠（一七九一——一八五五）論語正義：「昭公不用子家羈，失民失政，以致出奔，是不能崇德也。」子家駒（按本作羈）曰：『諸侯僭於天子，大夫僭於諸侯。』公曰：『吾何僭乎哉？』『是攻人之惡，不知攻其惡也。』昭公不從其言，終弒之而敗焉走之齊。是不忍一朝之忿，忘身以及宗廟，惑之甚也。」彭令君引申其義及於忿爭致訟亡身及親且破家蕩產。渠所云究載諸何書，又，忍經撰者究摘自何書，皆待考。

八八、忿爭損身，忿訟損財

應令君曰：「人心有所忿者必有所爭。有所爭者必有所損。忿而爭鬬，損其身；忿而爭訟，損其財。此君子所以鑒易之損而懲忿也。」

【語譯】

應令君說：「內心有了怨怒的人，往往會產生較量。有了較量，一定產生傷害。怨怒又計較、強取，傷了當事者的品節；怨怒又彼此告訴，耗費當事人的錢財。這就是君子明察易損且克制怨怒的理由。」

【注釋】

①忿爭損身，忿訟損財　因怨怒而彼此較量，必然有傷當事者的品節。因怨怒而相互告訴，一定會耗費當事者的錢財。忿爭，怨怒而彼此較量。餘參前章⑧。損身，壞了自己的品節。損，壞。北宋劉叔儗（？—？，約治平、元祐間人）菩薩蠻詞：「疊損鏤金衣，是他渾不知！」秦觀畫堂春詞：「杏花零落燕泥香，睡損紅粧。」己之品節曰身。詩大雅烝民：「既明且哲，以保其身。」禮記儒行：「儒有澡身而浴德。」訟，詳前章㉒。損財，猶云耗財。財，在此特指金錢而言。禮記坊記：「先財而後禮則民利。」鄭玄注：「財，幣帛也。」

②令君　詳前章②。按：應令君，其生卒年與事跡亦均不詳。

③人心　人的內心。孟子滕文公下：「我亦欲正人心、息邪說、距詖行、放淫辭，以承三聖者。」北宋梅堯臣（一〇〇二—一〇六〇）送懷倅李太傅詩：「朝騎快馬暮可到，風物人心皆故鄉。」清姚鼐（一七三一—一八一五）儀鄭堂記：「自鄭王異術，而風俗人心之厚薄以分。」

④有所……者　有了……的人。有所，謂存在著。禮記大學：「……身有所忿懥，則不得其正，……有所憂患，則不得其正。」者，用於提示某一行為（性質）等實體。白話多譯為「……的（人、事、理）」。詩王風黍離：「知我者，謂我心憂。不知我者，謂我何求。」孟子梁惠王上：「不為者與不能者之形何以異？」又，盡心上：「是故，知命者不立乎巖牆之下。」莊子徐无鬼：「夫為天下者，亦奚以異乎牧馬者哉？」

⑤爭鬭　較量強取。鬭，本作「鬥」，典籍多假「鬭」為「鬥」，「鬥」字遂罕見用。鬥，ㄉㄡˋ。爭也。北宋李清照（一〇八四—一一五五？）曉夢詩：「嘲辭鬥詭辨，活火烹新茶。」清徐灝（一八一一—一八七九）說文注箋：「今粵俗尚謂接合為鬭，此當從斲、鬥聲，說文無斲部，故廁此耳！今戰鬥字作『鬭』，蓋嫌『鬥』與『門』相溷也。」爭鬥，亦作「爭鬦」；鬭、鬦屬同字異體。禮記聘義：「勇敢強有力，而不用之於禮義戰勝，而用之於爭鬭，則謂之亂人。」孔穎達疏：「此之用之於爭鬭者謂私爭忿鬭。」東晉荀悅漢紀元帝紀中：「朝有變色之言，則下有爭鬦之患。」

⑥此……所以……　這就是……的理由（原因）。此，這就……。用以承接上文，表示上文

所述之情況，將引發某種結果。禮記大學：「有德此有人，有人此有土，有土此有財，有財此有用。」所以，……的理由（或原因）。三國蜀諸葛亮前出師表：「親賢臣，遠小人，此先漢所以興隆也；親小人，遠賢臣，此後漢所以傾頽也。」

⑦君子　詳損①。

⑧鑒　明察。後漢書郭太傳：「基獎拔士人，皆如所鑒。」唐韓愈進順宗皇帝實錄表狀：「聖明所鑒，毫髮無遺。」

⑨易之損　易損卦。

⑩懲忿　詳損③。

【析源】

文獻不足，待考。

八九、十一世未嘗訟人于官

按圖記云：「雷孚宜豐人也。登進士科，居官清白，長厚好德與義，以樞相恩贈太子太師。自唐雷衡為人長厚咸通中人至孚十一世，未嘗訟人于官，時以為積善之報。」

【語譯】

依據圖記說：「雷孚是宜豐縣人。曾考上進士科，擔任公職廉潔自重，從未貪污，恭謹寬厚、珍愛道德、崇尚正義，因為身兼樞密使和宰輔二職，皇帝賞賜他太子太師的榮銜。從唐代雷衡做人恭謹寬厚（他生活於咸通前後）到雷孚共十一代，不曾向官府告人，當時的人認為：雷孚的榮寵是世世代代累積善行的結果。」

【注釋】

①十一世未嘗訟人于官　前後十一代，不曾向官府告人。父子相承為世。因此稱一代。詩大雅文王：「文王孫子，本支百世。」周禮秋官大行人：「凡諸侯之邦交，歲相問也，殷相聘也，世相朝也。」鄭玄注：「父死子立曰世。」禮記大傳：「四世而緦，服之窮也；五世祖免，殺同姓也；六世親屬竭矣。」新唐書文藝傳上袁朗：「自滂至朗凡十二世，其間位司徒、司空者四世。」未嘗，詳萬事之中忍字為上④。訟人，控告他人。訟，控告。即訴訟。詩召南行露：「誰謂女無家，何以速我訟？雖速我訟，亦不女從。」論語顏淵：「聽訟，吾猶人也。必也，使無訟乎？」唐韓愈訟風伯：「上天孔明兮，有紀有綱；我今上訟兮，其罪誰當？」官，指官府言。古，政府治事之所曰官。禮記玉藻：「在官不俟屨，在外不俟車。」

②按　依。照。明趙汸（？—？，元末明初之人）葬書問對：「按圖索驥者，多失於驪黃。」

③圖記　書名。久佚不傳。

④宜豐　縣名。今屬江西省。兩漢時，稱建城縣。三國吳分置宜豐縣，南朝宋初廢。唐初復置，後又廢。北宋太平興國六年（九八一）改置新昌縣，歸江南西路節制，屬筠州。明清仍稱新昌縣。（嘉慶一統志卷三二五）民三（一九一四），因為浙江新昌縣名重複，復改稱宜豐。故城在今縣北。

⑤登進士科　謂進士及第。登，及。新唐書選舉志：「登第者加一階。」北宋科舉分文、武舉，前者又細分為進士、制科、詞科、九經、五經、三史、三禮、明法等數科掄才，其中首重進士科。（文獻通考選舉考、宋會要輯覽選舉）。

⑥居官　擔任官（公）職。儀禮士相見禮：「與眾言，言忠信慈祥；與居官者言，言忠信。」史記汲鄭列傳：「使（汲）黯任職居官，無以踰人。」舊唐書白居易傳：「凡所居官，未嘗終秩，率以病免，固求分務，識者多之。」

⑦清白　本義謂品行純潔，毫無污點。在此，特指廉潔不貪污。東觀漢記高詡傳：「高詡字季回，以儒學徵拜大司農，在朝以清白方正稱。」南史褚球傳：「（球）仕齊為溧陽令，在縣清白，資公奉而已。」明史溫純傳：「純清白奉公，五主南北考察，澄汰悉當。」

⑧長厚　ㄓㄤˇ ㄏㄡˋ。恭謹寬厚。西漢司馬相如諭巴蜀檄：「寡廉鮮恥，而俗不長厚也。」唐高彥休（八五四—？）唐闕史崔尚書雪冤獄：「時屬尹正長厚，不能辯奸。」清周亮工（一六一二—一六七二）書影卷一〇「閩人李春明者，為人長厚，聞有談人曖昧事，輒塞耳走。」

⑨好德與義　珍愛道德，崇尚正義。好，ㄏㄠˋ。喜愛。在此，作珍愛解。德，指道德言。論語子罕：「吾未見好德如好色者也。」與，推許。論語述而：「與其進也，不與其退也。」漢書翟方進傳：「定陵侯長已伏其辜，君雖交通，傳不云乎，朝過夕改，君子與之，君何疑焉？」顏師古注：「與，許也。」義，指正義言。

⑩以……　因為……。左傳襄公卅一年：「晉侯以我喪故，未之見也。」韓非子難二：「紂以其大得人心而惡之。」史記秦本紀：「秦以往者數易君，君臣乖亂，故晉復強。」世說新語言語：「劉公幹以失敬罹罪。」唐柳宗元捕蛇者說：「與吾居十二年者，今其室十無四五焉，非死則徙爾。而吾以捕蛇獨存。」

⑪樞相　身兼樞密使與宰相二職。北宋高承（？—？，開封人。）事物紀原　師保輔相樞相：「宋朝會要曰：唐以中官為樞密使，後唐始有帶相印者。則樞相之始自後唐也。又至道三年八月，以曹彬為兼侍中充使，大中祥符五年九月，以吏部尚書王欽若、戶部尚書陳堯叟並守本官同平章事充使，儒臣為樞密而兼使相，自欽若始也。」榮按：事物紀原初刊本夙已佚，今所見者乃明李果（？—？，約正統、弘治間人。）於成化八年（一四七二）輯成並公開梓行。

⑫恩贈　皇帝施恩賞賜。帝制時代，朝廷推恩重臣，將官爵授予當事者父母，父母健在者稱封，已亡故者稱贈。封贈之制，始於兩晉，至唐始備。（南宋洪邁容齋隨筆卷十三）。

⑬太子太師　宋制：太子太師乃散官，多為榮譽職，敘一品。

⑭咸通　唐懿宗（李漼）在位時之年號，前後計十五年（八六〇—八七四）。
⑮以為　詳五世同居⑬。
⑯積善之報　積善的結果。積善，累積善行。易坤：「積善之家，必有餘慶；積不善之家，必有餘殃。」漢書董仲舒傳：「積善在身，猶長日加益，而人不知也。」後漢書鄧寇傳：「功成身退，讓國遜位，歷世外戚，無與為比，當享積善履謙之祐，而橫為宮人單辭所陷。」唐韓愈與孟尚書書：「積善積惡，殃慶自各以其類至。」由某種原因而生之結果曰報。世說新語德行：「（陳）遺獨以焦飯得活，時人以為純孝之報也。」

【析源】

圖記既已佚。經查：明淩迪知（？—？，萬曆時人）萬姓統譜卷十六：「雷孚字保信，筠州人。政和初登第，宰宜春倅章貢，居官清白，年八十餘卒，贈太子太師。」又，宋史宰輔表並無雷孚其人。

九〇、無疾言遽色

呂正獻公自少講學，明以治心養性為本，寡嗜欲、薄滋味，無疾言、無遽色、無窘步、無惰容。凡嬉笑俚近之語，未嘗出諸口，於世利紛華、聲技遊宴以至于博弈奇玩，淡然無所好。

【語譯】

呂公著老先生從小就公開、清楚地擇定「整飭內心」、「修鍊本性」做他研習學問的首要目標。減少嗜好和慾望、不講究美味、說話不急躁、心情不張惶、行進從容、神采奕奕。只要是不莊重且淺薄的話，從不曾從他的嘴裡道出。對世俗利祿富麗、歌舞技藝、遊樂聚飲到局戲圍棋、珍貴特殊的玩賞之物，他都不重視，沒有甚麼喜歡的。

【注釋】

①無疾言遽色　沒有說話急躁、神情張惶的現象。疾言遽色多用於形容不鎮靜的情況。後漢書劉寬傳：「典歷三郡，溫仁多恕，雖在倉卒，未嘗疾言遽色。」東周列國志第卅三回：「（宋襄公）」包著一肚子氣，不免疾言遽色，謂楚王曰：『寡人徼禍先代，忝為上公，天子亦待以賓客之禮。』」清史稿李兆洛傳：「兆洛短身碩腹，豹顱剛目，望之若不可近，而接人和易，未嘗疾言遽色。資恤故舊窮乏無不至。」

②呂正獻公　呂公著老先生。餘詳直為受之②。

③自少　猶從小。

④講學　研習學問。左傳昭公七年：「孟僖子病不能相禮，乃講學之，苟能禮者從之。」杜預注：「講，習也。」後漢書馬援傳：「後乃白援，從平原楊太伯學，專心墳典。」南宋陸游北窗懷友詩：「幸有北窗堪講學，故交寒落與誰同。」

⑤明　公開。清楚。表性態。書舜典：「明試以功，車服以庸。」韓非子孤憤：「不明察，

不能燭私。」

⑥以……為本　擇定……做首要的目標。以，憑藉；在此，作「擇定」解。基礎曰本。為本，猶云做首要目標。

⑦治心　整飭內心。意謂修養自己的思想、品德。荀子解蔽：「仁者之思也恭，聖人之思也樂，此治心之道也。」北宋曾鞏徐幹中論目錄序：「至于治心養性，去就語默之際，能不悖于理者固希矣。」

⑧養性　涵養本性。孟子盡心上：「存其心，養其性，所以事天也。」淮南子俶真訓：「靜漠恬澹，所以養性也。」

⑨寡嗜欲　減少嗜好、慾望。寡與「多」相對。在此，作減少解。論語為政：「多聞闕疑，慎言其餘，則寡尤；多見闕殆，慎行其餘，則寡悔。」喜好且成習慣者泛稱嗜好。欲，指慾望言。荀子性惡：「嗜欲得而信衰於友。」嗜欲，亦作「嗜慾」。大戴禮保傅：「胡越之人，生而同聲，嗜慾不異。」

⑩薄滋味　偶進美味。薄，損。減損。意謂偶進之也。猶云不講究美味。禮記月令：「薄滋味，毋致和。」呂氏春秋適音：「口之情欲滋味。」注：「欲美味也。」

⑪窘步　急步。戰國屈原離騷：「何桀紂之猖披兮，夫唯捷徑以窘步。」王逸注：「窘，急也。……欲涉邪徑，急疾為治。」南朝宋顏延之和謝監靈運詩：「弱植慕端操，窘步懼先迷。」劉良注：「急步追之，常恐先迷失正道也。」

⑫惰容　委靡不振的神情。後漢書張湛傳：「光武臨朝，或有惰容，湛輒陳諫其失。」唐白居易淮南節度使檢校尚書右僕射趙郡李公家廟碑銘：「動有常度，居無惰容。」

⑬凡　總括包舉之詞。在此，作「只要是」解。

⑭嬉笑……之語　不莊重且淺薄的話。嬉笑，歡笑。戲樂。魏書崔光傳：「遠存矚眺，周見山河，因其所眄，增發嬉笑。」本文此處作引申義解，謂不莊重。俚近，世俗淺鄙。新唐書叛臣傳下高駢：「（呂）用之自謂與僊真通，對駢叱咤風雨，或望空顧揖再拜，言語俚近，……」

⑮世利　世間的利祿。晉書潘岳傳：「岳性輕躁，趨世利，與石崇等諂事賈謐。」北宋王禹偁（九五四—一〇〇一）擬封田千秋為富民侯制：「競世利於錙銖，並家人如鳥獸；務農者蓋鮮，游食者良多。」

⑯紛華　富麗。北宋歐陽脩讀書詩：「紛華暫時好，俯仰浮雲散。」清吳熾昌（約一七八〇—？）客窗閒話初集張慧仙寄外詩記：「供帳紛華，陳設眩耀。」

⑰聲技　本作「聲伎」，亦作「聲妓」。指歌舞技藝。南史張欣泰傳：「欣泰負弩射雉，恣情閑放，聲伎雜藝，頗多閨解。」北宋蘇軾賜文武百寮太師文彥博已下上第四表請舉樂不允批答：「吾之本性，以清靜寂寞為樂，雖在平日，無游觀聲技之念。」金史趙興詳傳：「近臣獻琵琶，世宗卻之，謂興詳曰：『朕憂勞天下，未嘗以聲伎為心。』」

⑱遊宴　亦作「遊燕」、「遊讌」。游樂宴飲。列子周穆王：「遊宴宮觀，恣意所欲，其樂

無比。」西漢王褒四子講德論：「恤民災害，不遑遊宴。」晉書外戚傳羊琇：「又喜遊讌，以夜續晝，中外五親無男女之別，時人譏之。」

⑲博弈　局戲與圍棋。論語陽貨：「飽食終日，無所用心，難矣哉！不有博弈者乎？為之，猶賢乎已。」朱注：「博，局戲；弈，圍棋也。」漢書游俠傳陳遵：「祖父遂，字長子，宣帝微時與有故，相隨博弈，數負進。」顏師古注：「博，六博；弈，圍碁也。」

⑳奇玩　指玩賞的珍品。後漢書董卓傳：「塢中珍藏有金二三萬斤，銀八九萬斤，錦綺繢縠紈素奇玩，積如丘山。」北宋梅堯臣觀邵不疑學士所藏名書名畫詩：「邵侯多奇玩，留我特開笥。」南宋羅大經鶴林玉露丙編卷二：「（老卒）到海外諸國，稱大宋回易使，謁戎王，餽以綾錦奇玩。」

㉑淡然　冷漠的樣子。大戴禮記哀公問五義：「若天之司，莫之能職，百姓淡然，不知其善。」唐元稹敘詩寄樂天書：「性不近道，未能淡然忘懷。」

㉒無所好　沒有甚麼喜歡的。好，ㄏㄠˋ。參前章⑨。

【析源】

宋史呂公著傳：「公著自少講學，即以治心養性為本，平居無疾言遽色，於聲利紛華，泊然無所好。暑不揮扇，寒不親火，簡重清靜，蓋天稟然。其識慮深敏，量閎而學粹，……不以私利害動其心。與人交，出於至誠，好德樂善，……」

九一、子孫數世同居

溫公曰：「國朝公卿能守先法，久而不衰者，唯故李相昉家。子孫數世至三百餘口猶同居其爨，田園邸舍所收及有官者俸祿皆聚之一庫，計口日給餉，婚姻喪葬所費皆有常數，分命子弟掌其事。」

【語譯】

司馬溫公說：「本朝的高官能夠維持以前的制度，一直未作改變的人，只有已故宰相李昉的家族。子孫幾代多達三百餘人，仍然住在一起，共用一口灶，沒有分開來。耕地、園圃、房舍等收入和在職服官的薪給，全部集中在一座庫房。核算各房人數，每天支付零用金，嫁娶、治喪、安葬等應支各費都有一定的數額，分別指定子姪輩打理以上各項事務。」

【注釋】

①子孫數世同居，子子孫孫幾代下來，依然住在一塊兒。子孫，兒子和孫子，泛指後代。書洪範：「身其康彊，子孫其逢吉。」西漢賈誼（前二〇一—前一六九）過秦論上：「自以為關中之固，金城千里，子孫帝王萬世之業也。」南宋吳曾（？—？，紹興末仍健在。）能改齋漫錄記事一：「侍郎于京師，遇鄉人至，必命子孫出見，而列侍焉。」榮按：侍郎係指吳待問。待問字子禮，北宋浦城人，與楊億同里，官至禮部侍郎致仕，人稱吳觀音，

生卒年不詳。長子育（一〇〇四—一〇五八）官至資政殿大學士判尚書都省，卒謚正肅。次子充（一〇二一—一〇八〇）官至同中書門下平章事。（宋史卷二九一等）。數世，好幾代。同居，住在一處。共同居住。易睽：「二女同居，其志不同行。」南史孝義傳上陳玄子：「義興陳玄子四世同居，一百七口。」唐李白長干行之一：「同居長干里，兩小無嫌猜。」

②溫公　司馬光字君實，卒謚文正，南宋高宗建炎間追贈溫國公，後遂有溫公之稱。餘詳忤逆不怒④。

③國朝　猶云本朝。帝制時代稱本身所處之朝代用之。唐韓愈薦士詩：「國朝盛文章，子昂始高蹈。」明張煌言（一六二〇—一六六四）與張承恩書：「若　足下原國朝之宿將，更當先著祖鞭。」紅樓夢第五回：「吾家自國朝定鼎以來，功名奕世，富貴流傳，已歷百年，奈運終數盡，不可挽回！」

④公卿　在此，泛指品秩居上層之高官、重臣。東漢荀悅漢紀昭帝紀：「始元元年春二月，黃鵠下建章宮太液池中，公卿上壽。」唐元稹祭禮部庾侍郎太夫人文：「公卿委累，賢彥駢繁。」明方孝孺君子齋記：「為君子矣，雖不為公卿，無害也；為公卿而不足為君子，其如公卿何。」

⑤守　保。保持。本文此處作「維持」解。南宋朱熹中庸章句序：「……一則守其本心之正而不離也。」

⑥先法　以前的制度。制度曰法。禮記曲禮下：「君子行禮，不求變俗。……謹修其法而審行之。」管子明法解：「法者，天下之程式也，萬事之儀表也。」

⑦久而不衰　時間長卻未式微。意謂一直沒作改變。久，表時間長。弱曰衰。不衰，即未式微也。

⑧故李相昉家　已故宰相李昉的家族。李昉，詳呵辱自隱④。家，指稱家族言。

⑨三百餘口　猶三百餘人。口，作量詞用，一人曰一口。孟子盡心上：「百畝之田，匹夫耕之，八口之家，可以無饑矣。」

⑩共爨　猶云同炊。㸑、爨，同字異體，ㄘㄨㄢˋ。燒火煮飯。左傳宣公十五年：「易子而食，析骸以爨。」杜預注：「爨，炊也。」北宋王安石送喬秀才歸高郵詩：「長年客塵沙，無婦助親爨。」元虞集（一二七二——一三四八）張隱君墓志銘：「虛行五十里，困不能自達，寧解衣易米以爨。」

⑪田園　耕地和園圃。前者種植五穀、後者栽培蔬果。史記魏其武安侯列傳：「田園極膏腴，而市買郡縣器物相屬於道。」東晉陶潛歸去來兮辭：「歸去來兮，田園將蕪胡不歸！」北宋曾鞏上齊工部書：「鞏世家南豐，及大人謫官以還，無屋廬田園于南豐也。」

⑫邸舍　府第。說苑尊賢：「史鰌去衛，靈公邸舍三月琴瑟不御。」宋書蔡興宗傳：「民物殷阜，王公妃主，邸舍相望。」清侯方域寧南侯傳：「漏不四鼓，司徒公竟自詣良玉邸舍請焉。」

⑬有官者　有官職者。謂仍在職服官的人。

⑭俸祿　官吏的薪給。韓詩外傳卷九：「田子為相，三年歸休，得金百鎰奉其母。母曰：『子安得此金？』對曰：『所受俸祿也。』」三國志吳志朱桓傳：「愛養吏士，贍護六親，俸祿產業，皆與共分。」清王士禛池北偶談談故三優老：「（康熙）十一年雲南平，（虞）世纓，疏辭俸祿且乞骸骨，特賜白金三百兩，馳驛回籍。」榮按：虞世纓，雲南昆明人，諱虞山、字世纓，以書受知清世祖，特授光祿寺署正，供奉內庭。康熙十六年，渠年八十餘，特擢光祿寺少卿，遷通政使司參議。

⑮「聚」之一「庫」　聚，ㄐㄩˋ。蓄積。儲集。易乾：「君子學以聚之，問以辯之。」左傳哀公十七年：「楚白公之亂，陳人恃其聚而侵楚。」貯物之舍曰庫。釋名釋宮室：「庫，舍也，物所在之舍也。」

⑯計口　核算人數。

⑰日給餉　每天支給零用金。日，每天。給，ㄐㄧˇ。支付。餉，ㄒㄧㄤˇ。在此，引申作零用金解。

⑱婚姻　亦作「緡姻」、「緡媔」，又「因」通作「姻」。猶云嫁娶。詩鄭風丰序：「緡姻之道缺，陽倡而陰不和，男行而女不隨。」孔穎達疏：「論其男女之身，謂之嫁娶；指其好合之際，謂之婚姻。嫁娶、婚姻，其事是一。」西漢桓寬鹽鐵論散不足：「繭紬縑練者，婚姻之嘉飾也。」唐牛肅（約生於武周聖曆前後，約卒於代宗朝）紀聞季攸：「後月一日，可合婚姻。」清方苞七思伯姊：「夫之弟子兮弟之女，嗣為緡媔兮力機杼。」

⑲喪葬　治喪埋葬。清紀昀閱微草堂筆記灤陽消夏錄一：「陽為驚悼，代營喪葬。」

⑳常數　一定之數。三國志魏志管輅傳：「天有常數，不可得諱，但人不知耳。」又，亦作「通常之數」解。清惲敬（一七五七—一八一七）說仙三：「百二十年者，常數也；不及者，皆殤也。」本文此處，從前解。

㉑分命　命令。任命。書堯典：「分命羲仲，宅嵎夷，曰暘谷。」西晉陸機辨亡論下：「分命銳師五千。」唐皇甫曾（？—七八五）送和西蕃使詩：「白簡初分命，黃金已在腰。」本文此處，作「分別指派」解。

㉒子弟　本義謂子與弟，對「父兄」言。在此，泛指子姪輩。左傳襄公八年：「民死亡者，非其父兄，即其子弟。」孟子梁惠王下：「今燕虐其民，王往而征之。民以為將拯己於水火之中也，簞食壺漿以迎王師。若殺其父兄，係累其子弟，毀其宗廟，遷其重器，如之何其可也？」漢書中山靖王劉勝傳：「其後更用主父偃謀，令諸侯少私恩自裂地分其子弟，而漢為定制封號，輒別屬漢郡。」世說新語言語：「謝太傅問諸子姪：『子弟亦何預人事，而正欲使其佳？』」

㉓掌其事　掌，主。打理。周禮天官：「帥其屬而掌邦治。」大戴禮記五帝德：「羲和掌曆，敬授人時。」孟子滕文公上：「舜使益掌火，益烈山澤而焚之，禽獸逃匿。」其事，指司庫、給餉、婚姻、喪葬等費之支付等言。

【析源】

宋史李昉傳：「李氏居京城北崇慶里，凡七世不異爨，至昭遜稍自豐殖，為族人所望，然家法亦不隳。」，司馬光涑水記聞卷六：「真宗嘗謂李宗諤曰：『聞卿能敦睦宗族，不損家聲。朕今保守祖宗基業，亦猶卿之治家也。』」宗諤，李昉之三子。昭遜，宗諤之次子。

九二、願得金帶

康定間，元昊寇邊。韓魏公領四路招討駐延安。忽夜有人攜匕首至臥內，遽褰幃帳。魏公延坐，問誰何？曰：「某來殺諫議。」又問曰：「誰遣汝來？」曰：「張相公遣某來。」蓋是時，張元夏國正用事也。魏公復就枕曰：「汝攜予首去。」其人曰：「某不忍，願得諫議金帶足矣。」遂取帶而出。明日，魏公亦不治此事。俄有守陣卒報：「城櫓上得金帶者。」乃納之。時范純祐亦在延安，謂魏公曰：「不治此事為得體。蓋行之則沮國威。今乃受其帶是墮賊計中矣。」魏公握其手，再三嘆服曰：「非琦所及。」

【語譯】

北宋仁宗康定年間（一〇四〇—一〇四一），西夏趙元昊率兵侵犯邊境。韓琦統制四路兵馬屯紮延安從事招撫討伐。某一個晚上，突然有人身帶匕首進入他的寢室，忽忽忙忙地撩起牀幕。韓琦引導他寬坐，並問他是誰？答道：「我前來刺殺諫議大人的。」又問：「究竟誰指派你來行刺？」說道：「張相公指派我前來的。」大約這期間，張元正在西夏當權，為元昊劃策。韓琦回過頭又上牀躺著，並且說：「你提著我的頭顱回去吧！」那個人回答道：「我下不了手，一心只想拿到您的金飾腰帶就好了。」於是，手拿著腰帶離開。隔天，韓公並沒有立即處理這樁意外事件。不一會兒，卻有派守在女牆上防禦的小兵前來稟道：「卑職在望樓上揀到金飾腰帶。」韓公還是不動聲色，只把腰帶收回。這時候，范純祐也在延安，對韓公說道：「不處理這件事是正確的。如果加以處理，反而有損失國家的威嚴。現在收取那腰帶正好掉入對方的計謀當中啊！」韓公緊握純祐的手，不斷地感嘆、佩服，並說：「韓某不如你啊！」

【注釋】

①願得金帶　期望獲取金飾腰帶。願，欲。期望。禮記中庸：「施諸己而不願，勿施諸人。」左傳昭公四年：「宣伯曰：『魯以先子之故，將存吾宗，必召女，召女何如？』對曰：『願之久矣。』」得，獲取。論語雍也：「子游為武城宰，子曰：『女得人焉爾乎？』」禮記曲禮上：「臨財毋苟得；臨難毋苟免。」願得，猶云一心想獲取。金帶，金飾腰帶。上古即有束帶立於朝之儀制，上自帝王、后妃，下迄文武百官皆繫帶，惟用革，曹魏而下，始有金、銀、銅等飾。宋制尤詳，有玉、金、銀、犀、銅、鐵、角、石、墨玉等，各有等差。太平興國七年（九八二）正月，奉詔詳定車服制度，從三品以上服玉帶，四品以上服金帶。

（宋史輿服志五）

②康定　仁宗在位時的第五個年號，計二年：自公元一〇四〇年至一〇四一年。與寶元重疊一年，寶元三年（一〇四〇）二月，改元康定。（宋史仁宗本紀）

③元昊　（一〇〇三—一〇四八），其先，唐賜姓李、入宋，改賜姓趙，故有稱李元昊、有稱道趙元昊，實同一人。父夏國王李德明，母衛慕氏。小字嵬理，後更名曩霄。深通兵法、佛理、律令、漢文。年二十餘，獨引兵擊破回鶻夜洛隔可汗，奪取甘州，被立為太子。明道元年（一〇三二）嗣位，年號顯道。天授禮法延祚元年（一〇三八）即帝位，國號大夏，都興慶府（今寧夏銀川）。立官制、制禮儀、造文字、建蕃學、設左右廂十二監軍司。轄廿三州。先後於三川口、好水川、定川砦等地與宋作戰，又同遼戰於賀蘭山，形成宋、遼、夏鼎立之勢。十一年（一〇四八）遭子寧令哥刺殺，謚武烈皇帝，廟號景宗，墓曰泰陵。（宋史卷四八五、四八六）

④寇邊　侵犯邊境。後漢書西羌傳序：「及武乙暴虐，犬戎寇邊，周古公踰梁山而避于岐下。」清朱克敬（？—一八九〇）瞑庵雜識卷二：「道光壬寅，英吉利寇邊，議和未定，有英國兵船遭風泊臺灣，巡道姚瑩要殺之。」

⑤韓國公　即韓琦。詳不形於言②。

⑥領　統。統制。漢書魏相傳：「……而相總領眾職。」清趙翼論詩詩：「江山代有才人出，各領風騷數百年。」

⑦四路　指河北東路、河北西路、河東路與永興軍路。按路為兩宋地方第一級行政組織，相當於唐時之諸道與元明清三代所設之行省。

⑧招討　招撫征剿。新五代史唐臣傳西方鄴：「荊南高季興叛，（唐）明宗遣襄州節度使劉訓等招討，……」

⑨駐　屯紮。北宋韓績（一〇一九—一〇九八）玉陵湖晚泊詩：「澤國長多盜，荒村亦駐兵。」南宋岳珂（一一八三—？）追感詩：「馬渡朝迎敵，鍾山夜駐營。」

⑩延安　秦漢時為上郡高奴縣地。北魏置東夏州，西魏改名延州。隋改置延安郡。唐武德元年復稱延州，天寶元載改延安郡，乾元元年又稱延州。北宋元祐四年升為延安府。元置延安路，明清皆為府，府治膚施縣。（嘉慶一統志卷二三三）。民二，廢府留縣，民廿四，改延安縣。榮按：寶元三年（康定元年，一〇四〇）正月，趙元昊聚兵攻保安（今陝西志丹）。二月，宋廷命韓琦為陝西安撫使兼秦鳳路經略安撫招討使節制河東、永興、河北東、西等四路帥司及所轄兵馬。

⑪匕首　ㄅㄧˇ ㄕㄡˇ。短劍。頭象匕，故名。史記刺客列傳：「曹沫執匕首劫齊桓公。」索隱：「劉氏云：『短劍也。』」

⑫褰　ㄑㄢ。撩起。詩鄭風褰裳：「子惠思我，褰裳涉溱。」

⑬幃帳　牀幕。史記孝文本紀：「上常衣綈衣，所幸慎夫人，令衣不得曳地，幃帳不得文繡，以示敦朴，為天下先。」枹朴子譏惑：「疾患危篤，不堪風冷，幃帳茵褥，任其所安。」

唐沈亞之湖中怨解：「中為綵樓，高百餘尺，其上施幃帳，欄籠畫飾。」

⑭「延」坐　引。導。迎接。禮記曲禮上：「主人延客祭，祭食，祭所先進。」鄭玄注：「延，道也。」

⑮誰何　誰人。哪個。莊子應帝王：「吾與之虛而委蛇，不知其誰何。」北宋梅堯臣風異賦：「眾心驚惶，廣衢翳昧，莫辨誰何，執手相對。」

⑯「某」……「諫議」　某，己之代詞。禮記投壺：「主人謂曰：『某有枉矢哨壺，以樂嘉賓。』」諫議，司諫之敬稱。按：韓琦曾任右司諫。

⑰張相公　指張元。餘詳⑲。

⑱蓋是時　大約這期間。蓋，表揣測、估計：用之。西漢桓寬鹽鐵論非鞅：「蓋文帝之時，無鹽鐵之利而民富。今有之而百姓困乏，未見利之所利也，而見其害也。」是時，猶此時。

⑲張元　（？—一〇四四）。北宋華州（今陝西華縣）人。與友吳昊累舉進士不第，於景祐四年（一〇三七）投奔西夏。與吳分析元昊之名以為己名，得見元昊，被任用。西夏天授禮法延祚四年（一〇四四）官至國相、太師、中書令。常參預機密，為元昊建結遼抗宋之策。夏宋好水川、定川砦等戰有功。後病死。（宋史卷四八五）

⑳用事　執政。當權。戰國策秦策三「今秦，太后、穰侯用事，高陵、涇陽佐之。」枹朴子審舉：「靈獻之世，閹宦用事，羣姦秉權。」北宋司馬光劉道源十國紀事序：「方介甫用事，呼吸成禍福。凡有施置，舉天下莫能奪。」按：王安石字介甫。

㉑復就枕　四過頭來上牀躺著。復，返。還。易泰：「无往不復。」宋書武帝紀：「昔滅半者，可悉復舊。」就枕，猶就寢。漢書王莽傳下：「讀軍書倦，因馮几寐，不復就枕矣。」

㉒不忍　即不忍心。謂感情上過不去。穀梁傳桓公元年：「先君不以其道終，則子弟不忍即位也。」史記項羽本紀：「吾騎此馬五歲，所當無敵，嘗一日行千里，不忍殺之。」

㉓明日　明天。今天的下一天，謂隔（一）天。左傳文公十二年：「兩君之士皆未憖也，明日請相見也。」唐李復言（七七五—八三三）續玄怪錄麒麟客：「明日望之，蓮花峰上果有綵雲去。」說岳全傳第九回：「我們不如回寓，明日再來罷。」

㉔不「治」此事　猶處理也。

㉕俄　ㄜˊ。須臾。不久。表時間。列子力命：「俄而季良之疾自瘳。」關尹子十八籌：「鳥獸俄呴呴俄逃逃。」

㉖守陴卒　在城上女牆從事防禦的士兵。陴，ㄆㄧˊ。城上女牆，上有孔穴，用以窺外。左傳宣公十二年：「（鄭）國人大臨，守陴者皆哭。」

㉗城櫓　城池所搭建的望樓。櫓，ㄌㄨˇ。無頂蓋之望樓。供瞭望以便守禦之高樓曰望樓。唐邵謁（？—？，咸通前後之人）顯茂樓詩：「繁華朱翠盡東流，唯有望樓對明月。」

㉘乃「納」之　收藏。詩豳風七月：「九月築場圃，十月納禾稼。」書金縢：「乃納冊於金縢之匱中。」

㉙范純祐　（一〇二四—一〇六三）。祐，一作佑，字天成。范仲淹之長子。少從胡瑗學于

蘇州郡學，長而隨父，久在軍中，不應科第。及仲淹以讒罷政，始以蔭補將作監主簿，又為一司竹監，未幾解歸。後久病愈十九年，卒年僅四十九。（宋史卷三一四）。

㉚得體　恰如其分。本文此處，猶云正確。語本禮記仲尼燕居：「官得其體，政事得其施。」孔穎達疏：「體謂容體，謂設官分職，各得其尊卑之體。」原指儀服、舉止等與身分相稱。後恆用以稱言行得當、恰如其分。舊唐書呂元膺傳：「元膺學識深遠，處事得體，正色立朝，有臺輔之望。」南宋洪邁容齋三筆四六名對：「則屬辭比事，固宜警策精切，使人讀之激昂，諷味不厭，乃為得體。」

㉛蓋……國威　如果加以處理，反而有損國家的威嚴。蓋，用於句首，表所述之內容，不敢肯定；茲以「如果」一詞靈活譯出。行，猶云處理。之，指稱遺刺客以金帶之行為。則，反而。表轉折關係用之。論語子路：「欲速則不達。」沮，ㄐㄩˇ。敗壞。毀壞。枹朴子譏惑：「喪亂日久，風頹教沮。」本文此處，引申作「有損」解。國威，國家的威嚴（勢）。管子法禁：「同人心，一國威，齊士義。」東晉袁宏（三二八—？三七六？）後漢紀靈帝紀下：「公為元帥，仗國威以討之。」舊唐書牛徽傳：「萬一蹉跌，挫國威也。」清夏燮（一八〇〇—一八七五）中西紀事後序：「苟自強之有策，和亦無損於國威也。」

㉜墮　ㄉㄨㄛˋ。落。掉（入）。史記留侯世家：「有一老父衣褐，至良所，墮其履圯下。」三國志魏志周宣傳：「兩瓦墮地，化為雙鴛。」

㉝嘆服　詳物成毀有時數㉜。

㉞所及　可及。唐韓愈送僧澄觀詩：「惜哉已老無所及，坐睨神骨空潸然。」南宋洪邁夷堅甲志神告方：「其一曰：『彼固有罪，責之亦太過。』曰：『吾比悔之，顧無所及。』」

及，比得上。戰國策齊策一：「君美甚，徐公何能及君也。」西漢賈誼過秦論上：「（陳涉）材能不及中人，……」南宋陸游秋興詩：「百歲猶宗幾兩屐，千詩不及一囊錢。」

【析源】

宋名臣言行錄後集卷一韓琦　魏國忠獻王：「公駐延安：忽有人夜攜匕首至臥內，遽褰幃帳。公起坐，問曰：『誰何？』曰：『某來殺諫議。』又問曰：『誰遣汝來？』曰：『張相公遣某來。』蓋是時，張元夏國正用事也。公復就枕曰：『汝攜予首去。』其人曰：『某不忍。願得金帶足矣。』遂取帶而出。明日亦不治此事。俄有守陴卒報城櫓上得金帶者，納之時，范純祐亦在延安，謂公曰：『不治此事為得體，蓋行之則沮國威，今乃受其帶是墮賊計中矣。』公嘆曰：『非琦所及。』」撰者注：「出自塵史。」北宋王得臣（一〇三六—一一一六）塵史卷二：「范堯夫治平中為御史，坐言事，謫通判安州。嘗言：康定間，元昊寇邊，韓魏公領四路招討駐兵延安。忽夜有攜匕首至臥內，遂褰帷。魏公起坐，問：『誰何？』曰：『某來殺諫議。』又問曰：『誰遣汝來？』曰：『張相公遣某來。』蓋夏相張元正用事也。魏公復就枕曰：『汝攜予首以去。』其人曰：『某不忍；願得諫議金帶足矣。』遂取帶而出，明日，魏公亦不治此事。俄有守陴卒報：城櫓上得金帶。乃納之。』時，范相兄純祐亦在延安，謂魏公曰：『不治此事得體矣。蓋行之則沮國威，今乃受其帶，是墮賊中計耳。』魏公握其手，再三歎服曰：『非某所及。』」

九三、恕可成德

范忠宣公親族有子弟請教於公。公曰：「唯儉可以助廉，惟恕可以成德。」其人書於座隅，終身佩服。公平生自奉，養無重肉，不擇滋味、麤糲。每退，公自易衣短褐，率以為常。自少至老，自小官至達官，終始如一。

【語譯】

范純仁同宗的子姪輩向他討教。他說：「只有節省可以增加高潔，只有行仁可以成就品德。」那個人把這兩句話寫在坐位的一角，一輩子銘記在心。范公日常生活，三餐一葷多素，不挑美味，十分粗糙。只要回到家，他都自己換上粗布短衣，已成習慣。從年輕到耄齡，從當小官到位居大員，始終不變。

【注釋】

①恕可成德　行仁可以成就品德。恕。本義作「仁」解。（說文）。推己及人之道曰恕。論語衛靈公：「子貢問曰：『有一言可以終身行之者乎？』子曰：『其恕乎！己所不欲，勿施於人。』」朱注：「推己之謂恕。」成德，成就品德。東漢王充論衡量知：「故夫學者所

以反情治性，盡材成德也。」唐韓愈順宗實錄三：「左右前後，罔非正人，是以教諭而成德也。」明王守仁傳習錄卷上：「學校之中，惟以成德為事。」

②范忠宣公　范純仁，卒謚忠宣，故稱。餘詳唯得忠恕②。

③親族　指同姓宗族的人。孔子家語問禮：「非禮則無以別男女、父子、兄弟、婚姻、親族疏數之交焉。」枹朴子審舉：「令親族稱其孝友，邦閭歸其信義。」唐元稹與史館韓侍郎書：「歲饉則力穡節用，以給足親族。」

④子弟　子姪輩諸人。餘詳子孫數世同居㉒。

⑤請教　猶討教。謂請求指教。南宋周煇清波雜志卷六：「范忠宣公親族間子弟有請教於公者，公曰：『惟儉可以助廉，惟恕可以成德，是為修身之要。』」醒世恆言馬當神風送滕王閣：「王勃辭道：『待俚語成篇，然後請教。』須臾文成，呈上閻公。」榮按：閻公，名不可考，高宗顯慶間（六五六—六六一）任上都督轄洪州，舊注謂閻伯嶼，訛。蓋伯嶼乃玄宗（七一二—七五六）時人，天寶間官中書舍人，與王勃相去近八十年。（新唐書王勃傳）。

⑥唯　獨。只有。易同人：「唯君子能通天下之志。」論語述而：「子謂顏淵曰：『用之則行，舍之則藏，唯我與爾有是夫。』」榮按：古籍「惟」、「唯」、「維」通用。書多作「惟」、詩作「維」、左傳作「唯」。

⑦儉　節省。與「奢」反。論語八佾：「與其奢也寧儉。」新唐書王珪傳：「珪不作家廟，

世以儉不中禮，少之。」

⑧助廉　增加高潔（的操守）。助，ㄓㄨˋ。增加。添加。史記外戚世家：「於是，竇后持之而泣，泣涕交橫下。侍御左右皆伏地泣，助皇后悲哀。」五代前蜀李珣（？—？，其先波斯人）浣溪沙詞之一：「入夏偏宜淡薄粧，越羅衣褪鬱金黃，翠鈿檀注助容光。」明徐渭（一五二一—一五九三）贈嚴宗源序：「無一琴以娛，而有諸苦以助窘。」高潔之行曰廉。孟子離婁下：「可以取，可以無取，取傷廉。」

⑨「書」於「座隅」　書，作字。寫。後漢書蔡邕傳：「乃正定六經文字，自書丹於碑，使工鐫刻。」晉書王獻之傳：「魏時凌雲殿牓未題，而匠者誤訂之不可下，乃使韋仲將懸橙書之。」榮按：凌雲殿一作「陵雲殿」。座隅，坐位的旁邊。南朝宋顏延之秋胡詩：「歲暮臨空房，涼風起座隅。」唐元結（七一九—七七二）系謨：「公之所述，真王者之謨，必當篆刻，置之座隅。」

⑩平生　平時。平素。餘參唯得忠恕③。

⑪自奉　自身日常生活的供養。說苑政理：「武王問於太公曰：『賢君治國何如？』對曰：『其政平，其吏不苛，其賦斂節，其自奉薄。』」三國志吳志步騭傳：「榮不足以自曜，祿不足以自奉。」唐柳宗元封建論：「人不能搏噬，而且無毛羽，莫克自奉自衛。」明史黃福傳：「自奉甚約，妻子僅給衣食。」

⑫養無重肉　三餐頂多各只一道葷菜，其他都是素菜。謂素菜居多也。養，炊煮食物供餐。

史記儒林列傳：「兒寬貧無資用，常為弟子都養。」索隱：「謂兒寬家貧，為弟子造食也。」榮按：兒寬（？—前一〇三）。西漢千乘（今山東高青縣高苑鎮北）人。早年從歐陽生治尚書。重肉，ㄔㄨㄥˊ ㄖㄡˋ。兩種以上的肉食。北齊書楊愔傳：「汝輩但如遵彥謹慎，自到竹林別室，銅盤重肉之食。」續資治通鑑宋仁宗皇祐四年：「（范仲淹）性至孝，以母在時方貧，其後雖貴，非賓客不重肉。」明唐順之王母繆孺人墓志銘：「諸子有進重肉者輒不食，至奉賓客，未嘗不豐潔。」

⑬不擇滋味　不挑美味。不擇，不挑選。韓非子難三：「不擇日而廟禮太子。」舊唐書裴行儉傳：「行儉常為人曰：『褚遂良非精筆佳墨未嘗輒書，不擇筆墨而妍捷，唯予及虞世南耳。』」滋味，美味。餘詳無疾言遽色⑩。

⑭麄糲　本作「麤糲」，亦作「麁糲」。ㄘㄨ ㄌㄧˋ。粗糙。近人康有為孔子改制考序：「世運既變，治道斯移，則殆於麤糲，終於精微。」

⑮每退　只要回到家。每，表數量，即每次。左傳成公十五年：「初，伯宗每朝，其妻必戒之。」漢書董賢傳：「每賜洗沐，不肯出，常留中視藥。」退，歸。返。漢書董仲舒傳：「臨淵羨魚，不如退而結網。」

⑯短褐　粗布短衣。墨子非樂上：「昔者齊康公，興樂萬，萬人不可衣短褐，不可食糟糠。」孫詒讓閒詁：「短褐，即裋褐之借字。」東晉陶潛五柳先生傳：「短褐穿結，簞瓢屢空，晏如也。」逯欽立注：「短褐，粗布短衣。」明楊士奇（一三六五—一四四四）漢江夜泛

詩：「短褐不掩脛，歲暮多苦寒。」清方文（一六一二——一六六九）將去彭城留別魏少尹詩：「短褐尚不完，敢作狐貉想？」褐，ㄏㄜˊ。

⑰率以為常　謂沿襲下來，成為習慣。南宋葉夢得避暑錄話卷下：「汝曹呈藝己編，吾當呈藝，乃具筆札相與賦詩，率以為常，前輩風流，未之有比。」南宋文天祥（一二三六——一二八三）與朱太傅書：「騎馬囊飯，朝往夕返，率以為常，而山外事一毫不接耳目矣。」

⑱達官　顯貴的大員。禮記檀弓下：「公之喪，諸達官之長杖。」孔穎達疏：「謂國之卿大夫士，被君命者也。」唐杜甫哀王孫詩：「又向人家啄大屋，屋底達官走避胡。」

⑲終始如一　同「終始著一」、「始終如一」、「始終若一」。自始至終都一樣。荀子禮論：「故君子敬始而慎終，終始若一，是君子之道。」梁書到洽傳：「明公儒學稽古，淳厚篤誠，立身行道，始終如一。」明陶宗儀輟耕錄隆友道：「既至燕，寓于公囚所側近，日以美饌餽，凡三載，始終如一。」榮按：燕，元大都，今北京。文天祥為蒙元執，囚於大都。其友張毅父（字千載）偕行，日餽美饌，達三載。文公受刑，千載為其焚屍拾骸，南歸安葬。（前揭書卷五）。周書于謹傳：「故功臣之中，特見委信，始終若一，人無間言。」

【析源】

清波雜誌卷六，並詳本章注釋⑤。

九四、公誠有德

滎陽呂公希哲熙寧初監陳留稅，章樞密楶方知縣事，心甚重公。一日，與公同坐，遽峻辭色，折公以事，公不為動。章嘆曰：「公誠有德者，我聊試公耳。」

【語譯】

熙寧初年，滎陽學派之祖呂希哲任陳留縣監當官。那時候，章楶剛接任陳留知縣，內心很尊敬呂公。有一天，兩人坐在一起，章知縣針對某一件事，言辭神色既急且嚴地責難呂公，呂公不因為這樣，就動搖思慮、改變想法。章知縣贊美道：「呂公果真是一位品德高尚、身體力行的人啊！我姑且考驗、考驗他罷了。」

【注釋】

①公誠有德　他果真品德高尚、身體力行。公，對人的敬稱，恆用之於同輩彼此敬稱。史記平原君列傳：「公等碌碌，所謂因人成事者也。」誠，果真。史記高祖本紀：「誠如父言，不敢忘德。」西漢司馬遷報任少卿書：「僕誠已著此書，藏之名山，傳之其人，通邑大都，則僕償前辱之責，……雖萬被戮，豈有悔哉？」有德，謂品德高尚、身體力行。周禮春官大司樂：「凡有道者有德者，使教焉。」鄭玄注：「德，能躬行者。」論語憲問：「子曰：

『有德者必有言，有言者不必有德。』」左傳僖公二十八年：「有德不可敵。」禮記禮器：「是故昔先王尚有德，尊有道，任有能。」孫希旦集解：「有德，謂有德行者。」

②滎陽　指滎陽學派言。

③呂希哲　（一〇三九—一一一六）。北宋壽州（今安徽鳳臺）人。字原明。呂公著之冢子。少學于焦千之、孫復、石介，為胡瑗門人，後與程顥、程頤、張載游。以蔭入仕，沉淪下僚，管庫近十年。元祐七年（一〇九二）以范祖禹薦，為崇政殿說書，擢右司諫。紹聖初，出知懷州。坐元祐黨籍，貶和州居住。徽宗即位，起知單州，召為光祿寺少卿，復出知曹州，尋奪職知相州、邢州。其不名一師、不私一說之學風，承呂氏家學傳統。著有發明義理、傳講雜記。門人有汪革、汪莘、黎確等。（宋史卷三三六、宋元學案卷二三）。

④熙寧　北宋神宗第一個年號，自一〇六八至一〇七七年，前後十年。

⑤監陳留稅　陳留縣監當官。陳留，北宋屬開封府。宋史職官志七：「監當官，掌茶、鹽、酒稅場務征輸及冶鑄之事。」

⑥章楶　（一〇二七—一一〇二）。北宋建州浦城（今福建浦城）人。字質夫。以蔭入仕。應舉，試禮部第一，擢知陳留縣，歷知縣、提刑、轉運使。元祐初，知慶州，敗西夏軍於環州城下。紹聖四年（一〇九七），知渭州，率四路兵出葫蘆河川，築平夏等二城，以迫西夏。元符元年（一〇九八），西夏大舉攻圍平夏十餘日，渠遣將襲敗之，俘夏勇。宋夏議和，擢樞密直學士。徽宗初，同知樞密院事，後為中太一宮使、資政殿學士，未幾，卒，

贈右銀青光祿大夫，諡莊簡。（宋史卷三二八）桀，ㄐㄧㄝˊ。

⑦心甚「重」公　ㄓㄨㄥˋ。尊。禮記祭統：「所以明周公之德，而又以重其國也；……」鄭玄注：「重，猶尊也。」

⑧同坐　同席而坐。漢書爰盎傳：「慎夫人乃妾，妾主豈可以同坐哉！」榮按：史記作袁盎。北宋孔平仲孔氏談苑蘇子瞻與姜潛同坐舉令：「蘇子瞻與姜潛同座。」

⑨遽峻辭色　言辭神色，既急且嚴。猶云聲色俱厲。遽，急。禮記儒行：「遽數之，不能終其物。」唐韓愈祭十二郎文：「嗚呼！孰謂汝遽去吾而歿乎？」峻，嚴。宋史朱京傳：「風神峻整，見者憚之。」辭色，言辭與神色。後漢書獨行傳陸續：「續雖見考苦毒，而辭色慷慨。」晉書祖逖傳：「（逖）中流擊楫而誓曰：『祖逖不能清中原而復濟者，有如大江！』辭色壯烈，眾皆慨歎。」南宋周煇清波雜志卷十：「公廳上論職事，或未免厲辭色；若盃酒間，詎可無和氣以相接？」

⑩「折」公以事　ㄓㄜˊ。責難。即指出別人的錯誤或缺失。史記呂太后本紀：「陳平、絳侯曰：『於今面折廷爭，臣不如君。』」前漢書儒林傳下李育：「（李育）嘗讀左氏傳，雖樂文采，然謂不得聖人深意，以為前世陳元、范升之徒更相非折，而多引圖讖，不據理體，於是作難左氏義四十一事。」李賢注：「折，難也。」唐劉禹錫天論：「柳子厚作天說以折韓退之之言。」

⑪公不為動　呂公不因為這樣，就動搖思慮、改變想法。公，指稱呂希哲。不為，不因為。

荀子天論：「天行有常，不為堯存，不為桀亡。」西漢東方朔答客難：「天不為人之惡寒而輟其冬，地不為人之惡險而輟其廣，君子不為小人之匈匈而易其行。」北宋周邦彥（一〇五六—一一二一）浣溪沙詞：「不為蕭娘舊約寒，何因容易別長安。」動，謂思想受影響而動搖、改變。書盤庚上：「汝曷弗告朕，而胥動以浮言。」唐韓愈順宗實錄二：「使其黨誘以權利，元衡不為之動，叔文怒。」

⑫嘆　贊美。贊嘆。東漢孔融（一五三—二〇八）論盛孝章書：「孝章要為有天下大名，九牧之人，所共稱嘆。」北宋王安石寄郎侍郎詩：「兩朝人物嘆賢豪，凜凜清風晚見褒。」明陳文燭（一五三五—？）少室山房筆叢序：「顏子嘆夫子循循然善誘人。」

⑬「聊試」公「耳」　聊試，姑且考驗。聊，姑且。詩檜風素冠：「我心傷悲兮，聊與子同歸兮。」鄭玄箋：「聊，猶且也。且與子同歸，欲之其家，觀其居處。」戰國屈原離騷：「折若木以拂日兮，聊逍遙以相羊。」王逸注：「聊，且也。」漢古詩十九首青青陵上柏：「人生天地間，忽如遠行客。斗酒相娛樂，聊厚不為薄。」試，考驗。東漢許慎（三〇—一二四）說文解字敘：「尉律學僮十七以上，始試諷籀書九千字，乃得為吏。」耳，罷了。論語陽貨：「子曰：『二三子，偃之言是也，前言戲之耳。』」漢書楊惲傳：「人生行樂耳，須富貴何時？」

【析源】

宋史呂公著傳附希哲：「希哲樂易簡儉，有至行，晚年名益重，遠近皆師尊之。」（卷三二六）。

九五、所持一心

王公存極寬厚，儀狀偉然。平居恂恂，不為詭激之行，至有所守，確不可奪。議論平恕，無所向背。司馬溫公嘗曰：「並馳萬馬中能駐足者，其王存乎！」故自束髮起家，以至大耋，歷事五世而所持一心。屢更變故而其守如一。

【語譯】

王存老先生非常寬大厚道，容貌卓異、儀表超群。他的個性謙和平順，沒有異於常情的舉止，面臨必須堅持的時候，任誰也不能強求他。月旦人物、評價事理，他總是持平寬仁，沒有支持或反對的主見。司馬溫公曾經說：「芸芸眾生，競逐不已，能知其所止的人，也許只有王存吧！」所以，從年輕接受徵召服官，一直到高齡，前後供職仁、英、神、哲、徽五代帝王，卻能始終同心。雖然，一再遭逢世局變遷、事故頻生，但是他的堅守一致。

【注釋】

①所持一心　謂始終同心。所持，所要掌握的。唐杜甫送殿中楊監赴蜀見相公詩：「干戈未甚息，紀綱正所持。」一心，一條心。同心。齊心。書泰誓上：「受（商紂名）有臣億萬，

惟億萬心；予有臣三千，惟一心。」韓詩外傳卷六：「故近者競親而遠者願至，上下一心，三軍同力。」後漢書朱儁傳：「萬人一心，猶不可當，況十萬乎！」唐杜甫高都護驄馬行：「此馬臨陣久無敵，與人一心成大功。」

②王存　（一〇二三—一一〇一）。字正仲。北宋潤州丹陽（今屬江蘇）人。慶曆進士。調嘉興主簿。治平間為國子監直講，歷館閣校勘、集賢校理、史館檢討、知太常禮院。素與王安石友善，熙寧中安石執政，論事不合，即謝不往。元豐初，除國史館編修官，修起居注，進右正言、知制誥兼判太常寺，遷知開封府，改兵部、戶部尚書。元祐二年（一〇八七）拜尚書右丞，次年遷左丞。在朝遇事必爭，嘗反對罷京畿保甲。後出知蔡州，徙揚州。入為吏部尚書，後出知大名府、杭州。紹聖初，提舉崇禧觀，致仕。建中靖國元年，卒，年七十九。贈左銀青光祿大夫。遺有元豐九域志。（宋史卷三四一）

③寬厚　寬大厚道。餘參物成毀有時數㉝。

④儀狀　容貌體狀。史記儒林傳序：「太常擇民十八已上，儀狀端正者，補博士弟子。」榮按：古，「以」、「已」通用。漢書文帝紀：「八十已上，賜米人月一石、肉二十斤、酒五斗。」

⑤偉然　卓異超群貌。唐牛僧孺岑順：「王神貌偉然，雄姿罕儔。」新五代史周臣傳王朴：「世宗雅已知朴，及見其議論偉然，益以為奇。」

⑥平居　猶云平時。平素。戰國策齊策五：「此夫差平居而謀王，強大而喜天下之禍也。」

唐杜甫秋興詩之四：「魚龍寂寞秋江冷，故國平居有所思。」

⑦恂恂　ㄒㄩㄣ ㄒㄩㄣ。恭順貌。論語鄉黨：「孔子於鄉黨，恂恂如也，似不能言者。」漢書李廣傳贊：「李將軍恂恂如鄙人。」一作「悛悛」，附誌之。

⑧詭激　ㄍㄨㄟˇ ㄐㄧ。怪異偏頗，異於常情。六韜選將：「有詭激而有功效者，有外勇而內怯者。」新唐書劉栖楚傳：「然其性詭激，敢為怪行，乘險抵巇，若無顧藉，內實恃權怙寵以干進。」

⑨至有所「守」　「守」有多義，節操曰守，其一也。易繫辭下：「失其守者其辭屈。」高亨注：「失其操守之人，附聲附和，不敢堅持己見，故其辭屈服。」書洪範：「凡厥庶民，有猷有為有守，汝則念之。」本文此處，引申作「堅持」解。

⑩確不可奪　篤定不能強求他。謂任誰也不能強求他。奪，強求（取）。左傳僖公二年：「是天奪之鑒而益其疾也。」論語子罕：「三軍可奪帥也，匹夫不可奪志也。」

⑪議論　對人或事所發表的評價性意見或言辭。即月旦人物、評價事理。宋史岳飛傳：「然忠憤激烈，議論持正，不挫於人，卒以此得禍。」

⑫平恕　持平寬仁。北史趙綽傳：「時河東薛冑為大理卿，俱名平恕。」唐吳兢（六七〇—七四九）貞觀政要公平：「古稱至公者，蓋謂平恕無私。」明方孝孺杜推官贊：「性剛嚴，而治獄平恕。」

⑬無所向背　沒有支持或反對的主見。無所，表示否定不必明言或不可明言的人或事時，用

之。周禮考工記輪人：「無所取之，取諸圜也。」鄭玄注：「非有他也，圜使之然也。」後漢書杜喬傳：「先是，李固見廢，內外喪氣，羣臣側足而立，唯喬正色無所回橈。」通典食貨九：「後魏初至太和，錢貨無所用也。」明陳文燭少室山房筆叢序：「大哉孔子！博學無所成名。」向背，趨向與背棄。在此，猶云支持與反對。魏書楊播傳：「兼觀民情向背，然後可行。」

⑭司馬溫公 司馬光。餘詳忤逆不怒④。

⑮並馳……王存乎 芸芸眾生，爭競名利，激烈不輟；真能知其所止的人，也許只有王存吧！以萬馬並馳隱指眾生奔競名利不輟不已。駐足，停步。引申作知其所止。其……乎，也許（只有）……吧。左傳成公三年：「王送知罃曰：『子其怨我乎！』」唐柳宗元封建論：「勢之來，其生人之初乎！」

⑯束髮 古，男子成童時，束髮為髻，因以代指成童之年。榮按：十五歲以上曰成童（禮內則）西漢賈誼新書容經：「古者年九歲就小學，蹍小節焉，業小道焉；束髮就大學，蹍大節焉，業大道焉。」唐鮑溶苦哉遠行人詩：「去時始束髮，今來髮已霜。」南宋陸游上執政書：「某小人，生無他長，不幸束髮有文字之愚，自上世遺文，先秦古書，晝讀夜思，以求聖賢致意處。」近人程善之（一八八〇——一九四二）春日雜感詩：「我生始束髮，便思萬里行。」

⑰起家 自家中接受徵召，授以官職。史記魏其武安侯列傳：「薦人或起家至二千石，權移

主上。」晉書杜預傳：「文帝嗣立，預尚帝妹高陸公主，起家拜尚書郎。」南宋陸游冬夜戲作詩：「起家來牧民，竊語笑丞椽。」

⑱大耋　高齡。南宋陸游書志詩：「況今蒲柳姿，俛仰及大耋。」清姚鼐彙香七叔父八十壽序：「大耋之年，於里中時會親族，康彊娛樂，不知世有缺陷之事。」耋，ㄉㄧㄝˊ。

⑲歷事　先後侍奉。歷，先後擔任各種官職。後漢書蓋延傳：「歷郡列掾、州從事，所在職辦。」唐韓愈興元少尹房君墓志：「歷十二官，處事無纖毫過差。」事，侍奉。易蠱：「不事王侯，志可則也。」

⑳五世　前後五代的帝君。世，代。榮按：王存自慶曆間（仁宗）入仕，至建中靖國初致仕，計供職於仁宗、英宗、神宗、哲宗與徽宗等五位帝君。

㉑屢更　一再改變。

㉒變故　變遷事故。漢書嚴助傳：「兵者凶事，一方有急，四面皆從。臣恐變故之生，姦邪之作，由此始也。」西晉傅玄（二一七—二七八）明月篇：「常恐新間舊，變故興細微。」清唐孫華（一六三四—一七二三）葉忠節公輓詩：「下車席未煖，變故起亂卒。」

【析源】

宋名臣言行錄後集卷十一王存：「公平居恂恂，不為詭激之行，至有所守，確不可奪。議論平恕，無所向背。溫公嘗曰：『並馳萬馬中能駐足者，其王存乎！』」撰者注云：「並曾子開撰墓誌。」仕學規範卷六行己：「資政殿學士王存，性寬厚，儀狀偉然。平居恂恂，不為詭激之行，至有所守，確不可奪。議論平恕，無所向背。司馬溫公嘗曰：『並馳萬馬中能駐足者，其王某乎！』故自束髮起家至大耋，歷事五世而所持一心，屢更變故而其守一道。」宋史王存傳：「存性寬厚，平居恂恂，不為詭激之行，至其所守，確不可奪。司馬光嘗曰：『並馳萬馬中能駐足者，其王存乎！』」（卷三四一）

九六、人服雅量

王化基為人寬厚。嘗知某州，與僚屬同坐。有卒過庭下為化基喏，而不及幕職。（幕職退，）怒召其卒，笞之。化基聞之，笑曰：「我不知其欲得一喏如此之重也。曏或知之，化基無用此喏，當以與之。」人皆服其雅量。

【語譯】

王化基做人寬大厚道。他曾經主持某州的州務，和部屬同席而坐。有位差役道經花廳，只向他唱喏，並沒有同時向其他在座者行禮請安。離席以後，佐員氣憤地傳喚那位差役到跟前，用竹杖狠狠地拷打。化基聽到這個訊息，笑著說：「我不知道他想獲取一個唱喏的機會竟是這麼地嚴重。化基用不著接受這唱喏，應該拿來送給他。」人們都欽佩他的氣度宏大。

【注釋】

①人服雅量　別人欽佩（他）氣度宏大。人，己之對或我之對。他人曰人。左傳僖公九年：「且人之欲善，誰不如我？」論語顏淵：「己所不欲，勿施於人。」服，欽佩。餘參服公有量①。雅量，ㄧㄚˇ ㄌㄧㄤˋ。宏大的氣度。亦指氣度宏大。東漢楊修（一七五—二一九）答臨淄侯箋：「若乃不忘經國之大美，流千載之英聲，銘功景鐘，書名竹帛，其自雅量，素所畜也。」唐杜甫移居公安贈衛大郎鈞詩：「雅量含高遠，請襟照等夷。」聊齋志異罵鴨：「而鄰翁素雅量，生平失物，未嘗徵於聲色。」

②王化基（九四四—一〇一〇）。字永圖。北宋真定（今河北正定）人。太平興國進士。歷通判常州、知嵐州，改維南節度使判官，入為著作郎。遷左拾遺，抗疏自薦，召試，授知制誥。擢御史中丞，以為朝廷治則邊鄙安。渠慕范滂為人，獻澄清略，議復尚書省、慎公舉、懲貪吏、省冗官。知京朝官考課，出知杭州。至道三年（九九七）拜參知政事。咸平四年（一〇〇一）罷知揚州，移河南府，官至禮部尚書。善筆札，曾作南行詩百韻，時人傳誦。卒贈右僕射，謚惠獻。（宋史卷二六六）。

③為人　做人處世接物。論語學而：「其為人也孝弟，而好犯上者，鮮矣。」西漢劉向列女傳晉獻驪姬：「吾聞申生為人，甚好仁而強，甚寬惠而慈於民。」唐柳宗元段太尉逸事狀：「太尉為人姁姁，很低首拱手行步，言氣卑弱，未嘗以色待物。」人視之，儒者也。」清嚴有禧（？—？）漱華隨筆顧亭林：「青主之為人，大雅君子也。」榮按：傅山（一六〇五—一六八五以後）字青主，事迹詳清史列傳卷七一。

④寬厚　寬大厚道。餘參物成毀有時數㉝。

⑤嘗「知」某州　主持。執掌。國語越語上：「有人能助寡人謀而退吳者，吾與之共知越國之政。」呂氏春秋長見：「三年而知鄭國之政也。」宋史蔡挺傳：「以挺知博州。」

⑥僚屬　所屬官吏。僚亦作「寮」。即屬官；屬吏。後漢書光武帝紀上：「更始將北都洛陽，以光武行司隸校尉，使前整修宮府。於是置僚屬，作文移，從事司察，一如舊章。」三國志吳志孫登傳：「登待接寮屬，略用布衣之禮。」

⑦同坐　詳公誠有德⑧。

⑧有「卒」過「庭下」　卒，差役。如：走卒、獄卒等。庭下，猶云花廳。庭，官署。管子明法解：「任官而不責其功，故愚汙之吏在庭。」下，用於名詞後，恆指稱一定之處所、範圍、時間。庭下猶稱官署花廳。

⑨「為」化基「喏」　為，ㄨㄟˋ。向。對。史記張丞相列傳：「鄧通既至，為文帝泣曰：『丞相幾殺臣。』」榮按：張蒼，文帝時為相。東晉陶潛桃花源記：「此中人語云：『不足為外人道也。』」唐韓愈送陳秀才彤序：「此豈非古人所謂可為智者道，難與俗人言者類邪？」喏，ㄖㄜˇ。唱喏（ㄋㄨㄛˋ），亦作「唱噫」（ㄋㄨㄛˋ）、「唱諾」。古，男子所行之禮。叉手行禮，同時出聲致敬。北宋蘇轍乞定差管軍臣僚劄子：「訪聞張利一任定州總管日，曾入教場巡教，以不得軍情，諸軍並不唱喏。」

⑩不及　不到。左傳隱公元年：「遂寘姜氏于城潁，而誓之曰：『不及黃泉，無相見也！』

既而悔之。」後漢書周景傳：「先是司徒韓演在河內，志在無私，舉吏當行，一辭而已，恩亦不及其家。」

⑪幕職　地方長官各屬吏，因在幕府供職，故稱。宋史職官志七：「建隆四年，詔通判、幕職官，今日赴長官廳議事及都廳簽書文檄。」南宋趙昇朝野類要幕職：「幕職：僉判、司理、司法、司戶、錄參、節推、察推、節判、察判之類。」

⑫「笞」之ㄔ。古，五刑之一。用荊條或竹板敲打臀、腿、背等部位。新唐書刑法志：「其用刑有五：一曰笞。笞之為言恥也；凡過小者，捶撻以恥之。」在此，作動詞用。謂以鞭、杖或竹板拷打。管子形勢解：「弱子，慈母之所愛也，不以其理動者，下瓦則慈母笞之。」史記衛將軍驃騎列傳：「人奴之生，得母笞罵即足矣，安得封侯事乎！」

⑬曏ㄒㄧㄤˋ。往時。指稱不久前。呂氏春秋觀表：「曏者，右宰穀臣之觴吾子也，……」本文此處，作「事先」、「事前」等解。

⑭當以「與」之ㄩˇ。給予。周禮春官大卜：「以邦事作龜之八命：一曰律，二曰象，三曰與……。」鄭玄注引鄭司農曰：「與謂予人物也。」左傳僖公二十三年：「（重耳）乞食於野人，野人與之塊。」三國魏曹植黃初五年令：「功之宜賞，於疏必與；罪之宜戮，在親不赦。」

【析源】

北宋司馬光涑水記聞卷八：「王化基為人寬厚。嘗知槖州，（四庫本注：宋史地理志無稾州，王化基傳亦無知稾州事）。與僚佐同坐。有卒過庭下，為化基詈而不及幕職，僚佐退召其卒笞之。化基聞之，笑曰：『我不知欲得一詈如此之重也。曏或知之，化基無用此詈，當以與之。』人皆服其雅量。」自警編卷一，文字與本章經文悉同，茲從略。宋史王化基傳：「化基寬厚有容，喜愠不形，僚佐有相凌慢者，輒優容之。在中書，不以蔭補諸子官，然喜教訓，故其子舉正、舉直、舉善、舉元皆有所立。」

九七、終不自明

高防為澶州防禦使張從恩判官。有軍校段洪進盜官木造什物。從恩怒，欲殺之。洪進（紿）云：「防使為之。」從恩問防，防即誣伏，洪進免死；乃以錢十阡、馬一疋遺防而遣之。防別去，終不自明。既又以騎追復之。歲餘，從恩親信言：「防自誣以活人命。」從恩驚嘆，益加禮重。

【語譯】

高防在澶州防禦使張從恩的幕下任判官不久，有一位軍校姓段名洪進，偷採公有林木以製作各種器物。從恩發火，想殺他。洪進謊稱：「高判官指示我做的。」從恩面詢高防，防馬上無辜地承認犯行而服罪。段姓軍校因此逃脫死刑。於是，張防禦使撥付十弔制錢，另給一匹馬，要高防離職。高防辭行他去，自己一直沒有表白以澄清真相。張從恩既已這樣處置後；卻又指派騎兵兼程趕路，設法將高防找回駐地復職。時間又經過一年多，親信對他說：「高防以不實之詞妄加在自己身上，才救了段洪進一條小命。」從恩不但吃驚，而且頻頻贊美，也更加禮敬、尊重高防。

【注釋】

①終不自明　自己一直沒有表白以澄清事情的真相。終，卒。猶云終究。左傳襄公九年：「姑盟而退，修德息師而來，終必獲鄭，何必今日！」公羊傳昭公二十五年：「昭公不從其言，終弒之而敗焉。」史記留侯世家：「上曰：『終不使不肖之子居愛子之上。』」自明，自我表白。楚辭九章惜誦：「恐情質之不信兮，故重著以自明。」史記萬石張叔列傳：「朝廷見人或毀之曰：『（直）不疑狀甚美，然獨無奈其善盜嫂，何也！』不疑聞，曰：『我乃無兄。』然終不自明。」漢書外戚傳上孝武衛皇后：「衛后立三十八年，遭巫蠱事起，江充為姦，太子懼不能自明，遂與皇后共誅充，發兵，兵敗，太子亡走。」三國魏曹操述志令：「所以勤勤懇懇敘心腹者，見周公有金縢之書以自明，恐人不信之故。」北宋王安石再辭同修起居注狀之五：「若今言者謂臣要君以偽，臣誠無辭可以自明。」

②高防（九一四—九六三）。字修己。五代至北宋初并州壽陽（今屬山西）人。出身將門。初從張從恩為太原倉曹掾，後從為澶州判官。從恩入為樞密副使，防授國子監丞。以恩留守西洛，又為推官。召拜殿中丞，充鹽鐵推官。後又隨從恩為幕職。後周時，累遷給事中。世宗謀取蜀，以為西南面水陸轉運制置使。北宋初，征李筠，為潞州東北路計度轉運使。

出知秦州、鳳翔。乾德元年（九六三）卒，年五十九。（宋史卷二七〇）

③初為　剛剛擔任……不久。

④澶州　州名。漢頓丘縣地。唐武德四年（六二一）置，取古澶淵為名。貞觀初，廢。大曆七年（七七二）復置，治所頓丘。五代因之。北宋景德元年（一〇〇四）十二月，宋遼會盟於此，史稱澶淵之盟。澶，ㄔㄢˊ。古水名。

⑤防禦使　職官名。武周聖曆間（六九八—七〇〇）始置於夏州。安史之亂起，凡大郡、要害之地皆置，或稱防禦守捉使，位居團練使之下，掌轄區軍防。有副使、判官之屬。其後，諸州刺史不帶團練使者多加此銜，或與團結使互兼。諸道不設節度使處或置都防禦使以領軍務。五代後周顯德五年（九五八），定為准從五品。而後歷代多有變革。

⑥張從恩　（八九八—九六六）。五代至北宋初并州太原（今屬山西）人。後晉少帝娶其女，以外戚擢金吾衛將軍，改刺貝州。安重進叛，以為行營兵馬都監。少帝嗣位，遷開封尹，充東京留守。少帝自鄴歸汴，改鄴都留守。加同中書門下平章事。周世宗時，如檢校太師，封褒國公。北宋初，改封許國公。乾德四年（九六六）卒，年六十九。（宋史卷二五四）。

榮按：從恩於後晉天福二—三年（九三七—九三八）任澶州防禦使。

⑦判官　職官名。隋，初置，稱過海判官。至唐已遍置之。唐六典卷二：「凡別敕差使，事務繁劇者給判官二人，」「非繁劇者，判官一人。」採訪、節度、觀察、招討、經略、防禦、團練、度支、營田、監軍等使其下皆置。綜理本使日常事務，權重務劇，為幕府上佐，

甚至充任留後。府州諸曹參軍事或稱判官。方鎮全體幕職亦泛稱判官。（新舊唐書百（職）官志、舊五代史職官志）。兩宋以後，迭有變革。

⑧軍校　ㄐㄩㄣ ㄐㄧㄠˋ。輔助職之軍官。晉書職官志：「武帝甚重兵，故軍校多選朝廷清望之士居之。」北宋吳淑（九四七－一〇〇二）江淮異人錄董紹顏：「彥思曰：『吾軍校，死於鋒刃吾事也。』」

⑨什物　各種物品器具。後漢書祭彤傳：「又美彤清約，拜日，賜錢百萬，馬三匹，衣被刀劍下至居室什物，大小無不悉備。」顏氏家訓風操：「若尋常墳典，為生什物，安可悉廢之乎？」

⑩〔紿〕云　謊稱。紿，ㄉㄞˋ。欺。誑。榮按：原刊本訛作「給」，茲據厚德錄訂正之。列子周穆王：「同行者啞然大笑曰：『予昔紿若，此晉國耳！』其人大慙。」漢書吳王濞傳：「漢使人以利啗東越，東越即紿吳王，……馳傳以聞。」顏師古注：「紿，誑也。」

⑪使為之　指示（我）去做的。使，令。論語子罕：「子路使門人為臣。」

⑫問　詢。訊。禮記曲禮上：「入竟（境）而問禁，入國而問俗，入門而問諱。」漢書丙吉傳：「為丞相，死傷橫道不問。」

⑬即誣伏　立刻無辜地承認犯行並服罪。即，立刻。表時間。史記李將軍列傳：「廣不中不發，發即應絃而倒。」亦作「便」解，義通。誣伏，猶誣服。謂無辜服罪。聊齋志異冤獄：「令又疑鄰醫婦與私，榜掠之，五毒參至，婦不能堪，誣伏。」

⑭免死　逃脫死刑。免，逃脫。西漢李陵答蘇武書：「當此之時，猛將如雲，謀臣如雨，然猶七日不食，僅乃得免。」死亡之事曰死。論語顏淵：「自古皆有死，民無信不立。」孟子告子上：「死亦我所惡，所惡有甚於死者，故患有所不辟也。」南宋文天祥過零丁洋詩：「人生自古誰無死，留取丹心照汗青。」本文此處，作「死刑」解。

⑮錢十阡　制錢十千，即十弔錢。舊時，錢一千文曰一弔錢。弔，亦作「吊」。明何良俊（一五〇六—一五七三）四友齋叢說卷八：「是日，十三位道長，每一箇馬上人要錢一弔，一弔者千錢也。」阡，通「千」。（集韻）

⑯馬一「疋」　通「匹」。戰國策魏策一：「車六百乘，騎五千疋。」

⑰「遣」之　使離去。左傳僖公二十三年：「姜氏與子犯謀，醉而遣之。」世說新語德行：「有一老翁犯法，……（謝）奕於是改容曰：『何奴欲放去邪？』遂遣之。」

⑱追復　猶恢復。唐元結補樂歌序：「今國家追復純古，列祠往帝。」南宋周煇清波別志卷下：「旋坐失守，皆貶責，後追復官職。」宋史徽宗紀一：「己丑，詔追復文彥博、王珪、司馬光、呂公著……等三十三人官。」

⑲親信　指親近且信任者。唐李商隱為濮陽公檄劉稹文：「麾下平生，盡忘舊愛；帳中親信，即起他謀。」

⑳自誣　自行承認加於己身的不實之詞。前漢書皇后紀上和熹鄧皇后：「有囚實不殺人而被考自誣。」資治通鑑秦二世皇帝二年：「趙高治斯，榜掠千餘，不勝痛，自誣服。」

㉑以「活」人命。救。謂救之使得活。莊子外物：「君豈有斗升之水活我哉？」隋書儒林傳王孝籍：「孝籍鬱鬱不得志，奏記於吏部尚書牛弘曰：「……伏惟明尚書公動哀矜之色，……咳唾足以活枯鱗，吹噓可用飛窮羽。」

㉒禮重　禮遇尊重。北齊書儒林傳馮偉：「王下聽事迎之，止其拜伏，分階而上，留之賓館，甚見禮重。」唐韓愈順宗實錄一：「禮重師傅，引見輒先拜。」五燈會元南泉願禪師法嗣趙州從諗禪師：「師曰：『自小持齋身已老，見人無力下禪牀。』王尤加禮重。」

【析源】

南宋李元綱厚德錄卷三：「高防初為澶州防禦使張從恩判官。有軍校段洪進盜官木造什物。從恩怒，欲殺之。洪進紿云：『判官使為之。』從恩問防，防即誣伏，洪進免死。乃以錢十千、馬一騎遣防而遣之。防別去，終不自明。既又以騎追復之。歲餘，從恩親信言：『防自誣以活人命。』從恩歎，益加禮重。」宋史高防傳：「從恩移澶州防禦使，表為判官。有親校段洪進盜官木造器，市取其直。從恩聞之怒，將殺之。洪進懼，思緩其罪，紿曰：『判官使為之。』從恩召防詰之，防即引伏，洪進得免。從恩遺防錢十千、馬一疋遣之。防拜受而去，終不自明。既而悔之，命騎追及，防不得已而還，賓主如初。又居帳下歲餘，稍稍有言防自誣以活人，從恩益加禮重。」

九八、戶曹長者

長樂陳希穎至道中為果州戶曹。有稅官無廉稱。同僚雖切齒而不言，獨戶曹數以大義，責之。冀其或悛已而有他隙。後稅官秩滿將行，廳之小吏持其貪墨狀于郡，曰：「行篋若干，各有字號，其篋皆金也。」郡將盛怒，以其事付戶曹，俾陰同其行，則於關門之外，羅致其所狀字篋驗治之。聞者皆為之恐。戶曹受命不樂，曰：「夫當其人居官之時，不能懲艾而使遂其姦；今其去也，反以巧吏之言害其長，豈理也哉？」因遣人密曉稅官，曰：「吾不欲以持訐之言危君。事無當自白，不則早為之所。」稅官聞之，乃易置行李，亂其先後之序。既行，戶曹與吏候于關外，俾指示其所，所謂有金者拘送之官，他悉縱遣。及造郡庭，啟視，則衣食也。郡將釋然，稅官得以無事去。郡人翕然稱戶曹為長者；然而，戶曹未嘗有德色也。

【語譯】

北宋至道年間（九九五—九九七）福州府長樂縣人陳希穎任果州戶曹參軍。某稅吏因貪財聚斂、不清不白而出名。同仁雖然極端痛恨，卻默不作聲，只有陳戶曹拿大道理來開釋、指正他，期待當事者或許能夠自我悔改，卻因此結上仇怨。後來，那稅吏任期屆滿，準備離職，官署裡的小吏拿著檢舉書狀到郡署，說：「某人的行篋有多少隻，其中一一編上字號，裡面裝滿了黃金。」郡守聽了，非常生氣，把這案件交代戶曹，要他暗地裡與離職者同時出發，並在關口外扣押檢舉人所指陳的行篋、逐一檢視處理。聽到這訊息的人都心生恐懼。陳戶曹承接這件案子並不高興，他說：「正當那人在職的時候，不能主動取證、及時依律嚴辦；卻讓他有機會著成劣行惡迹。現在，他要離職了，反而聽信巧吏的片面之詞，傷及進言者的長官，難道妥當嗎？」因此，派人暗中告知那稅吏，說道：「我不想用挾制、譴責的話來讓你不安。別人指陳的內容如與實際不符，請自行表白清楚；否則，儘速將你的行篋好好整理吧！」那稅吏聽了之後，著手調整行李，將原來的先後次序給打亂。離職的稅吏已經出發，戶曹與檢舉人正在關隘的外面等候，以便指引接受檢驗的行李放置的地點；質疑藏有黃金的行篋，扣押解送官署，其他各件全部放行提走。到了郡署公堂，打開一看，竟然全都是衣服、食品。郡守的疑慮因此消除，稅吏可以無憂無慮地離開。郡民一致贊美陳戶曹是德高望重的君子，但他不曾自以為對人有恩而顯露出絲毫得意之色。

【注釋】

①戶曹長者　眾多戶曹參軍當中的德高望重者。戶曹，戶曹參軍的省詞。戶曹，官署名。南宋高承事物紀原撫字長民戶曹：「漢公府有戶曹掾，主民戶祀農桑，州郡為史，北齊與功倉曹同為參軍，唐諸府曰戶曹，餘州曰司戶。」宋史職官志七：「戶曹參軍掌戶籍賦稅，

倉庫受納。」有關自漢迄兩宋戶曹（掾、參軍）之演變，另參文獻通考卷六三職官十七，茲從略。長者，德高望重的人。韓非子詭使：「重厚自尊謂之長者。」史記項羽本紀：「陳嬰者，故東陽令史，居縣中，素信謹，稱為長者。」清錢謙益（一五八二──一六六四）祖璇先贈通議大夫：「慷慨有丈夫之風，孝謹修長者之行。」

②長樂　唐武德中析閩縣地置新寧縣，尋改長樂縣，兩宋以至明清均屬福州府。（讀史方輿紀要卷九六福州府。）

③陳希穎　詳本章析源。

④至道　北宋太宗（趙炅）第五個年號，自公元九九五至九九七年，共三年。

⑤果州　北宋屬梓州路，今為四川省南充縣。（中國歷史地圖集第六冊、譚其驤主編、民七一、北京）

⑥稅官　即稅吏。掌諸稅稽徵事務。

⑦無廉稱　（因）貪財聚斂、不清不白而出名。清白曰廉。稱，顯。顯揚。論語衛靈公：「君子疾沒世而名不稱焉。」世說新語德行：「王戎、和嶠，……俱以孝稱。」本文此處，作「出名」解，似較妥。

⑧同僚　在一起服官之人。猶云同仁。詩大雅板：「我雖異事，及爾同僚。」「僚」亦作「寮」。左傳文公七年：「同官為寮。吾嘗同寮，敢不盡心乎？」

⑨切齒　本義「咬牙」。齒相磨切。喻極端痛恨貌。戰國策魏策一：「是故天下之遊士，莫

不日夜搤腕瞋目切齒，以言從之便，以說人主。」史記衛將軍驃騎列傳論：「自魏其、武安之厚賓客，天子常切齒。」北宋司馬光和王勝之雪霽借馬入局偶書：「昔遭絳灌深切齒，奔走十年為下吏。」

⑩數……，責之　猶責以大義。意謂用正道來屬望對方。數，ㄕㄨˇ。說。禮記儒行：「遽數之，不能終其物。」大義，正道。大道理。易家人：「彖曰：女正位乎內，男正位乎外。男女正，天地之大義也。」舊唐書李晟傳：「晟亦同勞苦，每以大義奮激士心，卒無叛離者。」責，屬望。史記汲鄭列傳：「其治，責大指而已，不苛小。」

⑪悛己　ㄑㄩㄢ ㄐㄧˇ。自我悔改。悛，悔改。左傳隱公六年：「長惡不悛，從自及也。」南宋洪邁夷堅丁志永寧莊牛：「秦氏建康永寧莊，有牧童桀橫，常騎巨牛，縱食人禾麥。民泣請，不悛。」元典章新集刑部騙奪：「賊徒不悛前過，今又同謀……比例合同強盜定論。」

⑫他隙　別的（或另外的）仇怨。他，指別的（另外的）人或事。詩小雅雄弁：「豈伊異人？兄弟匪他！」孟子梁惠王下：「王顧左右而言他。」仇怨曰隙，ㄒㄧˋ。史記項羽本紀：「今將軍與臣有隙，……」

⑬「秩滿」將「行」　秩滿，服官任期屆滿。南史虞寄傳：「前後所居官，未嘗至秩滿，裁朞月，便自求解退。」陳書袁樞傳：「其年秩滿，解尹，加散騎常侍，將軍、尚書並如故。」唐錢起（七一〇？—七八二？）贈東鄰鄭少府詩：「秩滿歸白雲，期君訪谷口。」行，走。論語述而：「三人行，必有我師焉。」

⑭持　握。禮記射義：「故射者，進退周還必中禮，內志正，外體直，然後持弓矢審固。」漢書張耳陳餘傳：「上使泄公持節問之箯輿前。」榮按：泄公，生卒年待考，高祖時，任中大夫，奉命查貫高謀反案。

⑮貪墨狀　指陳貪污的書狀。貪墨，語出左傳昭公十四年：「貪以敗官為墨。」杜預注：「墨，不絜之稱。」狀，文體名。古，向上級長官（官署）陳述意見或事實之文書。漢書趙充國傳：「充國上狀曰：『……臣謹條陳不出兵留田便宜十二事。』」

⑯行篋　外出旅行用的箱籠。宋史忠義傳十馬伸：「故在廣陵，行篋一擔，圖書半之。」近人魯迅（一八八一—一九三六）書信集致臺靜農：「今此書尚在行篋，覽之黯然。」篋，ㄑㄧㄝˋ。榮按：周樹人筆名魯迅。

⑰郡將　郡守兼領武事，故稱。將，ㄐㄧㄤˋ。後漢書皇甫規傳：「臣窮居孤危之中，坐觀郡將，已數十年矣。」李賢注：「郡將，郡守也。」漢書酷吏傳嚴延年：「（趙）繡見延年新將，……」顏師古注：「新為郡將也，謂郡守為郡將者，以其兼領武事也。」清梁章鉅（一七七五—一八四九）稱謂錄郡將：「郡將始見馬援傳。宋時郡守稱郡將，蓋以朝臣出知列郡，其結銜稱知某州軍州事者。」

⑱盛怒　大怒。國語魯語上：「寡君不佞，不能事疆埸之司，使君盛怒暴露於敝邑之野，敢犒輿師。」

⑲「以」其事「付」戶曹　以，將。把。付，交代。

⑳陰同其行　不動聲色、暗地裡和他一起走。陰，沉默。即暗中。表性態。戰國策秦策二：「使人使齊，齊秦之交陰會。」同行，一同行走。唐杜甫垂老別詩：「投杖出門來，同行為辛酸。」

㉑「則」於「關門」之外　則，就。表前後相承。三國魏嵇康養生論：「夜分而坐，則低迷思寢……。」北宋范仲淹岳陽樓記：「登斯樓也，則有去國懷鄉，憂讒畏譏，滿目蕭然，感極而悲者矣。」關門，關口上的門。周禮地官司關：「國凶札，則無關門之征。」鄭玄注引鄭司農曰：「無關門之征者，出入關門無租稅。」唐岑參陪使君早春西亭送王贊府赴選詩：「客舍草新出，關門花欲飛。」明史袁崇煥傳：「已，承宗鎮關門，益倚崇煥。」

㉒「羅致」……「狀」……「驗治」之　羅致，本義：用網捕捉禽鳥。在此，引申作集中扣押解。狀，敘述。描繪。莊子德充符：「自狀其過。」注：「自陳其過。」唐柳宗元游黃溪記：「揭水八十步，至初潭，最奇麗，殆不可狀。」驗治，查驗處理。漢書于定國傳：「吏捕孝婦，孝婦辭不殺姑。吏驗治，孝婦自誣服。具獄上府。」新唐書班宏傳：「青城人以左道惑眾，謀作亂。事覺，誣引屯將規緩死，眾兇懼，宏驗治，即殺之，人心大安。」

㉓受命　接受命令。儀禮士冠禮：「筮人執筴抽上韇，兼執之，進受命於主人。」孟子離婁上：「齊景公曰：『既不能令，又不受命，是絕物也。』」朱注：「受命，聽命於人也。」

㉔居官　擔任官職。在職。在位。國語魯語上：「賢者急病而讓夷，居官者當事不避難，在位者恤民之患，是以國家無違。」

㉕懲艾　亦作「懲乂」、「懲刈」、「懲⿱乂心」。處罰治理。西漢劉向九歎遠遊：「悲余性之不可改兮，屢懲艾而不迻。」王逸注：「言己體受忠直之性，雖數為讒人所懲艾，而心終不移易也。」東觀漢記明帝紀：「陛下至明，懲艾酷吏，視人如赤子。」新唐書裴矩傳：「太宗即位，疾貪吏，欲痛懲乂之。」

㉖遂其姦　養其姦。縱容奸邪曰養姦，亦作「養奸」。後漢書王符傳：「古者唯始受命之君，承大亂之極……故不得不有一赦，與之更新，頤育萬民，以成大化。非以養奸活罪，放縱天賊也。」清昭槤嘯亭雜錄徐中丞：「守令來謁，命判試其才，教曰：『深文傷和，姑息養奸，戒之哉。』」

㉗「今」其「去」也　今，現在。去，離職。

㉘巧吏　機巧的屬吏。巧，虛偽。欺詐。老子：「絕巧棄利，盜賊無有。」淮南子本經訓：「及偽之生也，飾智以驚愚，設詐以巧上。」

㉙害其「長」ㄓㄤˇ。長官。上曰長，首長之稱。書益稷：「外薄四海，咸建五長。」注：「五長，眾官之長。」北宋王安石上皇帝萬言書：「其德厚而才高者以為之長，德薄而才下者以為之佐屬。」

㉚豈理也哉　難道妥當嗎？義曰理。禮記喪服四制：「知者可以觀其理焉……」鄭玄注：「理，義也。」本文此處，引申作「妥當」解。

㉛密曉　暗地裡告知。密，不為人知。意謂暗中。告知曰曉。

㉜持訐之言　挾制陰私的話語。持，挾制。史記酷吏列傳：「持吏長短。」面發他人陰私曰訐，ㄐㄧㄝˊ。論語陽貨：「惡訐以為直者，……」

㉝「危」君　傷。毀。

㉞無當　不恰當。不相稱。按指檢舉書狀所述與事實不符。三國志魏志賈詡傳：「太祖破荊州，欲順江東下。詡諫……太祖不從，……」裴松之注：「然則魏武之東下，非失算也。詡之此規為無當矣。」

㉟自白　自我表白。史記吳王濞列傳：「吳王身有內病，不能朝請二十餘年，嘗患見疑，無以自白。」唐康駢（一作康軿，？—？，晚唐之人。）劇談錄袁相雪換金縣令：「宰邑者為眾所擠，摧沮莫能自白。」明張居正與兩廣總督書：「此中是非甚明，無煩自白。」

㊱不則　否則。不，ㄈㄡˇ。同「否」。韓非子內儲說上：「昭侯以此察左右之誠不。」按說文不部：「否，不也。」段注：「不者，事之不然也；否者，說事之不然也。故音義皆同。」

㊲指示　指點。指引。唐李涉（？—？，活動於元和、長慶間）題清溪鬼谷先生舊居詩：「常聞先生教，指示秦儀路。」明羅貫中（一三三〇？—一四〇〇）風雲會第三折：「臣等托聖主洪福，馬到處成功，仰聽神策廟算，指示一二。」

㊳拘送之官　扣押解送往公府。拘送，扣押解送。唐韓愈月蝕詩效玉川子作：「弊蛙拘送主府官，帝箸下腹嘗其皤。」之，往。孟子滕文公上：「滕文公為世子，將之楚，過宋而見孟子。」官，政府治事之所，即公府、官府也。禮記玉藻：「在官不俟屨，在外不俟車。」

㊴縱遣　放行發還。後漢書班超傳：「謝大驚，即遣使請罪，願得生歸。超縱遣之。」榮按：謝，月氏副王也。資治通鑑唐高祖武德二年：「隋驍果尚近萬人，亦各縱遣，任其所之。」

㊵及造郡庭　等到達郡署。及，等到。史記儒林列傳：「及至秦之季世，焚詩書，坑術士，……」造，到。去。周禮地官司門：「凡四方之賓客造焉，則以告。」鄭玄注：「造，猶至也。」孫詒讓正義：「注云：『造，猶至也』者，大司寇注義同此引申之義。……故造亦訓至矣。」東漢趙曄吳越春秋句踐歸國外傳：「吳封地百里於越，東至炭瀆，西止周宗，南造於山，北薄於海。」南宋葉適劉建翁墓志銘：「自二父在，而四方之過莆者無不造於庭。」郡庭，郡署的公堂。南宋陸游老學庵筆記卷三：「蠻人持筇（竹杖）至瀘敘間賣之，……郡中有蠻判官者為之貿易。蠻判官蓋郡吏。然蠻人懾服，惟其言是聽。太不直則亦能群訟于郡庭而易之。」

㊶啟視　打開檢視。意謂將行篋一一打開，詳細檢查。

㊷釋然　疑慮消除貌。世說新語言語：「由是釋然，復無疑慮。」北宋沈括夢溪筆談神奇：「釋然放懷，無復蔕芥。」近人魯迅書信集致樓煒春：「先時聞謠言，多為惡耗，幾欲令人相信。今見其親筆，心始釋然。」

㊸得以　可以。賴以。西漢鼂錯（？—前一五四）論貴粟疏：「今募天下入粟縣官，得以拜爵，得以除罪，……」北宋曾鞏諸廟祈雨文：「民之艱於稼穡，賴歲屢豐，得以足衣食而償其力，吏亦得以無所事於勤而偷祿。」

㊹翕然　ㄒㄧˋ。一致貌。漢書鄭當時傳：「聞人之善言，進之上，唯恐後。山東諸公以此翕然稱鄭莊。」北宋蘇軾范景仁墓志銘：「及論熙寧新法，與王安石、呂惠卿辯論，至廢黜不用，然後天下翕然師尊之。」明湯顯祖（一五五〇—一六一七）紫釵記佳期議允：「若論此生，門族清華，少有才思。麗詞佳句，時謂無雙；先達文人，翕然推伏。」

㊺未嘗　不曾。餘詳羹污朝衣⑤。

㊻德色　對人有恩所表現的神色。漢書賈誼傳：「故秦人家富子壯則出分，家貧子壯則出贅。借父耰鉏，慮有德色。」顏師古注：「言以耰及鉏借與其父，而容色自矜為恩德也。」舊五代史晉書沈贇傳：「侍中父子誤計，忍以羶幕之眾，殘害父母之邦，不自羞慚，反有德色。」近人珠泉居士（廖樹蘅，一八四〇—一九二三）續板橋雜記軼事：「嫗積久無倦容，亦無德色。」

【析源】

閩書英舊志：「陳希穎，至道中為果州戶曹。有稅官貪墨，同僚惡之，無與言者，希穎時責數之，遂坐有隙。已，稅官秩滿，治裝，其小吏言於郡將曰：『彼篋多金，可發也，某盡知其處。』郡將付希穎驗實，希穎曰：『當其居官，不能懲也；比其去也，乃以吏言陷其長乎？』因密授意稅官，稅官得盡易置其篋。及行，希穎率吏伺於途，語吏曰：『孰篋有金，盡拘留之；他可悉縱遣。』及送郡啟視，篋則無金。希穎後人登第者，三世以二十人，孫襄，其一也。」（卷之七五）。又，福州府志卷五〇人物列傳：「陳希穎，侯官人。至道中為果州戶曹。……孫襄其一也。」注明引自前揭書。榮按：侯官，東漢已置，隋改閩縣，唐初析閩縣分置之，長樂、侯官、閩縣，一地多名。

九九、逾年後杖

曹侍中彬為人仁愛多恕，嘗知徐州。有吏犯罪，既立案，逾年然後杖之，人皆不曉其旨。彬曰：「吾聞此人新娶婦，若杖之，彼其舅姑必以婦為不利，而惡之。朝夕笞罵，使不能自存，吾故緩其事而法亦不赦也。」其用志如此。

【語譯】

侍中曹彬做人富同情心、愛人如己，曾經主持徐州的州務。有部屬觸犯律令構成罪行，案件已經成立了，卻延後一年方施杖刑，大家都不瞭解他的用意。曹彬說：「我聽說這個人剛剛娶妻，如果即時杖責他，他的父母一定以為新婦是位掃把星，並且遷怒、憎恨她，不時對她加以打罵，讓新婦活不下去。所以，我延後杖責的執行，同時於法令也沒有寬免他啊！」曹公是這麼用心的一位長官。

【注釋】

①逾年後杖　延後一年方施杖刑。逾年，亦作「踰年」。一年以後。第二年。意謂延後一年。

太平廣記卷四三七引唐薛用弱集異記齊瓊：「逾年牡死，尤加勤效。」北宋文瑩（？—？熙寧間猶健在）玉壺清話卷二：「（朱昂）散歷清貴三十年，晚以工部侍郎懇求歸江陵，逾年方允。」南宋周密齊東野語許公言：「未數月，子沖一夕無疾而亡，踰年，金入寇。」（卷八）。近人陳夔龍夢蕉亭雜記卷二：「袁逾年升直臬，仍治軍事。」榮按：袁，袁世凱之省稱。夔龍（一八五八—？）民六，張勛復辟，渠出任「弼德院」院長。

②曹彬（九三一—九九九）。北宋真定靈壽（今屬河北人）。字國華。五代後漢時，為成德軍牙將。後隸周世宗帳下。趙匡胤典禁旅，彬中立不倚，非公事未嘗造門，羣居宴會，亦所罕預，由是器重之。入宋，遷客省使，累遷兼樞密承旨。乾德二年（九六四）伐蜀，為歸州行營前軍都監。峽中郡既下，獨申令戢下，所至悅服。兩川平，彬屢請旋師，王全斌等不從。蜀兵亂，彬與劉光毅破之于新繁，卒平蜀亂。橐中唯圖書、衣衾而已。及還，以清介廉謹，授宣徽南院使、義成軍節度使。六年，征太原，為前軍都監。開寶二年（九六九）親征太原，復為前軍都監。七年，伐江南，為昇州西南路行營馬步軍戰棹都部署，于采石磯作浮梁渡長江。八年，圍金陵，誓諸將入城不妄殺一人，滅南唐。拜樞密使、檢校太尉、忠武軍節度使。太宗即位，加同平章事。太平興國三年，從征太原。雍熙北伐，為幽州行營前軍馬步水陸都部署，連破固安、涿州，糧盡退兵，無復行伍，至岐溝關（今河北涿縣西南）大潰。責授右驍衛上將軍。四年，起為侍中、武寧軍節度使。真宗即位，復檢校太師、同平章事。數月，召拜樞密使。咸平二年（九九九）卒，年六十九，贈中書

令，追封濟陽郡王，謚武忠。（宋史卷二五八）。

③侍中　職官名。宋史職官志一：「侍中，掌佐天子議大政，審中外出納之事。大祭祀則版奏中嚴外辦，導輿輅，詔升降之節；皇帝齋則請就齋室。大朝會則承旨宣制、告成禮，祭祀亦如之。冊后則奉寶以授司徒。國朝以秩高罕除。自建隆至熙寧，真拜侍中纔五人。」（卷一六一）。

④為人　詳人服雅量③。

⑤仁愛　意謂富同情心。淮南子脩務訓：「堯立孝慈仁愛，使民如子弟。」史記袁盎鼂錯列傳：「仁愛士卒，士卒皆爭為死。」明唐順之廷試策：「蓋雖天心仁愛，欲以助陛下宵旰之憂，而隆嘉靖之治，意者民之危苦無聊，所以感傷和氣者，亦容有之乎！」

⑥多恕　充滿愛人如己的襟懷。多，數量大。與「少」、「寡」相對。易謙：「君子以裒多益寡，稱物平施。」詩邶風柏舟：「覯閔既多，受侮不少。」本文此處，引申作「充滿」解。愛人如己曰恕。論語衛靈公：「子貢問曰：『有一言可以終身行之者乎？』子曰：『其恕乎！己所不欲，勿施於人。』」朱注：「推己之謂恕。」

⑦嘗知　曾經主持。參人服雅量⑤。

⑧徐州　梁惠王卅一年（公元前三三九年）下邳遷於薛，改曰徐州（竹書紀年卷下）。漢以後，歷代皆置徐州，轄地則迭作變更，大致在今淮北一帶，且多以彭城（今江蘇徐州）或下邳（今江蘇下邳）為治所。北宋，徐州屬京東西路。（元和郡縣志卷九，嘉慶一統志卷

一〇〇、一二五、一六五，中國歷史地圖集第六冊）。宋史曹彬傳：「（彬）為帥知徐州日，……。」

⑨犯罪　觸犯律令，構成罪行。漢書宣帝紀：「今百姓多上書觸諱以犯罪者，朕甚憐之。」北宋司馬光論不得言赦前事札子：「臣伏覩今月二十三日手詔，應官吏黎庶犯罪在赦前者，並依前後勑條施行。」

⑩立案　成立案件。初刻拍案驚奇卷二：「次日，李知縣升堂，正待把潘甲這宗文卷注銷立案，只見潘甲又來告道：『昨日領回去的，不是真妻子。』」

⑪「人」……「不曉」其「旨」　人，泛指一般人。孟子離婁下：「人有不為也，而後可以有為。」本文此處，作「大家」解。不曉，不明。意謂不瞭解。曉，明白。北史邢邵傳：「博覽墳籍，無不通曉。」宋史王安石傳：「上謂曰：『人皆不能知卿，以為卿但知經術，不曉世務。』」旨，意思。宋書謝靈運傳：「妙達此旨，始可言文。」唐韓愈答陳商書：「辱惠書，語高而旨深，三四讀尚不能通曉，茫然增愧赧。」

⑫舅姑　指稱新婦的公婆。即夫之父母。國語魯語下：「古之嫁者，不及舅姑，謂之不幸。」唐朱慶餘（？—？，寶曆二年進士）近試上張籍水部詩：「洞房昨夜停紅燭，待曉堂前拜舅姑。」

⑬不利　有害。書金縢：「公將不利於孺子。」史記秦始皇本紀「豈勇力智慧不足哉？形不利、勢不便也。」

⑭惡 ㄨˋ。憎恨。左傳隱公元年：「莊公寤生，驚姜氏，……遂惡之。」論語里仁：「惟仁者能好人能惡人。」孟子離婁上：「今惡死亡而樂不仁，是猶惡醉而強酒。」

⑮朝夕笞罵 經常打罵。朝夕，經常。時時。書說命上：「朝夕納誨，以輔台德。」唐韓愈鳳翔隴州節度使李公墓志銘：「隴州地與吐蕃接，舊常朝夕相伺，更入攻抄。」笞罵，打罵。與「笞詈」同義。

⑯自存 保全自己。商君書慎法：「千乘能以守者，自存；萬乘能以戰者，自完也。」明周履靖（一五四二—一六三二）詠竹詩：「自存君子操，不向俗人看。」

⑰緩 遲。遲延。猶云延後。易中孚：「君子以議獄緩死。」孟子滕文公上：「民事不可緩也。」

⑱法亦不「赦」 ㄕㄜˋ。寬免。書湯誓：「罔有攸赦。」易解：「君子以赦過宥罪。」

【析源】

北宋司馬光涑水記聞卷二：「曹侍中為人仁愛多恕，……嘗知徐州，有吏犯罪，既立案，愈年然後杖之，人皆不曉其意。彬曰：『吾聞此人新娶婦。若杖之，彼其舅姑必以婦為不利而惡之，朝夕笞罵，使不能自存，吾故緩其事而法亦不赦也。』其用意如此。」光自注「張錫云。」五朝名臣言行錄卷一之二樞密使濟陽曹武惠王：「曹侍中為人仁愛多恕，平數國未嘗妄斬人。嘗知徐州，有吏犯罪，既立案，逾年然後杖之。人皆不曉其旨。彬曰：『吾聞此人新娶婦。若杖之，彼其舅姑必以婦為不利而惡之，朝夕笞罵，使不能自存，吾故緩其事而法亦不赦也。』其用志如此。」記聞宋名臣言行錄前集卷一曹彬濟陽武惠王：「嘗知徐州，有吏犯罪，既立案，逾年然後杖之。人皆不曉其旨。彬曰：『吾聞此人新娶婦。若杖之，彼其舅姑必以婦為不利而惡之，朝夕詬罵，使不能自存，吾故緩其事而法亦不赦也。』」記聞。厚德錄卷一曹彬侍中一則，除全稱武惠王名諱略異外，其餘文字與上揭五朝名臣言行錄悉同，茲從略。宋史曹彬傳：「彬性仁敬和厚，在朝廷未嘗忤旨，亦未嘗言人過失。……為帥知徐州日，有吏犯罪，既具案，逾年而後杖之，人莫知其故。彬曰：『吾聞此人新娶婦。若杖之，其舅姑必以婦為不利，而朝夕笞詈之，使不能自存，吾故緩其事，然法亦未嘗屈焉。』」

一〇〇、終不自辯

蔡襄嘗飲會靈東園。坐客有射矢誤中傷人者，客遽指為公矢，京師喧然。事既聞，上以問公，公即再拜愧謝，終不自辯，退亦未嘗以語人。

【語譯】

北宋蔡襄曾經在靈東園設宴聚會。某一位座上的來賓玩弄弓箭，失手射傷了其他來客，大家迫不急待地斥責，說是主人公的弓箭，國都一時熱鬧滾滾。這件事已經傳開了，皇上根據得知的訊息面詢蔡公，他立刻不斷地禮拜表示慚愧和歉意，畢竟未替自己辯護，離開朝廷也不曾向別人談及。

【注釋】

①終不自辯　畢竟不替自己辯護。終，到底。終究。畢竟。意謂事情自始至終。墨子天志中：「欲以此求賞譽，終不可得。」北宋王安石陸忠州詩：「低回得坎坷，勳業終不遂。」自辯，（替）自己辯護。辯，爭論是非。孟子滕文公下：「予豈好辯哉？予不得已也。」莊子繕性：「古之存身者，不以辯飾之。」爭論曰辨，字亦作「辯」。宋史蔡襄傳：「再拜愧謝，終不自辨。」

②蔡襄　（一〇一二—一〇六七）。北宋興化仙游（今福建仙游）人。字君謨。舉進士，為西京留守推官、館閣校勘。范仲淹以言事去國，余靖、尹洙、歐陽脩皆坐譴。襄作四賢一不肖詩，都下人士爭相傳寫。慶曆三年（一〇四三）知諫院。進直史館，兼修起居注。任職論事，無所回撓。以母老，求知福州，改福建路轉運使，開古五塘溉民田，奏減五代所遺丁口稅之半。進知制誥。每除授非當職，輒封還之。遷龍圖閣直學士、知開封府。精吏事，談笑剖決，破奸發隱，更不能欺。再知福州，徙泉州。于萬安渡立石為梁，其長三百六十丈。又植松七百里以庇道路，閩人刻碑紀德。召為翰林學士、三司使。乞為杭州。卒年五十六。謚曰忠惠。襄工于書，為當時第一。（宋史卷三二〇）。

③飲會　宴會。抱朴子疾謬：「儔類飲會，或蹲或踞。」南史章昭達傳：「每飲會，必盛設女伎雜樂，備羌胡之聲。」北宋朱彧（彧，一作「或」。？—？，宣和間仍在世）萍州可談卷一：「遼人相見，其俗先點湯，後點茶，至飲會亦先水飲，然後品味以進。」

④坐客　座上的來賓。三國志魏志呂布傳：「是兒最叵信者」裴松之注引西晉袁暐獻帝春秋：「布縛急，謂劉備曰：『玄德，卿為坐客，我為執虜，不能一言以相寬乎？』」南宋陳鵠（？—？，開禧以後之人）耆舊續聞卷一〇：「一時坐客，皆騷人墨客。」清繆艮（一七六六—一八三〇後）沈秀英傳：「低鬟一笑，行酒數行，坐客皆為心醉。」

⑤射矢　用弓發箭，即射箭。射，弓弩發於身而中於遠。（說文）。矢，ㄕˇ。箭。古，施於弓弩之兵器。

⑥誤中　不小心射到。誤，不慎。謂非有意者。後漢書逸民傳梁鴻：「曾誤遺火延及它舍，鴻乃尋訪燒者，問所去失，悉以豕償之。」唐韓愈瘞硯銘：「役者劉胤誤墜之地，毀焉，乃匣歸埋于京師。」清孫枝蔚贈邢補庵詩：「自言輕一出，為官多憂忡；大魚吞小魚，誤落風波中。」中，ㄓㄨㄥˋ。為箭所射著。左傳桓公五年：「祝聃射王，中肩。」史記周本紀：「楚有養由基者，善射者也。去柳葉百步而射之，百發而百中之。」

⑦遽指　迫不急待地斥責。遽，ㄐㄩˋ。急。表性態。禮記儒行：「遽數之，不能終其物。」左傳僖公二十四年：「僕人以告，公遽見之。」唐韓愈祭十二郎文：「嗚呼！孰謂汝遽去吾而歿乎？」指，斥責。呂氏春秋行論：「人主……事讎以求存，執民之任也；……布衣行此，指於國。」漢書王嘉傳：「千人所指，無病而死。」

⑧京師　詩大雅公劉：「京師之野，于時處處。」清馬瑞辰（一七八二—一八五三）通釋：「京為豳國之地名……吳斗南曰：『京者，地名。師者，都邑之稱，如洛邑亦稱洛師之

類。』其說是也。」「京師」之稱源於此。後世因以泛稱國都。公羊傳桓公九年：「京師者何？天子之居也。」史記儒林列傳：「教化之行也，建首善自京師始，由內及外。」唐韓愈御史臺上論天旱人饑狀：「京師者，四方之腹心，國家之根本。」另說：「陝西鳳翔有山曰京，有水曰師，周文王、武王建都于此，統名之曰京師。」（顧炎武肇域志）。

⑨喧然　繁鬧的樣子。指射箭誤中來客的消息，傳述熱絡。喧，ㄒㄩㄢ。聲大而繁鬧。東晉陶潛飲酒詩之五：「結廬在人境，而無車馬喧。」

⑩「事」既「聞」　事，指射箭傷人言。聞，達。傳知。詩小雅鶴鳴：「鶴鳴于九皐，聲聞于野。」左傳文公十五年：「他年，其二子來，孟獻子愛之，聞於國。」呂氏春秋重言：「謀未發而聞其國。」

⑪「上」以「問」公　古稱皇帝曰上。史記淮陰侯列傳：「上自將而往。」問，詢。禮記曲禮上：「入竟而問禁，入國而問俗，入門而問諱。」論語微子：「使子路問津焉。」

⑫再拜　重複敬禮。拜，敬禮之稱。古行屈身、拱手至跪而以首叩地等禮皆曰拜。周禮春官太祝：「辨九拜。……」

⑬愧謝　謂對他人表達著羞咎且感激等心意。宋書謝晦傳：「晦至江陵，無它處分，唯愧謝周超而已。」唐李復言續玄怪錄杜子春：「（老人）握其手曰：『君復如此，奇哉！吾將復濟子幾緡方可？……』子春愧謝而已。」明王守仁傳習錄卷下：「先生正色曰：『這是我醫人的方子……你如不用，且放起，不要作壞我的方子。』是友愧謝。」

⑭「退」……「語人」　退，下朝歸宅。語人，ㄩˋ ㄖㄣˊ。向別人說。孟子梁惠王上：「為長者折枝，語人曰：『我不能，』是不為也，非不能也。」

【析源】

南宋張鎡仕學規範卷八行己：「端明蔡公襄……嘗飲會靈東園。坐客有射矢誤中傷人者，客遽指為公矢，京師喧然。事既聞，上以問公，公即再拜愧謝，終不自辨，退亦未嘗以語人。」宋史蔡襄傳：「襄……嘗飲會靈東園，坐客誤射矢傷人，遽指襄。他日帝問之，再拜愧謝，終不自辨。」

一〇一、自擇所安

張文定公齊賢以（左）拾遺為江南轉運使。一日家宴，一奴竊銀器數事于懷中，文定自簾下熟視不問。爾後，文定晚年為宰相，門下廝役往往皆待班行；而此奴竟不沾祿。奴乘間再拜而告曰：「某事相公最久，凡後於某者皆得官矣。相公獨遺某，何也？」因泣下不止。文定憫然語曰：「我欲不言，爾乃怨我。爾憶江南日盜吾銀器數事乎？我懷之三十年不以告人，雖爾亦不知也。吾備位宰相，進退百官，志在激濁揚清，安敢以盜賊薦耶？念汝事我日久，今予汝錢三百千，汝其去吾門下，自擇所安。蓋吾既發汝平昔之事，汝其有愧於吾而不可復留也。」奴震駭泣拜而去。

【語譯】

張齊賢憑著左拾遺的京官資歷，外放江南西路轉運使。有一天，家庭宴會，一位下人偷取若干件銀器暗藏胸前，不意竟被張公從門簾縫隙裡看得一清二楚，卻沒有及時追究。之後，張公晚年拜相，對於官邸內打雜勞務的下人，無不一視同仁；但那位有前科的下人，始終未增添賞賜。於是，他趁機面謁張公，同時稟道：「在下服侍相爺的時間最長，所有比在下晚來的人，一個個都有個一官半職。您，單單把在下給忘了，是甚麼緣故？」隨即，哭個不停。張公語帶同情地告訴他：「我想不說也罷，你可能反倒埋怨起我。你不妨回憶一下：在江南的那段時日偷了好幾件家裡的銀器吧？這件事，我擺在心裡整整三十年，不曾跟任何人提起，即使你也一樣不知道。我充任宰相，任免大大小小官員，一心一意期望做到除惡揚善，那敢推介有盜賊前科的呢？考慮到你服侍我的日子不算短，現在我給你三百弔錢，你這就離開，自行選定一處可以安身立命的地方吧！我既然已經揭發說出你過去的事，你也確有對不住我的地方，同時也不好再待在這裡了。」這位下人驚恐不已，淚流滿面，行禮告別。

【注釋】

①自擇所安　自行選定一處可以安身立命的地方。自，指己身，孟子離婁上：「自暴者，不可與有言也；自棄者，不可與有為也。」擇，揀選。禮記中庸：「擇善而固執之者也。」

左傳襄公卅一年：「子產之從政也，擇能而使之。」西漢劉向說苑雜言：「田者擇種而種之。」所，指場所言。安，猶居處。東晉法顯（？—四二二？）佛國記：「若有客比丘到，悉供養三日，三日過已，乃令自求所安。」

②張齊賢（九四三—一〇一四）。北宋曹州冤句（今山東曹縣西北）人。徙居洛陽。字師亮。太宗擢進士，欲置賢高第，有司偶失掄選，上不悅，一榜盡與京官，于是齊賢以大理評事通判衡州。明年，召還。車駕北征，議者皆言宜速取幽薊，齊賢上疏以為百戰百勝，不若不戰而勝，當使民休息，務農積穀，宜先本後末。為江南西路轉運使，制鑄錢定式，歲鑄五十萬貫。請今後凡罪人錮送闕下，不實，則罪及原問官屬，自是江南送罪人者為減太半。召為簽書樞密院事。雍熙北伐，楊業戰歿，出知代州，禦契丹頗得力。端拱二年（九八九），入為樞密副使、參知政事。數月，拜相。四年，罷相。咸平元年（九九八），復相，三年罷。四年，李繼遷陷清遠軍，為涇、原等州軍經略安撫使。改判永興軍。景德初，知青州。拜右僕射。大中祥符三年（一〇一〇），出判河陽。進左僕射。五年，代還，以司空致仕。七年，卒，年七十二，贈司徒，諡文定。著有洛陽縉舊聞記等。（宋史卷二六五）

③以……為　憑……的資歷，出任……。

④左拾遺　原刊「右拾遺」，依宋史張傳訂正之。拾遺，職官名。唐武則天始置左右拾遺，掌供奉諷諫。宋雖改稱左右正言，惟仍慣稱拾遺。（續通典卷二五職官三）

⑤江南　指江南西路。轄興國、建昌、臨江、南安等四軍與洪、筠、袁、撫、吉、虔等六州。（中國歷史地圖集第六冊）。

⑥轉運使　參鼓琴不問③。

⑦家宴　亦作「家讌」。家人相聚飲宴；或對國宴、公宴而言，故稱。元馬臻（一二五四—？）西湖春日壯遊即事詩之七：「流蘇兩兩挂船頭，繡額珠簾不上鉤。金縷緩歌家宴靜，午前先入裏湖遊。」警世通言喬彥傑一妾破家：「忽值八月中秋節到，高氏叫小二買些魚、肉、果子之物，安排家宴。」清昭槤嘯亭雜錄李恭勤公：「成都將軍新莅位，公思不為置酒則大恝，置則破禁。遂乘其家口抵任時，餽一烝豚、一燒羊，使標下武弁婉告曰：『本欲屈入署，適聞眷屬至，謹以此佐家讌。』」榮按：李世傑（一七一六—一七九四）字漢三，貴州黔西人。從征金川有功，官至四川總督，卒謚恭勤（清史稿卷三二四）。

⑧銀器數事　銀器若干件。銀器，銀製器物。南齊書蕭穎胄傳：「後預曲宴，銀器滿席。」宋史儒林傳一聶崇義：「五月，賜崇義紫袍、犀帶、銀器、繒帛以獎之。」明李時珍本草綱目金石一銀：「今人用銀器飲食，遇毒則變黑。」事，物件。百喻經小火喻：「火及冷水二事俱失。」北宋蔡絛鐵圍山叢談卷五：「不知元豐、大觀二藏，雖研墨，蓋何事不俱，乃豐盛異常爾。」

⑨懷中　猶云胸前。

⑩簾下　門簾下端中開處。簾，以竹、木等製成用以遮蔽門窗之物。在此，指門簾而言。

⑪熟視　注目細看。猶云看得非常仔細、清楚。史記齊悼惠王世家：「（魏勃）因退立，股戰而栗，恐不能言者，終無他語。灌將軍熟視，笑曰：『人謂魏勃勇，妄庸人耳。』」新唐書文藝傳上胡楚賓：「性重慎，未嘗語禁中事，人及其醉問之，亦熟視不答。」

⑫不問　未及時追究。問，訊。究問。漢書丙吉傳：「為丞相，死傷橫道不問。」

⑬晚年　年老之時。梁書夏侯亶傳：「晚年頗好音樂。」唐包佶（七二七？—七九二）發襄陽後卻寄公安人詩：「晚年多疾病，中路有風塵。」警世通言老門生三世報恩：「人道他晚年一第，又居冷局，替他氣悶，他欣然自如。」

⑭宰相　宋史職官志一：「宰相之職　佐天子，總百官，平庶政，事無不統。宋承唐制，以同平章事為真相之位，無常員。」榮按：張齊賢自咸平元年（九九八）十月至三年（一〇〇〇）十一月為相，其間二入相。

⑮門下　門庭之下。戰國策齊策四：「齊人有馮煖者，貧乏不能自存，使人屬孟嘗君，願寄食門下。」

⑯廝役　ㄙ ㄧˋ。舊用以通稱從事雜活勞務之僕傭。後泛稱專供驅使之僕傭。公羊傳宣公十二年：「廝役扈養死者數百人。」何休注：「艾草為防者曰廝；汲水漿者曰役。」史記張耳陳餘列傳：「其賓客廝役，莫非天下俊傑。」

⑰往往……班行　意謂一視同仁予以看待。往往，常常。唐曹唐（？—？，咸通中暴卒）劉晨阮肇遊天臺詩：「往往雞鳴巖下月，時時犬吠洞中春。」班行，ㄅㄢ ㄏㄤˊ。同列。並列。

北宋范仲淹奏乞將邊任官員三年滿日乞特轉一資：「主兵武臣并都監巡檢寨主監押等，自來與諸處武臣班行，一例五年磨勘，既勞逸不均，又遷轉無別。」明李贄（一五二七—一六〇二）藏書儒臣傳柳宗元：「柳宗元文章識見議論，不與唐人班行者，封建論卓且絕矣。」

⑱竟不沾祿　自始至終沒有增添賞賜。竟，卒。謂自始至終。沾祿，ㄊㄧㄢ ㄌㄨˋ。增添賞賜。沾，增添。楚辭大招：「吳酸蒿蔞，不沾薄只。」洪興祖補注：「沾，音添。益也。」賞賜曰祿。詩小雅瞻彼洛矣：「君子至止，福祿如茨。」鄭玄箋：「爵命為福，賞賜為祿。」國語晉語九：「伯樂與尹鐸有怨，以其賞如伯樂氏。曰：『子免吾死，敢不歸祿。』辭曰：『吾為主圖，非為子也。怨若怨焉。』」韋昭注：「祿，所得賞。」

⑲乘間　趁空。漢書趙充國傳：「內不損威武之重，外不令虜得乘間之勢。」

⑳某　自謙之代詞。禮記投壺：「主人謂曰：『某有狂矢哨壺，以樂嘉賓。』」

㉑相公　ㄒㄧㄤˋ ㄍㄨㄥ。本指丞相。三國魏王粲從軍詩之一：「相公征關右，赫怒震天威。」注：「曹操為丞相，故曰相公也。」漢魏以來，拜相者必封公，故有此稱。

㉒獨遺某　單單把我給忘了。獨，僅。意謂單單。史記樊噲列傳：「且陛下病甚，大臣震恐，不見臣等計事，顧獨與一宦者絕乎？」遺，ㄧˊ。忘。孝經孝治：「昔者明王之以孝治天下也，不敢遺小國之臣。」孔子家語五刑：「相陵者生於長幼無序而遺敬讓。」注：「遺，忘也。」

㉓憫然　哀憐貌。南齊書曹虎傳：「若遂迷復，知進忘退，當金鉦戒路，雲旗北掃，……兵交無遠，相為憫然。」唐陳鴻（?—?大和初仍在世）長恨歌傳：「（玉妃）次問天寶十四載已還事。言訖，憫然。」南宋尤袤（一一二七—一一九四）全唐詩話溫憲：「後滎陽公登大用，因國忌行香，見之，憫然動容。」

㉔不言　不說。書說命上：「王言惟作命，不言，臣下罔攸稟令。」東晉孫綽（三一四—三七一）天臺山賦：「恣語樂以終日，等寂默於不言。」唐韓愈秋懷詩之九：「空堂黃昏暮，我坐默不言。」

㉕爾乃怨我　你反倒埋怨起我來。爾，代詞。你。左傳成公元年：「我無爾詐，爾無我虞。」乃，反倒。書康誥：「有罪厥小，乃不可不殺。」詩鄭風山有扶蘇：「不見子充，乃見狡童。」列子仲尼：「雖遠在八荒之外，近在眉睫之內，來于我者，我必知之。乃不知是我七孔四肢之所覺，心腹六臟之所知，其自知而已矣。」

㉖爾「憶」江南日　記。意謂回想。世說新語德行：「不覺有餘事，惟憶與郗家離婚。」列仙傳韓湘子：「公能憶花間句乎？」

㉗我「懷」之……「告人」　懷，隱藏。隱忍。論語衛靈公：「邦有道則仕，邦無道則可卷而懷之。」朱注：「懷，藏也。」唐韓愈唐故朝散大夫越州刺史薛公墓志銘：「晃惡其異於己，懷之未發也。」告人，告知別人。將事情告訴人曰告知。

㉘備位　愧居其位，聊以充數。居官者自謙之詞。漢書王莽傳上：「於是莽上書曰：『臣以

外屬，越次備位，未能奉稱。』」南宋范公偁（？—？，紹興在世）。過庭錄：「我受國厚恩，備位宰輔，合瀝血懇陳。」續資治通鑑宋神宗元豐二年：「臣今備位政府，理實為嫌。」

㉙進退百官　任免眾官。進退。亦作「進迒」。任免。升降。韓非子姦劫弒臣：「夫姦臣得乘信幸之勢以毀譽進退羣臣者，人主非有術數以御之也。」北宋秦觀主術策：「非有政事之臣，則百官之進退，奈何而不亂也。」宣和畫譜童貫：「凡進迒賞罰，初不見運動之迹，故莫得以窺之。」百官，古指公卿以下各眾官。後泛稱各級官吏。書說命中：「惟說命總百官。」禮記郊特牲：「獻命庫門之內，戒百官也。」鄭玄注：「百官，公卿以下也。」北宋蘇軾策略五：「昔之有天下者，日夜淬勵其百官，撫摩其人民。」近人劉成禺（一八七七—一九五三，一作一八七六—一九五二）洪憲紀事詩之一五六：「百官門外捧天章，東廠樓臺易夕陽。」

㉚激濁揚清　本作「揚清激濁」，一作「揚清抑濁」。喻除惡　揚善。激，沖除。揚，浮上。抑，止。尸子君治：「揚清激濁，蕩去滓穢，義也。」唐呂溫（七七二—八一一）凌煙閣勛臣贊二十二首：「持誠秉忠，光輔二君，激濁揚清，欲人如身。」舊唐書王珪傳：「至如激濁揚清，嫉惡好善，臣于數子，亦有一日之長。」清顧炎武與公肅甥書：「誠欲正朝廷以正百官，當以激濁揚清為第一義。」梁書武帝紀上：「公揚清抑濁，官方有序，多士聿興，棫樸流咏，是用錫公納陛以登。」

㉛安敢　猶豈敢。安，表疑問。副詞。豈。怎麼。論語先進：「安見方六七十如五六十而非邦也者！」敢，能。唐皮日休（八三四？—八八五？）泰伯廟詩：「當時盡解稱高義，誰敢教他莽卓聞。」

㉜「念」汝……　考慮。思慮。史記廉頗藺相如列傳：「顧吾念之，彊秦之所以不敢加兵於趙者，徒以吾兩人在也。」

㉝今「予」汝錢……　ㄩˇ。賜與。同「與」。詩小雅采菽：「君子來朝，何錫予之。」荀子修身：「怒不過奪，喜不過予。」楊倞注：「予，賜也。」

㉞汝其「去」……　離。離開。詩大雅生民：「鳥乃去矣，后稷呱矣。」

㉟吾既「發」汝「平昔」之事　發，猶揭露。平昔，舊時。往日。世說新語德行：「殷平堪既為荊州……每語弟子云：『勿以我受任方州，云我豁平昔時意，今我處之不易！』」顏氏家訓序致：「追思平昔之指，銘肌鏤骨。」

㊱震駭　激動心驚。震，ㄓㄣˋ。情緒激動。國語周語下：「若聽樂而震，觀美而眩，患莫甚焉。」駭，ㄏㄞˋ。驚。公羊傳哀公六年：「諸大夫見之，皆色然而駭。」

【析源】

厚德錄卷一：「張文定公齊賢以右拾遺為江南轉運使。一日家宴，一奴竊銀器數事於懷中，文定自簾下熟視，不問。爾後，文定三為宰相，門下廝役往往皆得班行，而此奴竟不霑祿。奴乘間再拜而告曰：『某事相公最久，凡後於某者皆得官矣，相公獨遺某，何也？』因泣下不止，文定憫然語曰：『我欲不言，爾乃怨我，爾憶江南日，盜吾銀器數事乎？我懷之三十年不以告人，雖爾亦不知也。吾備位宰相，進退百官，志在激濁揚清，安敢以盜賊薦耶？念汝事我日久，今予汝錢三百千，汝其去吾門下，自擇所安。蓋吾既發汝平昔之事，汝宜有愧於吾而不可復留也。』奴震駭泣拜而去。」

一〇二、稱為善士

曹州于令儀者，市井人也，長厚不忤物，晚年家頗豐富。一夕，盜入其家，諸子擒之，乃鄰舍子也。令儀曰：「爾素寡過，何苦而為盜耶？迫於貧耳。」問其所欲，曰：「得十千，足以資衣食。」如其欲與之。既去，復呼之，盜大懼，語之曰：「爾貧甚，負十千以歸；恐為邏者所詰。」留之至明使去，盜大感愧，卒為良民。鄰里稱君為善士。君擇子姪之秀者，起學室、延名儒，以掖之。子伋姪傚傑、繼登進士第，今為曹南令族。

【語譯】

曹州于令儀是一位從事買賣的生意人，個性恭謹寬厚、不與人爭執。到年老，家境相當殷實、富有。某一天夜晚，竊賊光顧，幾個兒子合力將他捉拿起來，發現竟然是鄰居的小孩。

令儀說：「你一向很少犯錯，有甚麼不得已的理由卻當起竊賊來呢？被窮困逼得無路可走吧！」問他到底需要多少，回道：「有十千錢，就夠添衣食了。」令儀如數給了他。已經離開了，又叫喚他，竊賊非常害怕，告訴他：「你這麼窮，背了十千錢回家；生怕會遭到巡更的人查究、扣留。」捱到天亮，才讓他離開，竊賊既萬分感激且非常慚愧，終於變成良民。街坊鄰居贊揚令儀確實是個好人。于令儀挑選出傑出的兒孫，為他們建造學塾、敦聘著名的儒者施教，有計畫地加以栽培。兒子于伋、姪兒于傑、于儆陸續考取進士，現在，于家已經是曹州南區的名門世族了。

【注釋】

①稱為善士　被贊揚是一位好人。稱，贊。贊揚。禮記表記：「君子稱人之善則爵之。」又，祭統：「銘之義，稱美不稱惡。」戰國策趙策一：「豫讓曰：『……君前已寬舍臣，天下莫不稱君之賢，……』」善士，行善的人。意謂好人。明宋濂陳府君墓志銘：「遇有可矜，輒施與不靳，鄉黨稱為善士。」近人瞿秋白（一八九九—一九三五）慈善家的媽媽：「他倒沾著便宜，還得了善士的名聲。」

②曹州　周武王克商，「以藩屏周」，封弟叔振鐸于曹，都陶丘，時約公元前一〇六五年。敬王三十三年（魯哀公八年、前四八七）春，宋師破曹，俘曹君伯陽而殺之，曹亡（故地在今山東菏澤、定陶、曹縣一帶）。北周置曹州，歷代因之，略有變遷。清雍正間升為府，治菏澤。（寰宇通志卷七三）。民二，裁府留菏澤縣。

③于令儀　人名。生卒年等均不詳。

④市井　春秋井田記：「八家而九頃二十畝，共為一井。……因井為市，交易而退，故稱市井。」後遂以市井為商賈之代稱。史記平準書：「孝惠、高后時，為天下初定，復弛商賈之律，然市井之子孫亦不得仕宦為吏。」

⑤長厚　ㄓㄤˇ ㄏㄡˋ。詳十一世未嘗訟人于官⑧。

⑥忤物　觸犯人。與人不合。魏書文苑傳邢昕：「昕好忤物，人謂之牛。」金王若虛覆之純交說：「狂生既以交說規慵夫，已尋以忤物獲罪，杜內索居，將無意於世。」明方孝孺葉友直處士像贊：「不嶢嶢以忤物，不汨汨以阿世。」

⑦晚年　詳自擇所安⑬。

⑧豐富　充裕富厚。猶云殷實富有。三國志魏志和洽傳：「官至廷尉、吏部尚書。」裴松之注引晉傳暢晉諸公贊：「（和嶠）家產豐富。擬於王公，而性至儉吝。」

⑨一夕　某一天夜晚。夜曰夕，ㄒㄧ。詩唐風綢繆：「綢繆束薪，三星在天，今夕何夕，見此良人。」左傳哀公八年：「吳子聞之，一夕三遷。」後漢書第五倫傳：「吾子有疾，雖不省視而竟夕不眠。」

⑩盜　盜賊、匪徒之稱。周禮秋官掌戮：「凡殺人者，踣諸市。肆之三日，刑盜于市。」史記項羽本紀：「所以遣將守關者，備他盜之出入與非常也。」

⑪諸子　眾兒。史記平原君虞卿列傳：「諸子中勝最賢，喜賓客，賓客蓋至者數千人。」宋

史吳奎傳：「沒之日，家無餘資，諸子至無屋可居，當時稱之。」續資治通鑑宋仁宗慶曆五年：「諸子、諸孫須年十五已上，弟姪等並須年二十已以上，方得奏薦。」

⑫「擒」之　提拿。捉捕。韓非子存韓：「勁韓以威擒。」唐杜甫出塞詩：「射人先射馬，擒賊先擒王。」

⑬寡過　少犯錯誤。北宋蘇軾擬進士對御試策：「苟無知人之明，則循規矩蹈繩墨，以求寡過。」清昭槤嘯亭雜錄超勇親王：「劉文清公嘗比王為金日磾，余以其謹慎寡過處有類霍大將軍，日磾尚非其匹，實為朝廷重臣也。」

⑭何苦　有甚麼不得已的理由。史記黥布列傳：「（上）與布相望見，遙謂布曰：『何苦而反？』」北宋蘇軾上神宗皇帝書：「罷之而天下悅、人心安，興利除害，無所不可，則何苦而不罷！」清陳天華（一八七五—一九〇五）猛回頭：「你們有子弟的，何不趕緊送出外洋學習實業，不過費一二千金，立刻可以大富，並且有大利於國，何苦而不為呢？」

⑮迫於貧耳　被窮苦所逼的吧。迫，逼。迫於，被（或「為」）……所逼。唐元結賊退示官吏詩：「今彼徵斂者，迫之如火煎。」乏財曰貧。意謂窮苦。書洪範：「六極：……四曰貧，……」蔡傳：「貧者，用不足也。」禮記禮運：「死、亡、貧、苦，人之大惡存焉。」論語衛靈公：「君子憂道不憂貧。」

⑯所「欲」　欲望。願望。猶云需求。孟子梁惠王上：「吾何快于是？將以求吾所大欲也。」西漢桓寬鹽鐵論本議：「農商工師，各得所欲。」

⑰足以資衣食　夠得上應付基本生活的需要了。足以，夠得上。完全可以。孟子梁惠王上：「是心足以王矣。」北宋曾鞏戚元魯墓志銘：「行足以象其先人，材足以施於世用。」資，供給。猶云應付。後漢書李恂傳：「徙居新安關下，拾橡實以自資。」衣食，衣裳與食物。衣以蔽體、禦寒，食以果腹、消饑；衣食無虞，始得自存。左傳莊公十年：「衣食所安，弗敢專也，必以分人。」唐杜甫客夜詩：「計拙無衣食，途窮仗友生。」

⑱「負」十斤……　以背載物曰負。詩小雅無羊：「爾牧來思，何蓑何笠，或負其餱。」樂府詩集相和歌辭十四艷歌何嘗行：「吾欲負汝去，毛羽何摧頹。」

⑲恐為　生怕會被……。

⑳邏者　即邏人。指更夫言。

㉑詰留　查究扣留。詰，ㄐㄧㄝˊ。查究。書周官：「司寇掌邦禁，詰姦慝，刑暴亂。」唐聶夷中（？—？，咸通前後之人）公子行之一：「漢代多豪族，恩深益驕逸。走馬踏殺人，街吏不敢詰。」留，扣留。史記楚世家：「秦因留楚王，要以割巫、黔中之郡……（楚王）不復許秦，秦因留之。」唐韓愈司徒兼侍中中書令贈太尉許國公神道碑銘：「少誠以牛皮鞵材遺師古，師古以鹽資少誠，潛過公界，覺，皆留，輸之庫。」

㉒至「明」　晝曰明。日間之稱。又，曉曰明，謂始旦。天亮時之稱。本文此處從後解。漢書梁丘賀傳：「待明而入。」世說新語德行：「及明去，……」

㉓感愧　既感激又慚愧。晉書孝友傳孫晷：「時年饑穀貴，人有生刈其稻者，晷見而避之，

須去而出，既而自刈送與之。鄉鄰感愧，莫敢侵犯。」北宋蘇軾與黃洞秀才書之一：「寄示石刻，感愧雅意。」

㉔良民　善良的國民。東漢王符（約八五—一六三）潛夫論述赦：「今日賊良民之甚者，莫大於數赦。」

㉕鄰里　同一鄉里的人。論語雍也：「子曰：『毋，以與爾鄰里鄉黨乎？』」唐杜甫寄題江外草堂詩：「霜骨不堪長，永為鄰里憐。」清吳騫扶風傳信錄：「鄰里來問事者，填咽門戶。」

㉖子姪之「秀者」　傑出者。人之傑出者曰秀。晉書王導傳：「顧榮、賀循、紀瞻、周玘，皆南士之秀。」新唐書王丘傳：「其獎用如：孫逖、張晉明、王冷然，皆一時茂秀。」

㉗起學室　建造學塾。起，建造。漢書郊祀志：「起步壽宮。」後漢書馬援傳：「援夫人卒，乃更修封樹、起祠堂。」三國志吳志孫權傳：「起譙樓。」學室，猶學塾。新唐書劉禹錫傳：「籍其資半界所隸州，使增學校，舉半歸太學，猶不下萬計，可以營學室、具器用。」

㉘延名儒　禮聘著名的儒者。漢書公孫弘傳：「開東閣以延賢人。」又，匡衡傳：「望之名儒，有師傅舊恩，天子任之，多所貢薦。」三國魏曹植魏德論：「名儒按讖，良吏披圖。」資治通鑑後唐明宗天成二年：「朕以從榮年少臨大藩，故擇名儒使輔導之。」

㉙以「掖」之　扶持曰掖，（ㄧㄝˋ）。此處，作「栽培」解。

㉚登進士第　及進士第。猶云進士及第。及曰登。新唐書選舉志：「登第者加一階。」古，

科舉取士，其甄考進士，錄取時依成績高低排列所形成之等第故稱。南宋洪邁容齋三筆詞學科目：「任中選者，賜進士第。」范成大（一一二六—一一九三）吳郡志異聞三：「未幾，侍郎之子登進士第，至今衣冠不絕。」明高啟胡應炎傳：「咸淳中，應炎登進士第，授溧水尉，未赴。」

㉛曹南　曹州南部一帶。

㉜令族　名門世族。東晉陶潛贈長沙公族祖詩：「於穆令族，允構斯堂，諧氣冬暄，映懷圭璋。」唐王勃梓州玄武縣福會寺碑：「爰有縣令柳邊，河東令族，大業之年，來光上邑。」

【析源】

厚德錄卷二：「曹州于令儀者，市井人也。長厚不忤物。晚年家頗豐富。一夕，盜入其家，諸子擒之，乃鄰舍子也。令儀曰：『爾素寡過，何苦而為盜耶？』『迫於貧耳。』問其所欲，曰：『得十千，足以資衣食。』如其欲與之。既去，復呼之。盜大懼。語之曰：『爾貧甚，負十千以歸，恐為邏者所詰。』留之至明，使去。盜大感愧，卒為良民。鄉里稱君為善士。君擇子姪之秀者起學室、延名儒以掖之。子伋姪傑倣繼登進士第，今為曹南令族。」

清楊兆煥等纂曹州府菏澤縣鄉土志耆舊：「元于令儀饒於貲。一夕有盜入，擒之，乃鄰也。曰：『何苦為此？』盜曰：『迫於貧。』問所需，曰：『十千足矣！』即與之去，復呼之曰：『夜行恐為邏者所詰。』留之至明，盜感悟為良民。」（光緒卅四年刊）。其餘文獻不足。榮按：據厚德錄與菏澤縣鄉土志研判，于令儀應屬南宋季世，蒙元初年之人。

一〇三、得金不認

張知常在上庠日，家以金十兩附致於公。同舍生因公之出，發篋而取之。學官集同舍檢索，因得其金。公不認，曰：「非吾金也。」同舍生至夜，袖以還公。公知其貧，以半遺之。前輩謂：「公遺人以金，人所能也；倉卒得金不認，人所不能也。」

【語譯】

張知常負笈太學的那段日子，家人送交他十兩黃金，以應不時之需。同學趁著他外出，打開他的行囊據為己有。太學的官員集合同學檢查、搜索，因此找到那些黃金。（他）卻不肯承認是他的，說：「不是我遺失的黃金啊！」到了晚上，那位同學暗地裡拿去還他。張公知道他缺錢用，贈送他五兩。年長的人說：「張公拿黃金餽送別人，一般人或許做得到；莫名其妙地遺失又給找回來的黃金，卻不承認那是他的，這可不是常人能做得到的啊！」

【注釋】

①得金不認　失而復得的黃金，卻不願意承認是自己的。得，指遺失之後又給找回來。金，黃金。認，承認。周書宇文測傳：「州縣擒盜，并物俱獲。測恐此盜坐之以死，乃不認焉。遂遇赦得免。」清平山堂話本曹伯明錯勘贓記：「當拖翻在地，打了三十下，打得皮開肉

綻，鮮血淋淋，伯明不肯招認。」

②張知常　張根（一〇六一——一二〇）。北宋饒州德興（今屬江西）人。字知常。元豐間登進士，歷臨江司理參軍、遂昌令。年卌一，以通直郎致仕，屏居十年，以孝行著聞，徽宗召對，請罷錢塘製造局。歷杭州通判，提舉江西常平，淮南轉運使。力陳花石綱之弊，責郴州安置。以朝散大夫終于家。（宋史卷三五六）。

③上庠　上古大學，北宋稱太學，隸國子監。知常舉進士前，嘗入太學進修。（宋史卷一五七、三五六）

④日　光陰。時間。左傳昭公元年：「趙孟將死矣。主民，翫歲而愒日，其與幾何？」楊伯峻注：「此言趙孟之習慣于日月之流逝，又急于己之難長久。」西漢司馬相如上林賦：「朕以覽聽餘閒，無事棄日。」李善注：「言聽政既有餘暇，無事而虛棄時日也。」

⑤家　指家人言。或父母雙親或妻子。

⑥附致　送交。附，通「付」；交給。付與。列仙傳江妃二女：「橘是柚也，我盛之以筥，令附漢水將流而下。」北宋賀鑄（一〇五二——一一二五）望書歸詞：「邊堠遠，置郵稀。附與征衣襯鐵衣。」致，送。左傳文公十二年：「不腆先君之敝器，用使下臣致諸執事。」

⑦同舍生　同學。舍，學舍。後漢書光武帝紀上：「行至鄗，光武先在長安時同舍生彊華自關中奉赤伏符曰：『劉秀發兵捕不道，四夷雲集龍鬬野，四七之際火為主。』」宋陶穀（九〇三——九七〇）清異錄五窟：「老拙幼學時，同舍生劉垂尤有口材。」

⑧「因」公之「出」 因，趁。趁著。漢書趙充國傳：「急恩天時大利吏士銳氣，以十二月擊先零羌。」出，由內至外。意謂外出。禮記祭義：「樂正子春下堂而傷其足，數月不出。」唐韓愈感二鳥賦：「出國門而東騖，觸白日之隆景。」

⑨「發篋」而「取」之 發篋，打開竹篋。發，ㄈㄚ。開。書武成：「散鹿臺之財，發鉅橋之粟。」疏：「發者，言其開出互相見也。」唐岑參山房春事詩：「庭樹不知人盡去，春來還發舊時花。」篋，ㄑㄧㄝ。竹製呈長方形之箱具，用以藏物。較箱略小與笥（ㄙ）相若。奪曰取。史記孔子世家：「吳王夫差伐齊，取三邑而去。」

⑩學官 太學的官員。宋國子監舊置判監事二人、直講八人、丞一人、主簿一人、監生若干員，元豐間始置祭酒、司業、太學博士、武學博士、律學博士諸職。（宋史卷一六五）

⑪集 合聚。書胤征：「乃季秋月朔，辰弗集于房。」傳：「集，合也。」漢書東方朔傳：「朔對曰：『堯舜禹湯文武成康……衣縕無文，集上書囊以為殿帷；……』」顏師古注：「集謂合聚也。」

⑫同舍 住同一館舍的人。史記萬石張叔列傳：「其同舍有告歸，誤持同舍郎金去。」

⑬檢索 檢查搜索。

⑭「因得」其金 因此找回。因，因此。因而。孟子梁惠王上：「若民，則無恆產，因無恆心。」唐柳宗元三戒永某氏之鼠：「（某氏）以為己生歲值『子』；鼠，子神也，因愛鼠，不畜貓犬。」得，猶云尋回；覓回；找回。

⑮「袖」以「還」之　暗地裡歸還。袖，指藏于袖中。史記淮南衡山王列傳：「辟陽侯出見之，即自袖鐵椎、椎辟陽侯，令從者魏敬剄之。」唐李肇（？—？，約卒於開成元年前）唐國史補卷中：「王叔元以度支使設食于翰林中，大會諸閹，袖金以贈。」還，ㄏㄨㄢˊ。交歸。歸還。周禮秋官司儀：「致饔餼，還圭。」鄭玄注引鄭司農曰：「還圭，歸其玉也。」書序：「悉以書還孔氏。」袖還，不公開、暗地裡交還贓物也。

⑯以半「遺」之　ㄨㄟˋ。贈。贈送。孟子滕文公下：「湯使遺失牛羊，葛伯食之，又不以祀。」史記韓非列傳：「李斯使人遺非藥。」漢古詩飲馬長城窟行：「客從遠方來，遺我雙鯉魚。」

⑰前輩　輩分高、資歷深的人。東漢孔融論盛孝章書：「今之少年，喜謗前輩。」唐杜甫贈秘書監江夏李公邕詩：「古人不可見，前輩復誰繼？」宋史田晝傳：「議論慷慨，有前輩風。」

⑱倉卒　ㄘㄤ ㄘㄨˋ。一作「倉猝」。本義謂匆忙急迫。本文此處，引申作「莫名其妙」解。

【析源】

南宋吳曾能改齋漫錄記事一張知常不認同舍金：「張知常在上庠日，家以金十兩附致於公。同舍生因公之出，發篋而取之。學官集同舍檢索，因得其金。公不認，曰：『非吾金也。』同舍生至夜，袖以還公。公知其貧，以半遺之。前輩謂：『公遺人以金，人所能也；倉卒得金而不認，人所不能也。』此事縉紳類能言之；而汪彥章為公碑銘不載，何邪？」榮按：宋史、德興縣志、饒州府志均有張傳，惟皆未載得金不認之事，附誌之。

一〇四、一言虀粉

丁晉公雖險詐，亦有長者之言。仁廟嘗怒一朝士，再三語及，公不答。上作色曰：「叵耐，問輒不應。」謂徐奏曰：「雷霆之下更加一言則虀粉矣！」上重答言。

【語譯】

丁謂這個人雖然陰險狡詐；但也有真實懇切的言論。仁宗在位時，曾經對某一位京官心有不滿，一再地加以指責，丁公總是沒有搭腔、默默不語。皇上不解，神色不悅地說：「無奈啊！面詢半天，總是沒有回應。」丁謂慢條斯理地進言，道：「陛下情緒亢揚的當頭，再添個一句半句的，那就不堪收拾了啊！」皇上珍惜他的回答。

【注釋】

①一言虀粉　一句話壞了事。意謂一句不得體的話，可能造成不堪收拾的後果。一言，一句話。左傳僖公二十八年：「楚一言而定三國；我一言而亡之。」唐魏徵述懷詩：「季布無二諾，侯嬴重一言。」虀粉，ㄐㄧ ㄈㄣˇ。粉末，碎屑。恆用以喻粉身碎骨。陳書傅縡傳：「蹈湯炭，甘虀粉，必行而不顧也。」唐杜甫青絲詩：「殿前兵馬破汝時，十月即為虀粉期。」

清李漁玉搔頭擒王：「若還稍遲歸順，敢教烏合眾，立成虀粉。」虀，同「齏」。本文此處，「虀粉」採引申義作不堪收拾解。

②丁晉公　丁謂（九六六—一〇三七）。北宋蘇州長洲（今江蘇蘇州）人。字謂之，更字公言。舉進士。累遷夔州路轉運使。王均起事，朝廷調江北蠻捍邊，既而反入侵，謂至，作誓刻石，以蠻之鹽，聽以粟易鹽，蠻大悅，而民無轉餉之勞。入權三司鹽鐵副使、知制誥、判吏部流內銓。景德四年（一〇〇七），契丹犯河北，為知鄆州兼齊、濮二州安撫使，提舉轉運兵馬巡檢事，部署難民渡河。明年，召為三司使。上會計錄，詔獎之，議封禪，真宗問以經費，謂對「大計有餘」，議乃決。拜參知政事。除樞密使。寇準罷，拜同中書平章事、昭文館大學士、監修國史（天禧四年七月、一〇二〇）。累進尚書左僕射、門下侍郎、平章事兼太子少師，拜司空。封晉國公。仁宗即位，謂交通內侍雷允恭，由是罷相（乾興元年六月，一〇二二年七月）。累貶崖州司戶參軍。明道中，授秘書監致仕。（宋史卷二八三）。

③險詐　陰險狡詐。北宋蘇洵（一〇〇九—一〇六六）上皇帝書：「陛下特以為耳目玩弄之臣，而不知其陰賊險詐，為害最大。」宋史丁謂傳：「謂機敏有智謀，憸狡過人，文字累數千百言，一覽輒誦。」

④長者之言　真實懇切的言論。德高望重者恆懇切慎言。長者，德高望重的人。韓非子詭使：「重厚自尊謂之長者。」

⑤仁廟　指稱仁宗在位時言。北宋第四代皇帝趙禎，公元一〇二三年即位（仁聖元年），嘉祐八年（一〇六三）崩，計在位四十一年，廟號仁宗。經文此處應訂正為「真廟」，餘詳析源。

⑥朝士　泛指京官。餘詳佯為不聞⑦。

⑦作色　臉色改變。恆指神情嚴肅或發怒。禮記哀公問：「孔子愀然作色而對曰：『君之及此言也，百姓之德也。』」鄭玄注：「作，猶變也。」北齊書魏收傳：「何物小子，敢共魏收作色！」

⑧叵耐　一作「叵奈」。無奈。唐張鷟（六五八？—七三〇）遊仙窟：「劍笑偷殘靨，含羞露半脣；一眉猶叵耐，雙眼定傷人。」明李贄代常通病僧告文：「叵耐兩年以來，痰瘤作祟，瘡疼久纏，醫藥徒施，歲月靡效。」

⑨問輒不應　面詢總是不予回答。面詢曰問。左傳宣公三年：「楚子問鼎之大小輕重焉。」輒，ㄓㄜˊ。總是。梁書昭明太子傳：「每聞遠近百姓賦役勤苦，輒斂容色。」不應，ㄅㄨˋ ㄧㄥˋ。不回答。孟子公孫丑下：「孟子去齊，宿於晝，有欲為王留行者，坐而言，不應，隱几而臥。」

⑩徐奏　慢條斯理地進言。緩曰徐。孟子告子下：「徐行後長者，謂之弟。」戰國策趙策四：「入而徐趨，至而自謝曰：『老臣病足，曾不能疾走。』」北宋蘇軾赤壁賦：「清風徐來，水波不興。」奏，進言。書舜典：「五載一巡守，羣后四朝，敷奏以言。」傳：「敷，陳。

奏，進也。」

⑪雷霆之下　陛下情緒亢揚的當頭。古，帝王盛怒，臣下對其敬稱曰雷霆。三國志吳志陸遜傳：「今不忍小忿，而發雷霆之怒，違垂堂之戒，輕萬乘之重，此臣之所惑也。」引申作情緒亢揚解。

⑫更加　屬副詞。用以表示程度上又深一層或數量上進一步增、減。元劉壎（一二四〇——一三一九）隱居通議文章五：「當來更加擎斂，使歸簡嚴，則前無古人矣。」

⑬重　看重。重視。引申作珍惜。史記陳丞相世家：「項王為人，恭敬愛人，士之廉節好禮者多歸之。至於行功爵邑，重之；士亦以此不附。」

⑭答言　回答。晉書武帝紀：「左右答言未至，帝遂困篤。」

【析源】

南宋李元綱厚德錄卷二：「丁崖州謂險詐，然亦有長者言。真宗嘗怒一朝士。再三語及，輒稍退不答，上作色曰：『如此叵耐問，輒不應。』謂進曰：『雷霆之下，臣若更加一言，則虀粉矣。』真宗欣然嘉納。出嘉祐雜志」宋史仁宗本紀一：「乾興元年二月戊午，真宗崩，遺詔太子即皇帝位，……庚申，命丁謂為山陵使。……秋七月，……辛卯，貶丁謂為崖州司戶參軍。」足徵：丁謂於仁宗即位之年，已落職謫貶。撰者亮「仁廟」之說，應訂正為「真廟」，方與史實相符，前揭厚德錄所載無誤，附誌。

一〇五、無入不自得

患難即理也。隨患難之中而為之計，何有不可？文王困羑里而演易，若無羑里也。孔子圍陳蔡而弦歌，若無陳蔡也。顏子簞食瓢飲而不改其樂。原憲衣敝履穿而聲滿天地。至夏侯勝居桎梏而談尚書。陸宣公謫忠州而作集驗。此無他，若素生患難而安之也。中庸曰：「君子無入而不自得焉。」其是之謂乎？

【語譯】

艱險困苦的處境，就是各種事象所以發生的潛在性根源。從艱險困苦的處境當中，因而做了策畫，有什麼不可以？文王遭囚禁在羑里，因而推演周易，好像並沒有羑里。孔子被困在陳蔡，卻依然講學論道，好像並沒有陳蔡。顏回生活清貧，依然樂觀進取。原憲窮苦潦倒仍舊安貧樂道，他對子貢說：「無財者謂之貧；學道而不能行者謂之病。若憲，貧也；非病也。」此話擲地有聲，充塞天下。至於夏侯勝雖然困處囚室，卻論說尚書未輟；陸贄固然降調忠州，卻撰成集驗方以加惠當地士民。這一切沒有別的。就是一向在艱難困苦的處境裏，依然能夠寧靜不為所動。中庸所謂：「才德兼備的人，不管處在甚麼境遇，總是安之若素。」以上各事例，不正是這個說法嗎？

【注釋】

①無入不自得　在任何境遇，都能安之若素。禮記中庸：「君子素其位而行，不願乎其外。……素患難，行乎患難。君子無入而不自得焉。」

②「患難」「即」「理」也　患難，謂艱難困苦的處境。墨子貴義：「若有患難，則使百人處於前，數百於後。」史記越王句踐世家：「越王為人長頸鳥喙，可與共患難，不可與共樂。」唐元稹與史館韓侍郎書：「前後斥家財，排患難於朋友者數四。」南宋文天祥指南錄後序：「予在患難中，間以詩記所遭。」即，ㄐㄧˊ。是。就是。左傳襄公八年：「民死亡者，非其父兄，即其子弟。」史記老子列傳：「或曰：儋即老子也。」原理曰理。即事象發生之所本。易繫辭上：「易簡而天下之理得矣。天下之理得，而成位乎其中矣。」三國魏王弼易經注：「物無妄然，必有其理。」西晉左思魏都賦：「體兼晝夜，理包清濁。」

③隨……之中　從……當中。隨，從。跟從。老子：「音聲相和，前後相隨。」唐李漢（？—？，會昌中卒）韓昌黎集序：「……隨兄播遷韶嶺。」北宋蘇軾南鄉子雙荔枝詞：「自小便相隨，綺席歌筵暫不離。」之中，……的當中。

④為之計　做策畫。為，ㄨㄟˊ。做。詩小雅北山：「或出入風議，或靡事不為。」淮南子泛論訓：「周公屬籍致政，北面委質而臣事之，請而後為，復而後行。」明焦竑（一五四〇—一六二〇）玉堂叢語行誼：「大率義之所在，毅然必為。」之，指代詞。指稱患難。策畫曰計。韓非子存韓：「計者，所以定事也。」戰國策秦策二：「計者，事之本也。」史記

淮陰侯列傳：「計者，事之機也。」漢書蒯通傳：「計者，存亡之機也。」

⑤何有　有甚麼。詩邶風谷風：「何有何亡，黽勉求之。」鄭玄箋：「君子何所有乎？何所亡乎？」西晉潘尼（二四七—三〇〇）贈陸機出為吳王郎中令詩：「崐山何有？有瑤有珉。」

⑥不可　不可以。公羊傳文公九年：「緣臣民之心，不可一日無君；緣終始之義，一年不二君。」三國魏嵇康釋私論：「或讒言似信，不可謂有誠；激盜似忠，不可謂無私。」前蜀韋莊章臺夜思詩：「鄉書不可寄，秋雁又南迴。」

⑦文王　周文王姬昌。

⑧困　本義門檻。墨子備城門：「試藉車之力而為之困。」本文此處，引申作「囚禁」解。

⑨羑里　故址在今河南湯陰縣北。商紂囚文王於此。淮南子氾論訓：「紂居於宣室而反其過，而悔不誅文王於羑里。」羑，ㄧㄡˇ。古「牖」字。尚書大傳、史記皆作「牖里」。

⑩演易　推演周易。指文王推論演繹易八卦為六十四卦一事言。西漢司馬遷報任少卿書：「蓋文王拘而演易，仲尼厄而作春秋。」唐黃滔與王雄書：「閣下能揭元次山、韓退之之風，故無所以否其道，窒其數；使若作騷演易，皆出于窮秋也。」明何景明子衡在獄感懷十二韻：「受書賢不死，演易聖猶勤。」榮按：王廷相（一四七四—一五三二；一作，—一五四四）字子衡。（明史卷一九四）。

⑪孔子　（前五五一—前四七九）。名丘，字仲尼。春秋魯人。

⑫圍陳蔡　被困在陳蔡。圍，被困。莊子胠篋：「……故曰：脣竭則齒寒，魯酒薄而邯鄲圍，聖人生而大盜起。」陳，侯國名。周初，封舜之後媯滿於陳，春秋末為楚所滅。故地在今河南淮陽及安徽亳縣一帶。（史記陳杞世家）。蔡，侯國名。周武王弟叔度之封地，後流放而死。周成王復封度子胡於蔡，以奉蔡叔之祀。（史記管蔡世家）。故地在今河南上蔡、新蔡等縣。

⑬弦歌　指禮樂教化。猶云講學論道。論語陽貨：「子之武城，聞弦歌之聲，夫子莞爾而笑曰：『割雞焉用牛刀。』子游對曰：『昔者偃也聞諸夫子曰：『君子學道則愛人，小人學道則易使也。』子曰：『二三子，偃之言是也，前言戲之耳。』」史記儒林列傳：「及高皇帝誅項籍，舉兵圍魯，魯中諸儒尚講誦習禮樂，弦歌之音不絕，豈非聖人之遺化，好禮樂之國哉？」

⑭顏子　即顏回（約前五二一—前四九四）魯人。字子淵，又稱顏淵。年二十九，髮盡白，早死。不遷怒、不貳過，篤志好學，為孔門七十二賢之一。（史記卷六七）。

⑮簞食……其樂　生活清貧，依然樂觀進取。簞食瓢飲，形容生活清貧。南史張邵傳：「布衣韋帶，弱女所安，簞食瓢飲，不覺不樂。」不改其樂，沒有影響他樂觀積極的態度。改，變。引申作「影響」解。

⑯原憲　（前五一六？—？）。魯人。一說宋人。字子思。孔門弟子，為七十二賢之一。孔子卒，憲隱居于衛國草澤中，生活窮困。子貢相衛，結駟連齊，排藜藿入窮巷，往見之，

憲身著敝衣冠相見，子貢恥之；憲神情自若。終身蓬戶，褐衣疏食而不厭。（史記卷六七、一二四）。

⑰衣蔽履穿　本作「衣弊履穿」。衣服破爛，鞋子穿孔。形容貧窮潦倒。說苑善說：「君將掘君之偶錢，發君之庾粟以補士，則衣弊履穿而不贍耳。」一作「衣蔽履空」。漢書鮑宣傳：「唐尊衣蔽履空，以瓦器飲食，又以歷遺公卿，被虛偽名。」顏師古注：「著蔽衣躡空履也。空，穿也。」

⑱聲滿天地　他的一番話擲地有聲，充塞天下。聲，指語言。孟子公孫丑上：「無嚴諸侯，惡聲至，必反之。」焦循正義：「惡聲，猶惡言也。」史記仲尼弟子列傳：「憲攝敝衣冠見子貢，子貢恥之，曰：『夫子豈病乎？』原憲曰：『吾聞之，無財者謂之貧；學道而不能行者謂之病。若憲，貧也，非病也。』子貢慚，不懌而去，終身恥其言之過也。」又，游俠列傳：「……及若季次原憲，閭巷人也，讀書懷獨行君子之德，義不苟合當世，當世亦笑之。故季次原憲終身空室蓬戶，褐衣疏食不厭，死而已。」滿，盈。猶云充塞。莊子天運：「在谷滿谷，在阬滿阬。」成玄英疏：「乃谷乃阬。悉皆盈滿。」唐盧綸（？—？，約卒於貞元十四、五年之間。）和張僕射塞下曲之三：「欲將輕騎逐，大雪滿弓刀。」天地，猶天下。東漢張衡南都賦：「方今天地之睢剌，帝亂其政，豺虎肆虐，真人革命之秋也。」李善注：「天地，猶天下也。」元辛文房（？—？，活動於元初）。唐才子傳韋楚老：「陳勝城中鼓三下，秦家天地如崩瓦。」

⑲至　表進一步的連接。屬連詞。今語作「講到」、「至於」。史記淮陰侯列傳：「（蕭）何曰：『諸將易得耳！至如信，國士無雙。』」

⑳夏侯勝　（？—？）。西漢東平（今山東東平縣東）人。字長公。夏侯始昌族子。初從始昌受尚書及洪範五行傳。又從歐陽生問學，為學精湛，所問非一師，世稱大夏侯。宣帝間受詔撰尚書、論語說，著作已佚。（漢書卷七五等。）清陳喬樅（一八〇八—一八六九）輯有尚書歐陽夏侯遺說考，收入皇清經解續編。

㉑居桎梏　住在囚室。猶困處囚室。居，止於其所。住。易繫辭下：「上古穴居而野處，後世聖人易之以宮室。」孟子離婁下：「顏子當亂世，居於陋巷，一簞食、一瓢飲，人不堪其憂，顏子不改其樂，孔子賢之。」桎梏，ㄓˋ ㄍㄨˋ。足械曰桎，手械曰梏。謂手鐐腳銬，即拘於囚室也。孟子盡心上：「盡其道而死者，正命也；桎梏死者，非正命也。」後漢書陳蕃傳：「（朱震）收葬蕃尸，匿其子逸於甘陵界中。事覺繫獄，合門桎梏。」北宋王讜唐語林識鑒：「（張守珪）見陝尉李桎梏裴冕。冕呼：『張公！困厄中豈能相救？』」

㉒談尚書　講論書經的義理。講論曰談。顏氏家訓勉學：「……談古賦詩，……」南史張裕傳：「裕子鏡，少與顏延之鄰居，顏談義飲酒，喧呼不絕。」尚書，即書經。

㉓陸宣公　陸贄（七五四—八〇五）。唐蘇州嘉興（今屬浙江）人。字敬輿。年十八舉進士，累遷中書侍郎、同平章事。為裴延齡所譖毀。貞元十年（七九四）冬，罷相。次年，貶為忠州別駕。順宗立，召還，詔未至而卒，贈兵部尚書，諡曰宣，後人匯集有陸宣公奏議。

（舊唐書卷一三九、新唐書卷一五七。）

㉔謫忠州　降調忠州。謫，ㄓㄜˊ。居官獲罪，降調偏遠處服公之稱。唐李白流夜郎贈辛判官詩：「我愁遠謫夜郎去，何日金雞放赦回？」柳宗元溪居詩：「久為簪組束，幸此南夷謫。」元稹聞白樂天左降江州司馬詩：「殘燈無焰影幢幢，此夕聞君謫九江。」忠州，周屬巴國地，漢置臨江縣，屬巴郡。唐改置忠州，兩宋改置咸淳府，元明清三朝皆稱忠州。（嘉慶一統志卷四一六）。民二，改忠縣，屬四川省。餘參㉓。

㉕集驗　陸氏集驗方之省詞，又作「今古集驗方」，屬藥書。

㉖無他　亦作「無它」、「無佗」。沒有別的。孟子梁惠王上：「此無他，與民同樂也。」又告子上：「人有雞犬放，則知求之；有放心則不知求。學問之道無他，求其放心而已矣。」

㉗「若」「素生」……「安」之也　若，就是。通「乃」。書秦誓：「日月逾邁，若弗員來。」國語周語中：「書有之曰：『必有忍也，若能有濟也。』」老子：「故貴以身為天下，若可以寄天下；愛以身為天下，若可以託天下。」素生，一向在……。安，寧靜平穩。論語憲問：「修己以安百姓。」

㉘君子　才德兼備的人。論語子路：「故君子名之必可言也，言之必可行也。」荀子勸學：「故君子結於一也。」

【析源】

本章經文，蓋本（一）「西伯蓋即位五十年，其囚羑里，蓋益易之八卦為六十四卦。」（史記周本紀）（二）「在陳絕糧。……曰：『君子亦有窮乎？』」子曰：『君子固窮，小人窮斯濫矣！』」（論語衛靈公）（三）「聞孔子在陳蔡之間，……於是乃相與發徒役圍孔子於野，不得行……孔子講誦弦歌不衰。」（史記孔子世家）（四）「賢哉！回也。一簞食、一瓢飲，在陋巷，人不堪其憂；回也不改其樂。」（論語雍也、孟子離婁下，史記仲尼弟子列傳。）（五）「（原）憲攝敝衣冠見子貢。……原憲曰：『吾聞之：無財者謂之貧；學道而不能行者謂之病。若憲，貧也，非病也。』……」（史記仲尼弟子列傳）（六）「（夏侯）勝、（黃）霸既久繫，霸欲從勝受經，勝辭以罪死。霸曰：『朝聞道，夕死可矣。』勝賢其言，遂授之。繫再更冬，講論不怠。」（漢書夏侯勝傳。）（七）「（陸）贄在忠州十年，常閉關靜處，……家居瘴鄉，人多癘疫，乃抄撮方書，為陸氏集驗方五十卷行於代。」（舊唐書卷一三九）。（八）「（贄）既放荒遠，常闔戶，人不識其面。……地苦瘴癘，祇為今古集驗方五十篇示鄉人云。」（新唐書卷一五七）。（九）「君子素其位而行，不願乎其外。……素患難，行乎患難。君子無入而不自得焉」（禮記中庸）等撰成之。

一〇六、不若無愧而死

范忠宣公奏疏乞將呂大防等引赦原放。辭甚懇至，忤大臣章惇，落職知隨。公草疏時，或以難回觸怒為解，萬一遠謫，非高年所宜。公曰：「我世受國恩，事至於此，無一人為上言者。若上心遂回，所繫非小；設有不從，果得罪，死復何憾。」命家人促裝以俟謫命。公在隨幾一年，素苦目疾，忽全失其明，上表乞致仕。章惇戒堂吏不得上，懼公復有指陳；終移上意，遂貶公武安軍節度副使、永州安置。命下，公怡然就道。人或謂公為近名，公聞而歎曰：「七十之年，兩目俱喪，萬里之行，豈其欲哉？但區區愛君之心，不能自已。人若避好名之嫌則無為善之路矣。」每諸子怨章惇，忠宣必怒止之。江行赴貶所，舟覆，扶忠宣出。衣盡濕，顧諸子曰：「此豈章惇為之哉？」至永州，公之諸子聞韓維少師謫均州，其子告惇以少師執政日與司馬公議論多不合，得免行。欲以忠宣與司馬公議役法不同為言求歸白公。公曰：「吾用君實薦，以至宰相，同朝論事不合即可。汝輩以為今日之言，不可也。有愧而生，不若無愧而死。」諸子遂止。

【語譯】

范純仁上書皇帝力求寬免呂大防等人，並予以開罪釋放。雖然，他用字遣句非常誠懇殷切；但卻違逆權臣章惇，因此遭受免除京官、外放隨州的處分。當范公草擬這則奏章的時候，就有人表示：或許不容易挽回冒犯天顏、引發上怒。並做分析，萬一面臨降調偏遠地方服公，尤其對年紀大的人不頂好。他說：「我家代代榮獲朝廷恩典，事情已經發展成沒有人敢向皇帝進言的地步，這關係非同小可；假如不接受我的建言，果然因此獲罪，即使死了，也不再有任何的遺憾。」指示僕傭儘速整理行裝，以等待降職的命令。范公在隨州將近一年，一直患有眼病，突然完全看不見東西，於是呈遞表狀請求准予退休。章惇警告政事堂承辦官員不可以送給皇帝批覽，害怕他又有其他攸關人事、國政等的陳述；後來還是改變了皇帝的意旨，於是改降調為武安軍節度副使，常川在永州駐紮。人事命令下達，范公高高興興地上路。有人或許會說范公為的不過是眼前的名聲，他聽到這種說辭同時感歎地道：「都七十歲了，兩隻眼睛全都瞎了，幾近萬里的行程，難道真想要虛名嗎？只是個人忠於君王的一顆赤誠之心，始終不渝。一個人如果只為規避喜愛名聲的嫌疑，那就找不到做好事的途徑了。」遇到兒子們埋怨章惇的時候，范公一定動氣制止他們。從長江循水路往降調的地方，發生翻船，攙扶范公脫險、上陸。衣服全部濕透，他看著兒子們說：「這難道又是章惇搞的名堂嗎？」到了永州，他的兒子們聽說少師韓維降調均州，韓少師的兒子告訴章惇「少師主持朝政的時候與司馬光的看法做法大多不同。」因此，得以不去均州。他的子女想藉「范與司馬光對役法的論點不一樣做話題要求回京師」向范公稟報。范公說：「當年我由於司馬溫公的極力推舉，一直到官拜宰輔，在朝廷議論公事彼此不一致，這可以說得過去。你們拿那件事做為現在的話題，那就萬萬不可以了。心有羞慚卻苟活，不如沒有任何羞慚地回歸泉壤。」兒子們只好不再有動作了。

【注釋】

①不若無愧而死　不如沒有任何羞慚地回歸泉壤。不若。不如。比不上。墨子親士：「歸國寶不若獻賢而進士。」唐柳宗元非國語不藉：「夫福之求，不若行吾言之大德也；人之用，不若行吾言之和樂以死也。」清嚴有禧漱華隨筆文三橋：「先生視扇云：扇大佳，恐損壞，不若紗帽為涼快也。」無愧，一作「無媿」。沒有羞慚之處。顏氏家訓涉務：「人性有長短，豈責具美於六塗哉，但當皆曉指趣，能守一職，便無愧耳。」唐韓愈潮州刺史謝上表：「（臣之文）編之乎詩書之策而無愧，措之乎天地之間而無虧。」回歸泉壤曰死。左傳宣公二年：「（宣子）曰：『不忘恭敬，民之主也。賊民之主，不忠；棄君之命，不信。有一於此，不如死也。』觸槐而死。」論語泰伯：「鳥之將死，其鳴也哀；人之將死，其言也善。」

②范忠宣公　范純仁。餘詳唯得忠恕②。

③奏疏　向皇帝上書言事。北宋歐陽脩上范司諫書：「當時之事，豈無急於沮延齡論陸贄兩事也。謂宜朝拜官而夕奏疏也。」宋史虞策傳：「入為吏部尚書，奏疏徽宗，請均節財用。」

④乞將　（請）求把……。求曰乞。論語公冶長：「乞諸其鄰而與之。」將，把。玉臺新詠古樂府上山採蘼蕪：「將縑來比素，新人不如故。」北宋王安石書湖陰先生壁詩：「一水

護田將綠繞，兩山排闥送青來。」清李漁奈何天崖略：「好僮僕爭氣把功成，巧神明救苦將形變。」

⑤呂大防（一〇二七—一〇九七）。北宋京兆藍田（今屬陝西）人。字微仲。皇祐進士。歷任知縣、知州。哲宗立，召為翰林學士、尚書左僕射兼門下侍郎，與范純仁、劉贄執政，廢新法。修神宗實錄。哲宗親政後，屢遭貶，卒於虔州（今江西贛州）。渠朴厚惷直，不植黨朋，持重為恆，威儀翼如。徽宗即位，追復其官。高宗紹興初，又追復大學士，贈太師、宣國公諡曰正愍。（宋史卷三四〇）

⑥引赦原放　寬免開罪釋放。引赦，傳喚寬免。原放，免除罪責予以釋放。傳喚罪人曰引。南宋吳曾能改齋漫錄事實一：「余讀唐柳氏家訓載：柳公綽為中丞日，張平叔以僥倖承寵。及罪發，鞠於憲司，吏引曰：『張侍郎公！』綽叱曰：『贓吏豈可呼官！』據案復引曰：『囚張平叔，繫於別圄。』」赦，ㄕㄜˋ。寬免。書湯誓：「爾不從誓言，……罔有攸赦。」易解：「君子以赦過宥罪。」原放，免罪釋放。宋書武帝紀下：「秋七月丁亥，原放劫賊餘口沒在臺府者，諸流徙家並聽還本土。」

⑦辭甚懇至　用字遣句非常誠懇殷切。言之成文曰辭。易乾：「修辭立其誠。」荀子正名：「辭合於說。」本文此處，猶言「用字遣句」。甚，極。非常。左傳昭公二十八年：「有甚美必有甚惡。」懇至，懇切。謂誠懇且殷切。後漢書儒林傳上楊政：「政每共言論，常切磋懇至，不為屈撓。」唐韓愈賀冊尊號表：「臣伏聞宰相公卿百官及關輔百姓耆耋等，

以陛下功崇德鉅，天成地平，宜加號於殊常，以昭示於來代，陳請懇至，于再于三。」清王韜擇友說：「今夫人必先有芬芳悱惻之懷，然後有懇至篤忱之誼，豈可於尋常庸俗中求之哉！」

⑧忤　違。逆。韓非子難言：「至言忤于耳而倒于心，非聖賢則莫能聽。」

⑨大臣　官職尊貴之臣。左傳昭公元年：「和聞之，國之大臣，榮其寵祿，任其大節。」史記呂太后本紀：「如意主為趙王後，幾代太子者數矣，賴大臣爭之及留侯策、太子得毋廢。」北宋歐陽脩歸田錄卷一：「大臣執政，不當收恩避怨。」

⑩章惇　（一〇三五—一一〇五）。北宋建州浦城（今屬福建）人。字子厚。徙居蘇州。舉進士。博學善文。王安石重其才能，擢為編修三司條例官。元豐三年（一〇八〇）拜參知政事。哲宗立、高太后聽政，渠知樞密院事，與司馬光力辯免役法不可廢罷，為劉摯、蘇轍等所劾，黜知汝州。哲宗親政，起為尚書左僕射兼門下侍郎，引用蔡京、蔡卞等，倡紹述之說，恢復青苗、免役各法，力排元祐黨人，報復仇怨，株連甚眾。又，反對還西夏故地，斷絕歲賜，重啟宋夏之戰。哲宗崩，嘗反對議立趙佶。及佶即帝位，貶睦州，卒。惇傳經列於宋史姦臣一（卷四七一）。

⑪落職　罷官。本文此處係指遭免去京官言。宋史范純仁傳：「……呂大防等竄嶺表，……疏奏，忤惇意，詆為同罪，落職知隨州。」榮按：時紹聖元年四月廿一日（一〇九四、五、八）罷右僕射兼中侍之職。

⑫知隨　知隨州。隨州，北宋屬京西南路，治所在今湖北隨縣。

⑬草疏　起草奏疏。草，擬。起草。晉書江逌傳：「使太常集博士草其制。」南史蔡景歷傳：「武帝將討王僧辯，召令草檄，景歷援筆成。」奏疏省稱疏。

⑭或以……解　有持「不易挽回冒犯天顏引發上怒」等辭，勸解。或，有。書五子之歌：「有一于此，未或不亡。」後漢書應劭傳：「開辟以來，莫或茲酷。」文心雕龍物色：「一葉且或迎意，蟲聲有足引心。」以，猶持。難回，不容易挽回。觸怒，指犯天顏、激上怒之事而言。解，勸解。

⑮「我」「世」受「國恩」　我謂范家。世，猶云代。卅年曰一世。國恩，朝廷所賜予的榮典、恩惠。按范氏父子多受宋廷器重：父仲淹、子純仁先後拜相，純禮、純粹出仕亦曾為方面大員、獨當一面。仲淹卒贈兵部尚書，諡文正；仁宗且親書褒賢之碑。

⑯上心　皇帝的心意。古稱皇帝曰上；今上謂在位之帝也。史記淮陰侯列傳：「上（按指漢高祖）自將而往，信病不從。」

⑰遂回　竟然挽回。左傳文公七年：「及歸，遂不見。」史記高祖本紀「及高祖貴，遂不知老父處。」

⑱家人　泛稱家中僕役。餘參酒流滿路⑩。

⑲促裝　儘速整理行裝。東晉干寶搜神記卷三：「郭璞字景純，行至廬江，勸太守胡孟康急回南渡。康不從。璞將促裝去之，愛其婢，無由得。」南朝宋謝靈運初出郡詩：「恭承古

人意，促裝反紫荊。」南宋羅大經鶴林玉露卷七：「戒家人不許市一物，恐累歸擔，日日若促裝者。」明張居正奉諭還朝疏：「敕到，即促裝就道。」

⑳以「俟」 等待。

㉑謫命 降調外放的命令。

㉒素「苦」目疾 患。罹。漢書賈誼傳：「病非徒瘇也，又苦蹠盭。」唐玄奘（六〇〇？—六六四）大唐西域記縛喝國：「可汗驚寤，便苦心痛，遂告羣處所夢咎徵，馳謂眾僧，方伸懺謝，未及返命，已從殞歿。」榮按：縛喝，古大夏都城 **Bactra** 或 **Baktra** 音譯，遺址在今阿富汗境內。

㉓致仕 辭官歸居。公羊傳宣公元年：「古之道不即人心，退而致仕。」注：「致仕，還祿位於君。」

㉔堂吏 唐宋中書省、政事堂的辦事吏員。宋史王旦傳：「旦被責，第拜謝，堂吏皆見罰。」

㉕指陳 指明且陳述。後漢書桓帝紀：「又命列侯……郎官各上封事，指陳得失。」唐白居易三教論衡問道士：「誰為此經？誰得此道？將明事驗，幸為指陳。」北宋蘇軾上神宗皇帝書：「……今政令得失安在，雖朕過失，指陳可也。」

㉖終移上意 到底還是轉變了皇上本來的主張。終，卒。本文此處作「到底還是」解。轉變曰移。孟子滕文公下：「富貴不能淫，貧賤不能移，威武不能屈：此之謂大丈夫。」上意，指皇上本來的主張。

㉗武安軍節度副使　北宋於荊湖南路置寶慶軍、武安軍二節度，後者駐潭州。罪臣授予節度副使，為虛銜。

㉘永州　治所在今湖南零陵。

㉙安置　兩宋官員遭貶謫，輕者稱「送某州居住」，稍重稱「某州安置」，最重者稱「某州編管」。北宋蘇軾到惠州謝表：「續奉告命，責授臣寧遠軍節度副使、惠州安置，已於今年二月到惠州。」

㉚怡然　喜樂曰怡。國語周語下：「晉國有憂，未嘗不戚；有慶，未嘗不怡。」怡然，高高興興的樣子。

㉛就道　上路。動身。後漢書皇甫規傳：「明詔不以臣愚駑，急使軍就道。」南宋陸游乞祠祿札子：「及天氣尚涼，早得就道。」近人廖承志（一九〇八—一九八三）致蔣經國先生信：「人到高年，愈加懷舊，如弟方便，余當束裝就道，前往臺北探望，並面聆諸長輩教益。」

㉜人或謂　有人說。餘參⑭。

㉝近名　好名。追求名譽。莊子養生主：「為善無近名，為惡無近刑。」唐韓愈除崔羣戶部侍郎制：「請而容物，善不近名。」明李贄雜述征途與共後語：「余老矣，死在旦夕，猶不免近名之累。」

㉞七十之年　已經七十歲了。謂年高。

㉟兩目俱喪　謂雙目失明。

㊱自已　猶自止。

㊲江行　循長江水路前進。

㊳舟覆　翻船。

㊴韓維　（一〇一七—一〇九八）。北宋開封雍丘（今河南杞縣）人，其先真定靈壽（今屬河北）人。字持國。父億、兄絳。以蔭入官。趙頊（即神宗）封淮陽郡王、潁王時，渠為記事參軍，與論天下事。神宗即位，應知汝州、權開封府。熙寧七年（一〇七四），召為翰林學士承旨，力言青苗等新法之弊。以兄絳入相，出知河陽，坐議免役錢不合，落職。起知許州。神宗崩，請「賦役非人力所堪者去之，法禁非人情所便者蠲之，」參與詳定役法更革。然以為王安石三經新義當與先儒之說并行。元祐元年（一〇八六），拜門下侍郎，旋為忌者所讒，分司南京。久之，以太子少傅致仕，轉少師。紹聖二年（一〇九五），坐元祐黨，安置均州。年八十二卒，遺有南陽集。（宋史卷三一五）。

㊵少師　職官名。周始置，與少傅、少保合稱三孤。宋制：少師為東宮，敘正二品。宋史韓維傳：「維……詔分司南京。……改汝州。久之，以太子少傅致仕，轉少師。」

㊶均州　北宋時，屬京西南路，治所在今湖北武當。

㊷執政　掌握政權，主持政務。

㊸司馬公　司馬光。餘詳忤逆不怒④。

㊹議論多不合　彼此理念、見解大不相同。議論，剖析、論證事理、政策。猶云理念與見解。多與「少」相對。不合，不符合，意謂不同。

㊺得免行　宋史韓維傳：「紹聖中，坐元祐黨，降左朝議大夫，再謫崇信軍節度副使，均州安置。諸子乞納官爵，聽父里居。哲宗覽奏惻然，許之。」

㊻役法　即免役法。亦稱募役法、雇役法。王安石新法之一，為將差役改行雇役之役法也。宋初有鑒於「害農之弊，無甚差役之法」，改革之聲遂起。熙寧四年（一〇七一）制定免役法，先於開封府試行，而後推行於全國。其法規定，民戶毋須服原衙前等役，改按戶分等定不同數額，隨夏秋兩稅繳免役錢，窮苦下戶免繳。官府雇民充役，按執役之輕重給酬。（宋史食貨志上役法、王安石傳）。

㊼用……薦　由於……的推舉。用，介動作之原因。同「由」、「因」。禮記禮運：「故謀用是作，而兵由此起。」論語公冶長：「伯夷叔齊，不念舊惡，怨是用希。」薦，舉。舉而進之。孟子萬章上：「諸侯能薦人於天子，不能使天子與之諸侯。」

㊽有愧而生　內心存羞慚，卻恬不知恥地活下去。愧，參①。

【析源】

宋名臣言行錄後集卷十一、范忠宣公純仁：「永州命下，忠宣欣然而往。每諸子怨章惇，忠宣必怒止之。江行赴貶所，舟覆，扶忠宣出。衣盡濕，顧語子曰：『此豈章惇為之哉？』至永州，公之諸子聞韓維少師謫均州，其子告惇以少師執政日與司馬公議論多不合，得免行。

欲以忠宣與司馬公議役法不同為言求歸白公。公曰：『吾用君實薦以至宰相。同朝論事不合即可；汝輩以為今日之言不可也。有愧而生者不若無愧而死。』諸子遂止。」撰者注云：「（出自）聞見錄。」宋史范純仁傳：「明年，又貶武安軍節度副使，永州安置。時疾失明，聞命怡然就道。……聞諸子怨章惇，純仁怒止之。江行赴貶所，舟覆，扶純仁出。衣盡濕，顧諸子曰：『此豈章惇為之哉？』既至永，韓維責均州，其子訴維執政日與司馬光不合，得免行。純仁之子欲以純仁與光議役法不同為請，純仁曰：『吾用君實薦，以至宰相。昔日同朝論事不合則可，汝輩以為今日之言，則不可也。有愧於心而生者，不若無愧於心而死。』其子乃止。」

一〇七、未嘗含怒

范忠宣公安置永州，課兒孫誦書，躬親教督，常至夜分。在永三年，怡然自得。或加以橫逆，人莫能堪；而公不為動，亦未嘗含怒於後也。每對賓客，惟論聖賢脩身行己，餘及醫藥方書，他事一語不出口，而氣貌益康寧，如在中州時。

【語譯】

范純仁幽居永州的時候，經常督促兒孫讀書，親自教導指正，直到深夜。在永州前後三年，和悅閒適、自得其樂。一般人也許不能承擔這突如其來的災厄；但是范公不受影響，也不曾在事後心懷怨氣。每次和賓客應答，只陳述聖賢陶冶身心、涵養德性、立身行事，此外就是醫理、藥石、處方書等等，別的事一概不談。同時，氣色神貌更加安寧，好像在中州的時候。

【注釋】

①未嘗含怒　不曾心懷怨氣。未嘗，詳虀汙朝衣⑤。含怒，心懷怨氣。書無逸：「厥愆，曰朕之愆。允若時，不啻不敢含怒。」漢書朱建傳：「今日辟陽侯誅，旦日太后含怒，亦誅君。」

②范忠宣公　范純仁。餘詳唯得忠恕②。

③安置　猶云幽居。餘參不若無愧而死㉙。

④永州　詳不若無愧而死㉘。

⑤課兒孫　督促子女孫兒。課，督促。後漢書方術傳上任文公：「王莽篡後，文公推教，知當大亂，乃課家人負物百斤，環舍趨走。」宋史岳飛傳：「師每休舍，課將士注坡跳壕，皆重鎧習之。」

⑥誦書　讀書或背書。列子仲尼：「顏回重往喻之，乃反丘門，弦歌誦書，終身不輟。」東晉王嘉拾遺記後漢：「劉向於成帝之末，校書天祿閣，專精覃思。夜有老人，著黃衣，植青藜杖，登閣而進，見向暗中獨坐誦書。」元王逢（一三一九—一三八八）懷哲操：「朝

堂兮誦書，思君陳兮履約。」

⑦躬親　親自。親身從事。語出詩小雅節南山：「弗躬弗親，庶民弗信。」

⑧教督　教導指正。漢書車千秋傳：「每公卿朝會，（霍）光謂千秋曰：『始與君侯俱受先帝遺詔，今光治內，君侯治外，宜有以教督，使光毋負天下。』」

⑨夜分　夜半。即半夜。韓非子十過：「昔者衛靈公將之晉，至濮水之上，稅車而放馬，設舍以宿，夜半而聞鼓新聲者而說之，使人問左右，盡報弗聞。」後漢書光武帝紀下：「（帝）數引公、卿、郎、將講論經理，夜分乃寐。」李賢注：「分猶半也。」三國魏曹植上責躬詩表：「晝分而食，夜分而寢。」北宋曾鞏自福州召判太常寺上殿劄子：「晝而訪問至於日昃，夕而省覽至於夜分。」清和邦額夜談隨錄某太守：「太守獨坐齋中，夜分有叩門環聲。」

⑩怡然自得　和悅閒適，自己感覺滿意。列子黃帝：「黃帝既寤，怡然自得，召天老、力牧、太山稽告之。」舊唐書李百藥傳：「及懸車告老，怡然自得，穿池築山，文酒談賞，以舒平生之志。」

⑪橫逆　ㄏㄥˋ ㄋㄧˋ。突如其來的災厄。意外的災厄。南宋洪邁夷堅甲志蕪湖儲尉：「蕪湖尉儲生竄避不及，為賊黨縛去，德自臨斬之。已脫衣搨坐，德見其項有毫光三道出現，乃釋之……宣城僧祖勝云：『儲尉每日誦圓覺經一部，觀世音菩薩千聲，率以為常，以故獲果報，得免橫逆。』」

⑫不為動　猶云不受影響。

⑬於「後」　指遭遇橫逆以後言。

⑭每　每次。左傳成公十五年：「初，伯宗每朝，其妻必戒之。」孟子離婁下：「故為政者，每人而悅之，日亦不足矣。」

⑮對　應答。禮記曲禮上：「侍坐於先生，先生問焉，終則對。」孟子梁惠王下：「齊宣王問曰：『湯放桀，武王伐紂，有諸？』孟子對曰：『於傳有之。』」

⑯賓客　屬同義複詞。賓，客也。論語顏淵：「出門如見大賓，使民如承大祭。」

⑰惟論　只陳述……。論，陳述。孟子萬章下：「以友天下之善士為未足，又尚論古之人。」唐韓愈過始續江口感懷詩：「目前百口還相逐，舊事無人可共論。」

⑱聖賢　聖人與賢人。泛稱道德才智傑出者。易鼎：「彖曰：聖人亨以享上帝，而大亨以養聖賢。」西漢司馬遷報任少卿書：「詩三百篇，大底聖賢發憤之所為作也。」顏氏家訓序致：「夫聖賢之書，教人誠孝、慎言、檢迹、立身、揚名，亦已備矣。」明王守仁傳習錄卷上：「知而不行，只是未知，聖賢教人知行，正是要復那本體，不是著你只恁的便罷。」

⑲脩身　脩，同「修」。修身，謂陶冶身心，涵養德性。儒家以修身為教育八條目之一。禮記大學：「自天子以至於庶人，壹是皆以脩身為本。其本亂而末治者，否矣。」唐元稹授杜元穎戶部侍郎依前翰林學士制：「慎獨以修身，推誠以事朕。」

⑳行己　立身行事。論語公冶長：「子謂子產有君子之道四焉：其行己也恭，其事上也敬，

其養民也惠，其使民也義。」金王若虛李仲和墓碣銘：「予愧仲和見遇之厚而無以報，憐其有大志而卒窮不偶，恨其思之十年欲一復見而弗果，乃書行己之槩而為之銘。」清鈕琇（？—一七〇四）觚賸續編簡公雪冤：「士人行己，貴乎立品，即小可以見大，即窮可以徵達。」

㉑餘及　其他就是。此外就是。

㉒醫藥方書　醫理、藥石、處方等各書。

㉓一語不出口　一句話都不說。清陳確（一六〇四—一六七七）與張考夫書：「故孟子直以一語斷之曰：『學問之道無他，求其放心而已矣。』……」

㉔氣貌　氣色風貌。唐李華（七一五—七六六）元魯山墓碣銘：「神體和，氣貌融，視色至教，不言而信。」南唐李建勳（八七三？—九五二）贈送致仕郎中詩：「衣冠皆古製，氣貌異常人。」新五代史雜傳三趙匡凝：「匡凝為人氣貌甚偉，性方嚴。」明王廷相（一四七四—一五四四）慎言君子：「氣貌可以觀德，役俠可以觀政。」

㉕康寧　安寧。書多士：「非我一人奉德不康寧。」孔傳：「非我天子奉德不能使民安之。」漢書宣帝紀：「天下蒸庶，咸以康寧。」顏師古注：「康，安也。」

㉖中州　指河南。

【析源】

仕學規範卷八行己：「丞相范忠宣公純仁在永三年，怡然自得，或加以橫逆，人莫能堪，而公不為動，亦未嘗含怒於彼也。」

一〇八、謝罪敦睦

繆彤少孤；兄弟四人皆同財業。及各人取妻，諸婦分異，又數有鬬爭之言。彤深懷忿，乃掩戶自撾，曰：「繆彤！汝脩身謹行，學聖人之法，將以齊整風俗，奈何不能正其家乎？」弟及諸婦聞之，悉叩顏謝罪，遂更相敦睦。

【語譯】

繆彤年輕的時候，父親就不幸去世了。兄弟四個人共同持有家產。等到每個人娶了妻子，妯娌卻要求分居，又常發生齟齬。繆彤萬分心痛，於是關起門扉自擊，道：「繆彤！你陶冶身心、涵養德性、小心行事，習孔孟之道，屬意整頓社會風氣、端正民俗，怎麼不能治好自己的家呢？」弟弟和妯娌們聽到這一番話，不約而同地都跪下、以頭觸地表示悔過。從此，大家尤其親愛篤厚、和諧圓滿。

【注釋】

①謝罪敦睦　悔過認錯，共同營造親愛篤厚、和諧圓滿的氣氛。謝罪，向人認錯並表示悔意。西漢賈誼新書淮難：「淮南王來入，赴千乘之君，陛下為頓顙謝罪皇太后之前。」資治通

鑑晉惠帝永寧元年：「帝自端門入，升殿，羣臣頓首謝罪。」敦睦，親厚和睦。三國魏曹植漢二祖優劣論：「敦睦九族，有唐虞之稱。」亦作「敦穆」。晉書夏侯湛傳：「……敦穆于九族。」

②繆彤　生卒年待考。東漢汝南召陵（今河南漯河東北）人。字豫公。初仕縣為主簿，太守梁湛召為決曹史。後辟公府，舉尤異，遷中牟令。縣近京師，權豪多非法，乃誅奸吏及托名貴戚賓客者四百餘人。卒于官。（後漢書卷八一）。繆，ㄇㄠˋ。彤，ㄖㄨㄥˊ。

③少孤　年輕的時候喪父。年幼、年輕皆曰少，ㄕㄠˋ。左傳襄公三十一年：「子皮欲使尹何為邑，子產曰：『少，未知可否？』」墨子貴義：「今有人於此，負粟息於路側，欲起而不能，君子見之，無長少貴賤必起之，何故也？」幼而喪父曰孤。孟子梁惠王下：「幼而無父曰孤。」後來，凡無父或父母雙亡者皆稱孤。

④皆同　屬同義複詞。皆，偕。一同。書湯誓：「時日曷喪，予及汝皆亡。」孟子梁惠王上引作「偕」。管子大匡：「公將如齊，與夫人皆行。」近人郭沫若（一八九二—一九七八）等集校引李哲明（一八五七—？）曰：「皆，讀為偕，古字通用。」史記高祖本紀：「還攻胡陽，遇番君別將梅鋗，與皆，降析酈。」

⑤財業　猶云家產。謂財產家業也。生經佛說是我所經：「積此財業，雖為財富，不自衣食，不能布施……無益中外。」北史張普惠傳：「普惠不營財業，好有進舉，敦於故舊。」

⑥取妻　娶妻。取，通「娶」。詩齊風南山：「取妻如之何，必告父母。」白虎通引詩皆作

「娶」。

⑦諸婦　妯娌。統稱兄弟之妻。禮記昏義：「和於室人」鄭玄注：「室人，謂女妐、女叔、諸婦也。」孔穎達疏：「諸婦，謂娣姒之屬。」

⑧分異　猶分居。管子四時：「禁遷徙，止流民，圉分異。」尹知章注：「分異，謂離居者。」史記商君列傳：「民有二男以上不分異者，倍其賦。」後漢書獨行傳李充：「妻竊謂充曰：『今貧居如此，難以久安，妾有私財，願思分異。』」

⑨又「數」有「鬪爭」之言　數，屢。屢次。猶云經常。漢書疏廣傳：「數問其家：『金餘尚有幾所？』」幾所，猶幾許也。鬪爭，又作「鬭爭」、「鬥爭」……。在此作爭訟、爭辯解。鬪爭之言，猶云發生齟齬。

⑩深懷忿　萬分心痛。深，極。同「甚」。後漢書李善傳：「善深傷李氏之力不能制。」又，吳漢傳：「光武深忌之。」懷忿，懷恨。後漢書滕撫傳：「（撫）性方直，不交權執，宦官懷忿。」明葉盛（一四二〇—一四七四）水東日記陳祭酒至誠：「國子祭酒四明陳先生，遇僚屬諸生極嚴，有懷忿而訟之者。」

⑪掩戶　關起門罪。掩，閉。關閉。南史袁粲傳：「嘗著妙德先生傳，……自況曰：「……混其聲迹，晦其心用，席門常掩，三逕裁通。」」南宋陸游夏夜泛舟書所見詩：「山房猶復畏炎蒸，長掩柴門媿老僧。」戶，門扉，即單扇門也。晉書謝安傳：「破苻堅驛書至，安方圍碁，既罷，還內，過戶限，心喜甚，不覺屐齒之折。」

⑫自撾　自擊，撾，ㄓㄨㄚ。擊。敲打。後漢書獨行傳溫序：「序素有氣力，大怒，叱宇等曰：『虜何敢迫脅漢將！』因以節撾殺數人。」一本作「檛」。前蜀貫休（八三二—九一二）送張拾遺赴施州司戶詩：「社稷安危在直言，須歷竟階檛諫鼓。」元無名氏盆兒鬼第四折：「俺則見狠公吏把制杖檛，惡曹司將文卷押。」

⑬脩身　詳未嘗含怒⑲。

⑭謹行　小心行事。史記平津侯主父列傳：「蓋君子善善惡惡，君若謹行，常在朕躬。」北宋劉攽京東運使謝上表：「資是愚忠，謹行壹意，得免下中之課，以逃負乘之羞。」

⑮學聖人之法　取法聖人。聖人，專指孔子。孟子公孫丑上：「子夏、子游、子張，皆有聖人之一體。」唐陸龜蒙復友生論文書：「六籍中獨詩書易象與魯春秋經聖人之手耳。」明李東陽（一四四七—一五一六）詩話：「荊楚之音，聖人不錄，實以要荒之故。」模範曰法。禮記中庸：「君子……行而世為天下法。」

⑯齊整　整頓。整治。北宋蘇軾與滕達道書：「承郡事頗煩齊整，想亦期月之勞爾。」

⑰風俗　相沿積久而成的風氣、習俗。詩序：「先王以是經夫婦，成孝敬，厚人倫，美教化，移風俗。」北宋司馬光效趙學士體成口號獻開府太師之四：「洛陽風俗重繁華，荷擔樵夫亦戴花。」

⑱奈何　如何。意謂怎麼。

⑲正其家　（整）治好自己的家。正，治。呂氏春秋順民：「湯克夏而正天下。」

⑳叩頭　雙腳下跪，以頭觸地。餘詳兄弟難得田地易求⑭。

【析源】

後漢書獨行傳繆彤：「繆彤字豫公，……少孤，兄弟四人，皆同財業。及各娶妻，諸婦遂求分異，又數有鬬爭之言。彤深懷憤歎，乃掩戶自撾，曰：『繆彤！汝脩身謹行，學聖人之法，將以齊整風俗，奈何不能正其家乎！』弟及諸婦聞之，悉叩頭謝罪，遂更為敦睦之行。」

一〇九、戒鬬

虞世南曰：「十鬬九勝，無一錢利。」

【語譯】

虞世南說：「屢次和別人較勁，大多贏了對方；不見得有多大的好處。」

【注釋】

①虞世南　（五五八—六三八）。唐越州餘姚（今浙江餘姚）人。字伯施。陳天嘉中，召為建安王法曹參軍。陳滅，仕隋。大業初，累遷秘書郎。隋滅，為竇建德所得，署黃門侍郎。秦王滅建德，引為（秦）王府參軍，轉記室，授弘文館學士，與房玄齡對掌文翰。太宗即位，拜員外散騎侍郎兼弘文館學士。遷秘書監，封永興縣子。貞觀八年（六三四）進封永

興縣公。太宗稱渠德行、忠直、博學、文辭、書翰五絕。十二年以銀青光祿大夫致仕。卒，贈禮部尚書，謚文懿，詔陪葬昭陵。遺有虞世南集三〇卷、帝王略論五卷。（舊唐書卷七二、新唐書卷一〇二）。榮按：虞集等夙已散佚，全唐文卷一三八錄存虞文一卷、唐文拾遺卷一三輯補九篇；另全唐詩卷三六錄存其詩一卷、全唐詩補編補逸卷一補一首。

②十鬪九勝　十……九……，用以描述勝負百分比，謂勝算高也。對爭曰鬪。論語季氏：「及其壯也，血氣方剛，戒之在鬪。」又，角勝曰鬪。五代王仁裕（八八〇—九五六）開元天寶遺事卷下鬪花：「長安迩主士安，春時鬪花，戴插以奇花，多者為勝。皆用千金市名花，植於庭苑中，以備春時之鬪也。」十鬪九勝意謂屢次較勁，大多贏過對方。

③無一錢利　（這種成果）並沒有多大的好處。一錢，喻微不足道。本義一文錢。後多用以指極少的錢。唐杜甫空囊詩：「囊空恐羞澀，留得一錢看。」

【析源】

查虞世南存世諸詩文並無本章文字，待再考證。

一一〇、須是要忍

韓魏公在政府時，極有難處置事，嘗言：「天下事無有盡如意，須是要忍；不然不可一日處矣！」公言：往時同列二三公不相下，語常至相擊。待其氣定，每與平之以理，使歸于是，雖勝者亦自然不爭也。

【語譯】

韓琦在朝主持政務的時候，遇有不容易對付的公務，曾經說：「世上的事沒有全都符合自己的想法的，總是需要加以寬容；不這樣的話，每天都辦不下去啊！」他提到：過去、同僚當中二三位年高德劭者彼此不讓步，對話經常發展成相互抨擊。等到大家情緒穩定；一再地運用說理來平息彼此的爭議，並使它回復客觀、正常的基礎。雖然激辯取得優勢的人也一樣不再計較。

【注釋】

①須是要忍　總是需要加以寬容。須是，總是。終是。元楊顯之（？—？；與關漢卿莫逆）瀟湘雨第一折：「雖然俺心下有，我須是臉兒羞。」王實圃（圃，一作「甫」；？—？；元初人）西廂記第二本第一折：「第五來歡郎雖是未成人，〔歡〕俺呵，打甚麼不緊，〔旦〕須是崔家後代孫。」忍，寬容。唐杜牧題烏江亭詩：「勝負兵家事不期，包羞忍恥是男兒。」

②韓魏公　韓琦，餘詳不形於言②。

③政府　詳未嘗峻折③。

④「極」有　至。到達。詩小雅緜蠻：「豈敢憚行，畏不能極。」鄭玄箋：「極，至也。」

三國魏曹植雜詩之一：「之子在萬里，江湖迥且深。方舟安可極，離思故難任。」南宋葉適吏胥：「蓋自崇寧極於宣和，士大夫之職業，雖先膚褰淺者亦不復修治。」本文此處，引申作「遇」解。

⑤處置　對付。應付。南宋龔昱（？—？）樂庵語錄卷三：「今人或當煩劇，或於文字疑難，更無個道理處置。」近人魯迅書信集致曹白：「兩肺都有病，普通的人，早已應該死掉，而他竟沒有死。醫生都非常驚異，以為大約是：非常善于處置他的毛病，或身體別的部分非常堅實的原故。」

⑥天下事　猶云世上的事。謂普天之下的事，亦通。紅樓夢第四十九回：「這首不但好，而且新巧有意趣。可知俗語說：『天下無難事，只怕有心人。』」

⑦無有　沒有。書洪範：「無有作好，遵王之道；無有作惡，遵王之路。」孔傳：「言無有亂為私好惡，動必循先王之道路。」老子：「絕巧棄利，盜賊無有。」唐韓愈元和聖德詩序：「朝廷清明，無有欺蔽。」

⑧如意　符合心意。漢書京房傳：「臣疑陛下雖行此道，猶不得如意。」北宋歐陽脩準詔言事上書：「故所求無不得，所欲皆如意。」紅樓夢第四回：「誰料天下竟有不如意事，第二日，他偏又賣與了薛家！」

⑨不然　不如此。不是這樣。論語八佾：「王孫賈問曰：『與其媚於奧，寧媚於竈，何謂也？』子曰：『不然。獲罪於天，無所禱也。』」邢昺疏：「然，如此也。」唐韓愈短燈

槳歌：「吁嗟世事無不然，牆角司看短檠棄。」

⑩同列　同僚。史記屈原賈生列傳：「上官大夫與之同列，爭寵而心害其能。」北宋歐陽脩歸田錄卷二：「寇萊公在中書，與同列戲云：『水底日為天上日。』未有對，而會楊大年適來白事，因請其對。大年應聲曰：『眼中人是面前人。』一坐皆稱為的對。」近人郭希仁（一八七一—一九二三，一作一八八一—一九二三）從戎紀略：「錢定三之議舉為副統領也，同列多不悅。」

⑪不相下　彼此不讓步。相，彼此。史記淮南衡山列傳：「孝文十二年，民有作歌。歌淮南王厲王曰：『一尺布，尚可縫。一斗粟，尚可舂。兄弟二人，不能相容。』」下，退讓。論語顏淵：「夫達也者，質直而好義，察言而觀色，慮以下人，在邦必達　在家必達。」

⑫相擊　本義互相擊刺。即彼此攻打。莊子說劍：「昔趙文王喜劍，劍士夾門而客三千餘人，日夜相擊於前。」晉書褚翜傳：「今宜共戮力以備賊；幸無外難，而內自相擊，是避坑落井也。」本文此處，引申作「彼此抨擊」解。

⑬氣定　情緒穩定。氣，指精神狀態，謂情緒。莊子庚桑楚：「欲靜則平氣。」史記淮南衡山列傳：「當今諸侯無異心，百姓無怨氣。」唐韓愈送浮屠文暢師序：「措之于其躬，體安而氣平。」定，靜境。即穩定；固定。論語季氏：「孔子曰：『君子有三戒：少之時，血氣未定，戒之在色；及其壯也，血氣方剛，戒之在鬭；及其老也，血氣既衰，戒之在得。』」

⑭平之以理　運用說理來平息他們的爭議。平，平息。詩小雅常棣：「喪亂既平，既安且寧。」理，說理。

⑮歸於是　回復到客觀、正常的基礎。

⑯自然　猶當然。史記孝文本紀：「遺詔曰：『朕聞蓋天下萬物之萌生，靡不有死。死者天地之理，物之自然者，奚可甚哀。』」

⑰不爭　不計較。明成化說唱詞話叢刊白兔記：「我家中有三二百人做年作，不爭你一個吃飯。」

【析源】

參未嘗峻折，餘待考。

一一一、忍受得事

王沂公嘗言：「喫得三斗釅醋，方做得宰相。」蓋言忍受得事也。

【語譯】

北宋王曾曾說：「能一口氣，喝得下三斗的濃醋，然後才充當得了宰相。」大意是說，勉強承受，才能成就大事。

【注釋】

①忍受得事　勉強承受，才能成就大事。忍受，勉強承受。百喻經以梨打破頭喻：「昔有愚人，頭上無毛。時有一人，以梨打頭，乃至二三，悉皆傷破。時此愚人，默默忍受，不知避去。」敦煌變文集妙法蓮華經講經文：「如此辛懃能忍受，不生退屈有何緣？」明張居正請宥言官以彰聖德疏：「此其狂愚無識，恣肆妄言，在星誠為有罪，而在皇上，亦有不能忍受者矣。」榮按：趙南星（一五五六—一六二七）。字夢白。萬曆二年（一五七四）進士。嘗疏陳時政四大害，觸時忌。（明史卷二四三）得事，猶成事。韓非子外儲說右下：「蘇代為秦使燕，見無蓋子之，則必不得事而還，貢賜又不出，於是見燕王乃譽齊王。」

②王沂公　王曾受封沂國公，故稱。餘詳委曲彌縫②。

③喫　ㄔ。同「吃」。飲、食，合稱喫。

④三斗　三十升；十升為一斗。公制：一公升重量為一千公克。

⑤釅醋　ㄧㄢˋ ㄘㄨˋ。濃醋。北宋蘇軾格物麤談韻藉：「金箋及扇面誤字，以釅醋或醬油用新筆蘸洗，或燈心揩之即去。」南宋朱弁（一〇八五—一一四四）曲洧舊聞卷四：「峻極上院嘗於其院東鑿井，經年纔深丈許……法當積薪其中然（燃）之，乘熱沃以釅醋，然後施工。」清趙翼兩臂風痹復發詩：「酸疑釅醋淬，痛甚頑石擣。」

⑥方　然後。北宋歐陽脩論濮安懿王典禮劄子：「必合典故，方可施行。」

⑦宰相　居百官之首而總領之，所謂一人之下、萬萬人之上。唯獨有容，始得承擔調和鼎鼐之任。諺云：「宰相肚裡能撐舟。」

【析源】

南宋劉清之（一一三四—一一九〇）戒子通錄卷六：「王沂公常說：『喫得三斗釅醋，方做得宰相。』蓋言忍受得事也。」榮按：「常」、「嘗」，同音異義，附誌之。

一二一、趙清獻公座右銘

待則甚壹，任他怎奈何，休理會。人有不及，可以情恕；非意相干，可以理遣。盛怒中勿答人簡，既形紙筆，溢語難收。

【語譯】

與人相處既然已經至誠至懇，聽憑對方怎麼想、如何說，且不要在意。人總會有一時想不到或做不到的事，應該能夠諒解。無故尋釁，可以從事理上求得寬解。非常生氣的當頭不要回復來信；過分的言辭已經呈現出來，就不容易挽回。

【注釋】

①趙清獻公　趙抃卒謚清獻，故稱。餘參鼓琴不問②。

②座右銘　一種訓戒性的文字。古人作銘置於座右，用以自警兼及警人，故稱。東漢崔瑗撰座右銘一則，詳昭明文選。南朝梁釋慧皎（四九七—五五四）高僧傳卷四支遁：「僧眾百餘，時或有墮（惰）者，遁乃著座右銘以勗之，曰：『勤之勤之，至道非彌，……』」

③待則甚壹　與人相處原來已經至誠至懇。待，指待人接物言。意謂與人相處也。論語微子：「若季氏則吾不能，以季孟之間待之。」則，原來已經。猶云既已。左傳哀公十一年：「鳥則擇木，木豈能擇鳥？」甚，極。壹，均一。甚壹，猶云至誠至懇，不厚此薄彼。

④「任」他　聽憑。三國魏嵇康琴賦：「齊萬物兮超自得，委性命兮任去留。」北宋歐陽脩憶滁州幽谷詩：「詩日辛勤皆手植，而今開落任春風。」

⑤怎奈何　猶奈何。

⑥休理會　不要在意。休，同「勿」。唐孟浩然歸終南山詩：「北闕休上書，南山歸故廬。」理會，注意。理睬。朱子語類卷一三二：「近世如汪端明專理會民，如辛幼安卻是理會兵，不管民。」前漢書平話卷中：「張石慶見三大王大怒，急避之，來告惠帝。惠帝不理會。」

⑦人有……情恕　詳情恕理遣②、③。

⑧非意……理遣　詳情恕理遣④、⑤。

⑨盛怒　大怒。國語魯語上：「寡君不佞，不能事疆場之司，使君盛怒以暴露於弊邑之野，敢犒輿師。」史記張丞相列傳：「昌為人吃，又盛怒，曰：『臣口不能言，然臣期期知其不可。』」明沈德符野獲編科場會場搜檢：「李以乙科起家，葉偶不記憶，遂觸其盛怒，立命去衣痛笞二十。」

⑩勿「答」人「簡」　答，答復。孟子離婁上：「愛人不親，反其仁；……禮人不答，反其敬。」簡，信札。唐柳宗元答貢士元公瑾論仕進書：「辱致來簡，受賜無量。」

⑪既形紙筆　已經呈現在文字上面。形，謂呈現。禮記大學：「此謂誠於中，形於外。」紙筆，指文字或文章。東晉陶潛責子詩：「雖有五男兒，總不好紙筆。」清李漁玉搔頭收奸：「今日這些薄禮，不便形於紙筆。」

⑫溢語　過甚的言辭。清趙執信（一六六二—一七四四）余以康熙甲子有事太原仿微之雜境體詩之十自注：「皆即事敘述，無容溢語耳。」

⑬難收　不容易挽回。清李漁奈何天狡脫：「他便要回歸，我也難收覆盆水。」

【析源】

待考。

一一三、有德無德

程子曰：「忿欲忍與不忍，便見有德無德。」

【語譯】

程子說：「憤怒、嗜欲的抑制和不克制，就看出來一個人有沒有德行了。」

【注釋】

①有德　有德行。意謂品行道德高尚且能身體力行。周禮春官大司樂：「凡有道者有德者，使教焉。」鄭玄注：「德，能躬行者。」論語憲問：「子曰：『有德者必有言，有言者不

必有德。』」左傳僖公二十八年：「有德不可敵。」禮記禮器：「是故先王尚有德，尊有道，任有能。」孫希旦集解：「有德，謂有德行者。」

②無德　沒有德行。謂言行不合社會規範與準則。左傳閔公二年：「無德而祿，殃也。」國語晉語九：「君子哀無人，不哀無賄；哀無德，不哀無寵。」史記龜策列傳：「漁者利其肉，寡者貪其力，下為不仁，上為無德。」後漢書光武帝紀下：「鬼神不順無德，災殃將及吏人，朕甚懼焉。」

③程子　指程頤。時稱小程子或二先生。餘詳寬大有量③。

④忿欲　憤怒與嗜欲。忿，憤怒。怨恨。易損：「君子以懲忿窒欲。」欲，心所貪愛。論語憲問：「克、伐、怨、欲不行焉，可以為仁乎？」呂氏春秋重己：「凡生之長也，順之也；使生不順者，欲也。」朱子語類卷八七：「有心『慾』字是無心『欲』字之母。」

⑤忍　抑制。克制。荀子儒效：「志忍私，然後能公，行忍情性，然後能脩。」楊倞注：「忍，謂矯其性。」

⑥便見　即見。意謂就看得出。

【析源】

二程全書遺書六二先生語六：「忿欲忍與不忍，便見有德無德。」

一一四、詈僕

思叔詬詈僕夫。伊川曰：「何不動心忍性？」思叔慙謝。

【語譯】

張繹辱罵他的馬車夫。伊川先生說：「為甚麼不竦動自己的心，抑制自己的情緒？」他聽到老師這一番話，既羞愧且謝過。

【注釋】

①思叔　張繹（一〇七一—一一〇八）。北宋河南壽安（今河南宜陽）人。字思叔。渠幼年失學，傭力於市，發憤讀書，遂以文名。年三十，始受業於程頤（伊川），記伊川言行，編為師說。程頤嘗謂晚年得二士，即張繹與尹焞二人也。（宋史卷四二八）。

②詬詈　辱罵。責罵。魏書恩倖傳趙脩：「脩道路嬉戲，殆無戚容，或與賓客姦掠婦女裸觀，從者噂踏喧譁，詬詈無節，莫不畏而惡之。」明歸有光贈張別駕序：「今大吏或相與比於上，不曰吏之無良，然且詬詈吾人，以為風俗之薄惡。」

③僕夫　駕御馬車者，即馬車夫。詩小雅出車：「召彼僕夫，謂之載矣。」毛傳：「僕夫，御夫也。」東漢張衡思玄賦：「僕夫嚴其正策兮，八乘騰而超驤。」舊注：「僕夫謂御車人也。」唐韓愈天星送楊凝郎中賀正詩：「天星牢落雞喔咿，僕夫起餐車載脂。」

④動心忍性　竦動內心，抑制情緒。孟子告子下：「孟子曰：『天將降大任於是人也，必先苦其心志，勞其筋骨，餓其體膚，空乏其身，行拂亂其所為，所以動心忍性，增益其所不能也。』」南宋張九成（一〇九二—一一五九）橫浦集孟子拾遺：「動其心者，所以驚惕之也；忍其性者，所以抑遏之也。心舍則亡，非有以驚惕之則不知存。目性欲色、耳性欲聲、鼻性欲臭、四支欲安佚、非有以抑遏之，則流蕩而不知反。」

⑤慙謝　一作「慚謝」。羞愧謝過。南史臧質傳：「嘗詣護軍趙倫之，倫之名位已重，不相接。質憤然起……倫之慙謝。」元辛文房唐才子傳王轂：「無賴聞之，斂衽慚謝而退。」

【析源】

二程全書外書十二傳聞雜記：「思叔詬詈僕夫。伊川曰：『何不動心忍性？』思叔慙謝。」榮按：事見涪陵記善錄，附誌之。

一一五、以比顧雍

孫伏伽拜御史時，先被內旨而制未出。歸，臥家無喜色。頃之，御史造門，子弟驚（白）。伏伽徐起見之。時人稱其有量，以（比）顧雍。

【語譯】

唐孫伏伽授任治書御史的時候，先接到皇帝的口頭旨意，但正式的制書還沒有發布。他回到家，躺在床上休息，絲毫沒有欣喜得意的神色。不一會兒，宣旨的差官上門，晚輩們心存訝異地向他稟告，他才慢條斯理地起身來迎接差官。當時的人贊美他有器量，直可媲美三國顧雍。

【注釋】

①以比顧雍　本章原缺章名，茲予以補列。拿他來媲美顧雍。以，用。易明夷：「內文明而外柔順，以蒙大難，文王以之，……」虞注：「以，用也。」本文此處，作「拿」解。比，類似。相類。史記天官書：「太白白，比狼；赤，比心。」張守節正義：「比，類也。」唐鮑溶夏日華山別韓博士愈詩：「跡比斷根蓬，憂如長飲酒。」此處，引申作比擬，即「媲美」解。顧雍（一六八—二四三）。三國吳郡吳縣（今江蘇蘇州）人。字元嘆。出身江南士族，少從蔡邕學琴、書。州郡表薦為合肥長，後轉婁、曲阿、上虞，皆有治蹟。孫權領會稽太守，以為丞，行太守事。權稱吳王，累遷大理、奉常，領尚書令，封陽遂鄉侯。吳黃武四年（二二五），改為太常，進封醴陵侯，代孫邵為丞相，平尚書事。嘉禾二年（二三三）遼東太守公孫淵叛魏向吳稱臣，嘗諫權切勿遣張彌、許晏等航海赴遼東冊封淵為燕王。權不聽，彌等果為淵所殺。後又斷驕橫之校事呂壹獄，殺之。為相十九年，卒謚肅侯。陳壽評雍略以：「寡言語、舉動時當，不敢肆情。至德忠賢、輔國以禮。」（三國志卷五二）。

②孫伏伽　（？—六五八）。貝州武城（今河北清河）人。大業末，自大理寺史累補萬年縣

法曹。唐興，初拜治書御史，太宗即位，賜爵東安縣男。貞觀元年（六二七）轉大理少卿。又為刑部郎中，累遷民部侍郎。十四年，拜大理卿，後出為陝州刺史。永徽五年（六五四）以年老致仕。顯慶三年（六五八）卒。（舊唐書卷七五、新唐書卷一〇三）。

③拜　授任。史記淮陰侯列傳：「……至拜大將，則信也。」漢書王莽傳中：「莽拜（郭）欽為填外將軍，……」

④御史　職官名。春秋戰國列國皆有御史，為諸侯親近之職，當文書及記事。秦置御史大夫，職副丞相，位頗尊，並以御史監郡，遂有彈劾糾察之權。漢以後，御史職銜迭有變化。唐有侍御史（治書侍御史）、殿中侍御史與監察御史，至明清僅存監察御史分道行使糾察。（通典卷二四職官六、續通典卷二八職官六）。新唐書孫伏伽傳：「其以伏伽為治書侍御史，賜帛三百匹。」

⑤先被內旨　之前，接到皇帝口頭的旨意。先，表時間。謂制勅發布之前。被，受。猶云接到。內旨，皇帝的旨意，多指口頭指示言。明史雲南土司傳三孟養：「時已三征麓川，內旨必欲生擒機發，已密諭總督王驥，又勅諭以雲南安置孟養舊宣慰刀孟賓為嚮導。」內旨另有他義，從略。

⑥制未出　正式的制書（制勅）還沒有發布。君命曰制。

⑦臥家　在內室躺著歇息。臥，睡。躺。荀子解蔽：「心臥則夢。」史記高祖本紀：「漢王病創臥，張良彊請漢王起行勞軍，以安士卒。」後蜀毛熙震（？—？北宋建德間猶健在）

浣溪沙詞之七：「半醉凝情臥繡茵，睡容無力卸羅裙。」家，指宅邸內室。室內。大門以內。詩大雅緜：「古公亶父，陶復陶穴，未有家室。」毛傳：「室內曰家。」孔穎達疏引李巡曰：「謂門以內也。」爾雅釋宮：「牖戶之間謂之扆（ㄧˇ），其內謂之家。」郭璞注：「今人稱家，義出於此。」

⑧喜色　欣喜、得意的神色。欣喜，高興也。禮記文王世子：「今日安，世子乃有喜色。」史記孔子世家：「孔子年五十六，由大司寇行攝相事，有喜色。」清吳騫扶風傳信錄：「十九日，素娥、翠雲來，皆有喜色。」

⑨頃之　不久。一會兒；片刻。史記廉頗藺相如列傳：「趙使還報王曰：『廉將軍雖老，尚善飯，然與臣坐，頃之三遺矢也。』」東晉干寶搜神記卷十六：「一日見三奇客，共持麪飯至，索其酒飲。飲竟而去。頃之，有人來云見三鬼酣醉於林中。」又，作「不久」解。史記田單列傳：「頃之，燕昭王卒，惠王立，與樂毅有隙。」按：「不久」較「一會兒」、「片刻」為長。本文此處，從前解。

⑩御史造門　宣旨的差官上門。此處「御史」非職官名，係指宣達聖旨的差官言。造門，上門。意謂至他人家去。後漢書廉范傳：「麟亦素聞范名，以為然，即牽馬造門，謝而歸之。」南宋葉適故寶謨閣待制知平江府趙公墓志銘：「時政出韓侂冑，朝士無不造門。」

⑪驚白　訝異地稟告。驚，心情訝異不解。正統刻本作「驚曰」，顯係誤植，茲訂正為「驚白」。

⑫有量　詳服公有量①。
⑬以比顧雍　正統刻本誤作「以『此』顧雍」，茲訂正之；餘詳①。

【析源】

新唐書孫伏伽傳：「始，伏伽拜御史時，先被內旨而制未出。歸，臥于家，無喜色。頃之，御史造門，子弟驚白，伏伽徐起見之。時人稱其有量，以比顧雍云。」

一一六、謹言

白居易曰：「惡言不出於口，忿言不出於身。」

【語譯】

白居易說：「無禮且中傷人的話，不應該說。帶有忿怒、含有怨恨的話，我也不該說。」

【注釋】

①謹言　小心地說話。意謂說話切莫輕率；禍從口出。南宋龔明之（一〇九一—一一八二）中吳紀聞林酒仙：「謹言終少禍，節儉勝求人。」清陳儀（一六七〇—一七四二）贈翰林院編修畹茲張公暨配王氏孺人墓志銘：「聞所以誡其子者，以謹言慎行、知足安貧為訓。」
②白居易　（七七二—八四六）。唐太原（今山西太原）人。字樂天。貞元十六年（八〇〇）進士。拔萃考試後，授秘書監校書郎。元和初，為翰林學士、遷左拾遺。因上表諫事，忤

權貴，貶江州司馬。累遷杭、蘇二州刺史。後詔還，授太子少傅。晚年，居洛陽香山，號香山居士。渠主張「文章合為時而著，歌詩合為事而作。」其詩淺顯平易，傳稱老嫗皆解，流布甚廣。早期所賦諷諭詩，尤為世重。與元稹並稱元白，又與劉禹錫齊名，稱劉白。有白氏長慶集存世。（舊唐書卷一六六、新唐書卷一一九）。

③惡言　無禮且中傷人的話。左傳哀公二十五年：「惡言多矣，君請盡之。」唐韓愈上鄭尚書相公啟：「惡言詈辭，狼藉公牒，不敢為恥，實慮陷禍。」北宋司馬光右諫議大夫呂府君墓志銘：「上之立，非守忠意，乘此與其徒間構兩宮，造播惡言，中外恟懼。」清孫枝蔚空城雀詩：「空城雀，謝少年，瘠土有善心，將死無惡言。」

④忿言　忿怒的話，怨恨的話。近人郭希仁從戎紀略：「至連日雨雪，糧食不繼，夜間露宿，軍士忍饑受涼，而無忿言，可欽可敬。」

【析源】

語本禮記祭義：「壹出言而不敢忘父母，是故惡言不出於口，忿言不反於身。不辱其身，不羞其親，可謂孝矣。」

一一七、忠恕違道不遠

呂氏童蒙訓云：「當官處事務合人情，忠恕違道不遠，未有捨此二字而能有濟者。前輩當官處事，常思有恩以及人，而以方便為上。如差科之行既不能免，即就其間求所以便民省力者，不使騷擾，重為民害，其益多矣。」

【語譯】

呂氏童蒙訓說：「擔任官職辦理公務必須（要）符合人民的期望，忠恕離中庸之道不遠，沒有毋視忠恕二字卻能有成的案例。先進們做官辦公，經常考慮如何加惠於民，倘能使人民得到便利，那是最好不過了。例如：執行差役、稽徵稅賦，固然不能不辦，就須從辦理的過程當中找出能夠方便人民、節約人力的途徑、方法，避免擾民或一再地造成人民額外的負擔，必將迭著治績啊！」

【注釋】

①忠恕違道不遠　語出禮記中庸：「忠恕違道不遠，施諸己而不願，亦勿施於人。」朱注：「盡己之心為忠，推己及人為恕。」違，距離也。去也。道，中庸之道。「道不遠人」之道也。

②呂氏童蒙訓　呂本中所撰童蒙訓。欽定四庫全書提要子部一儒家類：「童蒙訓三卷（按分上、中、下三卷），宋呂本中撰本。……是書，其家塾訓課之本也。……所記多正論、格言，大抵皆根本經訓，務切實用，於立身從政之道，深有所裨。」呂本中（一〇八四—一

一四五）。宋壽州（治所在今安徽鳳臺）人。字居仁。學者稱為東萊先生。呂公著之曾孫、呂好問之子。少以蔭補承務郎。紹聖間，以元祐黨人子弟免官。紹興六年（一一三六），賜進士出身，官至中書舍人兼侍講，兼權直學士院。渠曾上書陳恢復大計。以與趙鼎關係密切，忤秦檜，遭劾罷。嘗言德無常師，舉善為師。主張勤為立身為善之本。詩學黃庭堅、陳師道，兼重李白、蘇軾，南渡後有悲慨時事之作。遺有童蒙訓、紫微詩話、江西詩社宗派圖、東萊先生詩集等書。（宋史卷三七六）。

③當官　擔任官職。左傳文公十年：「當官而行，何彊之有？」楊伯峻注：「意言我當其官守，行其職責，不為強也。」唐劉長卿江樓送太康郭主簿赴嶺南詩：「對酒憐君安可論，當官愛士如平原。」北宋王得臣（一〇三六—一一一六）麈史賢德：「（趙）君錫為人清脩孤節，故當官，人號為連底清。」清侯方域湯御史傳：「（公）性素高介，當官則死其職，過即澹然，無軒冕情。」

④處事　辦理公務。此處「事」，專指公務言。左傳文公十八年：「先君周公制周禮，曰：『則以觀德，德以處事。』」國語魯語下：「朝夕處事，猶恐忘先人之業。」唐韓愈興元少尹房君墓志：「（房武）歷十二官，處事無纖毫過差。」

⑤務合人情　必須符合人民的期望。務，必須。一定。書泰誓：「樹德務滋，除惡務本。」唐韓愈答呂毉山人書：「故天下靡靡，日入於衰壞，恐不復振起，務欲進足下趨死不顧利害去就之人於朝，以爭救之耳。」合，符合。孫子九地：「合於利而動，不合於利而止。」

新唐書沈傳師傳：「慎重刑法，每斷獄，呂幕府平處，輕重盡合乃論決。」人情，眾人的情緒、願望；亦即人心。後漢書皇甫規傳：「而災異猶見，人情未安者，殆賢遇進退，威刑所加，有非其理也。」北齊書盧文偉傳：「善於撫接，好行小惠，是以所在頗得人情。」續資治通鑑宋太宗太平興國四年：「（周）世宗時，史超敗於石嶺關，人情震恐，故師還。」

⑥捨此二字　毋視「忠」、「恕」二字。捨，棄。引申作「毋視」解。此二字，指「忠」、「恕」。

⑦有濟　猶有成。濟，成。成就。書君陳：「必有忍其乃有濟。」左傳僖公二十年：「以欲從人則可，以人從欲鮮濟。」

⑧前輩　猶先進。餘參得金不認⑰。

⑨有恩以及人　加惠於民。

⑩方便　給予便利或幫助。南宋王明清春娘傳：「若得姐姐為我方便，得脫此一門路，也是一段陰德事。」元馬致遠（？—？）黃粱夢第三折：「解子哥，怎生可憐見，方便一二。」醒世恆言張淑兒巧智脫楊生：「爭奈急難之中，只得求媽媽方便，容學生暫息半宵。」

⑪差科　ㄔㄚ　ㄎㄜ。差役與賦稅。唐杜甫遭田父泥飲美嚴中丞詩：「差科死則已，誓不舉家走。」南宋陸游岳池農家詩：「綠秧分時風日美，時平未有差科起。」

⑫騷擾　使不寧靜。京本通俗小說拗相公：「恐驚動所在官府，前來迎送；或起夫防護，騷

擾居民不便。」

⑬重為民害　一再造成人民額外的負擔。重，ㄔㄨㄥˊ。一再。民害，人民的災厄、壞處。後漢書五行志一：「元嘉中，涼州諸羌一時俱反，……大為民害。」北宋司馬光涑水記聞卷十六：「是歲冬，俠上書，幾五千言，極陳時政得失，民間疾苦，且言王安石作新法為民害。」

⑭其「益」多矣　利曰益。凡事物足以增進吾人精神或物質等幸福者皆稱之。書大禹謨：「滿招損，謙受益。」本文此處，作「治蹟」解。

【析源】

文淵閣四庫全書本童蒙訓未載本章文字。考南宋劉清之戒子通錄卷六呂舍人童蒙訓：「當官處事務合人情，忠恕違道不遠，觀於己而得之，未有舍此二字而能有濟者也。」又，同卷：「當官處事，常思有以及人如：科率之行既不能免，便就其間求所以便民有力，不使重為民害，其益多矣。」百川學海輯呂本中官箴之廿五：「當官處事，務合人情。忠恕違道不遠，觀于己而得之，未有舍此二字而能有濟者也。」

一一八、隱忍

張無垢云：「快意事孰不喜為？往往事過不能無悔者，於他人有甚不快存焉，豈得不動於心？君子所以隱忍詳〔覆〕不敢輕易者，以彼此兩得也。」

【語譯】

張無垢說：「完全順著一己欲望的事，誰不愛做？事情已經過去，不能不後悔的原因，在別人會有非常不高興的反應，難道真的能夠無動于中？才德兼備的人為了雙方互利，所以克制忍耐、詳議審察，不敢隨便。」

【注釋】

①隱忍　克制忍耐。史記伍子胥列傳贊：「方子胥窘於江上，道乞食，志豈嘗須臾忘郢邪？故隱忍就功名，非烈丈夫孰能致此哉？」唐韓愈送進士劉師服東歸詩：「低頭受侮笑，隱忍硉兀冤。」南宋文天祥指南錄後序：「予分當引決，然而隱忍以行。昔人云：將以有為也。」

②張無垢　本名九成（一〇九二—一一五九）。南宋錢塘（今浙江杭州）人。字子韶。紹興二年（一一三二）進士第一。入仕為簽制、著作郎、禮部侍郎。渠反對和議，忤秦檜，出為江州太平興國宮祠官。復被誣與禪師宗杲交游，謗訕朝政，遂謫居南安軍十四年，自號橫浦居士，亦稱無垢居士。秦檜卒，起知溫州，四年後病亡。九成曾師事楊時，與宗杲相契，受其影響。其學術思想大體仍屬程門理學，然多援佛入儒之意，如謂「仁即是覺，覺即是仁，因心生覺，因覺有仁。」（橫浦心傳卷上）為朱熹抨曰「陽儒陰釋」、「洪水猛

獸」。著有橫浦集、橫浦心傳、橫浦日新、孟子傳等。（宋史卷三七四等）。

③快意　恣意所欲。國語晉語三：「快意而喪君，犯刑也。」漢書鮑宣傳：「治天下者，當用天下之心為心，不得自專快意而已也。」唐杜甫壯遊詩：「快意八九年，西歸到咸陽。」

④往往　常常。史記十二諸侯年表序：「及如荀卿、孟子、公孫固、韓非之徒，各往往捃摭春秋之文以著書，不可勝紀。」唐曹唐劉晨阮肇遊天臺詩：「往往雞鳴巖下月，時時犬吠洞中春。」清顧炎武菰中隨筆：「漢之能吏多出掾史，唐節度所辟書記，亦往往入而為大官。」

⑤不快　不高興。意謂不愉快。易艮：「民其腓，不拯其隨，其心不快。」東漢王符潛夫論述赦：「從事督察，方懷不快，而姦猾之黨，又加誣言。」

⑥不動於心　猶「不動于中」、「無動于中」。亦作「無動于衷」。

⑦君子　詳損①。

⑧所以……以　表由果探因。史記魏公子列傳：「勝所以自附為婚姻者，以公子之高義，為能急人之困。」東漢趙曄吳越春秋勾踐伐吳外傳：「異日，種諫曰：『臣所以在朝而晏罷若身疾作者，但為吳耳！』」

⑨詳〔覆〕　正統刻本作「復」，茲據橫浦心傳訂正之。詳議審察。唐元稹彈奏劍南東川節度使狀：「臣昨奉三月一日敕，令往劍南東川詳覆瀘川監官任敬仲贓犯。」宋史刑法志一：「建隆三年，令諸州奏大辟案，須刑部詳覆。」

⑩不敢　表示慎重而不為。孟子公孫丑下：「我非堯舜之道，不敢以陳於王前。」
⑪輕易　隨便、不慎重。三國演義第五十六回：「今為汝家之事，出兵遠征；勞軍之禮，休得輕易。」
⑫彼此兩得　雙方互利。兩得，本作「同時兼得兩種長處、兩種利益」解。韓非子難一：「賢舜則去堯之明察，聖堯則去舜之德化；不可兩得也。」北宋曾鞏歸老橋記：「余以謂先王之養老者備矣，士大夫之致其位者，曰不敢煩以政，蓋尊之也。而士亦皆明於進退之節，無留祿之人，可謂兩得之也。」

【析源】

南宋于恕（?—?；淳熙初，猶健在。）橫浦心傳卷上：「快意事孰不喜為？往往事過不能無悔者，於他人有甚不快存焉，豈得不動於心？君子所以隱忍詳覆不敢輕易者，欲彼此而得也。」榮按：張九成乃于恕之母兄，恕為九成之外甥。心傳一書，係于恕侍坐，九成講論經史疑難問答並談及世故之紀錄，初刻於淳熙元年（一一七四），已佚。今尚有明吳惟明刻本存世，書藏北京師範大學圖書館。

一一九、才耶識耶

或問張無垢：「倉卒中、患難中，處事不亂，是其才耶？是其識耶？」先生曰：「未必才識了得。必其胷中器局不凡，素有定力；不然，恐胷中先亂，何以臨事？古人平日欲涵養器局者，此也。」

【語譯】

有人這樣請教張無垢：「匆忙急迫當中或在艱困的處境當中，處理事情依然有條有理，是他的能力呢？還是他的識見？」先生說：「不見得才能識見高強。一定是他的胸襟器量、度量與眾不同──一向就有堅韌的意志力。不是這樣，生怕內心早就呈現失序，又怎麼去面對問題？古人打從平時，即要求（自己）培養器量、度量，便是這個道理。」

【注釋】

①才耶識耶　能力呢？（還是）識見呢？能力曰才。詩魯頌駉：「思無期，思馬斯才。」論語子罕：「既竭吾才，如有所立，卓爾。」耶，表疑問。亦作「邪」。東漢班固典引：「太史遷下贊語中，寧有非耶？」北宋范仲淹岳陽樓記：「是進亦憂，退亦憂，然則何時而樂耶？」識見曰識。辨別事理、審察真偽、判斷是非、推究因果等之綜合能力，通稱曰識。晉書謝琨傳：「通簡有高識。」又，盧欽傳：「清淡有遠識。」

②或問　有人請教。或，有。左傳昭公十三年：「自古以來，未之或失也。」咨詢曰問。書仲虺之誥：「好問則裕，自用則小。」

③張無垢　詳隱忍②。

④倉卒　ㄘㄤ　ㄘㄨˋ。一作「倉猝」。匆忙急迫。漢書王嘉傳：「今諸大夫有材能者甚少，宜豫畜養可成就者……臨事倉卒迺求，非所以明朝廷也。」東漢王充論衡逢遇：「倉猝之業，須臾之名。」

⑤患難　詳無入不自得②。

⑥處事不亂　處事，詳忠恕違道不遠④。無秩序曰亂。逸周書武稱：「岠嶮伐夷，并小奪亂。」朱右曾校釋：「百事失紀曰亂。」不亂，不會沒有頭緒，意即有條有理也。

⑦了得　（本領）高強。了不起。唐李山甫遊俠兒詩：「荊軻只為閒言語，不與燕丹了得人。」

⑧器局　器量。度量。晉書何充傳：「何充器局方概，有萬夫之望。」明史李紹傳：「紹好學問，居官剛正有器局，能獎掖後進。」

⑨不凡　傑出。不平常。謂與眾不同。後漢書度尚傳：「吏人謂之神明。」李賢注引三國吳謝承後漢書：「（尚）擢門下書佐朱儁，恒歎述之，以為有不凡之操。」東晉干寶搜神記卷十六：「生隨之去，入華堂，室宇器物不凡。」

⑩定力　本佛教語。五力之一。伏除煩惱妄想的禪定之力，用能破諸亂想者。無量壽經下：「定力、慧力、多聞之力。」用以借指處變與把握一己之意志力。本文此處，從後解。

⑪臨事　遇事，謂面對問題。晏子春秋雜下十二：「臨事守職，不勝其任，則過之。」漢書雋不疑傳贊：「雋不疑學以從政，臨事不惑，遂立名迹，終始可述。」

⑫涵養　猶云培養。南宋陳鵠耆舊續聞卷五：「桑千里，皆祖宗涵養之休。」金史許古傳：「河南既得息肩，然後經略朔方，則陛下享中興之福，天下賴涵養之慶矣。」

【析源】

南宋于恕橫浦心傳卷上：「或問：『倉卒中、患難中，處事不亂，是其才耶？是其識耶？』先生曰：『未必才識了得。必其胸中器局不凡，素有定力；不然，恐胸中先亂，何以臨事？古人平日欲涵養器局者，此也。』」

一二〇、能忍

蘇子曰：「高帝之所以勝，項籍之所以敗，在能忍與不能忍之間而已。項籍不能忍，是以百戰百勝而輕用其鋒，高祖忍之，養其全鋒而待其〔敝〕。」

【語譯】

蘇軾說：「漢高祖的成功和楚霸王的失敗，取決于做到抑制、堅持和沒有做到抑制、堅持之中而已。楚霸王沒做到抑制、堅持，因此每戰必勝就輕率地運用他的勢頭；漢高祖抑制、堅持，蓄積完整的勢頭並且等候對方師疲厭戰。」

【注釋】

①能忍　做到抑制、堅持。能夠曰能；謂做到。書西伯戡黎：「乃罪多參在上，乃能責命于天？」史記淮陰侯列傳：「信能死，刺我；不能死，出我袴下。」忍，將痛苦的感覺或某種情緒予以抑制，不使表現出來。亦謂於困苦環境中堅持下去。書湯誥：「爾萬方百姓，罹其凶害，弗忍荼毒。」論語八佾：「是可忍也，孰不可忍也。」

②蘇子　蘇軾。子，古男子之美稱。軾（一〇三六—一一〇一）。北宋眉州眉山（今屬四川）人。字子瞻。蘇洵次子。嘉祐二年進士。英宗時直史館。神宗熙寧間王安石行新法，渠上書論其不便，自請出外，通判杭州，徙湖州。以言者摘其詩語為訕謗朝政，貶謫黃州，築室於東坡，自號東坡居士。哲宗時召還，為翰林學士，端明殿侍讀學士，曾知登州、杭州、潁州，官至禮部尚書。紹聖中又貶謫惠州、瓊州，赦還，明年卒於常州。孝宗隆興六年追謚文忠。軾文章縱橫奔放，詩飄逸不羣，詞開豪放一派，書畫亦所擅長。當時，黃庭堅、晁補之、秦觀、張耒、陳師道等皆與之游。著有易傳、書傳、論語說、仇池筆談、東坡志林等。後人輯其所作詩、文、奏牘為東坡七集一一〇卷。（宋史卷三三八）。

③高帝　漢高祖劉邦。邦（公元前二五六—前一九五）。秦末沛縣豐邑（今屬江蘇）人。字季，初為泗上亭長。秦二世元年（前二〇九），陳涉吳廣起事於陳蘄，邦亦起兵於沛，號沛公。受楚義帝（熊心）命，與項羽分兵入關破秦。邦先入秦都咸陽，與父老約法三章，盡除秦苛法。邦乃先定三秦，然後與羽爭戰，相持於滎陽成皋之間五年，卒敗項羽，即帝位於氾水之陽，國號漢。在位十二年。（史記卷八、漢書卷一）。

④勝　與「敗」相對。制服對方曰勝。本文此處，作「成功」解。

⑤項籍　（公元前二三二—前二〇二）。秦末下相（今江蘇宿遷縣西）人。字羽。力能扛鼎，才氣過人。從叔父梁在吳中起義。梁敗死，籍領其軍。與秦兵九戰皆捷。秦亡後，自立為西楚霸王，繼與劉邦爭天下，戰無不利。公元前二〇三年，楚漢約中分天下，以鴻溝（今滎陽東南）為界，以西屬漢，以東歸楚。漢王用張良、陳平計，會韓信、彭越軍，追擊楚軍，圍籍於垓下。籍夜聞漢軍四面皆楚歌，以為劉邦已盡得楚地，乃突圍，至烏江，自刎死。（史記卷七、漢書卷三十一）。

⑥敗　失敗。指未爭得天下言。餘參④。

⑦在　由于。取決于。書湯誥：「其爾萬方有罪，在予一人。」唐韓愈符讀書城南詩：「木之就規矩，在梓匠輪輿。」清黃振（一七二四—？）短歌行：「為之在人，成之在天。」

⑧之間　猶之中。中曰間，指兩者之中而言，古多作「閒」。易序卦：「盈天地之間者，萬物。」東晉袁宏三國名臣序贊：「夫一人之身，所照未異，而用舍之閒，俄有不同。」唐韓愈唐故朝散大夫商州刺史除名徙封州董府君墓志銘：「太師賢而愛之，父子間自為知己，諸子雖賢，莫敢望之。」

⑨是以　因此。所以。老子：「功成而弗居。夫唯弗居，是以不去。」北宋蘇舜欽火疏：「明君不諱過失而納忠，是以懷策者必吐上前，蓄冤者無至腹誹。」

⑩百戰百勝　每戰必勝。戰無不勝。管子七法：「是故以眾擊寡，以治擊亂，以富擊貧，以

能擊不能，以教卒練士擊毆眾白徒，故十戰十勝，百戰百勝。」史記淮陰侯列傳：「夫成安君有百戰百勝之計，一旦而失之，軍敗鄗下，身死泜上。」唐賈至（七一八—七七二）燕歌行：「五軍精卒三十萬，百戰百勝擒單于。」明劉基宋景濂學士文集序：「其氣韻沉雄，如淮陰出師，百戰百勝，志不少懾。」榮按：宋濂（一三三〇—一三八一），字景濂，號潛溪。

⑪而輕用其鋒　就輕率地運用他的勢頭。而，就。因而。連接前後二項動作行為於事理上具前後相承之關係。孟子告子下：「虞不用百里奚而亡，秦繆公用之而霸。」三國志蜀志先主傳注引諸葛亮集：「勿以惡小而為之，勿以善小而不為。」輕用，輕率地運作之。其，指楚軍言。勢頭曰鋒。史記高祖本紀：「軍吏士卒皆山東之人也，日夜跂而望歸，及其鋒而用之，可以有大功。」唐康駢（一作康軿，?—?；晚唐之人）。劇談錄鳳翔府舉兵討賊：「賊鋒方盛，立虞奔軼。」

⑫養其全鋒　蓄積他完整的勢頭。養，蓄。藏。金瓶梅第八十五回：「不消幾日，家中大小都知金蓮養女壻，偷出私肚子來了。」醒世姻緣傳第十二回：「你說我養道士，養和尚，赤天大晌午，既是和尚道士打你門口走過，你不該把那和尚道士扯住？」其，指漢軍言。全鋒，謂完整的勢頭。

⑬而待其（敝）　正統刻本、晚清刻本「敝」均誤刊「弊」，茲依東坡文集、宋文彙等訂正之。並且等候對方兵疲厭戰。而，並且。左傳宣公十二年：「其師老矣，而不設備，子擊

之，鄭師為承，楚師必敗。」國語晉語八：「今吾子嗣位，於朝無姦行，於國無邪民，於是無四方之患，而無內外之憂，賴三子之功而饗其祿位。」孫子形篇：「故善戰者，立于不敗之地，而不失敵之敗也。」等候曰待。易繫辭下：「君子藏器於身，待時而動。」左傳隱公元年：「多行不義，必自斃，子姑待之。」東晉陶潛雜詩：「及時當勉勵，歲月不待人。」其，指楚軍言。敝，疲憊。左傳襄公九年：「許之盟而還師，以敝楚人。」漢書趙充國傳：「充國度其必壞，欲罷騎兵屯田，以待其敝。」宋沈作喆寓簡卷六：「人平居終日役役，敝心神，耗氣力，忿怒憂愁，頃刻不自樂。」

【析源】

北宋蘇軾留侯論：「觀夫高祖之所以勝，項籍之所以敗者，在能忍與不能忍之間而已矣。項籍唯不能忍，是以百戰百勝而輕用其鋒；高祖忍之，養其全鋒而待其敝。此子房教之也。」

一二一、讓

孝友先生朱仁軌隱居養親。常誨子弟曰：「終身讓路，不枉百步；終身讓畔，不失一段。」

【語譯】

唐孝友先生朱仁軌深居簡出、與人無爭，一心奉侍父母。他時刻教導晚輩，道：「一輩子總是任由別人走在前頭，不與人爭先，也不過多走上百來步罷了。一生始終任由別人多占點田界周遭的耕地，也不會丟掉一截。」

【注釋】

①讓　予。謂名位、好處等予人享有也。呂氏春秋行論：「堯以天下讓舜。」

②孝友先生朱仁軌　（約六二八？—？）。唐亳州（今屬河南）人。字德容。卒，郭山惲、員半千、魏知古共諡為孝友先生。（新唐書卷一一五）。

③隱居　詳愍寒架橋④。

④養親　（一ㄤˋ ㄑㄧㄣ）。奉養父母。莊子養生主：「可以保身，可以全生，可以養親，可以盡年。」南宋陸游老學庵筆記卷三：「張魏公作都督，欲辟之入幕，元受力辭曰：『盡言方養親，使得一神丹，可以長年，必持之以遺老母，不以獻公也。』」

⑤常「誨」　教曰誨。書說命：「朝夕納誨，以輔台德。」東漢皇甫規（一〇三—一七四）與謝趙壹書：「冀承清誨，以釋遙悚。」唐王勃忽夢遊仙詩：「寥廓沈遐想，周遑奉遺誨。」

⑥子弟　詳唯得忠恕⑬。

⑦終身……百步　一輩子總是任由別人走在前頭，不與人爭先，也不過多走上百來步罷了。終身，一輩子。一生。意謂終竟此身。禮記王制：「大夫廢其事，終身不仕，死以士禮葬之。」漢書司馬遷傳：「蓋鍾子期死，伯牙終身不復鼓琴。」不枉，本義不冤枉，表示（事

情）沒有白做。唐韓愈除官赴闕至江州寄鄂岳李大夫詩：「不枉故人書，無因帆江水。」本文此處，引申作「不過……」解。一舉足為跬（ㄎㄨㄟˇ），倍跬為步。荀子勸學：「不積跬步，無以致千里。」孟子梁惠王上：「以五十步笑百步，則何如？」

⑧終身……一段　一生始終任由別人多占點田界周遭的耕地，也不會丟掉一截。田地界線曰畔。段，量詞。一段，猶云一截。清梁章鉅退庵隨筆卷二：「古人云：『身愈離，道愈尊。』又曰：『終身讓畔，不失一段。』」

【析源】

新唐書朱敬則傳附仁軌：「敬則兄仁軌，字德容，隱居養親。常誨子弟曰：『終身讓路，不枉百步；終身讓畔，不失一段。』……」又，戒子通錄卷一、朱仁軌誨子弟言：「終身讓路，不枉百步；終身讓畔，不失一段。」

一三二、不榜責

吳湊僚史非大過不榜責；召至廷，詰厚去之。其下傳相訓勉，舉無稽事。

【語譯】

屬吏沒有嚴重過失，吳湊不予拷打責罰；往往傳喚到衙廳，訓斥一番，寬容地讓他們回到崗位。他的屬下將這個訊息走告，彼此訓戒勉勵，各項公務處理沒有延宕、不按時完成的情事。

【注釋】

①不榜責　不拷打責罰。榜責，ㄆㄥˊ ㄗㄜˊ。拷打責罰。榜，古刑法之一。西漢賈誼新書階級：「廉醜禮節以治君子，故有賜死而無戮辱，是以係縛，榜、笞、髡、刖、黥、劓之罪，不及士大夫，以其離上不遠也。」後漢書宣帝紀：「律云：『掠者唯得榜、笞、立。』」律，漢律也。

②吳湊　（七三〇—八〇〇）。唐濮州濮陽（今山東鄄城人）。姊，肅宗章敬皇后。代宗立，以布衣拜開府儀同三司、太子詹事、封濮陽郡公。固辭，改檢校太子賓客，兼太子家令。累遷左金吾上大將軍。帝密與計圖元載，及載誅，請寬其黨，從之。歷福建觀察使、陝虢觀察使。貞元十四年（七九八）拜京兆尹。請罷以中人買物于市。屢論諫。以能，進兼兵部尚書。卒，贈尚書右僕射，謚成。（舊唐書卷一八三、新唐書卷一五九）。

③僚史　猶云僚吏。即屬吏也。

④大過　嚴重的過失、錯誤。左傳哀公六年：「不穀不有大過，天其夭諸？」史記太史公自序：「此四行者，天下之大過也。」唐韓愈董公行狀：「清宮而迎天子，庶人服而請罪有司，雖有大過，猶將揜焉，如公則誰敢議？」

⑤「召」至「廷」　召，ㄓㄠˋ。呼，猶傳喚。禮記曲禮上：「父召無諾，先生召無諾，唯而

起，……」論語鄉黨：「君命召，不俟駕行矣。」官廳、衙廳曰廷。後漢書郭泰傳：「……勿欲使給事縣廷。」

⑥詰厚去之　訓斥一番，寬容地讓他們回崗位。詰，訓斥。逸周書大匡：「詰退驕頑，方收不服。」朱右曾校釋：「詰，責也。」厚，寬容。書君陳：「惟民生厚，因物有遷。」去，離開。意謂回工作崗位。之，指代詞，謂受詰者。

⑦傳　猶云走告。唐岑參玉門關逢入京使詩：「馬上相逢無紙筆，憑君傳語報平安。」

⑧訓勉　訓戒勉勵。南宋汪藻（一〇七九—一一五四）宰臣星變待罪表：「肆加訓勉，采積兢危。」陸游轉太中大夫謝表：「而臣猥以耄期，恭承訓勉。」

⑨舉無稽事　各項公務處理沒有延宕、不按時完成的情事。舉，行為動作。史記信陵君列傳：「平原君之遊，徒豪舉耳，不求士也。」後漢書馮異傳：「觀其言語舉止，非庸人也。」本文此處，作「公務處理」解。稽，延宕。延滯。不準時。新唐書虔瓘傳：「秦隴以西，多沙磧，少居人，若何而濟？終有克獲，其補幾何？儻稽天誅，則諉大事。」近人魯迅書信集致李秉中：「三月二十九日來信，到已多日，適患感冒，遂稽答覆。」

【析源】

舊唐書外戚傳吳溆弟湊：「掾吏非大過，不行笞責，而召面按問，詰責而釋之，吏尤惕厲，庶務咸舉。」新唐書吳湊傳：「僚史非大過不榜責，召至廷，詰服原去，其下傳相訓勗，舉無稽事。」

一二三、小忍

韓魏公語錄曰：「欲成大節，不免小忍。」

【語譯】

韓魏公語錄提到：「想成就大事，免不了要稍稍抑制自己的情緒。」

【注釋】

①小忍　稍稍抑制自己的情緒。小，稍。略。孟子盡心下：「其為人也小有才。」舊唐書朱泚傳論：「小不如意，別懷異圖。」忍，抑制。克制。荀子儒效：「志忍私，然後能公，行忍情性，然後能脩。」楊倞注：「忍，謂矯其性。」

②韓魏公語錄　書名。記載北宋韓琦生前的談話，已佚；今僅存別錄、遺事等二書。另，光緒初崔廷璋輯有韓魏公言行錄（不分卷），內容採自韓魏公家傳、韓魏公遺事及宋名臣言行錄等諸書。

③大節　關係存亡安危的大事。論語泰伯：「臨大節而不可奪也。」何晏集解：「大節，安國家，定社稷。」在此，引申作「大事」解。

④不免　免不了。唐張鷟遊仙窟：「雖作拒張，又不免輸他口子。」清俞樾（一八二一——一九〇七）茶香室叢鈔宋福建本周易：「有教官出易題云：『乾為金，坤亦為金，何也？』

舉子不能曉，不免上請。」

【析源】

韓魏公言行錄：「公曰：『欲成大節，不免小忍。』」榮按：韓魏公語錄一書已佚，今僅存光緒十三年刻本宋韓魏公言行錄，簡稱韓魏公言行錄；不分卷。

一二四、忍與禍

和靖語錄：「人有忿爭者，和靖尹公曰：『莫大之禍，起於須臾之不忍，不可不謹。』」

【語譯】

和靖語錄：「有人因忿怒而相爭，尹和靖先生說：『很大的災殃，往註發端於片刻間不抑制自己的情緒，不能不小心啊。』」

【注釋】

①忍與禍　抑制情緒和災殃。忍，參小忍①。禍，害。災殃之稱。禮記表記：「君子慎以避禍。」左傳襄公二十三年：「禍福無門，唯人所召。」

②和靖語錄　書名。記載南宋尹焞生前有關理學等之談話。惜久已散佚不存。

③忿爭　詳忍爭過片時，心便清涼⑧。

④和靖尹公　尹焞（一〇七一—一一四二）宋河南府（治今河南洛陽）人。字彥明、一字德充。少師事程頤，頤卒，聚徒洛中講學，足不出戶。靖康元年（一一二六）种師道荐於朝，召至京師，不欲為官，遂賜號和靖處士。次年，金兵陷洛陽，焞闔門遭害，渠流徙山中四五年，拒劉豫之召，自商州奔蜀，居於涪州。紹興五年（一一三五），侍讀范沖舉焞自代，召為崇政殿說書。八年，除秘書監，權禮部侍郎兼侍講，上疏反對與金議和。次年，提舉江州太平觀，轉一官致仕。精于論語、孟子，著有論語解、孟子集、和靖集等存世。（宋史卷四二八）

⑤莫大　很大。莫，通「漠」。廣大。莊子逍遙遊：「今子有大樹，患其无用，何不樹之於無何有之鄉，廣莫之野。」王先謙集解引簡文曰：「莫，大也。」

⑥起於　發端於。起，興。明方孝孺深慮論：「……而亂常起於不足疑之事。」

⑦須臾　片刻。極短的時間。荀子勸學：「吾嘗終日而思矣，不如須臾之所學也。」南宋洪邁容齋三筆瞬息須臾：「瞬息、須臾、頃刻、皆不久之辭，與釋氏『一彈指間』、『一剎那頃』之義同，而釋書分別甚備，……」

⑧不忍　詳一慙①。

⑨不「謹」　慎重。易乾文言：「庸言之信，庸行之謹。」禮記中庸：「庸德之行，庸言之謹，有所不足，不敢不免。」

【析源】

略

一二五、屈己

省心子曰：「屈己者能處眾。」

【語譯】

省心子說：「委屈得了自己的人，才能夠安頓得了眾人。」

【注釋】

①屈己　委屈自己。孔叢子抗志：「與屈己以富貴，不若抗志以貧賤。」唐崔元翰（七二九—七九五）中元日題奉敬寺詩：「屈己由濟物，堯心豈所榮。」南宋岳珂程史岳鄂武穆王本傳：「初，飛在諸將中年最少，以列校拔起，累立顯功，世忠、俊不能平，飛屈己下之。」

②省心子　李邦獻（？—？），宋懷州（今河南沁陽）人。兄邦彥。字士舉，自號省心。紹興四年通判長寧軍，五年特追直秘閣職名，二十四年知撫州，二十六年遷荊湖南路轉運判官，除直秘閣、兩浙西路轉運判官，二十八年除直敷文閣、江南西路轉運判官。乾道二年，為夔州路提點刑獄、知恭州，被論罷。六年，為興元路提點刑獄，著省心雜言一卷。（建炎以來繫年要錄卷七七、卷一七三，弘治撫州府志卷八等）。

③處眾　安頓眾人。處，ㄔㄨˇ。安頓。國語魯語下：「昔聖王之處民也，擇瘠土而處之。」史

記李斯列傳：「人之賢不肖譬如鼠矣，在所自處耳。」眾，眾人。大家。論語衛靈公：「眾惡之，必察焉；眾好之，必察焉。」

【析源】

南宋李邦獻省心雜言：「屈己者能處眾；好勝者必遇敵。」（不分卷）。

一二六、忍為先

童蒙訓：「當官以忍為先。忍之一字，眾妙之門。當官處事尤是先務，若能清勤之外，更行一忍，何事不辦？」

【語譯】

童蒙訓說：「做官先要能忍，『忍』這個字是一切深奧玄妙之理的關鍵。它尤其是做官處理公務的首務，如果能廉潔、勤懇以外，進一步做到忍，又有甚麼事辦不通的呢？」

【注釋】

①童蒙訓　即呂氏童蒙訓。
②當官　詳忠恕違道不遠③。
③以忍為先　猶云先要忍。餘參有容乃大⑤。
④眾妙之門　一切深奧玄妙之理的關鍵。老子：「玄之又玄，眾妙之門。」眾妙，一切深奧

玄妙的道理。西晉潘岳閒居賦：「仰眾妙而絕思，終優游以養拙。」北史隱逸傳徐則：「夫道得眾妙，法體自然，包涵二儀，混成萬物。」唐李白大獵賦：「括眾妙而為師，明無幽而不燭兮。」金元好問和仁卿演太白詩意之一：「靜坐且留觀眾妙，還丹無用說長生。」關鍵曰門。謂事所由起與所由從也。易繫辭下：「子曰：『乾坤其易之門邪！』」疏：「易之變化，從乾坤而起，猶人之興動，從門而出，故乾坤是易之門。」左傳襄公二十三年：「禍福無門，惟人所召。」

⑤處事　詳忠恕違道不遠④。

⑥先務　猶首務。首要的事務。孟子盡心上：「堯舜之知，而不徧務，急先務也。」文心雕龍書記：「雖藝文之末品，而政事之先務也。」金王若虛五經辨惑下：「蓋論語云：『不教而殺者』，謂其先務之不知，而專事其末耳。」清陸以湉冷廬雜識治生：「今觀其言曰：為學者，治生最為先務。」

⑦清勤　廉潔勤懇。南史崔祖思傳：「後為青冀二州刺史，在政清勤。」北史郭祚傳：「祚清勤在公，夙夜匪懈，帝甚賞之。」北宋歐陽脩條列文武官材能劄子：「屯田員外郎麟州通判孫預，清勤。」

⑧不辨　猶不能辨。意謂辨不通。

【析源】

南宋劉清之戒子通錄卷六呂舍人童蒙訓：「忍之一事，眾妙之門。當官處事尤是先務，若能清慎勤之外，更行一忍，何事不辦？」百川學海輯呂本中官箴之卅，亦載有此段文字，附誌之。

一二七、不忍必敗

當官處事，不與人爭利者，常得利多。退一步者，常進百步。取之廉者，得之常過其初；約於今者，必有垂報於後，不可不思也。惟不能少自忍者，必敗。此實未知利害之分、賢愚之別也。

【語譯】

做官辦理公務，能不和人民爭奪利益，往往所獲取的好處不減反增。懂得寬讓，往往雖似稍退卻猶躍進。來處乾乾淨淨的人，所得到的利益往往超過他當初的預期；目前能自我節制的人，未來一定有善果，不能不考慮啊。只是不能稍稍自我克制的人，一定失敗。以上種種就是知不知道區分利益和損害、才德傑出和資質昏昧的不同。

【注釋】

①不忍必敗　原作「當官不能自忍，必敗。」茲刪節之。不懂得克制，一定失敗。忍，謂克制欲望。

②當官　詳忠恕違道不遠③。

③處事　詳忠恕違道不遠④。

④爭利　爭奪利益。利，指好處言。荀子大略：「爭利如蚤甲而喪其掌。」王先謙集解：「『蚤與爪同。』言仕亂世驕君，縱得小利，終喪其身。」史記魏世家：「夫君欲利則大夫欲利，大夫欲利則庶人欲利。上下爭利，則國危矣。」抱朴子安貧：「曷有憂貧而與賈豎爭利，戚窮而與凡瑣競達哉？」

⑤常　恆。謂往往。列子天瑞：「生者不能不生，化者不能不化，故常生常化；故常生常化者，無時不生，無時不化。」

⑥利「多」與「少」相對。此處猶云不減反增。

⑦退一步者……百步　懂得寬讓的人，往往雖稍退而猶躍進。退步，言寬讓。俗語云：「退後一步路自寬。」「一步」與「百步」表相較，「退」與「進」表相對。百步，參讓⑦。

⑧取之廉　來處乾乾淨淨。收受曰取。孟子離婁下：「可以取，可以不取；取傷廉。」之，代詞。指「利」。廉，清也。此處，借用作「乾淨」解。

⑨「約」於今　自節。晏子春秋內篇問上：「薄于身而厚于民，約于身而廣于世。」

⑩垂報　猶賜報。由某種原因而生之結果。世說新語德行：「世人以為純孝之報也。」此處，垂報，指善果言。

⑪「少」自忍　稀。略。猶云稍稍。穀梁傳襄公三十年：「伯姬之舍失火，左右曰：『夫人少避火乎？』」

⑫利害　利益與損害。易繫辭下：「情偽相感而利害生。」韓康伯注：「情以感物則得利，偽以感物則得害也。」史記龜策列傳：「先知利害，察於禍福。」
⑬賢愚　才德傑出曰賢；資質昏昧曰愚。

【析源】

南宋劉清之戒子通錄卷六呂舍人童蒙訓：「不與人爭者，常得利多。退一步者，常進百步。取之廉者，得之常過其初。約於今者，必有垂報於後，不可不思也。惟不能少自忍者，必敗。此實未知利害之分，賢愚之別也。」

一二八、戒暴怒

當官者先以暴怒為戒。事有不可，當詳處之，必無不中。若先暴怒只能自害，豈能害人？前輩嘗曰：「凡事只怕待，待者詳處之謂也。蓋詳處之則思慮自出，人不能中傷。」

【語譯】

做官的人首先要把「盛怒」引為鑒戒。公務上有了瑕疵、錯誤，應該審慎地加以處理，必然就沒有不成的情況發生。如果，先大怒一番，只會傷害到自己，難道害得了庶民？先進們曾說：「所有的公務只擔心『待』，待的意思就是審慎地加以處理。大體而言：只要能審慎地處理，那麼心智自能發揮，庶民也就無從誣衊了。」

【注釋】

①戒暴怒　革除盛怒的習性。戒，絕。革除。三國志魏志管輅傳：「……使客節酒戒肉。」瑯嬛記卷上：「薛嵩性慈戒殺，即微細如虱，亦不害之。」清曾國藩（一八一一——一八七二）諭兒紀澤書：「三十歲前最好（ㄏㄠˋ）吸煙，片刻不離，至道光壬寅（榮按：二十二年、公元一八四二年）十一月廿一日，立志戒煙，至今不再吸。」暴怒，盛怒。大怒。說苑建本：「（舜）小箠則待，大箠則走，以逃暴怒也。」西晉袁宏後漢記靈帝紀上：「始皇暴怒，幽閉母后。」古人尚喜怒哀樂發而中節。禮記中庸：「喜怒哀樂之未發，謂之中。發而皆中節，謂之和。……致中和，天地位焉，萬物育焉。」

②當官　詳忠恕違道不遠③。

③以……為戒　把……引為鑒戒。以……為……，表示行動上把甚麼怎麼樣。孟子告子下：「是故禹以四海為壑，今吾子以鄰為壑。」戰國策趙策四：「必以長安君為質，兵乃出。」戒，鑒戒。謂引以為教訓。北宋曾鞏王制三：「富而能約，不從以敗禮；貴而能戒，不惆以好逸。」

④「事」有「不可」　事，謂公務。不可，瑕疵、錯誤。北宋王安石別少述詩：「子今此去來何時，後有不可誰予規？」

⑤詳處　審慎地處理。詳，審慎。書蔡仲之命：「詳乃視聽，罔以側言改厥度。」

⑥不中　ㄅㄨˋ ㄓㄨㄥˋ。猶不成。南宋楊萬里白菊詩：「霜後黃花頓不中，獨與白菊鬪霜濃。」

⑦前輩　參得金不認⑰、忠恕違道不遠⑧。

⑧只怕　只擔心。就擔心。

⑨思慮　心智。墨子公孟：「身體強良，思慮徇通。」顏氏家訓勉學：「人生小幼，精神專利；長成已後，思慮散逸。固須早教，勿先機也。」北宋歐陽脩東齋記：「官署之東，有閣以燕休，或曰齋，謂閑居平心以養思慮。」

⑩中傷　ㄓㄨㄥˋ ㄕㄤ。誣衊他人使受傷害。漢書佞幸傳石顯：「內深賊，持詭辯以中傷人。」清劉大櫆贈姚咏棠序：「讒言其亦足中傷人也。」

【析源】

抄錄自南宋劉清之戒子通錄卷六呂舍人童蒙訓，文字悉同，茲從略。又，百川學海所輯呂本中官箴之十五，亦載此段文字，附誌之。

一二九、或問

師友雜記云：「或問滎陽公：『為小人所詈辱，當何以處之？』公曰：『上焉者知人與己本一，何者為詈、何者為辱，自然無忿怒心。下焉者且自思曰：我是何等人，彼為何等人，若是答他，卻與他一等也。以此自處，忿心亦自消也。』」

【語譯】

師友雜記說：「有人請教呂希哲先生：『遭受小人詈罵侮辱，應該怎麼辦？』呂公答道：『上一等的人瞭解別人和我想法原就相同，甚麼是詈、甚麼是辱，內心當然沒有怨恨憤怒。下一等的人卻在腦海裡打量：我是甚麼樣的人，他又是甚麼樣的人，如果對他回應，不就和他沒有兩樣。用這種方式對待自己，怨恨的情緒當然也就消除了。』」

【注釋】

①或問　有人請教。或，屬代詞。泛指某人；即「有人」之意。論語為政：「或謂孔子曰：『子奚不為政？』」諮詢曰問。猶云請教。書仲虺之誥：「好問則裕，自用則小。」

②師友雜記　書名。夙已佚，無從查考。

③滎陽公　呂希哲。希哲（一〇三九—一一一六）北宋壽州（今安徽鳳臺）人。字原明。父公著，渠為冢子。少學于焦千之、胡瑗等人，後與二程、張載游。以蔭入仕，沉淪下僚，管庫近十年。元祐七年（一〇九三）以范祖禹薦，為崇政殿說書、擢右司諫。紹聖初，出知懷州。坐元祐黨貶和州居住。徽宗即位，起知單州，召為光祿少卿，復出知曹州，尋奪職知相州、邢州。希哲以不名一師、不私一說之風，承續呂氏家學傳統。著有發明義理、傳講雜記。（宋史卷三三六）。

④小人　參非毀反己②。

⑤詈辱　詈罵侮辱。漢書翟方進傳：「方進年十二三，失父孤學，給事太守府為小史，號遲頓不及事，數為掾史所詈辱。」宋書沈攸之傳：「（沈攸之）為政刻暴，或鞭士大夫，上佐以下有忤意，輒面加詈辱。」南宋洪邁夷堅丙志奉閭梨：「或得酬謝不滿意，輒肆言詈辱。」

⑥何以處之　怎麼對待它呢？用什麼對待它呢？猶云怎麼辦？何以，怎麼。用甚麼？詩召南行露：「誰謂雀無角？何以穿我屋。」南史陳後主記：「監者又言：『叔寶常耽醉，罕有醒時。』隋文帝使節其酒，既而曰：『任其性，不爾何以過日？』」明高啟臥東館簡諸友生詩：「何以度茲運，相勗蹈其常。」處，ㄔㄨˇ。對待。禮記檀弓下：「（顏淵）謂子路曰：『何以處我？』」荀子非相：「談說之術，矜莊以莅之，端誠以處之，堅彊以持之。」唐韓愈與袁相公書：「諸弟皆優贍有餘，而宗師妻子常寒露飢餒，宗師怡然處之，無有難色。」之，代詞。指受人詈罵之事。

⑦上焉者　上一等的人。唐韓愈原性：「上焉者，善焉而已矣；中焉者，可導而上下也。」

⑧……本「一」　相同。一樣。孟子離婁下：「先聖後聖，其揆一也。」淮南子說山訓：「所行則異，所歸則一。」

⑨下焉者　下一等的人。按：經比較而分上下二等也。

⑩何等　甚麼樣的。東漢荀悅漢書成帝紀三：「或問溫室中樹皆何等木？光默然不應。」明

汪道昆（一五二五—一五九三）洛水悲：「你每且猜他是何等女子？」

⑪「答」他 （回）應。禮記儒行：「上答之，不敢以款；上不答，不敢以諂。」漢書郊祀志：「……以答嘉瑞。」顏師古注：「答，應也。」

⑫自處 對待自己。太平廣記卷七六引國史異纂與紀聞李淳風：「唐太史李淳風校新曆，太陽合朔，當蝕既，於占不吉。太宗不悅曰：『日或不食，卿將何以自處？』曰：『如有不食，臣請死之。』」。

⑬忿心 怨恨之心。意謂怨恨的情緒。

⑭自消 當然消除。自，指不勉強言。

【析源】

三朝名臣言行錄卷八之一、崇政殿說書滎陽呂公：「或問滎陽公：『為小人所詈辱，當何以處之？』公曰：『上焉者知人與己本一，何者為詈，何者為辱，自然無忿怒心也。下焉者且自思曰：我是何等人，彼為何等人；若是答他，卻與此人等也。如此自處，忿心亦自消也。』」宋名臣言行錄卷六、呂希哲，作：「或問公：『為小人所詈辱，何以處之？』曰：『……』」滎按：自「曰」起，以下文字一致。又，仕學規範卷八、行己作：「或問滎陽公：……」其下，文字悉與前揭二書一致。師友雜記已佚；撰者吳亮究係錄自何書，且仍待考證。

一三〇、忍詬

唐充之云：「前輩說：『後生不能忍詬，不足為人；聞人密論不能容受而輕泄之者，不足為人。』」

【語譯】

北宋唐充之提到：「先進說：『晚輩不能夠克制遭人辱罵時的情緒，算是不完全懂得處世接物；聽到別人暗地裡的談話不能夠隱藏，卻輕意地予以公開，這種人在處世接物上，不被容許。』」

【注釋】

①忍詬　亦作「忍垢」、「忍訽」。克制遭人辱罵時的情緒反應。莊子讓王：「強力忍垢，吾不知其他也。」陸德明釋文引司馬彪曰：「垢，辱也。」呂氏春秋離俗作「忍訽」。荀子解蔽：「彊鉗而利口，厚顏而忍詬。」明李贄又與焦弱侯書：「受辱於關吏，忍詬於市易。」清顧炎武常熟陳君墓志銘：「與人和厚，能忍訽不爭。」近人章炳麟蘄黃母銘：「勞形忍詬，以顧鸎子。」

②唐充之　人名。明盧熊（一三三一—一三八〇）蘇州府志卷二十二人物名宦：「唐充之字廣仁，大名人。以進士出身，博學善識論，有幹局。元符後監壽州、開順口鹽、礬、酒稅。

丁母憂，服闋，監蘇州酒稅務。知州李孝壽治尚峻猛，不任僚屬。充之權幕官，與之辯論曲直，州人多賴之。後守盛章於充之為姻家。初，相交善。時朱勔恃勢，守所歆慕，眾多詭隨，而充之每著憎嫉之迹于不能堪，勔亦脩怨，傳置之罷，竟以酤酒點鐃為坐。充之既廢，貧困不能北歸，寓楚州之寶應，惟以讀書教子為事，又七年，卒于家。時人深惜其賢，以為充之為善，欲人之見知，虧明哲保身之義云。」榮按：清李銘皖等修、馮桂芬等纂蘇州府志卷六九亦列載，其文末注明「錄自盧志」，文字則稍作調整。

③前輩　詳得金不認⑰。

④為人　ㄨㄟˋ ㄖㄣˊ。詳人服雅量③。

⑤後生　晚輩。下一代。論語子罕：「後生可畏，焉知來者之不如今也。」北宋梅堯臣依韻和劉敞秀才：「後生不聞義，前輩懼為黨。」

⑥密論　暗地裡（即不公開）的談話。隱秘曰密。南史殷景仁傳：「密函去來。」言語曰論。後漢書馮衍傳：「觀覽乎孔老之論。」

⑦容受　容納接受。漢書成帝紀：「博覽今古，容受直辭，公卿稱職，奏議可述。」朱子語類卷三五：「所謂「弘」者，不但是放令公平寬大，容受得人，須是容受得許多眾理。」本文此處，引申作「隱藏保密」解。

⑧輕泄　輕意地予以公開。輕，輕率。不慎重。晉書張華傳：「時大臣皆以為未可輕進，華獨堅執，以為必克。」元史董文炳傳：「輕殺一人，則害大計，況屠一縣耶？」本文此處，

作「輕意地」解。泄，漏。洩漏。同「洩」。管子君臣：「微謀外泄之謂也。」本文此處，作「公開」解。

⑨不足以　為……所不容許。

【析源】

南宋劉清之戒子通錄卷六呂舍人童蒙訓：「唐充之廣仁每稱，『前輩說：後生聞人密論不能容受而輕泄之者，不足以為人。』」榮按：「不能忍詬，不足為人」應係撰者吳亮所增列。

一三一、處忍

袁氏世範曰：「人言居家久和者，本於能忍；然知忍而不知處忍之道，其失尤多。蓋忍或有藏蓄之意。人之犯我，藏蓄而不發，不過一再而已。積之既多，其發也如洪流之決，不可遏矣。不若隨而解之，不置胸次。曰：『此其不思爾。』曰：『此其無知爾。』曰：『此其失誤爾。』曰：『此其所見者小爾。』曰：『此其利害寧幾何，不使之入于吾心。』雖日犯我者數十，亦不至形於言而見於色，然後見忍之功效為甚大，此所謂善處忍者。」

【語譯】

袁氏世範：「有人說大伙在一塊兒生活，長期間融洽親厚，原因端在能夠忍；可是只知道忍卻不瞭解承受忍的道理，它的缺點恐怕更多。大體說來，忍也許有隱藏的意思。別人侵害了我，我隱藏下來卻不發作，不會超過一、兩次罷了。已經累積多次，一旦發作，那就像浩大的水流衝潰堤岸，無從阻止啊！不如立刻同時抒解，不留在內心。說：『這大概是他有欠考慮罷了。』說：『這大概是他沒有知識罷了。』說：『這大概是他不小心所造成的錯誤罷了。』說：『這大概是他見地有限罷了。』說：『這可不管利害或多或少，就是不讓它影響我的心緒。』雖然，每天侵害我的次數達幾十次，也不造成表現在言辭或顯露在神色，而後可驗徵忍的成果是多麼地大，這就是以上所說的擅長承受忍的人了。」

【注釋】

①處忍　承受忍。處，ㄔㄨˇ。承受。顏氏家訓兄弟：「所以然者，以其當公務而執私情，處重責而懷薄義也。」唐陳子昂（六六一—七〇二）為宗舍人謝賜物第二表：「自國之寵貴，未聞此榮，草茅孤臣，何以堪處？」忍，參有容乃大④等。

②袁氏世範　書名。南宋袁采撰。全書分睦親、處己與治家三卷，撰者原以訓俗為書名，府判劉鎮為之序，始更名世範。清紀昀評其書「於立身處世之道，反覆詳盡，所以砥礪末俗者極為篤摯，雖家塾訓蒙之書，意求通俗，詞句不免于鄙淺；然大要明白切要，使覽者易知易從，固不失為顏氏家訓之亞也。」（四庫全書子部一提要）。袁采（？—？）。南宋

衢州（今屬浙江）人。字君載。隆興元年（一一六三）進士。乾道間，為萍鄉主簿。淳熙五年知樂清縣，纂縣志十卷，九年知政和縣，持己廉謹，撰政和雜志、縣令小錄。又知婺源縣，剛直廉明與洪邦直齊名，官至監登聞鼓院。著述今存世範三卷，全宋詩卷二四六六錄其詩一首，全宋文卷五七二〇收錄其文。（永樂樂清縣志卷七、嘉靖建寧府志卷六、弘治衢州府志卷十、全宋詩、全宋文等）。榮按：袁采生平事迹未入宋史。

③居家　在家的日常生活。孝經廣揚名：「居家理，故治可移於官。」邢昺疏：「居家能理者，故資治為政可移於績以施於官也。」後漢書李通傳：「父守，身長九尺，容貌絕異，為人嚴毅，居家如官廷。」紅樓夢第一〇六回：「問起歷年居家用度，共有若干進來，該用若干出去。」

④久和　長期間融洽親厚。清孔廣居說文疑疑：「久，長也。從八加乀，象人有後，人有後、久意也。」融洽親厚曰和（ㄏㄜˋ）。國語周語三：「言惠必及和。」

⑤本於　猶云端在。

⑥其「失」　謂過失。荀子大略：「水行者表深，使人無陷；治民者表亂，使人無失。」禮記學記：「教也者，長善而救其失者也。」本文此處，引申作「缺點」解。

⑦藏蓄　亦作「藏畜」。隱藏。北宋歐陽脩本論：「不任人者，非無人也，彼挾材蘊知，特以時方惡人之好名，各藏畜收斂，不敢奮露，惟恐近於名，以犯時人所惡。」

⑧不發　發，露。禮記中庸：「喜怒哀樂之未發，謂之中。發而皆中節謂之和。」不發，不

露。今語云不發作。

⑨不過　不超越。不會超越。管子立政：「凡上賢不過等，使能不兼官。」尹知章注：「謂上賢雖才用絕倫，無得過其勞級。」史記廉頗藺相如列傳：「度道里會遇之禮畢，還，不過三十日。」北宋曾鞏與王深甫書：「比承諭及介父所作王令誌文，以為楊子不過，恐不然也。」

⑩一再　一次以後再加一次。管子立政：「一再則宥，三則不赦。」史記淮南衡山列傳：「太子學用劍，自以為人莫及，聞中郎中靁被巧，乃召與戲，被一再辭讓，誤中太子。」清黃宗羲（一六一〇—一六九五）子劉子行狀：「上意欲大用先生，會推閣員，廷臣一再推，俱不及，上皆置之，三推，始以姓名上。」

⑪而已　助詞。表示僅止于此。猶云罷了。論語里仁：「夫子之道，忠恕而已矣。」漢書衛青霍去病傳贊：「人臣奉法遵職而已，何與招士！」北宋范仲淹上資政晏侍郎書：「眾或議爾以非忠非直，但好奇邀名而已。」

⑫「洪流」之「決」　洪流，浩大的水流。戰國宋玉小言賦：「折飛糠以為輿，剖粃糟以為舟，泛然投乎杯水中，淡若巨海之洪流。」唐韋應物使雲陽寄府曹詩：「仰瞻喬樹巔，見此洪流跡。決，衝潰堤岸。堤岸潰破。左傳襄公三十一年：「大決所犯，傷人必多。」漢書溝洫志：「孝武元光中，河決於瓠子。」北宋曾鞏本朝政要策黃河：「自是之後言治河者尤眾……有以為宜空水衝以縱其決，穿漕渠以通其勢者。」

⑬不可「遏」矣 ㄜˋ。止。詩大雅民勞：「式遏寇虐，無俾民憂。」

⑭隨而解之 立刻且清除掉它。隨，立刻。漢書李陵傳：「立政隨謂陵曰：『亦有意乎？』」解，消除。清唐甄潛書除黨：「今有良藥，可以一發而解固結之疾。」

⑮不「置」 ㄓˋ。留。（安）放。史記淮陰侯列傳：「兵法不曰：『陷之死地而後生，置之亡地而後存。』」漢古詩焦仲卿妻詩：「移我琉璃榻，出置前窗下。」

⑯胸次 胸間。胸懷。猶言內心。莊子田子方：「行小變而不失其大常也，喜怒哀樂不入於胸次。」北宋黃庭堅題高君正適軒詩：「豁然開胸次，風至獨披襟。」

⑰此其 這大概。這可……。

⑱然後「見」…… 驗徵。

⑲功效 亦作「功効」。成效。猶云成果。北宋蘇軾聖散子後序：「聖散子主疾，功效非一，去年春，杭之民病，得此藥全活者不可勝數。」

⑳所謂 所說的。恆用于複述或列證等。詩秦風蒹葭：「所謂伊人，在水一方。」禮記大學：「欲脩其身者，先誠其意……所謂誠其意者，毋自欺也。」

【析源】

本章文字，撰者吳亮節錄自袁氏世範卷上睦親。經詳校絲毫不差，茲從略。

一三二、處家貴寬容

自古人倫賢否相雜，或父子不能皆賢，或兄弟不能皆令，或夫流蕩，或妻悍暴，少有一家之中無此患者。雖聖賢亦無如之何。譬如身有瘡痍疣贅，雖甚可惡，不可決去，惟當寬懷處之。若人能知此理，則胸中泰然矣。古人所謂父子、兄弟、夫婦之間，人所難言者如此。

【語譯】

從古到今，人類始終是善惡彼此混雜而生，有的父子不能全都才德俱佳，有的兄弟不能全屬善類，有的丈夫放蕩不羈，有的妻子凶猛不馴，幾乎家家都有這種缺憾。即或聖賢也無從對付。就像身上有創傷、癰疽等病毒，雖然非常令人厭煩，卻無從避免，只好敞開心胸對待它。如果瞭解這番道理，那麼內心也就毫不在意了。古人所說的父子、兄弟、夫婦之間，有說不清楚的種種，無非就是這樣啊！

【注釋】

①處家貴寬容　持家崇尚寬厚容忍。處家，持家。近人郭沫若海濤集我是中國人：「安娜處家是儉約的，到了日本後，家政一直是她自己在操持。」榮按：郭氏娶日女佐藤富夫子（一八九四—一九九四）為婦，暱稱安娜。貴，崇尚。重視。珍重。禮記曲禮上：「太上貴德，

其次務施報。」左傳襄公四年：「戎狄薦居，貴貨易土，土何賈焉。」老子：「是以聖人欲不欲，不貴難得之貨。」寬容，寬厚容忍。莊子天下：「常寬容於物，不削於人，可謂至極。」後漢書傅燮傳：「陛下仁德寬容，多所不忍，故閹豎弄權，忠臣不進。」

②人倫　猶人類。倫，輩。類。荀子富國：「人倫竝處，同求而異道，同欲而異知。」楊倞注：「倫，類也。竝處，羣居也。其在人之法數則以類羣居也。」後漢書陳蕃傳論：「愍夫世士以離俗為高，而人倫莫相恤也。」北齊書文襄帝紀：「（侯景書曰）禽獸惡死，人倫好生，僕實無辜，桓莊何罪。」

③賢否　善惡。善曰賢。品質完好之稱。禮記內則：「若富則其三牲，獻其賢者於宗子。」鄭注：「賢，善也。」左傳宣公四年：「以賢則去疾不足，以順則公子堅長，乃立襄公。」淮南子脩務訓：「周室以後，無六子之賢。」否，ㄆㄧˇ。惡。詩大雅抑：「於乎小子，未知臧否。」唐白居易渭村退居百韻詩：「朝野分倫序，賢愚定否臧。」

④相雜　相間。今語混在一塊兒。墨子備城門：「城門上所鑿以救門火者，各一垂水，容三石以上，小大相雜。」北宋蘇軾次韻米黻二王書跋尾之一：「秋春蚓久相雜，野鶩家雞定誰美。」

⑤皆「賢」　才德俱佳。書旅獒：「所寶惟賢，則邇人安。」禮記禮運：「選賢與能，講信修睦。」孟子告子下：「不用賢則亡。」

⑥皆「令」　有嘉德懿行者。猶云善。南史任昉傳：「褚彥回謂遙曰：『聞卿有令子。』」

⑦流蕩　放蕩不羈。意謂放浪形骸。東晉袁宏後漢紀安帝紀一：「恣其嗜慾，而莫之禁禦，性氣既成，不可變易，情意流蕩，不可收復。」南宋羅大經鶴林玉露卷四：「今觀列國之風，大抵流蕩昏淫，有日趨於亡之勢。」清吳德旋（一七六七—一八四〇）書抱朴子後：「葛洪生於衰晉之世，閔時俗之流蕩，疾貪邪之競進。」

⑧悍暴　凶猛不馴。唐司空圖太原王公同州修堰記：「洛自西北趨大河，蓋同源於積石，伏而乃離，發而復合耳，故其水皆渾而悍暴難制。」

⑨無此「患」者　弊病。缺憾。商君書算地：「凡世主之患，用兵者不量力，治草萊者不度地。」三國魏曹丕典論論文：「語曰：『家有弊帚，享之千金。』其不自見之患也。」

⑩無如之何　猶云沒有甚麼辦法來對付。禮記大學：「菑害並至，雖有善者，亦無如之何矣。」太平廣記卷三三八引唐戴孚（？—？，卒於大歷間，年五十七）廣異記商順：「順日暮與奴俱往。奴盜飲極醉，與順相失。不覺其城門已閉，無如之何，乃獨前行。」明李贄養生論：「以此聰明出塵好漢，雖向阮亦無如之何。」

⑪瘡痍　ㄔㄨㄤ　ㄧˊ。創傷。抱朴子自敘：「弟與我同冒矢石，瘡痍周身，傷失右眼，不得尺寸之報；吾乃重金累紫，何心以安？」清黃遵憲降將軍歌：「島中殘卒皆瘡痍，其餘鬼妻兵家兒。」

⑫疣贅　ㄧㄡˊ　ㄓㄨㄟˋ。泛指癰（ㄩㄥ）疽（ㄐㄩ）病毒。舊唐書忠義傳上俞文俊：「臣聞天氣不和而寒暑併，人氣不和而疣贅生。」明唐順之囊癰臥病作詩之三：「疣贅勿嫌能侈性，支離番

笑足全生。」清紀昀閱微草堂筆記如是我聞二：「文敏公誤信祝由，割指上疣贅，創發，病卒。」

⑬可惡 ㄎㄜˇ ㄨˋ。令人厭煩。東晉干寶搜神記卷十七：「其身如兔，兩眼如鏡，形甚可惡。」北宋王安石白鶴吟示覺海元公詩：「白鶴聲可憐，紅鶴聲可惡。」清孔尚任桃花扇阻奸：「好可惡也，竟自閉門不納了。」

⑭決去 決，通「訣」。本義作「永別」解。漢書蘇武傳：「（李陵）因泣下霑衿，與武決去。」顏師古注：「決，別也。」南唐尉遲偓（？—？）中朝故事：「自言年數已盡，合當決去，涕泗而別。」清吳騫扶風傳信錄：「神仙曰：『我甚憐之，未忍決去。』」本文此處，引申作「避免」解。

⑮寬懷處之 敞開心胸對待它。寬懷，敞開心胸。今人郭澄清（一九三一—一九八九）大刀記第五章：「在這種情況下，主子賜坐，他怎能不對主子的寬懷大度，感激涕零？」處，ㄔㄨˇ。對待。之，代詞。指稱瘡痍疣贅。

⑯胸中 心中。猶云內心。孟子離婁上：「胸中正，則眸子瞭焉。」明王守仁泛海詩：「險夷原不滯胸中，何異浮雲過太空。」

⑰泰然 安然。形容心情安定，謂不以為意。莊子庚桑楚：「宇泰定者，發乎天光。」郭象注：「夫德宇泰然而定，則其所發者天光耳，非人耀。」唐權德輿（七六一—八一八）丙寅歲苦貧戲題詩：「中憶裴子野，泰然傾薄糜。」雲笈七籤卷六四：「心既泰然，不壽何

待。」清趙翼甌北詩話白香山詩：「實由於食貧居賤之有素；汔可小康，即處之泰然，不復求多也。」

⑱難言　說不清楚。謂不容易說。禮記檀弓下：「喪有死之道焉，先王之所難言也。」北宋李清照滿庭芳詞：「難言處，良宵淡月，疏影尚風流。」

【析源】

本章文字，撰者吳亮悉錄自袁氏世範卷上睦親，絲毫不差，茲從略。

一三三、憂患當明理順受

人生世間，自有知識以來，即有憂患不如意事。小兒叫號皆其意有不平。自幼至少、自壯至老，如意之事常少，不如意之事常多。雖大富貴之人，天下之所仰羨，以為神仙，而其不如意處各自有之，與貧賤人無異。特所憂慮之事異爾，故謂之缺陷世界。以人生世間無足心滿意者，能達此理而順受之，則可少安矣。

【語譯】

每個人活在這世上，打從有了思想、有了經驗以後，就有困苦患難等不符心意的事。小孩呼吼哭號，全都是他的意識裡有所不滿。從幼到少、從壯年到耄齡，符合心意的事總是少，不符合心意的事來得多。雖然大富大貴的人，人人仰慕、欽羨，把他們視同神仙，他們卻也各自有不如意的地方，和居貧處賤的人沒有兩樣。只是所憂愁、擔心的事不同罷了，所以說這是一個不完美的世界。正視人活在世上沒有完全滿足吾人心意的事象，能夠徹底明白這層道理，同時不抵拒地接受它，那麼，我們的內心也就可以稍稍安穩下來了。

【注釋】

①憂患當……受　應該明白困苦患難的道理，同時不抵拒地接受它。憂患，困苦患難。易繫辭下：「作易者，其有憂患乎？」孟子告子下：「入則無法家拂士，出則無敵國外患者，國恆亡。然後知生於憂患而死於安樂也。」三國魏嵇康養生論：「曠然無憂患，寂然無思慮。」北宋王安石離北山寄平甫詩：「少年憂患傷豪氣，老去經綸誤半生。」清王士禛池北偶談談獻三蘇門孫先生言行：「憂慮恐懼，最怕有所，一有所，則我心無主。」當，應該。史記李斯列傳：「斯曰：『安得亡國之言，此非人臣所當議也！』」漢書薛廣德傳：「曉人不當如此邪？」明理，明白道理。宋書良吏傳徐豁：「歷二丞三邑，精練明理，為一世所推。」醒世恆言賣油郎獨占花魁：「妹子，你是明理的人。我們這行戶例，只有賤買，那有賤賣？」順受，不抵拒地接受。如：逆來順受。

②人生世間　每個人活在這世上。人，指每一個人言。生，活。禮記中庸：「生乎今之世，反古之道；如此者裁及其身者也。」史記淮陰侯列傳：「陷之死地而後生，置之亡地而後存。」世間，世上。人世間。世界上。百喻經觀作瓶喻：「諸佛大龍出，雷音徧世間。」

東晉陶潛飲酒詩之三：「有飲不肯飲，但顧世間名。」南宋陸游高枕詩：「高枕閑看古篆香，世間萬事本茫茫。」明袁宏道寄散木：「凡藝到極精處，皆可成名，強如世間浮泛詩文百倍。」

③知識　泛稱人類認識自然與社會諸成果或結晶。猶思想與經驗也。近人朱自清（一八九八—一九四八）論老實話：「大家在知識上要求真實，他們要知道真實，尋求真理。」巴金（一九〇四—二〇〇五）巴金選集後記：「我從他那裡得到不少的生活知識。」榮按：李堯棠筆名巴金。

④如意　符合心意。漢書京房傳：「臣疑陛下雖行此道，猶不得如意。」北宋歐陽脩準詔言事上書：「故所求無不得，所欲皆如意。」紅樓夢第四回：「誰料天下竟有不如意事，第二日，他偏又賣與了薛家！」

⑤叫號　呼吼哭號。號，ㄏㄠˊ。哭且有言。詩小雅北山：「或不知叫號，或慘慘劬勞。」朱熹集傳：「深居安逸，不聞人聲也。」後漢書酷吏傳董宣：「丹宗族親黨三十餘人，操兵詣府，稱寃叫號。」北宋王安石遊土山示蔡天啟秘校：「或叫號而寤，或哭泣而魘。」

⑥「意」有「不平」　心之所念、所趨、所識並稱曰意。禮記大學：「欲正其心者，先誠其意。」孟子萬章上：「故『說詩者，不以文害辭，不以辭害志，以意逆態，是為得之。」不平，不滿。警世通言莊子休鼓盆成大道：「莊生卻其銀釵，受其紈扇。婦人欣然而去。莊子心下不平。」

⑦仰羨　仰慕欽羨。南朝宋謝惠連祭古冢文：「仰羨古風，為君改卜。」唐李群玉（？—八六二？）自澧浦東游江表投員外從公虞詩：「仰羨野陂鳧，無心憂稻粱。」北宋王安石答李深父書之三：「承以論語義見教，言微旨奧，直造孔庭，非極高明，孰能為之！仰羨，仰羨。」

⑧神仙　傳說有超人能力，脫塵世且長生不老者之稱。亦作「神僊」。史記孝武本紀：「海上燕齊之閒，莫不搤捥而自言有禁方，能神僊矣。」西漢桓寬鹽鐵論散不足：「當此之時，燕齊之士釋鋤耒，爭言神仙方士。」北宋梅堯臣讀漢書梅子真傳詩：「九江傳神僊，會稽隱廛閈。」

⑨貧賤　貧苦微賤。資財匱乏曰貧；地位低下曰賤。管子牧民：「民惡貧賤，我富貴之。」史記魯仲連鄒陽列傳：「魯連逃隱於海上，曰：『吾與富貴而詘於人，寧貧賤輕世肆志焉。』」唐崔顥（？—七五四）長安道詩：「莫言貧賤即可欺，人生富貴自有時。」

⑩「特」所……只是。僅僅。墨子兼愛中：「天下之士，君子特不識其利辯其故也。」戰國策楚策四：「今楚國雖小，絕長續短，猶以數千里，豈特百里哉？」

⑪憂慮　憂愁擔心。後漢書東海恭王彊傳：「身既夭命孤弱，復為皇太后、陛下憂慮，誠悲誠慙」北宋蘇軾乞降度牒召人入中斛鬥出糶濟飢等狀：「若秋穀未登，糶場不繼，即民間頓然闕食，深可憂慮。」

⑫缺陷　不完美。宋史李沆傳：「身食厚祿，時有橫賜，計囊裝亦可以治第。但念內典以此

世界為缺陷，安得完滿如意，自求稱足？」清李漁閒情偶寄聲容選姿：「常有眉目口齒般般入畫，而缺陷獨在肌膚者。」惲敬亡妻陳孺人權厝志：「代者日求敬公事缺陷，欲擠之以快大吏。」權厝，臨時置棺待葬。

⑬世界　世上。人間。顏氏家訓歸心：「以世界外事及神化無方，為虛談也。」唐孟浩然臘月八日於剡縣路城寺禮拜詩：「竹柏禪庭古，樓臺世界稀。」

⑭足心滿意　猶云完全符合自己的心意。足心，滿足心意。醒世姻緣傳第一〇〇回：「依隨著他，上廟就去上廟，遊山就去遊山，耍金魚池，看韋公寺，風魔了個足心足意。」足心滿意，猶足心足意。

⑮少安　小安。稍安。左傳昭公四年：「晉君少安，不在諸侯。」杜注：「安於小小，不能遠圖。」

【析源】

本章文字，撰者吳亮悉錄自袁氏世範卷中處己，絲毫不差，茲從略。

一三四、同居相處貴寬

同居之人有不賢者，非理以相擾，若間或一再，尚可與辯。至於百無一是，且朝夕以此相臨，極為難處。同鄉及同官，亦或有此。當寬其懷抱，以無可奈何處之。

【語譯】

遇有德行不好的人共同住一處，總要面對不合常理的搔擾。如果偶爾一次再次的搔擾，還可以和他爭論。到了一無是處，同時長時間要用爭論來彼此面對，就非常不容易的了。同鄉和同僚，或許也有這種現象。應敞開你的胸襟，正視那是無法可想、沒有法子處理的事來對待它。

【注釋】

①同居……寬　住在一起共同生活，重在大而有容。同居，住在一處。共同居住。易睽：「二女同居，其志不同行。」南史孝義傳上陳玄子：「義興陳玄子四世同居，一百七口。」唐李白長干行之一：「同居長干里，兩小無嫌猜。」相處，ㄒㄧㄤ ㄔㄨˇ。共同生活。彼此交往。南宋羅大經鶴林玉露卷十二：「然余嘗謂人倫有五，而兄弟相處之日最長。」清惲敬上曹儷笙侍郎書：「敬生于下里，以祿養趨走下吏，不獲與世之大人君子相處而得其源流之所以然。」貴，重。重之。禮記曲禮上：「太上貴德，其次務施報。」老子：「是以聖人欲不欲，不貴難得之貨。」大而有容曰寬。易乾：「君子……寬以居之，仁以行之。」

②不賢　德行不好。無德行。呂氏春秋察今：「上胡不法先王之法？非不賢也，為其不可得而法。」

③非理　不合常理。違背情理。管子版法解：「怨咎所生，生於非理。」晉書王覽傳：「（覽母）屢以非理使祥，覽輒與祥俱。」

④相擾　多用為客套語。叨擾。打擾。本文此處，引申作「搔擾」解。

⑤間或　本作「閒或」。偶爾。有時候。北宋蘇軾乞允文彥博等辭免拜劄子：「若聖恩優閔若臣，眷眷不已，遇其朝見，間或傳宣不拜，足以為非常之恩。」文瑩玉壺清話卷七：「無何，至金臺驛，王師失利，閒或南潰者數千騎。」

⑥一再　詳處忍⑩。

⑦與「辯」　ㄅㄧㄢˋ。爭論。榮按：袁氏世範四庫本作「辨」。孟子滕文公下：「予豈好辯哉？予不得已也。」莊子繕性：「古之存身者，不以辯飾知。」禮記鄉飲酒義：「不慢不爭，則遠於鬭辨矣。」按：「辨」亦作「辯」。

⑧百無一是　謂百事（猶眾事）之中無一件是正確的。表對人或對事之全盤否定。猶一無是處。

⑨朝夕　本義從早到晚。整天。因用以形容長時間。詩小雅北山：「陟彼北山，言采其杞。偕偕士子，朝夕從事。」東漢荀悅漢紀哀帝紀上：「新近左右，翫習於朝夕。」北宋司馬光祭郭侍讀文：「嗚呼！惟公之德，清夷純白，恪慎匪懈，勤劬朝夕。」

⑩相臨　彼此面對。臨，面對。詩小雅小旻：「戰戰兢兢，如臨深淵。」

⑪難處　ㄋㄢˊ ㄔㄨˇ。不容易應對。

⑫同鄉　同一鄉里。莊子盜跖：「知和曰：『今夫此人以為與己同時而生，同鄉而處者，以為夫絕俗過世之士焉。』」

⑬同官　同一官署任職者，即同僚。左傳文公七年：「同官為寮。」唐韓翃送山陰姚丞攜妓之任兼寄蘇少府詩：「才子風流蘇伯玉，同官曉暮應相逐。」南宋辛棄疾摸魚兒詞序：「淳熙己亥，自湖北漕移湖南，同官王正之置酒小山亭，為賦。」

⑭當「寬」其「懷抱」　敞開曰寬。懷抱，心懷，即胸襟。唐杜甫遣興詩之三：「有子賢與愚，何其掛懷抱。」清劉大魁與王君書：「其怒我者，其厚我者也；其笑我者，其薄我者也。今人之懷抱，大抵同也。」

⑮無可奈何　一作「無可柰何」。沒有辦法。無法可想。戰國策燕策三：「太子聞之，馳往，伏屍大哭，極哀。既已，無可柰何，乃遂收盛樊於期之首，函封之。」史記周本紀：「太史伯陽曰：『禍成矣，無可奈何！』」西漢董仲舒春秋繁露精華：「夫智不足以知賢，無可奈何矣！」唐元稹白氏長慶集序：「雜亂間廁，無可奈何。」金元好問趙州學記：「廟學之存亡，亦付之無可奈何而已。」

【析源】

考撰者吳亮逕自袁氏世範卷上睦親抄錄之，以成本章。其中僅「辨」作「辯」一字之異耳。

一三五、親戚不可失懽

骨肉之失懽，有本於至微，而終於不可解者。有能先下氣則彼此酬復遂如平時矣。宜深思之。

【語譯】

至親不和的現象，有些原是雞毛蒜皮的小事所引起的，卻發展成不能冰釋。有一方能夠先平心靜氣，那麼相互應答就會像平常一樣了。應該好好深刻地思考這個道理。

【注釋】

①親戚不可失懽　具有血緣或姻緣的人，彼此不可以失和。親戚，亦作「親𢧵」、「親𢣺」、「親慼」。與己身有血緣或婚姻關係者之統稱。左傳僖公二十四年：「昔周公弔二叔之不咸，故封建親戚，以屏藩周。」古文苑秦惠文王詛楚文：「刑戮孕㜸，幽刺親𢧵。」王厚之音釋：「𢧵，戚字。漢戚伯著碑、夏承碑皆用此字法。」西漢董仲舒春秋繁露三代改制質文：「正刑多隱，親𢣺多諱。」盧文弨注：「『𢣺』蓋古戚字。」隸釋漢小黃門譙敏碑：「寮朋親慼，莫不失聲，泣涕雙流。」南史文學傳岑之敬：「之敬年五歲，讀孝經，每燒香正坐，親戚咸加歎異。」失懽，本作「失歡」。猶失和。意謂不和。舊五代史晉書景延廣傳：「（契丹）因責延廣曰：『致南北失歡，良由爾也。』」新五代史作「失懽」：卷

廿九景延廣傳：「德光責延廣曰：『南北失懽，皆因爾也。』」

②骨肉　本指父母兄弟子女等親人，因喻至親。墨子尚賢下：「當王公大之於此也，雖有骨肉之親，無故富貴，面目美好者，誠知其不能也，不使之也。」唐沈亞之上壽州李大夫書：「亞之前應貢在京師，而長幼骨肉萍居于吳。」

③至微　極微。指雞毛蒜皮的小事。

④不可「解」　清除。清唐甄潛書除黨：「今有良藥，可以一發而解固結之疾。」本文此處，引申作「冰釋」解。

⑤下氣　平心靜氣。醒世恆言張廷秀逃生救父：「當下廷秀拜別母親，作辭兄弟。陳氏又將言訓海，教他孝順親熱，謙恭下氣。」

⑥酬復　對答。明馮夢龍（一五七四—一六四六？）智囊補上智選押伴使：「始鉉詞鋒如雲，旁觀駭愕，其人不能答，徒唯唯，鉉不測，強聒而與之言，居數日。既無酬復，鉉亦倦且默矣。」

⑦深思　深刻地思考。楚辭漁父：「何故深思高舉，自令放為？」史記五帝本紀論：「非好學深思，心知其意，固難為淺見寡聞道也。」清姚鼐揚雄太玄目錄序：「然而雄為是書，亦可謂好學深思，言之近道者矣。」

【析源】

南宋袁采袁氏世範卷上睦親：「骨肉之失歡，有本於至微，而終至不可解者。止由失歡之後，各自負氣，不肯先下爾。朝夕羣居不能無相失。相失之後，有一人能先下氣與之話言，則彼此酬復遂如平時矣，宜深思之。」

一三六、待婢僕當寬恕

奴僕小人就役於人者，天資多愚，宜寬以處之，多其教誨，省其嗔怒可也。

【語譯】

接受使喚、從事雜務、粗活的人，先天的資質大多昏昧，最好採用仁厚的態度對待他們，多給他們教導、訓誨，少對他們動怒才是。

【注釋】

①待婢僕……恕　對待男女僕人應該寬容仁厚。待，對待。論語微子：「若季氏則吾不能，以季孟之間待之。」女子之給事者曰婢，ㄅㄧˋ。俗稱ㄚ頭。世說新語德行：「奴價倍婢。」男子之供役使者曰僕。禮記禮運：「仕於家曰僕。」寬恕，寬容仁厚。漢書酷吏傳嚴延年：「時黃霸在穎川，以寬恕為治，郡中亦平，婁蒙豐年，鳳皇下，上賢焉，下詔稱揚其行，加金爵之賞。」

②奴僕　民國以前，在主人家從事賤役者之泛稱。唐杜甫贈畢四曜詩：「才大今詩伯，家貧

苦宦卑。飢寒奴僕賤，顏狀老翁為。」清孫枝蔚哀縴夫詩：「牽船復牽馬，受笞手中鞭。不如為奴僕，猶得主人憐。」

③小人　舊指僕隸。論語陽貨：「唯女子與小人為難養也。」朱熹集注：「此小人亦謂僕隸下人也。」

④就役　接受使喚。役，使喚。孟子離婁上：「天下無道，小役大，弱役強。」

⑤天資　先天的資質。史記商君列傳論：「商君，其天資刻薄人也。」朱子語類卷七二：「明道天資高，又加以學。」

⑥多「愚」　昏昧之稱。

⑦教誨　教導、訓誨。書無逸：「古之人，猶胥訓告，胥保惠、胥教誨。」唐劉長卿別李氏女子詩：「臨岐方教誨，所貴和六姻。」清昭槤嘯亭續錄羅中丞：「公愛民潔己，蒞官時召父老至，諄諄教誨，至於涕下沾膺。」

⑧「省」其「嗔怒」　省，ㄕㄥˇ。減。禮記月令：「省囹圄。」鄭注：「省，減也。」三國志魏志高柔傳：「息奸省訟，緝熙治道。」嗔怒，ㄔㄣ ㄋㄨˋ。惱怒。顏氏家訓治家：「齊吏部侍郎房文烈，未嘗嗔怒。」猶云動怒。

【析源】

南宋袁采袁氏世範卷下治家：「奴僕小人就役於人者，天資多愚，作事乖舛背道，不曾有便當省力之處。如：頓放什物以斜為正；如……小人天資之愚如此，宜寬以處之，多其教誨，省其嗔怒可也。如此……自有曉然者。」

一三七、事貴能忍耐

人能忍事，易以習熟，終至於人以非理相加，不可忍者，亦處之如常。不能忍事，亦易以習熟，終至於睚眦之怨，深不足較者，亦至交詈爭訟，期於取勝而後已，不知其所失甚多。人能有定見，不為客氣所使，則身心豈不大安寧？

【語譯】

一個人能夠以忍耐的態度面對各種變故，不難成為慣常。最後甚至別人用不合情理的言行刺激他，這種不可以抑制的境況，也能和平常一般地去對待。不能夠以忍耐的態度面對各種變故，也不難成為慣常，最後甚至極小的忿恨，根本不值得計較的境況，也造成互相辱罵、爭論訴訟，期盼得到勝利才肯罷休，卻不知道他所丟掉的情誼非常的多。一個人有了明確的主張，才不會被一時的意氣所左右，那麼身心難道不更加安定平靜嗎？

【注釋】

①事貴能忍耐　面臨各種變故，重要地在於要能夠抑制心緒、不隨便發作。變曰事，變故之稱也。史記刺客列傳：「秦有荊軻之事。」晉書桓沖傳：「大敵已至，遣諸不經事少年，

眾又寡弱，天下事可知矣。」貴能，重要地在於能夠。忍耐，將痛苦的感覺或亢奮的情緒抑制住，不使表現出來。或謂於困境之中堅持之。唐元稹憶遠曲：「郎忍見，為郎忍耐看姑面。」元關漢卿竇娥冤第四折：「你看這文卷曾道來不道來，則我這冤枉要忍耐如何耐？」

②忍事　以忍耐的態度面對各種變故。唐裴度（七六五—八三九）中書即事詩：「灰心緣忍事，霜鬢為論兵。」

③易以　不難成為。

④習熟　猶言慣常。謂對某事或某物看熟聽熟，不以為奇也。唐韓愈平淮西碑：「相臣將臣，文恬武嬉，習熟見聞，以為當然。」南宋周煇清波別志卷上：「舊制：臣下職事小遺闕，上從罰金，雖大臣亦不免，習熟聞見，皆不以為恥。」

⑤非理　詳同居相處貴寬③。

⑥相加　他人以某事置諸余身之謂。相，一方對另一方有所施為。史記魯仲連鄒陽列傳：「臣聞明月之珠，夜光之璧，以闇投人於道路，人無不按劍相眄者。」古樂府木蘭詩「爺娘聞女來，出門相扶持。」唐杜甫送高三十五書記詩：「驚風吹鴻鵠，不得相追隨。」加，置。置於其上。唐韓愈送李愿歸盤谷序：「車服不維，刀鋸不加，理亂不知，黜陟不聞：大丈夫不遇於時者之所為也，我則行之。」

⑦睚眦之怨　義同「睚眦之忿」、「睚眦之怒」。指極小的忿恨。史記范雎蔡澤列傳：「一

飯之德必償，睚眦之怨必報。」舊唐書李子通傳：「性好施惠，家無蓄積，睚眦之怨必報。」南宋曾敬行（一一一八—一一七五）獨醒雜志卷一○：「凡官吏居民舊新睚眦之怨者，無不生事害之。」睚眦，ㄧㄚˊ ㄗˋ。眦，亦讀作ㄓㄞˋ。

⑧交詈　互相辱罵。交，互。左傳昭公四年：「晉楚之從，交相見也。」詈，ㄌㄧˋ。罵，惡言加之也。書無逸：「小人怨汝詈汝。」明沈德符野獲編禮部朝班：「時蔡虛臺為儀郎，當主議，稍以故事折之，為豸繡交詈聚唾，固調停為常朝大朝之說，總之無成規也。」

⑨爭訟　爭論訴訟。韓非子用人：「爭訟止，技長立，則彊弱不觳力，冰炭不合形，天下莫得相傷，治之至也。」北宋蘇轍陳述古舍人謝兩府啟：「秋夏豐登，人懷富足之樂，風俗淳厚，家無爭訟之誼。」

⑩取勝　贏得勝利。漢書趙充國傳：「以逸擊勞，取勝之道也。」

⑪所「失」　丟掉。在此，指情誼言。論語陽貨：「既得之，患失之。」

⑫定見　明確的主張（或見解）。明李東陽儲處士傳：「此其中已有定見，恐為所撓也。」胡應麟（一五五一—一六○二）少室山房筆叢丹鉛新錄一：「噫！一陰符耳，俄以為六代，俄以為唐人，又俄以為後漢，何無定見如此。」近人朱自清背影序：「我自己是沒有什麼定見的，只當時覺著要怎樣寫，便怎樣寫了。」

⑬客氣　一時的意氣；謂偏激的情緒。北宋司馬光趙滋劄子：「今滋數乘客氣以傲使人，爭小勝以挑強胡。」元姚燧（一二三八—一三一三）癸巳九日詩：「客氣已為強弩末，宦情

空邊大刀頭。」

⑭身心　身體和精神。唐翁洮（？—？，光啟三年進士）夏詩：「身心已在喧鬧處，惟羨滄浪把釣翁。」元張養浩（一二七〇—一三二九）水仙子曲：「山隱隱煙霞潤，水潺潺金玉音，因此上留住身心。」

⑮豈不大　猶今語「難道不更加」。

⑯安寧　安定平靜。三國魏曹植棄婦詩：「招搖待霜露，何必春夏成。晚穫為良實，願君且安寧。」

【析源】

考撰者吳亮逕錄自袁氏世範卷中處己，茲從略。

一三八、持忍

蕭朝散家法曰：「常持忍事免災殃。」

【語譯】

蕭朝散家法提示：「始終堅持忍耐的態度去面對各種變故，可以匿避災難、禍殃。」

【注釋】

①蕭朝散　姓蕭，曾官朝散大夫，生平事迹等待考。朝散大夫，省稱朝散；始置於隋。隋書

百官志下：「又有特進、左右光祿大夫……朝議大夫、朝散大夫，並為散官，以加文武官之德聲者，並不理事。」唐、宋、元因之。（通典卷卅四、續通典卷卅八職官十六）。

②家法　治家的禮法。宋書王弘傳：「弘明敏有思致，既以民望所宗，造次必存禮法，凡動止思維及書翰儀體，後人皆依倣之，謂為王太保家法。」唐韓愈興元少尹房君墓志：「祖諱肱，為虢州司馬。父諱巒，都水使者。皆名，能守家法。」北宋歐陽脩太子太師致仕杜祁公墓志銘：「自唐滅，士喪其舊禮，而一切苟簡，獨杜氏守其家法。」

③常持　始終堅守。恆曰常。猶謂始終也。列子天瑞：「生者不能不生，化者不能不化，故常生常化；故常生常化者，無時不生，無時不化。」西漢焦延壽（？—？）易林小畜之第九遯：「天之所予，福祿常在，不憂危殆。」持，守。左傳昭公十九年：「楚不在諸侯矣，其僅自完也，以持其世而已。」楊伯峻注：「持，守也，保也。」呂氏春秋慎大：「勝非其難者也，持之其難者也。」高誘注：「持，猶守。」唐白居易凶宅詩：「權重持難久，位高勢易窮。」

④忍事　詳事貴能忍耐②。

⑤免　匿避。禮記曲禮上：「臨財毋苟得，臨難毋苟免。」

⑥災殃　災害禍殃。西漢焦延壽易林需之復：「凶憂災殃，日益明章。」北宋蘇舜欽舟中感懷寄館中潘君詩：「蠻夷不敢欺，四海無災殃。」

【析源】

文獻不足，待考。

一三九、滅情

王龍舒勸誡：「喜、怒、好、惡、嗜欲皆情也。養情為惡，縱情為賊，折情為善，滅情為聖。甘其飲食、美其衣服、大其居處，若此之類是謂養情。飲食若流，衣服盡飾、居處無厭，是謂縱情。犯之不校，觸之不怒，傷之不忍，事過堪喜。」

【語譯】

王龍舒勸誡：「高興、生氣、喜愛、討厭、嗜好都是欲望。滋長欲望是一種過失，放任欲望是亂德，抑制欲望是好人，除盡欲望是聖者。飲食重可口，衣服求華麗，住所好寬敞，像這樣的排場就是滋長欲望。飲食像流水般無限供應，衣服竭盡華美打扮，住所空間與裝潢極盡揮霍，就叫做放任欲望。得罪他、不作計較，發生衝突、不發脾氣，毀謗他、卻不忍心責備對方，變故發生之後，依然能高高興興地生活。」

【注釋】

①王龍舒　人名。生卒籍里事迹均待考。

②勸誡　本作「勸戒」。勉勵告戒。漢書古今人表序：「歸乎顯善昭惡，勸戒後人。」東晉

范甯（三三九—四〇一）春秋穀梁傳序：「舉得失以彰黜陟，明成敗以著勸誡。」舊唐書皇甫鎛傳：「猶賴臣等，每加勸誡，或為奏論，庶事之中，抑令通濟。」榮按：勸誡一文已佚。

③嗜欲　亦作「嗜慾」。嗜好和欲望。恆指貪圖身體感官方面的享受。荀子性惡：「妻子具而孝衰於親，嗜欲得而信衰於友，爵祿盈中忠衰於君。」南史沈約傳：「約性不飲酒，少嗜慾，雖時遇隆重，而居處儉素。」近人嚴復（一八五四—一九二一）論世變之亟：「夫天地之物產有限，而生民之嗜欲無窮，孳乳寖多，鐫鑱日廣，此終不足之勢也。」

④皆「情」也　心理上發於自然之意念曰情。禮記禮運：「何謂人情？喜、怒、哀、懼、愛、惡、欲，七者弗學而能。」荀子正名：「性之好、惡、喜、怒、哀、樂謂之情。」唐韓愈原性：「情也者，接於物而生也。」北宋秦觀心說：「即心無物謂之性，即心有物謂之情。」本文此處，作「欲望」解。

⑤養情　有二義，本文此處，作「滋長（一己之）欲望」解。

⑥惡　ㄜˋ。過失。左傳定公五年：「吾以志前惡。」論語公治長：「不念舊惡，怨是用希。」

⑦縱情　放任欲望。東漢王充論衡命義：「隨命者，戮力操行而吉福至，縱情施欲而凶禍到，故曰隨命。」荀悅漢紀昭帝紀論：「剋己恕躬，好問力行，動以從義，不以縱情，是謂治主。」

⑧賊　亂德（者）。荀子修身：「保利非義之謂至賊。」

⑨折情　抑制欲望。折，杜也。猶云抑制。

⑩善　好人。禮記中庸：「送往迎來，嘉善而矜不能，所以柔遠人也。」

⑪滅情　除盡欲望。滅，除盡。易剝：「剝牀以足，以滅下也。」

⑫聖　道德、修養造乎極地者之稱。孟子萬章下：「伯夷，聖之清者也。伊尹，聖之任者也。柳下惠，聖之和者也。孔子，聖之時者也。孔子之謂集大成。」

⑬若流　像流水般，供應無已。

⑭盡飾　竭盡華美打扮。禮記玉藻「弔則襲，不盡飾也；君則在裼，盡飾也。」陳澔集說：「盡飾者，盡其文飾之道以為敬……君在則當以盡飾為故。」

⑮居處　ㄐㄩ　ㄔㄨˋ。住所。住處。後漢書袁安傳：「居處仄陋，以耕學為業。」太平廣記卷一六五引宋龐元英談藪：「（長孫道生）雖為三公，而居處卑陋，出鎮之後，子頗加修葺。」

⑯無厭　沒有限止。左傳襄公三十一年：「大夫多貪，求欲無厭。」史記魯仲連鄒陽列傳：「（鄒陽）乃從獄中上書曰：『……（聖王）封比干之後，修孕婦之墓，故功業復就於天下，何則？欲善無厭也。』」唐屈同仙（一作屈同，？—？，天寶間人。）燕歌行：「昭君遠嫁已多年，戎狄無厭不復和。」

⑰犯之不校　語本論語泰伯：「曾子曰：『以能問于不能，以多問于寡；有若無，實若虛；犯而不校，昔者吾友嘗從事于斯矣。』」犯，觸犯；犯之，猶云得罪他。校，計較。

⑱「觸」之不怒　犯。干犯。觸之，猶云造成衝突。

⑲「傷」之「不忍」　傷，毀謗。呂氏春秋舉難：「人無堯以不慈之名，……。」不忍，不忍心……。穀梁傳桓公元年：「先君不以其道終，則子弟不忍即位也。」

⑳事過堪喜　變故之後，一樣高高興興地生活。變故曰事。

【析源】

文獻不足，待考。

一四〇、不畏

張文定公曰：「謹言渾不畏，忍事又何妨？」

【語譯】

北宋張齊賢自警詩：「慎重發言，也就沒甚麼可擔心害怕。遇事忍耐，那還會有甚麼阻礙？」

【注釋】

①不畏　不害怕。詩大雅烝民：「不侮矜寡，不畏彊禦。」

②張文定公　即張齊賢，餘詳自擇所安②。

③謹言　審慎發言。南宋龔明之（一〇九一——一一八二）中吳紀聞林酒仙：「謹言終少禍，

節儉勝求人。」西遊記第五四回：「三藏回頭吩咐道：『悟能，謹言！謹言！』」

④渾　皆。都。表範圍。唐王建（七六六？—？）晚秋病中詩：「霜下野花渾著地，寒來溪鳥不成羣。」北宋王安石若耶溪歸興詩：「汀草岸花渾不見，青山無處逐人來。」南宋袁去華（？—？，乾道間與楊萬里等酬唱）點絳脣登郢州城樓詞：「樓檻凌風，四邊渾是青山繞。」

⑤忍事　詳事貴能忍耐②。

⑥又何妨　還會有甚麼阻礙。又，復。再。本文此處，作「還」（ㄏㄞˊ）解。何妨，甚麼阻礙。猶無礙；有甚麼不好。北史后妃傳上文帝文皇后乙弗氏：「后美容儀，少言笑，年數歲，父母異之，指示諸親曰：『生女何妨也。若此者，實勝男。』」元張翥（一二八七—一三六八）瑞龍吟詞：「何妨共磯頭把釣，梅邊徐步。」

【析源】

北宋吳處厚（？—？，元祐間卒）青箱雜記卷二：「（張）齊賢嘗作詩自警，兼遺子孫，雖詞語質樸，而事理切當，是為規戒。其詩曰：『慎言渾不畏，忍事又何妨。國法須遵守，人非莫舉揚。無私乃克己，直道更和光。此箇如端的，天應降吉祥。』余嘗廣其意，就每句一篇，命曰八詠警戒詩，……。」北京大學（古文獻研究所）編纂全宋詩（民七八梓行）亦收錄有該首詩；榮按：張文定生前文集、表疏等數十卷，夙已佚。全宋詩卷四七錄渠詩八首、全宋文卷九八、九九收渠文二卷。又，所撰洛陽縉紳舊聞記五卷，今存有明穴硯齋抄本、清四庫全書本，並誌於此。

一四一、戒怒

孔旻曰：「盛怒劇炎熱，焚和徒自傷。觸來勿與競，事過心清涼。」

【語譯】

北宋隱士孔旻詩：「雷霆之怒，恐比火傘高張的酷暑令人難受。毀了中和之性，只會害了自己。面對冒犯，不要和對方爭辯。變故一了，內心也就平靜無擾。」

【注釋】

①戒怒　革除發脾氣的壞習性。戒，革除。論語季氏：「孔子曰：『君子有三戒。少之時，血氣未定，戒之在色；及其壯也，血氣方剛，戒之在鬭；及其老也，血氣既衰，戒之在得。』」怒，謂發脾氣之習性也。

②孔旻　參愍寒架橋③。

③盛怒　詳趙清獻公座右銘⑨。

④劇　極。甚。南朝陳徐陵（五〇七—五八三）長相思詩之一：「秋來瘦轉劇，衣帶自然寬。」南宋吳曾能改齋漫錄記事一：「待制唐公肅，雅有遠識。先與丁晉公同舉進士，劇相善。」清孫枝蔚新春詩：「往事休重問，新春劇可哀。」

⑤炎熱　氣候極熱。多指酷暑而言。西漢班婕妤（前四八—前六）怨歌行：「常恐秋節至，涼風奪炎熱。」抱朴子逸民：「朝為張天之炎熱，夕成冰冷之委灰。」唐杜甫寄楊五桂州詩：「五嶺皆炎熱，宜人獨桂林。」南宋陸游六七月之交山中涼甚詩：「城市方炎熱，村墟乃爾涼。」

⑥焚和　毀中和之性。莊子外物：「利害相磨，生火甚多，眾人焚和。」郭象注：「眾人而遺利則和，若利害存懷，則其和焚也。」成玄英疏：「馳心利害，內熱如火，故燒焰中和之性。」清姚鼐戊午九月十四日出雲棲樓寺作詩：「焚和從一念，繫物沮高蹈。」

⑦徒自傷　白白地傷了自己。徒，徒然。即白白地。韓非子內儲說上：「因載而往，徒獻之。」陳奇猷集釋引舊注：「徒獻胥靡不取都、金。」史記廉頗藺相如列傳：「欲予秦，秦城恐不可得，徒見欺。」南朝宋鮑照擬古詩之四：「空謗齊景非，徒稱夷叔賢。」南宋陳造（一一三三—一二〇三）望夫山詩：「野花徒自好，江月為淮白。」自傷，自己傷害自己。國語吳語：「使淫樂於諸夏之國，以自傷也。」莊子達生：「公則自傷，鬼惡能傷公？」

⑧觸來　面臨冒犯。觸，冒犯。東漢王符潛夫論賢難：「忠正之言，非徒譽人而已也，必有觸焉。」新唐書李渤傳：「渤既以峭直觸要臣意，乃謝病歸。」

⑨勿與競　不要和對方爭辯。與，同。跟。競，爭也。

⑩清涼　詳忿忍過片時心便清涼①。

【析源】

文獻不足，待考。

一四二、忍垢

山谷詩曰：「無人明此心，忍垢待濯盥。」

【語譯】

北宋黃庭堅詩：「沒有人了解我的這顆心，忍受汙垢，等候洗滌一番。」

【注釋】

①忍垢　忍受汙垢。黃庭堅戲答王充道烹茶詩之二：「何須忍垢不濯足，苦學梁州陰子春。」榮按：陰子春（？—五五一）字幼文。武威（治今甘肅武威）姑臧人。祖先徙居荊州南平。仕梁，歷南梁州、梁秦州刺史。（南史卷六四）

②山谷　山谷道人，即黃庭堅。庭堅（一〇四五—一一〇五）。北宋分寧（今江西修水縣）人。字魯直，號山谷道人。嘗謫居涪州，又號涪翁。治平四年（一〇六七）進士。調葉縣尉。哲宗時預修神宗實錄，遷著作佐郎，升起居舍人。紹聖初，知鄂州。章惇蔡京以修實錄不實，貶涪州別駕。至徽宗初召還。後又以文字罪除名，貶宜州，卒於其地。魯直詩學杜甫，而能自闢門徑，為江西詩派之祖。初與秦觀、張耒、晁補之遊於蘇軾之門，人稱蘇

門四學士。晚年位益黜、名益著，世以與蘇軾並稱，曰蘇黃。善書真行草，以真體為第一。（宋史卷四四四）。

③無人　沒有人。史記范睢蔡澤列傳：「秦王屏左右，宮中虛無人。」三國魏應璩（一九〇—二五二）與侍郎曹良思書：「足下去後，甚相思想。叔田有無人之歌，闉闍有匪存之思，風人之作，豈虛也哉！」榮按：「詩鄭風叔于田：「叔于田，巷無居人。豈無居人，不如叔也，洵美且仁。」又，出其東門：「出其闉闍，有女如荼。」此即應璩所稱：叔田有無人之歌，闉闍有匪存之思。闉闍，ㄧㄣ ㄉㄨ。

④明此心　了解我的這顆心。明，了解。南宋朱熹中庸章句序：「所明夫堯之一言，必如是而後可庶幾也。」此心，我的這顆心。

⑤待濯盥　等候洗滌一番。待，竢。等候。易繫辭下：「君子藏器於身，待時而動。」東晉陶潛雜詩：「及時當勉勵，歲月不待人。」濯盥，盥洗。北宋蘇軾次韻子瞻病牛贈提刑段繹：「譬如近膏油，未肯忘濯盥。」盥，ㄍㄨㄢˋ。盥洗，洗滌。後漢書獨行傳李業：「及聞述誅，皆盥洗更視曰：『世適平，目即清。』」唐玄奘大唐西域記印度總述：「凡有饌食，必先盥洗，殘宿不再。」

【析源】

黃庭堅山谷外集卷五見子瞻餐字韻詩和答三人四返不困而愈崛寄次韻奇輒彭門三首之二：

「人生等尺捶，豈耐日取半。誰能如秋蟲，長夜向壁歎。朝四與暮三，適為狙公玩。臭腐暫神奇，唷噫即飄散。我觀萬世中，獨立無介伴。小黠而大癡，夜氣不及旦。低首甘豢養，尻睢登俎案。所以終日飲，醉眠朱碧亂。無人明此心，忍垢待濯盥。仰看東飛雲，只使衣帶緩。先生古人學，百氏一以貫。見義勇必為，少作衰俗懦。忠言願回天，不忍數吞炭。還從股肱郡，待詔圖書館。投壺得賜金，侏儒餘飽暖。寧令東方公，但索長安粲。」

一四三、忍窮

東萊呂先生詩云：「忍窮有味知詩進，處事無心覺累輕。」

【語譯】

呂東萊先生的詩點出：「安於困躓，直達有情趣的境地，才瞭解自己的詩作已經長進；不帶成見地辦理公務，擔心和顧慮隨之減少許多。」

【注釋】

①忍窮　安於困躓。困躓曰窮。論語衛靈公：「在陳絕糧，從者病，莫能興。子路慍見之，曰：『君子亦有窮乎？』」莊子秋水：「知窮之有命，知通之有時。」三國魏李康（？—？）運命論：「是以聖人處窮達如一也。」

②東萊呂先生　呂祖謙（一一三七—一一八一）南宋壽州（治今安徽鳳臺）人。字伯恭，其祖呂好問封東萊郡侯，學者以是稱東萊先生。初以蔭補入仕，後舉隆興進士，又中博學宏

詞科。歷太學博士，官至著作郎兼國史院編修、實錄院檢討。渠謂「國仇未雪，民力殫盡」，「百弊俱極」（淳熙四年論斷札子二道）。主張抗金，改革弊政。居明招山講學，晚年辦理麗澤書院，「四方之士爭趨之」，形成「婺學」（又稱呂學或金華學派。與朱熹、張栻齊名，稱東南三賢。渠曾與朱熹、陸九淵聚會鵝湖，辯論學術。其學調和朱陸，「並兼取其長」（宋元學案卷五一）稍偏于陸。又受永嘉、永康學派影響，「合陳君舉、陳同甫二人之學問而一之」（宋元學案卷五一）。祖謙尚史學。為學主「明理躬行」，提倡經史以致用，為前清浙東學派之先導。著有春秋左氏傳說、春秋左氏傳續說、東萊左氏博議、呂氏家塾讀書記、歷代制度詳說，並編有宋文鑒。（宋史卷四三四等）

③有味　有情趣。史記張釋之馮唐列傳論：「張季之言長者，守法不阿意；馮公之論將率，有味哉！」唐杜牧將赴吳興登樂遊原詩：「清時有味是無能，閑愛孤雲靜愛僧。」北宋曾鞏洪渥傳：「（渥）為人和平，與人游，初不甚歡，久而有味。」

④詩進　詩作有長進。詩，指詩作言。進，長進。唐杜甫送十五弟侍御使蜀詩：「喜弟文章進，添余別興牽。」

⑤處事　詳忠恕違道不遠④。

⑥無心　沒有成見。南宋周煇清波別志卷上：「朕以無心處之，無心則明，無心則不偏，無心則不私。」

⑦覺累輕　擔心和顧慮減少許多。心所感悟曰覺（ㄐㄩㄝˊ）。唐許稷（？—？）閏月定四時詩：

「乍覺年華改，翻憐物候遲。」盧綸晚次鄂州詩：「估客晝眠知浪靜，舟人夜語覺潮生。」累，ㄌㄟˋ。憂患；意謂擔心與顧慮。莊子至樂：「子之談者似辯士。諸子所言，皆生人之累也，死則無此矣。」三國志魏志荀彧傳：「天下雖有逆節，必不能為累，明矣。」輕，與「重」相對。在此，引申作「減少」解。

【析源】

呂祖謙東萊先生詩集卷七試院中呈工曹惠子澤教授張彥實詩：「十日虛房罷送迎，不知新鴈已南征。忍窮有味知詩進，處事無心覺累輕。殘葉入簾收薄暑，破窗留月漏微明。知公坐穩無它念，識我階前拄杖聲。」（涵芬樓影印日內閣文庫藏宋刊本）。

一四四、云忍

陸放翁詩曰：「忿慾至前能小忍，人人券內有期頤。」又曰：「毆攘雖快心，少忍理則長。」又曰「小忍便無事，力行方有功。」

【語譯】

陸游的詩提到：「面對怨恨和慾望，能夠稍作克制，每個人都有活到一百歲的機會。」又說：「搏擊雖然滿足一時的暢快；略作克制而不爭就更有立場。」又說：「稍作克制就沒有變故，傾力實踐才會有績效。」

【注釋】

①陸放翁　陸游（一一二五—一二一〇）。南宋越州山陰（今浙江紹興）人。字務觀，號放翁。祖陸佃。放翁於紹興中試禮部，因遭秦檜忌，遭黜免。孝宗時，賜進士出身，除樞密院編修，後出任建康、夔州等地通判。轉入王炎及范成大幕府。光宗時，以寶章閣待制致仕。游力主抗金，屢受排擠。一生寫詩近萬首，題材廣闊，多清新之作；其政論性詩作多抒發愛國義憤，關心人民疾苦，風格雄渾豪邁，為南宋一大家。詞與散文成就亦高。著有劍南詩稿、渭南文集、南唐書、老學庵筆記、放翁詞、入蜀記等書。（宋史卷三九五）。

②忿慾……忍　忿慾，怨恨和慾望。至前，到跟前。引申作「面對」、「面臨」解。小忍，參小忍①。

③人人……頤　人人，猶云大家。劵內，分內。陸游送辛幼安殿撰造朝詩：「功名固是劵內事，且葺園廬了婚嫁。」期頤，一百歲。語本禮記曲禮上：「百年曰期、頤。」孫希旦集解引方氏愨曰：「人生以百年為期，故百年以期名之。」唐李華四皓銘：「抱和全默，皆享期頤。」陸游初夏幽居詩之五：「余生已過足，不必到期頤。」

④毆攘雖快心　毆攘，猶云搏擊侵犯。北宋王禹偁賀聖駕還京表：「蕞爾林胡，無名內侮，蜂屯烏合，鼠竊狗偷，必想邊民奪梃以毆攘，亭長持繩而縶縛，豈勞車駕遠涉山川？」快心，滿足於暢快。猶稱心。史記平津侯主父列傳：「靡獘中國，快心匈奴，非長策也。」

⑤少忍……長　少忍，猶小忍，餘參小忍①。道曰理；理長，猶謂比較有立場。

⑥無事　沒有變故。變故曰事。

⑦力行　努力實踐。禮記中庸：「好學近乎知，力行近乎仁，知恥近乎勇。」史記儒林列傳：「為治者不在多言，顧力行何如耳。」

⑧有功　猶云有績效。有成果。易需：「利涉大川，往有功也。」

【析源】

劍南詩稿卷五七道室雜詠六之三：「冰霜難與夏蟲語，晦朔豈容朝菌知。忿慾至前能小忍，人人券內有期頤。」又，卷八十四疾小愈縱筆作短章：「治疾如治盜，要使復其常。藉曰用戈矛，全之寧欲傷。彼盜皆吾民，初非若胡羌。奈何一朝忿，直欲事毆攘。毆攘雖快心，少忍理則長。華陀古神醫，煎浣到肺腸。取效雖卓犖，去死真毫芒。君審欲除盜，惟當法龔黃。撫摩倘有道，四境皆耕桑。我亦以治疾，不減玉函方。」榮按：漢循吏龔遂、黃霸合稱龔黃。又，卷六三自規：「忿慾俱生一念中，聖賢本亦與人同。此心少忍便無事，吾道力行方有功。碎首寧聞怨飄瓦，開弓固不慕冥鴻。老翁已落江湖久，分付餘年一短篷。」

一四五、忍無辱

省心子曰：「誠無悔，恕無怨，和無仇，忍無辱。」

【語譯】

省心子說：「一個人能做到『誠』，就不恨；能做到『恕』，就不怨；能做到『和』，就不會有讎敵；能做到『忍』，就不會蒙恥。」

【注釋】

①無辱　不會蒙恥。蒙恥曰辱。禮記祭義：「不辱其身，不羞其親，可謂孝矣。」論語微子：「不降其志，不辱其身，伯夷叔齊與！」

②省心子　詳屈己②，茲從略。

③誠　真實無妄。書太甲：「鬼神無常享，享于克誠。」禮記中庸：「誠者，天之道也。」注：「誠者，真實無妄之謂。」

④無悔　不恨。恨曰悔。詩召南江有汜：「不我以，其後也悔。」淮南子氾論訓：「故桀囚於焦門，而不能自非其所行，而悔不殺湯於夏臺。」唐王昌齡閨怨詩：「忽見陌頭楊柳色，悔教夫婿覓封侯。」

⑤恕　推己及人。論語衛靈公：「子貢問曰：『有一言可以終身行之者乎？』子曰：『其恕乎！己所不欲，勿施於人。』」

⑥無怨　猶不怨。仇曰怨；恨曰怨。禮記儒行：「內舉不避親，外舉不避怨。」孟子萬章上：「父母惡之，勞而不怨。」

⑦和　睦。親厚之稱也。國語周語三：「言忠必及意，……言惠必民和，言讓必及敵。」論語學而：「禮之用，和為貴。」

⑧無仇　不會有讎敵。讎敵曰仇。詩秦風無衣：「脩我戈矛，與子同仇。」

⑨忍　克制。抑制。

【析源】

省心雜言：「誠無悔，恕無怨，和無仇，忍無辱。」（不分卷）。

一四六、先度

釋迦佛初在山中修行，時國王出獵，問獸所在。若實告之則害獸；不實告之則妄語。沉吟未對。國王怒，斫去一臂。又問，亦沉吟未對。又斫去一臂。乃發願云：「我作佛時先度此人，不使天下人傚彼為惡。」存心如此，安得不為佛。後出世果成佛，先度憍陳如者，乃當時國王也。

【語譯】

略。

【注釋】

①先「度」　佛學術語。渡也。生死譬海，自渡生死海又渡人，謂之度。又梵語波羅蜜，譯曰度。渡生死海之行法也。錄自近人丁福保（一八七四－一九五二）佛學大辭典下。

②釋迦佛　即釋迦牟尼（梵語 Sākyamuni 約公元前五六三－前四八三年。）佛教始祖。姓喬

達摩，名悉達多。中印度迦毘羅國淨飯王之長子，母名摩耶。年十九（一說二十九）歲入雪山苦行六年，出山後，在迦耶山菩提樹下，得悟世間無常與緣起諸理，即在鹿野苑初轉法輪，說苦集滅道四諦及八正道，而後四出，凡四十餘年，年八十示寂于拘尸那白誠跋陀河邊娑羅雙樹間。弟子甚多，著名者有大迦葉等十人，稱佛門十哲。

③修行　四法之一。如：理修習作行也。通於身語意之三業。漢書儒林傳：「嚴彭祖曰：『凡通經術，固當修行先王之道。』淮南子詮言訓：「君子修行而使善無名，布施使仁無章。」按修行本士君子所共務；自晉書謂鳩摩羅什不拘小檢，修行者頗疑之，後人遂專以為釋氏言。如：白居易長齋詩：「三春多放逸，五月暫修行。」蘇軾僧爽白雞詩：「斷尾雄雞本畏烹，年來聽法伴修行。」法華經藥草喻品：「漸漸修行，皆得道果。」無量壽經下：「應當信順，如法修行。」（何編佛學大辭典下）。榮按：晉書卷九五藝術鳩摩羅什：「（羅什）為性率達，不拘小檢，修行者頗共疑之。然羅什自得於心，未嘗介意，專以大乘為化，諸學者皆共師焉。」

④妄語　十惡之一。以欺他之意，作不實之言者。知度論十四：「妄語者，不淨心欲誑他，覆隱實、出異語、生口業，是名妄語。」大乘義章七：「言不當實，故稱為妄。妄有所談，故名妄語。」涅槃經卅八：「一切惡事，虛妄為本。」（何編佛學大辭典上）。

⑤沉吟　本作「沈吟」，遲疑。猶豫。後漢書隗囂傳：「邯得書，沈吟十餘日，乃謝士眾，歸命洛陽。」晉書劉曜載記：「準自以殺曜母兄，沈吟未從。」

⑥「斫」去 ㄓㄨㄛˊ。用刀斧等利器砍或削。韓非子姦劫弒臣：「賈舉射公，中其股，公墜，崔子之徒以戈斫公而死之。」唐杜甫一百五日夜對月詩：「斫卻月中桂，清光應更多。」元李翀（？—？）日聞錄：「古者斬人，必加鍖上而斫之。」

⑦發願 佛教語。謂普度眾生之廣大願心也。法華經提波達多品：「於多劫中常作國王，發願求於無上菩提，心不退轉。」唐白居易香山寺新修經藏堂記：「先是，樂天發願修香山寺，既就，迨今七八年。」

⑧作佛 猶云修成道果。

⑨憍陳如 梵語kāuṇḍinya，今多譯作憍陳那。亦稱拘鄰。初，釋尊出家求道，淨飯王命供奉共為苦行，後釋尊觀破苦行於成道無効而棄之，彼以此為釋尊破戒墮落，與四比丘共去。後於波羅捺國鹿野苑受釋尊教化為弟子，乃佛最初之弟子也。（何編佛學大辭典下）

【析源】

待考。

一四七、佛言三則

佛曰：「我得無諍三昧，人中最為第一。」又曰：「六度萬行，忍為第一。」又曰：「忍辱波羅蜜。」

【語譯】

從略。

【注釋】

①佛　有多義，在此，指稱佛陀。佛陀省詞作佛。本義曰覺。佛教徒用以對釋教創始者釋迦牟尼之尊稱。東晉袁宏（三二八—三七六）後漢紀明帝紀下：「浮屠者，佛也。西域天竺有佛道焉。佛者，漢言覺，將悟羣生也。」魏書釋老志：「所謂佛者，本號釋迦文者，譯言能仁。」清梁紹壬（？—？）兩般秋雨盦隨筆佛誕：「春秋：『莊七年夏四月辛卯夜，恆星不見，夜中星隕如雨。』相傳是日為佛降生之日。」

②無諍三昧　無爭競之心曰無諍。已至精妙處謂之三昧。金剛經略疏中云：「無諍三昧者，以其解空，則彼我俱忘，能不惱眾生，亦能令眾生不起煩惱故也。」智度論十一：「無諍三昧相，常觀眾生不令心惱，多行憐愍。」維摩經三注：「肇曰：『善吉於五百弟子中解空第一，常順法相，無違無諍。內既無諍，外亦善順羣心。令無諍訟，得此定名無諍三昧也。』唐懷讓禪師（六七七—七四四）著無諍三昧法門二卷。

③人中　猶人間。百喻經伎兒作樂喻：「人中天上雖受少樂，亦無有實。」

④第一　猶云最重要。

⑤六度　即六波羅密。舊稱波羅蜜，譯曰度。新稱波羅蜜多，譯曰到彼岸。度為度生死海之義；到彼岸為到涅槃岸之義，其意一也。其波羅蜜之行法有六，故稱。仁王經上：「六度

四攝一切行。」

⑥萬行　謂一切之行法。菩提心論：「復經三僧祇劫，修六度萬行，皆悉具足，然證佛果。」

⑦忍辱波羅蜜　六波羅蜜之一。波羅蜜，梵語 pāramitā。又作波羅蜜多、播囉弭多。意謂究竟；到彼岸；度無極。又單譯「度」。以名菩薩之大行者。菩薩之大行，能究竟一切化他之事，故名事究竟。乘此大行能由生死之此岸達涅槃之彼岸，故名到彼岸。因此大行能度諸法之廣遠，故名度無極。大乘義章十二：「波羅蜜者，是外國語。此翻為度，亦名到彼岸。……波羅者岸，密者是到。」仁王經良賁疏上一：「言波羅者，梵語也。此云彼岸，對彼說此。此岸者何？於四諦中已起苦集而為此岸，未起苦集而為中流。涅槃菩提即滅道諦而為彼岸。……言蜜多者，梵語也。此其二義：離義到義；於生死中，離此到彼。」忍辱，梵語 kṣānti，漢譯忍辱，忍受諸侮辱惱害而無恚恨也。

【析源】

金剛經一相無相分第九：「佛說我得無諍三昧，人中最為第一，是第一離欲阿羅漢。」菩提心論：「復經三僧祇劫，修六度萬行，皆悉具足，然證佛果。」金剛經不受不貪分第二十八：「知一切法無我，得成於忍。」又，離相寂滅分第十四：「須菩提，忍辱波羅蜜，如來說非忍辱波羅蜜，是名忍辱波羅蜜。」

一四八、讚佛

涅槃經：「昔有一人讚佛為大福德相①。聞者乃大怒②，曰：『生纔七日，母便命終③，何者為大福德相？』讚者曰：『年志俱盛④而不卒暴，打而不嗔，罵亦不報，非大福德相乎？』怒者心服。」

【語譯】

略。

【注釋】

①大福德相　謂通身含攝一切善行之狀貌也。大，梵語作 Mahā，音譯摩訶。長水楞嚴義疏三下：「周遍含攝，體無不在，物無不且。非因待小當體受稱，故名為大。」一切善行曰福；又以名善行所得之福利。無量壽經下：「福德自然。」相，梵語作 Lakṣaṇa，音譯攞乞尖拏。大乘義章三本：「諸法體狀，謂之為相。」

②大怒　猶盛怒。

③命終　生命終止。謂死亡。百喻經嘗庵婆羅果喻：「一旦命終，財物喪失。」

④年志俱盛　年盛志亦盛，謂青壯之年且志氣旺也。榮按：「年志」一詞原作「年來之志」解。南齊書鬱林王紀：「年志稍改，立守神器。」附誌於此。

⑤卒暴 ㄘㄨˋ ㄅㄠˋ。急促。緊迫。公羊傳襄公二十五年：「入巢之門而卒也。」何休註：「吳子欲伐楚，過巢不假塗，卒暴入巢門。」唐杜甫雨詩：「前雨傷卒暴，今雨喜容易。」本文此處，用以形容個性。

⑥嗔 ㄊㄢˊ。又讀ㄔㄣ。怒。生氣。三國志吳志朱桓傳：「輒嗔恚憤激。」

⑦不「報」答。晉書天文志：「奏事待報。」本文此處，作「回應」解。

【析源】

略。

一四九、忍辱

人趣經云：「為人端正，顏色潔白，姿容第一，從忍辱中來。」

【語譯】

略。

【注釋】

①忍辱 參佛言三則⑦。

②人趣經 佛經之一。

③為人端正 做人規規矩矩、堂堂正正。

④顏色潔白　臉龐乾淨無垢，神色溫和白皙。

⑤姿容第一　第一姿態容貌曰姿容。第一，詳佛言三則④。

【析源】

從略

一五〇、道懺

朝天懺曰：「為人富貴昌熾者，從忍辱中來。」

【語譯】

略。

【注釋】

①朝天懺　全稱太上靈寶朝天謝罪大懺，不分卷，道藏之一。

②為……者　做一個人既富且貴同時家族興旺的原因是……。為人，在此作「做一個人」解，意謂人生在世也。資財雄厚曰富，地位顯赫曰貴。論語顏淵：「商聞之矣：死生有命，富貴在天。」孟子滕文公下：「富貴不能淫，貧賤不能移，威武不能屈，此之謂大丈夫。」昌熾，興旺。昌盛。語出詩魯頌閟宮：「俾爾昌且熾，俾爾壽而富。」西漢劉向說苑建本：「夫穀者，國家所以昌熾，士女所以姣好，禮義所以行，而人心之所以安也。」北宋王闢

之（？—？；紹聖初仍在世）澠水燕談錄名臣：「子孫昌熾，世世無比。」清魏源默觚上學篇八：「詩三百篇，福祿壽考，子孫昌熾，頌禱嘏祝而不疑。」

③從……來　參忍辱①、佛言三則⑦。

【析源】

從略。

一五一、警句（一）

紫虛元君曰：「饒、饒、饒，萬禍千災一旦消，忍、忍、忍，債主寃家從此盡。」

【語譯】

略。

【注釋】

①紫虛元君　道教人物。本名魏華存（二五二—三三四）。晉任城（今山東濟寧）人。博覽百家，通五經，尤耽好老莊。得清虛真人（王褒）等降授「神真之道」，景林真人授予黃庭經，被尊為上清派第一代宗師。道藏輯要氏集收有元始大洞玉經三卷、元始火洞玉經疏要十二義一卷、大洞玉經壇義一卷、總論一卷，均題為渠疏義。（太平御覽卷六六一、六

六九、卿希泰等著道教史第二章）。

②饒、饒、饒　一饒再饒三饒。謂一而再、再而三地寬容。饒，ㄖㄠˊ。寬容。東漢應劭（？—二〇四？）風俗通怪神世間人家多有見赤白光為變怪者：「公祖曰：『怪異如此，救族不暇，何能致望於所不圖？此相饒耳。』」王利器校注：「鮑照樂府：『日月流邁不相饒。』隋書劉炫傳：「『自贊曰：家業貧窶，為父兄所饒。』」饒字義與此同，謂相容也。唐杜甫立秋後題詩：「日月不相饒，節敘昨夜隔。」清李漁風箏誤釋疑：「夫人饒了我這條狗命，和了罷。」

③萬禍千災　很多的災禍。萬、千皆用以形容極多。害曰禍，災殃之稱。禮記表記：「君子慎以避禍。」左傳襄公二十三年：「禍福無門，唯人所召。」老子：「禍莫大於不知足。」疫癘、水、旱曰災；不幸之事亦曰災。周禮春官：「國有大故天烖（災）；……」左傳僖公十三年：「天災流行，國家代有；救災、恤鄰，道也。」書舜典：「眚災肆赦；……」注：「眚謂過誤，災謂不幸；若人有如此而入於刑，則又不待流有金贖而直赦之也。」

④一旦消　一時即可除去。一旦，一時。戰國策燕策二：「伯樂乃還而視之，去而顧之，一旦而馬價十倍。」孟子滕文公下：「鳥獸之害人者消，然後人得平土而居之。」

⑤忍、忍、忍　一忍再忍三忍。謂一而再、再而三地克制住情緒。忍，詳有容乃大④。

⑥債主　泛指錢財借予他人者。世說新語任誕：「桓宣武（按：桓溫）少家貧，戲大輸，債主敦求甚切，思自振之方，莫知所出。」

⑦冤家　一作「冤家」。仇敵。唐張鷟朝野僉載卷六：「梁簡文王（蕭綱）之生，誌公謂武帝（蕭衍）曰：『此子與冤家同年生。』」榮按：冤家指侯景也。

⑧從此盡　這時起不再有了。說文皿部：「盡，器中空也。」謂從此不再有債主、冤家。

【析源】

文獻不足，待考。

一五二、警句（二）

赤松子誡曰：「忍則無辱。」

【語譯】

略。

【注釋】

①赤松子　我國古代神話傳說中之神仙，後為道教尊奉為太極真人。據傳說：赤松子形貌甚怪異，渾身黃毛，四肢指甲長若利爪，上體著草披風、下身繫皮裙，篷頭赤足，手持柳枝，曾於王屋山修鍊多年，能隨意出入燃燒中之烈火。後又隨赤真人遍遊五嶽山川，吸收世間精華。赤真人化為赤色神首飛龍，赤松子亦化為赤龍緊從其後，嘗遨遊于崑崙山，棲息于王母石室中。能隨風雨上下騰飛。曾以服水玉而教神農嚐百草，為世人尋覓治病良藥。神

農之女隨渠學法，後成道為仙女，升天而去。列仙傳稱其為神農時雨師，一說為帝嚳之師；相傳渠於金華山仙遊，故山上有赤松祠、赤松澗。張良佐劉邦定天下後，功成身退，「願棄人間事，欲從赤松子游耳。」四川松潘縣志載，治域東南隅，赤松子棲真于此。（搜神記卷一、太平御覽卷六六一、三才圖會人物第十卷、史記卷五五等）。

②誡　戒飭。通「戒」。

③忍則無辱　克制情緒便不會蒙恥。忍，詳有容乃大④。則，便。表相承關係。論語泰伯：「恭而無禮則勞，慎而無禮則葸，勇而無禮則亂，直而無禮則絞。」商君書靳令：「任功則民少言，任善則民多言。」無辱，詳無辱①。

【析源】

赤松子中誡經第八：「好生惡殺，禮敬不虧，……寬懷忍辱。」（正統道藏第八冊）

一五三、警句（三）

許真君誡曰：「忍難忍事，順自強人。」

【語譯】

略。

【注釋】

①許真君　許遜（？—三七四）。東晉汝南（今屬河南）人；一說南昌（今屬江西）人。字敬之。年二十從吳猛學道，盡得其秘傳。後舉孝廉，曾為旌陽令。見世亂，棄官東歸，周游江湖。傳于寧康二年（三七四）全家拔宅飛升。北宋徽宗敕封為神功妙濟真君。世稱許真君或許旌陽。一說享壽百卅餘歲。

②誡　詳警句（二）②。

③忍難忍事　克制情緒以面對不易容忍的變故。

④順自強人　依從不斷努力以自求上進的人。順，依從。詩大雅皇矣：「不識不知，順帝之則。」說苑臣道：「君道友逆，則順君以誅友；友道君逆，則率友以違君。」自強，努力自求上進。易乾：「天行健，君子以自強不息。」禮記表記：「子曰：『君子莊敬日強，安肆日偷。……』」後人遂有莊敬自強一詞。

【析源】

撰者究摘錄自何書，文獻不足，待考。

一五四、警句（四）

孫真人曰：「忍則百惡自滅，省則禍不及身。」

【語譯】

略。

【注釋】

①孫真人　本名孫志堅，金元間道士，生卒年不可考。又稱虛寂大師，為丘處機（一作邱處機）嫡傳弟子、十八宗師之一。渠嘗隨長春真人西行，至阿不罕山，因前途峻險，遵師命與宋道安等九人於該地建棲霞觀。還燕京後住天長觀。後遊名山，遂不知所終。元武宗至大間（一三〇八—一三一一）敕贈明誠體妙虛寂真人，世稱孫真人。

②忍　詳有容乃大④。

③百惡自滅　各種邪惡自然除去。百惡，各種邪惡。呂氏春秋達鬱：「國鬱處久，則百惡並起，而萬災叢至矣。」史記外戚世家：「丈夫當時富貴，百惡滅除，光耀榮華；貧賤之時何足累之哉！」西晉傅玄豫章行苦相篇：「心乖甚水火，百惡集其身。」自，自然。當然。史記田單列傳：「即墨人從城上望見，皆涕泣，俱欲出戰，怒自十倍。」北宋蘇軾上神宗皇帝書：「穀貴之際，千斛在市，物價自平、一市之價既平，一邦之食自足。」滅，消逝。莊子應帝王：「列子追之，不及，反以報壺子曰：『已滅矣，已失矣，吾弗及也。』」

④省　ㄒㄧㄥˇ。複憶自己的思想、行為，並檢視其中的錯誤。論語學而：「曾子曰：『吾日三省吾身，為人謀而不忠乎？與朋友交而不信乎？傳不習乎？』」史記仲尼弟子列傳：「回也如愚，退而省其私，亦足以發，回也不愚。」唐司空圖退居漫題詩之六：「努力省前非，人生上壽稀。」

⑤禍不及身　不會親身受到災殃。禍，詳警句（一）③。及身，親身受到。戰國策趙策四：「此其近者禍及身，遠者及其子孫。」孟子盡心下：「孟子曰：『諸侯之寶三：土地、人民、政事。寶珠玉者，殃必及身。』」及，達到。儀禮燕禮：「賓入及庭。」

【析源】

撰者究錄自何書，文獻不足，待考。

一五五、警句（五）

超然居士曰：「逆境當順受。」

【語譯】

略。

【注釋】

①超然居士　本名趙令衿（？—一一五八）。宋宗室，燕王德昭後裔，嘉孝穆公世峡之子。大觀二年（一一〇八）舍選。靖康初，為軍器少監，言事忤旨，奪官。紹興七年（一一三七），以都官員外郎召，後以請留張浚，復罷。久之，抵臨安，除德安府通判，遷知泉州。秦檜兄壻汪召錫使人訴渠謗訕朝政，侍御史董德元劾之，詔下獄，追一官勒停，令南外宗正司拘之。檜銜令衿，必欲置諸死地。檜卒，復爵。廿六年，授明州觀察使，襲封安定郡

王。尋加慶遠軍承宣使。二十八年卒，贈開府儀同三司。（宋史卷二四四）。

②逆境　不順利的境遇。南宋劉過（一一五四—一二〇六）泊船吳江縣詩：「逆境年年夢，勞身處處愁。」清朱錫（？—？）幽夢續影：「少年處不得順境，老年處不得逆境，中年處不得閒境。」

③當　應該。

④順受　不作抗拒，坦然接受。孟子盡心上：「莫非命也，順受其正；是故知命者不立乎巖牆之下。」南宋周密齊東野語許公言：「君手有直紋，未可量，但早年亦艱困，宜順受之，壽可至六十九。」

【析源】

撰者究摘錄自何書，文獻不足，待考。

一五六、諺（一）

諺曰：「忍事敵災星。」

【語譯】

流傳的俗話說：「用忍耐的態度來面對各種變故，足以抵擋災星的出現。」

【注釋】

①諺　ㄧㄢˋ。流傳的俗話。禮記大學：「故諺有之曰：『人莫知其子之惡，莫知其苗之碩。』」左傳隱公十一年：「周諺有之曰：『山有木，工則度之；賓有禮，主則擇之。』」史記秦始皇本紀：「野諺曰：『前事不忘，後事之師也。』」

②忍事　詳事貴能忍耐②。

③敵　抗拒。史記項羽本紀：「吾騎此馬五歲，所當無敵。」又，李將軍列傳：「數與虜敵戰，恐亡之，於是乃徙為上郡太守。」北史呂司禮傳：「講書論易鋒難敵。」本文此處，作「抵擋」解。

④災星　古人恆以天象附會人事，謂某一星辰呈現異常，人世間將有相應之災變，因稱引發災變之星體曰災星。後世星命家據以謂個體之命運亦與星辰攸關，流年不利，往往，由于災星照臨也。元楊暹（？—？）劉行首第二折：「你道是花星照，福星照，怎不怕災星照。」明梁辰魚（約一五二一—約一五九四）浣紗記聖別：「我今年流年不好，正應今日。若過午時，則災星過度，太平無事。」

【析源】

南宋劉清之戒子通錄卷六：「諺有之曰：『忍事敵災星。』」忍經此章文字，源於上揭文，唯吳亮將「有之」二字予以省略耳。經查今存司空表聖詩集（卷五）及全唐詩（卷六二八）皆刊載有此一逸句。南宋陸游老學庵筆記卷四：「今世（按指南宋）所道俗語多唐以來人詩『何人更白死前休』，韓退之詩也。『林下何曾見一人』，靈澈詩也。『長安有貧者，為瑞不宜多。』羅隱詩也。……『忍事敵災星。』司空圖詩也。……」劉清之既少陸游十歲，渠編戒子通錄時竟不察於先，逕以「諺」稱之。元吳亮輯忍經在後，復未詳究而逕抄之。所謂一「諺」再「諺」，作者遂告除名。司空圖（八三七—九〇八），唐河中虞鄉（今山西永濟）人。字表聖，自號知非子、耐辱居士。咸道十年（八六九）登進士第。累官至中書舍人。昭宗時，以諫議大夫、戶部侍郎召，均以疾固辭。朱全忠為帝，以禮部尚書召，亦辭不赴。後梁開平二年，聞唐哀帝遇害，遂不食而卒，年七十二。圖能文工詩，詩多近體，絕句尤居多。詩文高雅，渠詩格尤非晚唐諸子所可望也（直齋書錄解題陳振孫評語）。亦善論詩，強調「韻外之致」、「味外之旨」，以為「辨於味而後可以言詩。」今存有司空表聖詩集五卷，全唐詩編其詩為三卷。（舊唐書卷一九〇、新唐書卷一一四等）。

一五七、諺（二）

諺曰：「凡事得忍且忍，饒人不是癡漢；癡漢不會饒人。」

【語譯】

略。

【注釋】

①得忍且忍　能夠克制情緒就克制情緒。得……且……，能……就……。得，能。韓詩外傳

卷二：「不能勤苦，焉得行此。」且，就。宋無名氏張協狀元戲文第二十齣：「張協頃刻且來拜辭。」錢南揚校注：「且，猶云就。」忍，詳有容乃大④。

②饒人 寬容別人。讓人。北宋歐陽脩定風波詞：「對酒追歡莫負春，春光歸去可饒人。」明顧起元（一五六五—一六二八）客座贅語諺語：「饒人不是癡，過後得便宜。」

③癡漢 亦作「痴漢」。愚蠢的人。笨蛋。北史裴讓之傳：「文宣末年昏縱，朝臣罕有言者。讓之上書正諫，言甚切直，文宣將殺之，白刃臨頸，讓之辭色不變。帝曰：『癡漢，何敢如此！』」南宋陸游共語詩：「黃金已作飛煙去，癡漢終身守藥爐。」

【析源】

得忍且忍，語本論語衛靈公：「子曰：『巧言亂德，小不忍則亂大謀。』」兩宋間即有「得饒人處且饒人」一語，說郛卷四九引南宋俞文豹（？—？）唾玉集談出處：「蔡州褒信縣有道人工棊，常饒人先，其詩曰：『……自出洞來無敵手，得饒人處且饒人。』」型世言（第二回）、荊釵記（第廿九齣）與三寶太監西洋記（第十三回）均作「饒人不是癡，癡漢不饒人。」明馮夢龍古今譚概卷卅六雜志作「饒人不是癡漢，癡漢不會饒人。」可徵「饒人不是癡，……」、「饒人不是癡漢，……」似自宋元間即同時呈現。另有俗語作「忍是忍，饒是饒；忍饒相加禍自消。」附誌之。

一五八、諺（三）

諺曰：「得忍且忍，得戒且戒，不忍不戒，以事成大。」

【語譯】

略。

【注釋】

①得忍且忍　詳諺（二）①。

②得戒且戒　能夠防備，就要防備。戒，防備。書大禹謨：「益曰：『吁！戒哉！儆戒無虞。……』」易萃：「君子以除戎器，戒不虞。」漢書賈誼傳：「前車覆，後車戒。」

③不忍不戒　不克制情緒；不做好防備。

④小事成大　微不足道的事端，也會發展為嚴重的變故。成，為。變為。易繫辭上：「是故四營而成易，十有八變而成卦。」

【析源】

元鄭廷玉（？—？；元初彰德人）布袋和尚忍字記第一折：「你得忍且忍，得耐且耐，不忍不耐，小事成大。我救活了他，你跟我出家去麼？」「得戒且戒」，一作「得耐且耐」，詞意不同；二者可能同時流傳。

一五九、諺（四）

諺曰：「不啞不聾，不做大家翁。」

【語譯】

略。

【注釋】

①不啞不聾　不作啞不裝聾。意謂不故意不聞不問。啞，ㄧㄚˇ。不能說話。通「瘂」。聾，ㄌㄨㄥˊ。耳不聞聲之疾也。

②不做　謂不能做。

③大家翁　即家翁。指婆婆、公公。敦煌變文集父母恩重講經文：「若是家翁在上，伯叔性難，晝夜不憚劬勞，旦夕常懷憂懼，衝寒受熱，蓋是尋常。」大，尊詞。

【析源】

慎子君人：「兩貴不相事，兩賤不相使。家富則族疏，家貧則兄弟離。不聰不明不能王，不瞽不聾不能公。」東漢劉熙（？—二一六）釋名卷四釋首飾：「瑱，鎮也，懸當耳旁，不欲使人妄聽，自鎮重也。或曰充耳充塞也，塞耳亦所以止聽也。故里語曰：『不瘖不聾，不成姑公。』」此其源也，其後，字詞迭變化，義則如一。隋書長孫平傳作「不癡不聾，未堪作大家翁。」冊府元龜卷六四〇臺省部正直作「不癡不聾，不堪作大家翁。」北史長孫平傳作「不癡不聾，不做大家翁。」唐趙璘（約生於貞元末，卒於咸通九年以後）因話錄卷一、全唐詩卷八七七「代宗引諺作「不癡不聾，不作阿家翁。」明郭子章（一五四二—一六一八）諺語卷五引趙璘因話錄，同。資治通鑑唐代宗大曆二年條、元陶宗儀（南村）輟耕錄卷六作「不癡不聾，不作家翁。」南宋吳曾能改齋漫錄卷一事始作「不癡不聾，不成姑翁。」元俞鎮（？—？）學昌居筆錄、清吳秉權（？—？）綱鑒易知錄卷五二作「不癡不聾，不為家翁。」南史庾仲文傳、清褚人獲（？—？；康熙間人）堅瓠集廣集卷三、翟灝（？—一七八八）通俗編卷四倫常作「不癡不聾，不成姑公。」隋唐演義第九九回作「不癡不聾，做不得阿家翁。」唐史演義第六十回作「不癡不聾，不作姑翁。」明楊柔勝（？—？；萬曆間人。）玉環記第十五齣作「不啞不聾，怎做得阿家翁。」李素甫（？—？；晚明之人）元宵鬧第二十五折作「不瞎不癡聾，難為家主公。」醒世奇言第七回作「不癡不聾，誰做主人翁。」清錢大昕（一七二八—一八〇四）恆言錄卷六成語類作「不瘖不聾，不作家翁。」冷眼觀第二十二回作「不癡不聾，不做阿翁。」鏡花緣第九十三回、近人錢鍾書（一九一〇—一九九八）圍城七、作「不癡不聾，不作阿家翁。」張賢亮（一九三六— ）河的子孫第四章作「不瞎不聾，不做阿翁。」綜上所引述，此一諺語於明、清乃至近世，仍有諸多同義衍生詞語陸續出現。

一六〇、諺（五）

諺曰：「刀瘡易沒，惡語難消。」

【語譯】

略。

【注釋】

①刀瘡　刀傷。清王秀楚（？—？，崇禎順治間人）揚州十日記：「伯兄因傷重，刀瘡迸裂而死。」

②易沒　ㄧˋ　ㄇㄛˋ。不難消失。沒，ㄇㄛˋ。消失。西漢蘇武（？—前六〇）詩之二：「參辰皆已沒，去去從此辭。」元黃庚（？—？）西州即事詩：「山吞殘日沒，水挾斷雲流。」清王士禛池北偶談談異五趙康敏：「朱衣以袂掩面，入壁而沒。」本文此處，謂傷口癒合，肌膚恢復原狀也。

③惡語　無禮且中傷他人之言語。後漢書列女傳曹世叔妻：「擇辭而說，不道惡語。」金王若虛文辨：「子厚才識不減退之，然而令人不愛者，惡語多而和氣少耳。」

④難消　不容易除去。消，除去。使消失。漢書劉向傳：「帝堯、成王能賢舜、禹、周公而消共工、管、蔡，故以大治，榮華至今。」

【析源】

與「刀傷易合，言傷難消」同義；惟語源文獻不足，待考。

一六一、忍過堪喜

〔牧之〕詩曰：「忍過事堪喜。」此皆切於事理，為世大法，非空言也。

【語譯】

杜牧遣興詩：「克制己欲，坦然度日，值得高興。」這都十分符合事物的道理，是人間的基本法則，不是不切實際的話啊！

【注釋】

①牧之　杜牧（八〇三—八五二）唐京兆萬年（今陝西長安）人。字牧之，祖杜佑。太和二年（八二八）擢進士第，復舉賢良方正。曾任監察御史、黃、池、睦等州刺史，官至中書舍人。時值中、晚唐，渠嘗作罪言，提出削藩、強兵、固邊、反佛等主張，並注孫子。擅長近體詩，七絕清新俊邁，尤為後人推崇。文章奇警縱橫，皆有為而發，為別於杜甫，人稱小杜；與李商隱並稱小李杜。臨卒，悉焚其文稿，並自撰墓志銘，終年五十。甥裴廷翰輯其稿，編次為樊川集。（舊唐書卷一四七附杜佑傳、新唐書卷一六六）。

②忍過事堪喜　克制自我並坦然度日，值得高興。忍，克制己欲。過，謂度日。事，指克制己欲、坦然度日。堪喜，值得高興。

③切於事理　十分符合事物的道理。亦省詞作「切理」。東漢荀悅中鑒政體：「故事無不覈，物無不切，善無不顯，惡無不彰。」管子版法解：「慎觀終始，審察事理。」

④大法　基本法則。荀子儒效：「其言行已有大法矣。」唐韓愈答劉秀才論史書：「愚以為凡史氏褒貶大法，春秋已備之矣。」

⑤空言　不切實際的話。呂氏春秋知度：「至治之世，其民不好空言虛辭，不好淫學流說。」西晉盧諶（二八四—三五〇，一作二八五—三五〇）覽古詩：「秦人來求市，厥價徒空言。」

【析源】

南宋劉清之戒子通錄卷六：「少陵詩云：『忍過事堪喜。』此皆切於事理，為世大法，非空言也。」吳亮逕抄錄上揭書；按：杜甫因居杜曲，在少陵原之東，自稱杜陵布衣、少陵野老。查杜牧樊川詩集卷四遣興：「鏡弄白髭鬚，何如作老夫。浮生長勿勿，兒小且嗚嗚。忍過事堪喜，泰來憂勝無。治平心徑熟，不遣有窮途。」據此，茲將少陵訂正為牧之，庶免繼續張冠李戴也。

一六二、詩(一)

莫爭打詩：「時間忿怒便行拳，招引官方在眼前，下獄戴枷遭責罰，更須枉費幾文錢。」

【語譯】

莫爭打詩：「一時的憤怒，就揮拳動腳。目前的行為，正觸犯衙門。關進牢房、套上刑具，受責備、被懲罰。還必須白費一些銀兩。」

【注釋】

①莫爭打　不要相互較量、彼此鬭毆。

②時間　間，讀ㄐㄢ。一時。猶眼下。金董解元西廂記諸宮調卷一：「時間尚在白衣，目下風雲未遂。」凌景埏校注：「時間指目下，目前。」元秦簡夫（?—?；至順間仍在世）剪髮待賓第一折：「雖則時間受窘，久後必發跡。」水滸傳第七回：「原來是本官高太尉的衙內，不認得荊婦，時間無禮。」

③忿怒　憤怒。穀梁傳宣公十五年：「矯王命以殺之，非忿怒相殺也。」史記陳丞相世家：「帝以忿怒故，欲斬之。」南宋羅大經鶴林玉露卷十四：「國（按指武國）至山陽偃然自大，受全（按指李全）庭參。全軍忿怒，因而殺之。」

④行拳　揮拳。行，ㄒㄧㄥˊ。

⑤招引　觸犯。本義：引之使來；在此，採引申義解。古今小說汪信之一死救全家：「有我們這樣老無知老禽獸，不守本分，慣一招引閒神野鬼，，上門鬧吵！」

⑥官方　謂政府方面。本文此處指州、郡、衙門。

⑦眼前　目下。現時。北宋蘇軾次韻參寥寄少游：「巖棲木石已皤然，交舊何人慰眼前。」清梁章鉅退庵隨筆家禮一：「如今須考定人人眼前可行方好。」

⑧下獄　關進牢房。獄，ㄩˋ。牢獄；即牢房。漢書高帝紀下：「貫高等謀逆發覺，逮捕高等，並捕趙王敖下獄。」南朝梁江淹恨賦：「及夫中散下獄，神氣激揚。」北宋曾鞏李白詩集後序：「而新書又稱白流夜郎，還潯陽，坐事下獄，宋若思釋之者，皆不合白之自敘，蓋史誤也。」榮按：新書，新唐書之省詞。餘參新唐書卷二〇二文藝中。又，潯陽，亦作尋陽。

⑨戴枷　肢體被套上刑具。戴，ㄉㄞˋ。著物於于首、耳等之謂。兒女英雄傳第二十八回：「這枝簪子……姑娘便彎著腰低下頭去，請婆婆給戴好了。」枷，ㄐㄧㄚ。項械。以木為之，舊制長三尺、徑二尺九寸、重二十五斤。罪徒流配時，則用枷減窄減輕，為便其行走也。

⑩遭責罰　受到責備懲罰。遭，ㄗㄠ。受。北宋蘇軾答郭詳正謝予醉畫竹石壁上並贈劍詩：「平生好詩仍好畫，書牆涴壁長遭罵。」責罰，責備懲罰。唐玄奘大唐西域記闍爛達羅國：「故道德著聞者，竭誠敬仰；戒行虧犯者，深加責罰。」明史后妃傳序：「戒令責罰，則

宮正掌之。」

⑪更須 愈加必須。猶還須。

⑫枉費 白費。空費。唐張鷟遊仙窟：「忿秋胡之眼拙，枉費黃金；念交甫之心狂，虛當白玉。」南宋劉過念奴嬌留別辛稼軒詞：「虛名相誤，十年枉費辛苦。」

⑬幾文錢 若干文錢；意謂一些錢兩。幾，若干。不定數。文，古制錢量詞。昔銅幣等皆鑄有文字，說明其值，故稱。儒林外史第十三回：「箱子能值幾文？」

【析源】

本書所徵引各詩，撰者例先標示作者，如：山谷詩曰、東萊先生詩云……，且均僅摘錄部分詩句；惟本首等以下四首皆有詩題且詩句完整；唯缺作者名姓。校者研判：或係撰者吳亮本人所作，尚待考證。

一六三、詩（二）

誤觸人腳詩：「觸了行人腳後跟，告言得罪我當烹。此方引愿丘山重，彼卻原情羽髮輕。」

【語譯】

誤觸人腳詩：「一不小心踩到路人的腳跟，表示對不起，我該殺。一方承認犯下重大過失；另一方竟衡量實情，以為皮肉之痛，不足掛齒。」

【注釋】

①誤觸人腳　不小心踩到別人的腳跟。誤，謬。錯。表性態。本文此處，猶云不小心。唐岑參送裴判官自賊中再歸河陽幕府詩：「誤落胡塵裡，能持漢節歸。」北宋司馬光晚暉亭詩：「醉立斜陽頭似雪，往來誤認白公家。」觸，ㄔㄨˋ。撞。碰撞。本文此處，作「踩」解。左傳宣公二年：「乃觸庭槐而死。」韓非子五蠹：「兔走觸株，折頸而死。」人腳，謂別人的腳跟。參③。

②行人　出行的人。猶云路人。兒女英雄傳第三回：「這一路是賊盜出沒的地方……走著須要小心，大道正路不妨，十里一墩，五里一堡，還有來往的行人。」

③腳後跟　即腳跟，一作「脚跟」、「腳根」、「脚根」。腳的後部。

④告言　本義「告發」、「揭露」。本文此處，作「明白地表示」解，採引申義。

⑤得罪　客套語。猶云語「對不起」。京本通俗小說碾玉觀音：「郭排軍吃她相問得無言可答，只道得一聲『得罪』。」清沈復浮生六記閨房記樂：「余性爽直，落拓不羈，芸若腐儒，迂拘多禮，偶為披衣整袖，必連聲道『得罪』！」

⑥我當烹　我該殺。烹，殺。淮南子說林訓：「狡兔死而獵犬烹。」注：「烹猶殺，喻不復用也。」南宋陸游喜雨詩：「市遠雞豚不須問，小畦稀甲已堪烹。」

⑦此方　指稱觸人腳跟者。

⑧引慝　承認罪過。慝，ㄊㄜˋ。書大禹謨：「帝初于歷山，往于田，日號江于昊天、于父母，負罪引慝。」唐柳宗元唐故秘書少監陳公行狀：「天子加惠羣臣而引慝焉，德至厚也。」
⑨丘山　喻重、大、多。漢書王莽傳上：「及至青戎摽末之功，一言之勞，然猶皆蒙丘山之賞。」本文此處，用以喻罪過重大。
⑩彼　指稱遭誤觸腳跟者。
⑪原情　推究本情。說郛卷二引京氏易傳：「誅不原情，則霜附木不下，不教而誅，其霜反在草下。」唐律名例二：「議者原情議罪，稱定刑之律。」明劉基郁離子靈丘丈人：「民無以為生，而官不能恤，於是乎有犯，雖難以為常，原情而貸之可也。」
⑫羽髮輕　皮肉之痛，不足為道。羽髮，猶毛髮。羽，鳥毛。本文此處，猶謂屬皮肉之痛而已，不足為道也。輕，小事一件，猶不足為道。

【析源】

參詩（一）析源。

一六四、詩（三）

莫應對詩：「人來罵我逞無明，我若還他便鬬爭。聽似不聞休應對，一枝蓮在火中生。」

【語譯】

莫應對詩：「別人罵我不藏拙卻愛現；如果，我頂嘴必然發生爭辯。裝聾作啞姑且不予理會；就像一枝蓮花長在烈火當中。」

【注釋】

①莫應對　不要對答。應對，對答。在此，意謂理會。論語子張：「子夏之門人小子，當灑掃應對進退，則可矣，抑末也。」

②逞　肆行。今語謂愛現。

③無明　梵語avidyā之意譯。謂痴愚無智慧。西晉王該（？—？）日燭：「拱己內治，總持法忍。三世都寂，一心豁盡。寄耳無明，寓目莫準。」明葉憲祖（一五六六—一六四一）北邙說法：「幾番塵世，識神一點不差移，只有那無明起妄，宿業成逑。」近人章炳麟國故論衡明見：「印度雖草昧世，焱渴吠陀主有神，已言其有無明，不自識知，從欲以分萬類矣。」

④還他　謂頂嘴；回嘴。還，ㄏㄨㄢˊ。

⑤鬬爭　詳謝罪敦厚⑨。

⑥聽似不聞　裝聾。

⑦一枝蓮在火中生　蓮本生於水中；「水」、「火」相對、相剋。喻緘默以對。

【析源】

參詩（一）析源。

一六五、詩（四）

杜牧之題烏江（亭）詩：「勝負兵家（事不）期，色羞忍（恥）是男兒。江東子弟多（才俊），（卷）土重來未可知。」

【語譯】

唐杜牧題烏江亭詩：「戰事的輸贏，是用兵者所不能充分預料的。隱藏住常敗的尷尬、按捺下兵潰的恥辱，才是男子漢、大丈夫。江東的從軍者，多的是能力出眾的人。失敗以後，力圖恢復，也說不定呢！」

【注釋】

①杜牧之　人名。詳忍過①。

②題烏江亭　詩題。撰者原作「題烏江廟」，茲據清馮集梧樊川詩集（中華四部備要本）卷四改訂之。烏江亭，在今安徽省和縣東北二十公里處烏江之濱，名烏江浦。今為蘇皖二省交界地。原為烏江渡口，秦於該地置烏江亭，漢為東城縣境，晉置烏江縣，明初廢縣併入和縣。楚漢對立時，項羽垓下兵潰，敗走此處，與漢軍追擊力拼，負傷後自刎。南宋陸游項羽詩云：「八尺將軍千里騅，拔山扛鼎不妨奇。范增力盡無施處，路到烏江君自知。」

今為烏江鎮，屬和縣所轄大鎮之一，亦為蘇皖二者重要集市。鎮上有霸王祠（或係撰者所稱「烏江廟」也）、霸王墓（一稱項王墓）等古蹟。（安徽省通志稿）。

③勝負　在此，謂戰事之輸或贏。猶云高下。孫子計：「多算勝，少算不勝，而況於無算乎！吾以此觀之，勝負見矣。」後漢書劉盆子傳：「朕今遣卿歸營勒兵，鳴鼓相攻，決其勝負。」

④兵家　古對用兵者或軍事家等之通稱。亦指稱研究軍事諸學派。漢書藝文志：「兵家者，蓋出古司馬之職，王官之武備也。」後漢書朱儁傳：「臨軍易將，兵家所忌。」新唐書王翃傳：「王翃字宏肱，并州晉陽人。少治兵家。」清林福祥（？—？）平海心籌論勝敗形勢：「且逆夷以來，事事皆犯兵家之忌：我眾彼寡，我逸彼勞，我飽彼飢，我憤彼驕。」

⑤事「不期」　撰者原作「不可期」；茲據馮注本樊川詩集卷四改訂。不期，不意。不料。元王實甫西廂記第二本第二折：「不期有賊將孫飛虎，領兵半萬，欲劫故臣崔相國之女。」紅樓夢第三十八回：「昨夜不期經雨活，今朝猶喜帶霜開。」

⑥色羞忍恥　撰者原作「色羞忍辱」，茲據馮注本樊川詩集改訂。隱藏住失敗的尷尬，按捺下兵潰的恥辱。惟色羞忍恥自不限於形容戰事之勝負。南宋邵博（？—一一五八）聞見後錄卷二三：「臣顧惜祿位，為妻子計，色羞忍恥，尚居方鎮。」吳曾能改齋漫錄記詩：「女子能留身後名，色羞忍恥漫公卿。」

⑦江東子弟　江東的從軍者。長江於蕪湖、南京間呈西南南、東北北流向，隋、唐前，乃南

北往來重要渡口處，慣稱自此以下之長江南岸地區為江東。史記項羽本紀：「且籍與江東子弟八千人渡江而西，今無一人還，縱江東父兄憐而王我，我何面目見之？」三國魏曹植七啟：「矐江東之潛鼉，鵩漢南之鳴鶉。」北宋李清照烏江詩：「至今思項羽，不肯過江東。」子弟，指從軍者。猶云兵丁。史記淮陰侯列傳：「且三秦王為秦將，將秦子弟數歲矣，所殺亡不可勝計，又欺其眾降諸侯。」三國志平話卷上：「長沙子弟最為先，長沙太守孫堅先到關前。」

⑧多才俊　撰者原作「多豪傑」；茲據馮注本樊川詩集卷四改訂。多的是能力出眾的人。才俊，亦作「才雋」、「才儁」。能力出眾（的人）。晉書嵇康傳：「康臨去，登曰：『君性烈而才雋，其能免乎。』」世說新語言語：「（邊讓）才儁辯逸。」唐韓愈赴江陵途中寄贈三學士詩：「同官盡才俊，偏善柳與劉。」北宋梅堯臣弔唐俞詩：「通關年最少，才俊罕能雙。」南宋文天祥江行有感詩：「莫恨吾生誤，江東才俊多。」

⑨卷土重來　撰者原作「捲土重來」；茲據馮注本樊川詩集卷四改訂。謂失敗後力圖恢復。卷土，風捲塵土。前蜀韋莊秦婦吟：「入門下馬若旋風，罄室傾囊如卷土。」卷土重來，亦省作卷土來，義同。北宋王安石烏江亭詩：「江東子弟今雖在，肯與君王卷土來。」按：卷土重來，又作「捲土重來」，已逾千年之久矣。

⑩未可知　還不能知道。猶云還說不定。

【析源】

參本章注釋，茲從略。

一六六、詩（五）

誡斷指詩：「冤〔屈〕休斷指，斷了終身恥。忍耐一些時，過後思之喜。」

【語譯】

誡斷指詩：「遭遇冤枉、受人誣陷，切莫輕意斬去指頭，藉表心志。一旦斷指，那是一生的羞辱。姑且忍耐一段時間，真相大白以後，想到自己的堅持，不盡要高興一番。」

【注釋】

①誡斷指　警示斬斷手指。斷指原為古肉刑之一，管子侈靡：「斷指滿稽，斷首滿稽，斷足滿稽。」後，有人藉斷指以明志，墨子大取：「遇盜人而斷指以免身，利也。」新唐書忠義傳中張巡：「因拔佩刀斷指，一座大驚，為出涕。」北宋末葉，朝廷下令禁止之，宣和遺事前集：「大觀四年，禁燃項、煉臂、刺血、斷指之類。」

②冤屈　原刻本誤植為「冤曲」。按：冤曲，彎曲也。近人章炳麟八卦釋名：「案說文：『乾，上出也。』此說草木冤曲而出，無取天義。」冤屈謂冤枉，無罪而遭誣為有罪。元無名氏殺狗勸夫第三折：「我幾曾殺人來，是好冤屈也。」亦指加人以惡名、罪名。清宣

鼎（約一八三五—約一八八〇）夜雨秋燈錄奚大瘤：「妮子莫冤屈人，渠昨已覓死空林中，何有紈袴習氣！」

③終身　詳一慙③。

④忍耐　將痛苦的感覺或某種無奈的情緒抑制之，不使表現出來。亦謂於困苦環境中堅持之。唐元稹憶遠曲：「郎忍見，為郎忍耐看姑面。」元關漢卿竇娥冤第四折：「你看這文卷曾道來不道來，則我這冤枉要忍耐，如何耐？」

⑤過後　指真相大白之後。

【析源】

參詩（一）析源。

一六七、詩（六）

何提刑戒爭地詩：「他侵我界是無良，我與他爭未是長。布施與他三尺地，休誇誰弱又誰強。」

【語譯】

何提刑戒爭地詩：「他蠻橫越界強占我的田地固然不對，我和他理論一番也不頂好。甘脆施捨他一小片田地，不要衒耀那位是弱者、那位又是強者。」

【注釋】

①何提刑　或係何兌，餘詳析源。提刑，職官名。北宋太宗淳化二年（九九一）始置，全稱提點刑獄檢法官，省稱提刑，掌察各路所轄獄訟並舉刺官吏。明清置提刑按察使，掌理一省司法，又名臬司，俗稱臬臺。晚清改制，稱提法使。（宋史職官志七、續通志卷一三六職官略七、明官志下、清史稿職官志六等）。

②戒爭地　詩題

③他「侵」我「界」　蠻橫占據曰侵。界。指彼此田地的界線。

④無良　不善。不好。本文此處，意謂不對。書泰誓下：「受克予，非朕文考有罪，惟予小子無良。」舊唐書宣宗紀：「比有無良之人，於街市投匿名文書。」

⑤我與他「爭」　猶云理論。

⑥未是長　未必是頂好。善曰長。

⑦布施　施捨。謂施惠於人。國語周語上：「若是，乃能媚於神而和於民矣，則享祀時至而布施優裕也。」莊子外物：「生不布施，死何含珠為？」東漢王充論衡定賢：「使穀食如水火，雖貪恡之人，越境而布施矣。」

⑧三尺地　喻一小片農地。

⑨休「誇」　衒耀。唐韓愈送陳秀彤序：「讀書以為學，纘言以為文，非以誇多而鬭靡也。」北宋曾鞏與歐陽舍人書：「故雖惡人，皆務勒銘以誇後世。」

【析源】

宋史翼卷廿三儒林一：「何兌（？—約一一五五）字太和。福建邵武人。重和元年（一一一八）進士，授廣南西路提點刑獄檢法官。……建炎初，殿中侍御史馬伸撫諭荊廣，見而賢之，辟為屬官。伸本程頤門人，兌遂從伸受學。……兌從伸得頤中庸之說，踐習不懈，以終其身，鄉人目為中庸何公。」本章戒爭地詩或係兌所作；唯仍待考。

一六八、鄰侵

尚書楊玢致仕，歸長安。舊居多為鄰里侵占，子弟欲詣府訴其事。楊玢批狀尾云：「四鄰侵我我從伊，畢竟（須知）未有時。試上（含元殿）基（望），秋風秋草正離離。」子弟不敢復言。

【語譯】

前蜀尚書楊玢辭官歸里，回到長安。過去的宅邸幾乎都被同鄉里的人據為己有，他的晚輩想要到官府具狀控訴這件事。楊玢提筆在訴狀的尾端寫道：「周圍的鄰居占用我的房舍，我依順他們。到底必須瞭解：世間不曾有過完美吧！不妨拾級而登含元殿的基址瞧瞧，風悽愴、草枯黃，眼前秋景正分明。」晚輩們仔細看過後，不敢再表示要提訟。

【注釋】

①尚書　職官名。秦時為少府屬官，掌殿內文書。漢成帝時置尚書員，羣臣章奏皆經其上呈。隋、唐設尚書省，以左右僕射分掌六部。明洪武十三年（一三八〇）廢中書省，以六部尚書分掌政務。清沿之，至晚清改官制併六部，改尚書為大臣。（通志卷五三職官三，續通志卷一三三、一三五職官四、六等）。

②楊玢　生卒年不詳，晚唐虢州弘農（今屬陝西）人。字靖夫。前蜀高祖（王建）時，附宰相張格，累官至禮部尚書。後主（王衍）嗣位，格遭貶茂州，玢坐黨謫榮經尉。乾德中復為太常少卿。前蜀亡，玢投後唐，明宗時為給事中，充集賢殿學士，判院事。史臣論曰：「玢始以朋比蒙譏，終以直言補闕，庶乎獲晚蓋之休與。」（十國春秋卷四一、舊五代史卷卅六）

③致仕　辭官歸里。公羊傳宣公元年：「古之道不即人心，退而致仕。」注：「致仕，還祿位於君。」

④舊居　舊宅。故居。過去住過的宅邸。後漢書安帝紀：「民訛言相驚，弃捐舊居，老弱相攜，窮困道路。」唐杜甫得家書詩：「今日知消息，他鄉且舊居。」

⑤鄰里　同一鄉里的人。論語雍也：「子曰：『毋，以與爾鄰里鄉黨乎？』」唐杜甫寄題江外草堂詩：「霜骨不堪長，永為鄰里憐。」清吳騫扶風傳信錄：「鄰里來問事者，填咽門戶。」

⑥侵占　強奪占據。北宋蘇軾申三省起請開湖六條狀：「今方二十餘年，而兩岸人戶復侵占

牽路，蓋屋數千間。」元史河渠志二：「此湖在宋時委官差軍守之，湖旁餘地，不許侵占，常疏其壅塞，以洩不勢。」

⑦子弟　本義子與弟。對父兄而言。亦泛指子侄等後進晚輩。左傳襄公八年：「民死亡者，非其父兄，即其子弟。」孟子梁惠王下：「今燕虐其民，王往而征之。民以為將拯己於水火之中也，簞食壺漿以迎王師。若殺其父兄，係累其子弟，毀其宗廟，遷其重器，如之何其可也？」荀子非十二子：「遇長則修子弟之義。」

⑧詣府　至官府。詣，ㄧˋ。至。到。史記秦本紀：「代王乘傳詣長安。」府，指官府。

⑨四鄰　周圍的鄰居。西漢劉向列女傳周主忠妾：「主聞之乃厚幣而嫁之，四鄰爭娶之。」唐杜甫無家別詩：「四鄰何所有，一二老寡妻。」

⑩我「從」伊　依順。禮記大學：「堯舜帥天下以仁，而民從之；桀紂帥天下以暴，而民不從。」

⑪畢竟　到底。終歸。唐許渾聞開江宋相公錫下世詩之一：「畢竟成功何處是？五湖雲月一帆開。」南宋辛棄疾菩薩蠻書江西造口壁詞：「青山遮不住，畢竟東流去。」明劉基更漏子詞：「塞門雲，湘浦樹，畢竟故鄉何處。」

⑫須知　明、清刻本均作「思量」，茲據厚德錄改訂之。必須瞭解。應該知道。唐杜甫瀏鵝詩：「故使籠寬織，須知動損毛。」元關漢卿單刀會第一折：「全不肯施恩布德行王道，怎比那多謀足智雄曹操？你須知南陽諸葛應難料！」

⑬未有時　不曾有過完美。未有，不曾有。詩大雅綿：「古公亶父，陶復陶穴，未有家室。」史記魏公子列傳：「如姬之欲為公子死，無所辭，顧未有路耳。」善曰時。詩小雅頍弁：「爾酒既旨，爾肴既時。」

⑭含元殿　明、清刻本皆漏字，以「□□□」表之，茲據厚德錄補之。殿名。唐高宗時所營建，原稱蓬萊宮。遺址今陝西西安市。唐李華遺有含元殿賦。

⑮……「望」　明、清刻本均作「看」，據厚德錄改訂。

⑯秋風　蕭瑟的風。悽愴的風。西漢武帝秋風辭：「秋風起兮白雲飛，草木黃落兮雁南歸。」三國魏曹丕燕歌行之一：「秋風蕭瑟天氣涼，草木搖落露為霜。」又，秋風另有隱意。明沈榜（？—？）宛署雜記街道：「每初僉及年終，置酒邀會，每家銀三五分，則曰打網，曰秋風。」

⑰秋草　枯黃的草；餘參⑯。

⑱離離　分明貌。唐李白扶風豪士歌：「撫長劍，一揚眉，清水白石何離離。」王琦注：「即水清石見之意。」

⑲復言　再表示意見。史記白起王翦列傳：「已矣，將軍勿復言！」

【析源】

南宋李元綱厚德錄卷之二：「楊玢尚書致仕，歸長安。舊居多為鄰里侵占。子弟欲詣府訴其事，以狀白玢，玢批紙尾云：『四鄰侵我我從伊，畢竟須知未有時。試上含元殿基望，秋風秋草正離離。』子弟不敢復言。」李自注：「出楊文公談苑。」謹按：談苑一書已佚。又，起首二句，若斷成「楊玢尚書致仕歸，長安舊居多為鄰里侵占。」亦通。仕學規範卷八行己：「楊玢，靖恭虞卿之曾孫也。仕前偽蜀王建至顯官，隨王衍歸後唐，以老得工部尚書致仕歸長安，舊居多為鄰里侵占。子弟欲詣府訴其事，以狀白玢。玢批紙尾云：『四鄰侵我我從伊，畢竟須思未有時。試上含光殿基望，秋風秋草正離離。』子弟不敢復言。」榮按：四庫本仕學規範「含元殿」誤筆作含「光」殿。

光緒戊子夏五得於上海郁泰峯家謹案 四庫全書總目忍經一卷元
吳亮撰亮字明卿錢唐人前有馮寅序稱吳君精於經術吏事至元癸
巳解海運元幕之任恬淡自居於纂述忍代帝王世系之暇思其平生
行己惟一忍字會集群書中格言大訓以為一編係永樂大典本當日
四庫館臣未嘗見刻本也此雖闕馮寅一序而後有明正統二十四年鄭季文
重梓字跋其為明卿初刻無疑卷端有陸廷燦印印陸字扶照嘉慶定
人康熙間官福建崇安縣知縣著有藝菊譜八卷是書為鄉先達遺芳元
刻明題又經國初名人收藏不重可寶哉　八千卷樓主人識

晚清丁丙（八千卷樓主人）題跋書影

主要參考書舉隅

詩經集傳　宋朱　熹注　世界（臺）

書經集傳　宋蔡　沈注　世界（臺）

左傳正義　唐孔穎達疏　新文豐（臺）

四書集注　宋朱　熹注　世界（臺）

論語正義　清劉寶楠撰　世界（臺）

史記　漢司馬遷撰　東華（臺）

漢書　漢班　固撰　世界（臺）

後漢書　南朝宋范　曄撰　世界（臺）

姚輯東觀漢記　清姚之駰輯　世界（臺）

陶輯東觀漢記　民國陶棟震輯　世界（臺）

七家後漢書　謝承等七人輯　世界（臺）

三國志　晉陳　壽撰　世界（臺）

晉書　唐　房喬、褚遂良撰　世界（臺）

宋書　南朝梁沈　約撰　世界（臺）

南齊書　南明梁蕭子顯撰　世界（臺）

梁書　唐　姚思廉、魏　徵撰　世界（臺）

陳書　唐姚思廉撰　世界（臺）

魏書　北齊魏收撰　世界（臺）

周書　唐令狐德棻撰　世界（臺）

北齊書　唐李百藥撰　世界（臺）

南史　唐李延壽撰　世界（臺）

北史　唐李延壽撰　世界（臺）

隋書　唐魏徵撰　世界（臺）

舊唐書　石晉　劉昫、張昭遠撰　世界（臺）

舊五代史　宋薛居正撰　世界（臺）

新五代史　宋歐陽脩撰　世界（臺）

十國春秋　清吳任臣撰　世界（臺）

宋史　元托克托撰　世界（臺）

元史　明宋　濂撰　世界（臺）

資治通鑑　宋司馬光撰　藝文（臺）
續修資治通鑑長編　宋李　燾撰　藝文（臺）
史通　唐劉知幾著　中華（滬）
三朝名臣言行錄　商務（臺）
五朝名臣言行錄　商務（臺）
宋名臣言行錄　宋朱　熹輯　文淵閣四庫本
韓魏王別錄　宋王嚴叟輯　明正德重刊本
韓魏王遺事　宋強　至輯　明正德重刊本
宋韓魏公言行錄　清崔廷璋輯　光緒十三年刻本
仕學規範　宋張　鎡撰　文淵閣四庫本
自警編　宋趙善璙撰　文淵閣四庫本
童蒙訓　宋呂本中撰　文淵閣四庫本
省心襍言　宋李邦獻撰　文淵閣四庫本
袁氏世範　宋袁　采撰　文淵閣四庫本
厚德錄　宋李元綱撰　續修四庫本
陔餘叢考　清趙　翼著　河北人民出版社（冀）
樊川集　唐杜　牧著　四部備要本

全唐詩　清彭定求等編校　文淵閣四庫本
全宋詩　北大編纂委員會輯　北大出版社（冀）
山谷外集　宋黃庭堅著　文淵閣四庫本
劍南詩稿　宋陸　游著　世界（臺）
二程全書　宋　程　顥、程　頤著　世界（臺）
宋宰相年表新編　梁天錫編著　國立編譯館
歷代史料筆記叢刊　中華（滬）

餘詳本書各章注釋、析源等，茲不備載。